유교문화권 전통마을 ⑨

안동 부포마을
물 위로 되살려 낸 천년의 영화

| 동양문화산책 29 |

유교문화권 전통마을 [9]

안동 부포마을
물 위로 되살려 낸 천년의 영화

지은이 | 안동대학교 안동문화연구소
펴낸이 | 오정혜
펴낸곳 | 예문서원

편집 | 김병훈 · 유미희
인쇄 및 제본 | 주) 상지사 P&B

초판 1쇄 | 2012년 2월 25일

출판등록 | 1993. 1. 7 제6-0130호
주소 | 서울시 성북구 안암동 4가 41-10 건양빌딩 4층
전화 | 925-5914 / 팩스 | 929-2285
홈페이지 | http://www.yemoon.com
전자우편 | yemoonsw@empas.com

ISBN 978-89-7646-283-1   03150
ⓒ 안동대학교 안동문화연구소 2012 Printed in Seoul, Korea

YEMOONSEOWON #4 Gun-yang B.D 41-10 Anamdong 4-Ga Seongbuk-Gu Seoul KOREA 136-074
Tel) 02-925-5914 Fax) 02-929-2285

값 23,000원

※ 이 책은 안동시와 부포마을의 지원을 받아 발간되었습니다.

| 동양문화산책 29 |

유교문화권 전통마을 9

안동 부포마을
물 위로 되살려 낸 천년의 영화

안동대학교 안동문화연구소 지음

예문서원

책을 내면서

안동대학교 부설 안동문화연구소에서는 그동안 '유교문화권 전통마을'에 대한 연구총서를 지속적으로 발간해 왔다. 안동 금계마을, 영양 주실마을, 예천 금당실·맛질마을 등 여러 마을에 대한 마을지를 내는 연장선상에서 이번에는 부포마을지를 발간하게 되었다.

부포마을을 포함한 예안은 오랜 전통과 역사를 가진 지역으로, 고려시대 때 번성하였고 조선 중기 퇴계 선생의 활동으로 더욱 문화적 발전을 보여 주었다. 그러나 70년대 중반 안동댐의 건설과 함께 부포마을 지역이 수몰되면서 마을은 옛 모습을 잃고 주민들은 각지로 흩어져 전통적 부포마을의 문화를 유지하고 발전하는 데 어려움을 많이 겪었다. 하지만 이러한 수난의 과정에도 불구하고 부포마을의 어르신들은 부포마을이 간직해 온 아름다운 전통과 정신문화를 정리하고 후손들에게 물려주고자 뜻을 모았고, 부포마을지의 출간을 통해 이를 실현하고자 하였다. 이를 계기로 안동문화연구소는 집필진을 구성하고 이 작업을 1년 여 넘게 지속하면서, 중간 발표회를 가지기도 하고 현장을 필자들이 직접 방문하는 등의 활동을 통해 마침내 부포마을지를 발간하기에 이르렀다.

이 책은 청량산 유산록과 같은 과거 기록에 나타난 부포마을을 살펴보고, 부포마을의 자연환경에서부터 마을의 역사나 세거 성씨, 그 마을에서 오래 지속된 마을 공동체 민속과 상부상조의 풍속을 정리해 보여 준다. 특히 이 예안지역은 퇴계를 필두로 한 영남학파의 고장으로서 부포마을은 그런 역할의 일부를 담당했다. 이에 그와 관련된 역동서원, 월천서당, 동계서원 및 서재 등 학문공간을 다루었고, 이곳을 무대로 학문적 성취를 보여 준 월천 조목, 봉화금씨, 진성이씨 등의 학문이나 과환 등의 활동을 논의했다. 그리고 근세 일제강점기에 펼쳐진 독립운동을 살피고, 근현대 부포마을 사람들의 정치, 경제, 사회, 생활 등과 관련된 역사를 분석했다. 동시에 수몰과 함께 찾아온 실향의 아픔과 치유 기간을 거치고 있는 현재 부포마을 사람들을 그려 보이고, 마을의 여러 모습을 사진으로 담아서 생생하게 기록하였다.

부포마을지는 과거의 기록이면서 현재의 삶이며 나아가 미래의 희망이다. 부포마을지는 부포마을이 보여 준 과거의 화려한 성취를 인물과 그들이 이룬 업적을 중심으로 담아 표현하고 있다는 점에서 과거의 기록이다. 또한 이 마을지는 안동댐의 건립과 함께 무너진 물리적 기반에도 불구하고 과거의 성취가 현재 마을 사람들의 자부심이면서 수준 높은 정신세계를 그대로 유지해 줄 수 있다는 점에서 현재의 삶이기도 하다. 나아가 이 기록은 산업화와 신자유주의의 횡행으로 황폐화된 현대 인간 정신과 생활의 난맥상을 거울에 비추면서 오래 살아가야 할 후손들의 미래 삶을 아름답게 비추어 줄 수 있다는 점에서 미래의 희망인 것이다. 이것이 여러 가지 어려움에도 불구하고 부포마을지를 그렇게 끈질기게 다듬고 만들어 내고자 했던 진정한 뜻일 것이다.

    이 책이 나오기까지 연구와 학문, 봉사활동으로 촌음을 내기도 어려운 정황 속에서 부포마을지의 발간 취지에 깊이 공감하여 주옥같은 원고를 작성해 주신 여러 필자 선생님, 공사다망한 가운데서도 지역 문화의 중요성을 진정으로 인식하고 지원을 아끼지 않은 문화관광부 및 안동시청 당국, 또한 부포마을지 발간이 원만하게 이루어지도록 물심양면으로 뒷바라지해 주신 부포마을 어르신들께 이 자리를 빌려 진심으로 경의를 표한다. 더하여 부포마을지를 훌륭한 책으로 발간해 준 예문서원 사장님과 편집, 제작진 여러분께도 감사드린다.

2012년 2월
안동대학교 안동문화연구소장
전재강

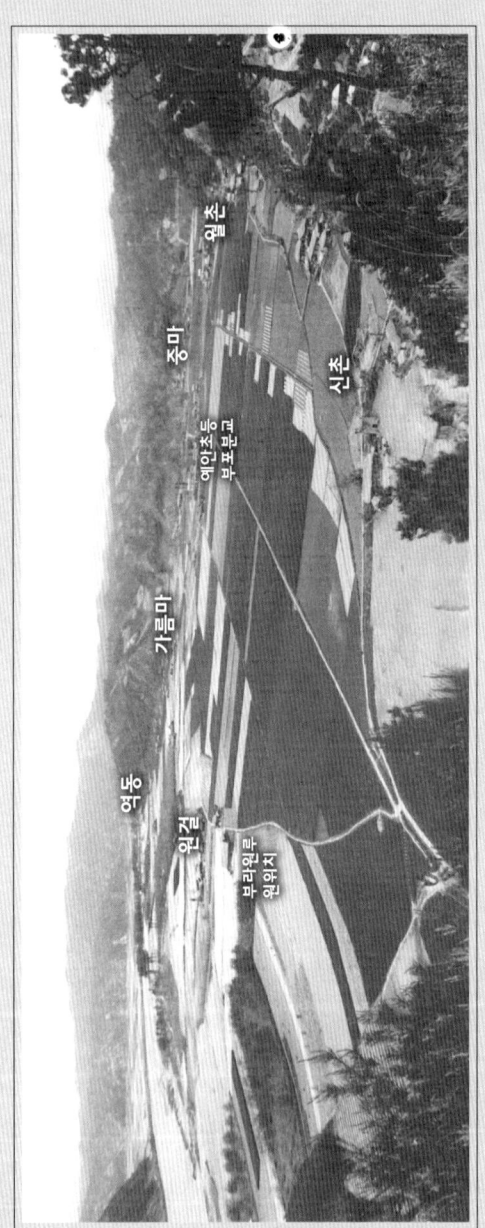

신촌청령모래이에서 본 부포 전경

종마 뒷산인 나부산에서 내려다본 부포들과 등들을 둘러싸고 있는 마을 전경

| 유교문화권 전통마을 ⑨ |

안동 부포마을
물 위로 되살려 낸 천년의 영화

책을 내면서 ·5

1장 부포마을의 역사와 세거 성씨 ·13

2장 부포마을의 공동체 민속 ·45

3장 부포마을의 학문적 공간들 ·73

4장 이황, 조목 그리고 예안학맥 ·101

5장 봉화금씨들의 학문과 활동 ·137

6장 부포마을의 진성이씨 ·169

7장 부포마을 사람들이 펼친 항일투쟁 ·195

8장 부포마을 사람들이 열어 간 근현대 100년 ·235

9장 부포, 물에 잠겨 버린 마을, 물에 떠 있는 마을 ·265

10장 부포마을, 수몰에 담긴 아픈 상처들 ·299

11장 부포 사람이 기록한 영상 부포 ·325

12장 함께하는 삶, 부포 사람들의 상부상조 ·369

13장 옛 선비들의 청량산 유람록에 나타난 부포마을 ·399

1장

부포마을의 역사와 세거 성씨

1. 부포의 행정 변화와 규모

안동시 예안면禮安面 부포리浮浦里는 예안 면소재지가 있는 정산리에서 서북쪽으로 8km 거리에 위치한다. 안동시청에서 승용차를 타고 명륜길과 퇴계로를 따라 북쪽으로 15분 정도 가면 와룡삼거리가 나온다. 거기서 우회전하여 933번 지방도를 20여 분 가다가 정산삼거리에서 좌회전하여 안동호를 따라 구불구불한 길을 15분 정도 더 가면 마을의 중심이 되는 호소골 입구가 나타난다. 부포리는 동쪽으로 태곡리·귀단리, 남서쪽으로 안동호 건너 도산면 동부리, 북쪽으로 도산면 의촌리와 이웃하고 있다. 북쪽과 동쪽은 대부분이 산간지대이고, 마을의 남쪽과 서쪽은 안동호이다.

부포의 중심부는 땅이 아니라 물이 차지하고 있다. 1974년 안동댐 건설로 물에 잠겼기 때문이다. 수몰되기 전 부포리는 중마을·호소골·월촌·가름·가름골·역동·신촌·햇골·원거리·청고개·다래(帶羅, 혹은 月川) 등의 작은 마을로 이루어졌다. 중마을은 부포리의 중간에 있으며, 그 북동쪽으로 호소골이, 남쪽으로는 원거리·햇골이 자리하고 있다. 월촌과 신촌은 동쪽

▲ 물에 잠긴 부포

산기슭을 따라 활시위처럼 길게 자리하였고, 가름과 역동은 부포리의 서쪽에 있다. 원거리는 부라원루가 있는 마을이라 붙여진 이름이다. 부포에는 진성이씨·봉화금씨·횡성조씨가 많이 살았는데, 그 가운데 진성이씨는 중마을·청고개·호소골·가름에 많이 살았고, 봉화금씨도 진성이씨와 마찬가지로 중마을에 많이 살았으며, 횡성조씨는 대대로 다래를 세거지로 삼았다.

부포리가 속한 예안은 동서로는 60리, 남북으로는 30리 정도의 협소한 지역이다. 원래는 고구려에 속한 매곡買谷이었는데 신라가 이 지역을 차지한 뒤 경덕왕 때 선곡善谷으로 고쳤으며, 고려 태조 때 성주城主 이능선李能宣이 귀순하자 고을 이름을 예안禮安으로 바꾸었다. 이후 고창(안동의 옛 이름)전투에서 후백제군을 크게 이기게 되자 이능선의 '선宣'을 읍호에 넣어 '선성宣城'이라 하였다. 고려시대 안동부의 속현이었다가, 1391년(공양왕 3) 이웃한 의인현과 병합되면서 주현으로 독립하였다. 조선시대에 들어 1413년(태종 13) 현縣이 되고, 1895년(고종 32) 지방관제개편에 의해 예안군이 되었다.

예안군은 1914년 조선총독부의 군·면통폐합에 따라 안동군에 편입되어 예안면이 되었다. 예안군 동하동 지역에 속해 있던 부포동(리)는 청천동과 의동면의 분천동 일부를 병

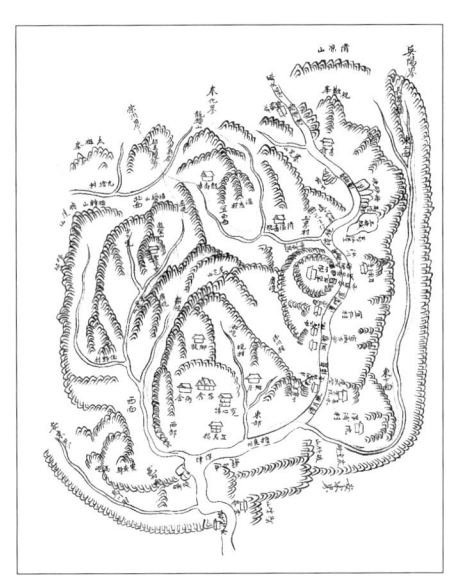

▲ 예안과 부포『해동지도 上』

합하게 되었다. 1974년 안동댐 건설로 부포동의 대부분은 수몰되었으며, 1995년 안동시와 안동군이 통합되면서 부포리가 되어 안동시에 편입되었다.

현전하는 부포의 기록 가운데 오래된 것 중 하나가 권시중權是中(1572~1644)이 편찬한 『선성지宣城誌』이다. 거기에 보이는 부포는 청량산 남쪽 자락에 위치하고 있으며, 주일봉主一峯이 북쪽에서 솟아 주봉이 되고, 동쪽에는 묵봉墨峯이, 서쪽에는 부용봉芙蓉峯이 있어 마을을 감싸고 있다. 마을 가운데로 낙동강이 흐르고, 그 사이에 올망졸망 마을이 있으며, 넓은 들판이 끝없이 이어져 있다.

물은 산을 감싸 안아 흘러가고
펼쳐진 들판은 하늘 끝에 닿았구나.
풍월의 흥은 어김이 없으니
우리들은 곧 신선일레라.

이 시는 월천月川 조목趙穆(1524~1606)이 마을 입구에 위치한 부라원루浮羅院樓에 올라 마을의 풍경을 읊은 것이다. 청량산을 뒤로 하고 마을 가운데 낙동강이 흐르며 그 좌우로 넓게 펼쳐진 들판, 이것이 옛 부포의 모습이다.

'부포'라는 명칭에 대해서는 다음과 같은 얘기가 전한다. 부산에서 소금을 싣고 강을 거슬러 올라온 배의 마지막 정박지인 이곳의 물가에 떠 있는 많은 배들을 보고 '부포'로 불렀다고 한다. 부포에는 고려 중기부터 조선 말기까지 예안현禮安縣에 속했던 부라원浮羅院이라는 숙박시설이 있었으므로, '부림이' 혹은 '부라촌'이라고도 했다. 『선성지』에 따르면 부포 인물 가운데 호군護軍 권겸權謙이 93세, 만호萬戶 금치소琴致韶가 89세, 첨지僉知 금희

▲ 항공으로 본 부포(국토정보지리원 제공)

런琴希楗이 88세, 금헌琴憲이 83세, 첨지 금응각琴應角이 86세, 유학幼學 권기權沂가 87세, 첨지 금응우琴應羽가 98세까지 살았다고 한다. 산세가 좋고 넓은 들이 있어 살기에 좋았기 때문이다. 오래 생존한 사람이 많아서 부포는 '수향壽鄕'으로도 불린다.

부포는 마을의 앞쪽에 비교적 넓은 들이 있지만 전통적으로 논보다는 밭이 더 많아 주로 밭작물에 의존하였다. 그러한 사실은 15~17세기에 작성된 예안지역의 분재기分財記를 통해 확인할 수 있다. 오천烏川의 광산김씨가 1480년(성종 11) 작성한 분재기에는 논이 326.8마지기이고 밭은 260.3마지기이다. 1559년(명종 14) 분재기에는 논이 191마지기, 밭이 201마지기이며, 1620년대에는 논이 87마지기, 밭이 32마지기이다. 온혜溫惠 이계양李繼陽의 1510년(중종 5) 분재기에서 논은 40마지기이고 밭은 75마지기이며, 이준李寯의 1586년(선조 19) 분재기에는 논이 472마지기, 밭이 1,135마지기이다. 논의 비율이 대략 30%

전후를 차지한다.

반면 부포 금난수琴蘭秀의 1600년(선조 33) 분재기에는 논이 50마지기, 밭이 239마지기 기재되어 있으며, 신충남申忠男의 1630년대 분재기에는 논이 29마지기, 밭이 141마지기로 기재되어 있다. 논의 비율은 전체의 16.3~4%에 불과하다.

부포는 1910년대까지 여전히 밭의 비율이 훨씬 높았다. 1913년 조선총독부에서 작성한 「토지조사부」를 보면 부포의 밭은 714,504평이고, 논은 187,939평으로 밭의 비율이 전체 전답의 79.2% 정도이다. 일반적으로 16세기 이후 관개시설이 확대됨과 동시에 논의 비중이 높아졌지만, 부포는 여전히 밭의 비중이 높았으며, 경제적 기반은 밭작물에 크게 의존하였다.

그러나 일제 말기인 1940년을 전후해서 호소골에 큰 저수지를 막아 400여 마지기의 밭을 수리안전답으로 전환하였고 광복 후에는 역동에도 대형 양수시설을 만들어서 밭을 논으로 많이 바꾸었는데, 이에 따라 점차 논이 밭보다 더 많아지게 되었다. 일제는 부족한 군량미를 더 많이 수탈해 가기 위해 강제로 저수지를 만들었지만, 그것이 가난하고 어렵던 부포 사람들의 생활에 상당한 변화를 가져왔다.

그럼 부포에 사람은 얼마나 살았을까? 『선성지』에는 17세기 초반 부포에 100여 가구가 마을을 이루고 있었다고 한다. 이것이 정확한지 다른 자료를 통해 확인할 수는 없지만, 부포가 다른 마을보다 일찍부터 개발된 것은 분명하다. 1789년 작성된 『호구총수戶口總數』를 보면, 예안현에는 80개 리에 1,471가구가 살고 있었다. 이러한 상황을 감안할 때 100여 가구가 살았던 부포는 당시로서는 굉장히 번성한 마을이었음을 알 수 있다.

▶ 1970년대 초반 호소골

　1935년 편찬한 『조선의 취락』(朝鮮の聚落)에는 부포의 가구가 99호이고 인구는 583명이라고 기록되어 있다. 그 가운데 진성이씨는 50가구에 300명으로, 부포 인구의 절반을 차지한다. 동성마을이 형성된 지 150년 정도라고 하니, 18세기 중후반부터 동성마을로 변했음을 알 수 있다. 그러나 17세기부터 20세기에 이르기까지 인구의 변화가 거의 없는 것으로 미루어 보아 경제적 기반도 커다란 변화가 없었을 것이다.
　해방 이후에는 인구가 많이 늘어났다. 1961년 작성된 『안동대관安東大觀』에는 부포의 가구가 211호로 파악되었다. 1970년대 초반의 통계 자료를 보면, 성씨별 세대는 221가구이고, 모두 26개 성씨가 살고 있었다. 그 가운데 가장 많은 성씨는 역시 진성이씨로, 82가구이다. 일제강점기에 비해 그 비율이 조금 낮아졌지만 여전히 가장 많은 수를 차지한다. 그 다음 김씨 29가구, 조씨 26가구, 금씨 12가구, 지씨 10가구, 박씨 9가구, 권씨 8가구 순이다. 1960~70년대 들어 다시 부포가 번성해졌음을 알 수 있다. 그러나 1974년 안동댐 건설로 사람이 많이 살던 중마을·가름·청고개·월촌·신촌·원거

▲ 1970년대 초반 가름골

리 등은 물에 잠기고, 역동·가름골·호소골·횃골·다래에 30여 가구만 남게 되었다. 말하자면 들이 펼쳐져 있던 마을은 모두 수몰되고 가름골·호소골 등 골짜기에 형성된 마을만 남게 된 것이다.

2. 16~17세기, 가장 빛나던 시기

조선 전기 예안현은 전국에서 손꼽히는 작은 고을로, 토착세력의 존재가 극히 미약하였다. 고려 이래 예안에 살던 가계는 선성김씨·단양우씨·예안김씨 정도였고, 주거지가 형성되고 발달한 지역은 예안현 읍치 주변인 읍내면 지삼의知三宜와 오천, 서면의 사천沙川, 동면의 부포 등이었다. 부포에는 부라원이 설치되고 선초에는 부진浮津이 있어서 사람들의 왕래가 상대적으로 빈번했을 것이다. 부포 인근에 동림사東林寺·월란사月瀾寺·보림사普

林寺·임강사林江寺·성재사聖齋寺·고림사高臨寺 등의 절이 있었다는 기록으로 미루어 고려시대에도 개발이 상당히 진전되었음을 알 수 있다. 예안지역 대부분의 마을은 산중턱에 형성되었는데, 부포는 상대적으로 평탄한 지역에 터전을 잡았다.

부포에 가장 먼저 세거한 성씨는 안동권씨로 확인된다. 경력經歷 권간權簡의 선조 대부터 부포에 살았고, 15세기 초반 봉화에 살던 봉화금씨 숙淑이 권간의 사위가 되면서 부포에 정착하게 되었다. 금숙의 일곱 아들 중 5형제가 등과했다고 해서 부포는 '오자등과기五子登科基'로 불렸다. 안동에 살던 권겸權謙 역시 15세기에 부포로 이거하였는데, 아들 수익受益부터 3대에 걸쳐 과거급제와 사환이 이어졌다. 이로써 안동권씨 역시 가세가 번창하게 되었다. 봉화금씨와 안동권씨는 현달한 인물을 많이 배출함으로써 사족으로서의 위상이 높아졌다.

안동권씨·봉화금씨와의 혼인을 통해 횡성조씨·진성이씨·영해신씨·영양남씨·경주손씨·평강채씨 등도 부포에 함께 살았다. 처가살이 풍습에 따라 혼인 후 주로 처가에 살았기 때문이다. 횡성조씨 참봉 대춘大椿은 동지同知 권수익의 딸과 혼인하였고, 진성이씨 준寯은 훈도 금재琴梓의 사위가 되었다. 진보에 살던 영해신씨 광위光渭는 금치함琴致諴의 사위가 되었으며, 울진 사람 남류南樏은 권인權仞의 사위가 되었다. 경주손씨 의형義亨은 금치소琴致韶의 사위가 되었고, 평강채씨 대사헌 침沈의 아들 승선承先은 권곤權鯤의 사위가 되어 부포에 살았다.

현달한 인물이 많이 배출됨에 따라 부포의 사족은 16세기 예안 사족사회를 주도하게 되었다. 성리학이 저변으로 확대되면서 퇴계 이황의 덕망이 높아지자 그의 문하에 출입하는 인사들이 많아졌는데, 예안의 사족은 그 가운데 월등히 많은 수를 차지하였다. 예안에서 이황의 문인을 대표하고 그의 학풍을 계승한 인물이 바로 월천 조목이다. 조목이 다래에 살았기 때문에 이황의 문인이었던 금난수·금응상琴應商을 비롯한 부포의 사족 역시 조목과 학풍을 함께하였다.

이러한 분위기에 힘입어 1570년(선조 3) 부포에 역동서원易東書院이 세워졌다. 이황은 조목·금난수 등과 함께 역동易東 우탁禹倬(1262~1342)의 학문과 덕행을 추모하기 위해 부포리 오담鰲潭(역동)에 서원을 세웠다. 우탁은 원래 단양 출신이었는데, 만년에 예안현 읍치 남쪽 지삼의에 은거하면서 자연을 벗 삼아 학문을 탐구하고 후진을 양성하였다.

역동서원 설립 당시 수령이 기와 9,000장을 지원하기로 약속했고, 사족 가운데 수학 연령의 자제가 있는 160여 집에서 170여 석을 모금하여 서원 건립에 보탰다. 서원 건립에 예안 사족 대부분이 참여했다고 보아도 무방한데, 이는 향교가 침체되자 지역에 새로운 강학소가 필요했기 때문이다. 그 장소로 부포가 선택되었으며, 부포에서는 금난수·금응상·신흡申恰·손흥효孫興孝·조목·채운경蔡雲慶 등이 서원 설립에 앞장섰다.

사족이 향촌사회를 주도하게 되면서 그들은 향촌사회를 안정시키고 자신들의 재지在地적 기반을 유지하기 위해 향촌에서는 향약·향규를, 마을에서는 동약·동계 등을 만들어 실시하였다. 부포에서는 1565년(명종 20) 금난수가 족계를 만들었는데, 이것은 동계의 성격을 띠고 있었다. 금난수는 「족계입의후지族契立議後識」에서 당시 부포 사람들은 모두 혈연적으로 얽혀 있는 친인척이라고 했다. 족계는 마을 사람끼리 혼인과 상사喪事에 서로 도와주고 아플 때 농사를 대신 해 주는 등 상호부조를 목적으로 하였다. 큰일과 어려운 일은 힘을 합쳐 해결하고자 했던 공동체 의식을 엿볼 수 있다. 금난수는 수십 년이 지난 뒤 다시 동약을 만들었는데, 임진왜란 이후 사람들의 인심이 사나워지고 토지가 피폐해져서 좀 더 강력하고 새로운 규제가 요구되었기 때문이다.

> 변란(임진왜란) 이후로 인심이 날로 사나워져 형장·태벌로는 권징하기가 불가능하다. 그런 까닭에 내가 부포동에서 별도로 약조를 세워 인정人情으로써 인도하고자 한다. 하인천예下人賤隸가 명분은 비록 다르나 천명天命을 함께 받았으니, 비천한 무리라 하더라도 어찌 권유하여 지선至善의 경지로 함께 돌아가지 않을 수 있겠는가?

금난수는 동약을 실시하여 혼란스러운 마을을 하루빨리 안정시키고자 하였다. 그런데 놀라운 점은, 위의 글에도 나타나듯이 하층민들까지도 촌락사회의 구성원으로 인정하고 그들과 합심하여 마을을 재건하고자 했다는 사실이다.

권시중은 1619년 예안 읍지인 『선성지』를 편찬하였다. 『선성지』에는 150여 명의 인물이 소개되어 있는데, 그들의 충효와 관련된 덕목들이 강조되고 있다. 사족이 중심이 되어 임진왜란으로 파괴된 향촌사회를 성리학적인 윤리관에 의거하여 교화하고자 한 의도가 읍지에 반영된 것이다. 그러나 당시 사찬읍지가 고을마다 편찬된 것은 아니다. 산간벽지 마을인 부포에서 읍지를 편찬할 수 있었다는 것은 그만큼 문화적 역량이 축적되어 있었음을 의미한다.

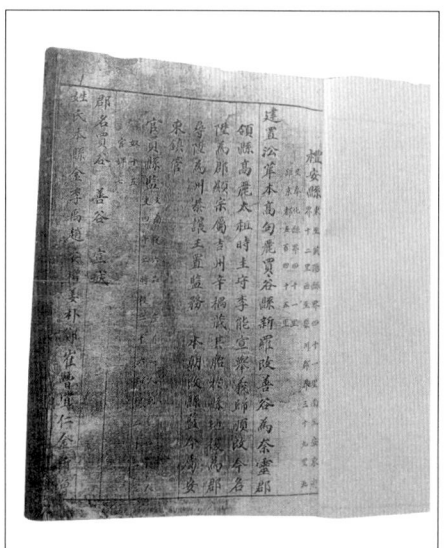
▲ 『선성지』(안동대학교도서관 제공)

부포의 사족은 예안 사족 사회에도 적극적으로 참여하였다. 조선시대 양반은 양반의 명단인 '향안鄕案'에 이름이 올라야만 양반으로서의 지위를 인정받을 수 있었다. 예안에는 1572~1591년, 1602~1614년, 1642년, 1663년, 1705년, 1717년에 작성된 향안이 지금까지 전한다. 여기에 등재된 인원은 모두 487명인데, 그 가운데 부포에 세거하는 성씨는 봉화금씨 20명, 영해신씨 12명, 경주손씨 7명, 창녕성씨 3명, 안동권씨 4명, 횡성조씨 1명이다.

사족의 자치기관인 유향소의 좌수와 별감 등 향임을 맡았던 인물은 김령金坽의 『계암일록溪巖日錄』, 김렴金㦖의 『묵재일기黙齋日記』, 김광계金光繼의 『매원일기梅園日記』 등을 통해 확인할 수 있다. 박현순은 「16~17세기 예안현 사족사회 연구」(서울대 박사학위논문, 2006)에서 일기 자료에 보이는 17세기 예안지역 향임 역임자를 파악하였다. 부포에서는 봉화금씨의 금영성琴永成(1642), 영해신씨의 신협申浹(1602)·신섭申涉(?)·신충남申忠男(1614)·신효남申孝男(1642)·신익申檍(1642) 등이 향임을 역임하는 가운데 예안 사족의 모임을 주도하였다.

향안과 더불어 사족의 사회적 위상을 잘 보여 주는 것이 서원에서 공부하는 학생들의 명단인 '원생안院生案'이다. 서원은 양반을 위한 교육기관이었기 때문이다. 예안에는 16~18세기 초 4개의 서원이 있었으나 원생안은 단일화되어 있다. 1570~1725년 원생안에는 585명이 입록되어 있는데, 부포의 인물로는 봉화금씨 17명, 경주손씨 10명, 영해신씨 10명, 창녕성씨 7명, 평강채씨 3명, 안동권씨 및 횡성조씨 각 1명이 등재되어 있다. 더욱이 봉화금씨는 오천의 광산김씨, 온계의 진성이씨와 함께 17세기 전반 도산서원 원장을 가장 많이 배출한 가계이다. 도산서원은 예안의 상징적인 공간이다. 따라서 이들 가계는 당시 예안 내에서 퇴계학맥을 대표하는 가계라고 할 수 있다.

이처럼 16~17세기 초반 부포의 사족은 퇴계학맥 내의 '월천계月川系'를 주도하였고, 안동지역에서 가장 먼저 서원을 설립하였다. 사족의 지위를 말해 주는 향안과 원생안에는 부포 출신 사족이 많이 등재되어 있으며, 도산서원 원장도 여러 차례에 걸쳐 배출시켰다. 이들은 동약·동계의 실시를 통해 마을을 교화시켰고, 사찬읍지도 편찬하였다. 부포의 사족이 예안의 사족문화를 주도했다고 해도 과언이 아니다. 이때가 부포의 역사에서 가장 빛나던 시기가 아닐까?

3. 부포, 격랑의 시대를 함께하다

임진왜란 이후 광해군은 북인정권의 지지를 받으며 왕위에 올랐다. 예안의 사족은 북인정권과 일정한 관계를 유지했기 때문에, 조목이 도산서원에 종향되는 데 북인정권의 협조를 얻을 수 있었다. 도산서원에 종향된 조목은 이황의 도학적 정통성을 계승하는 자로서 상대적 우위를 갖게 되었다. 조목의 종향을 주도한 인물은 당연히 그의 문인 김중청金中淸·김택룡金澤龍·금개琴愷·금경琴憬·이강李茳·이립李岦·이시李蒔 등이다.

그런데 인조반정 이후 북인정권이 몰락하게 되자 북인정권과 긴밀한 관계를 형성했던 조목의 문인 역시 타격을 받았다. 이는 예안 사족사회의 침체로 이어졌으며, 금개·금경 형제와 조석붕趙錫朋·조수붕趙壽朋 형제를 비롯해 향촌사회를 주도하던 부포의 봉화금씨와 횡성조씨의 입지도 급격히 위축되었다. 아울러 부포도 주변부로 밀려나게 되었다.

17세기 중후반 이후로 부포는 경제적 성장도 주춤하였다. 일찍부터 개발된 까닭에 다른 지역보다 더 이상의 발전 가능성이 적었고, 마을 앞쪽에 비교적 넓은 들이 있지만 배후에 가파른 산지가 자리하고 있어 주변지역으로 거주지를 넓히는 데도 한계가 있었다. 예안은 계곡 주변일수록 논의 비율이 높고 낙동강 유역의 저지대일수록 논의 비율이 낮다. 부포는 낙동강 유역에 자리하고 있어 관개가 불안정하고 침수가 잦았다. 다른 지역에 비해 농경지가 넓었지만, 논농사가 확대되어 갈 당시 부포는 경제적으로 그렇게 매력적인 곳이 아니었다.

18~19세기 거주 성씨에도 일정한 변화가 나타났다. 『선성지』 인물조에는 봉화금씨 15명, 안동권씨 11명, 횡성조씨 4명, 평강채씨 3명, 영양남씨 3명, 경주손씨 1명, 함양박씨 1명이 실려 있어, 봉화금씨가 가장 많은 수를 차지한다. 『선성지』를 제외하고 조선 후기 부포에 살았던 성씨를 확인할 수 있는 자료는 없다. 다만 일제강점기의 자료를 통해 조선 후기의 상황을

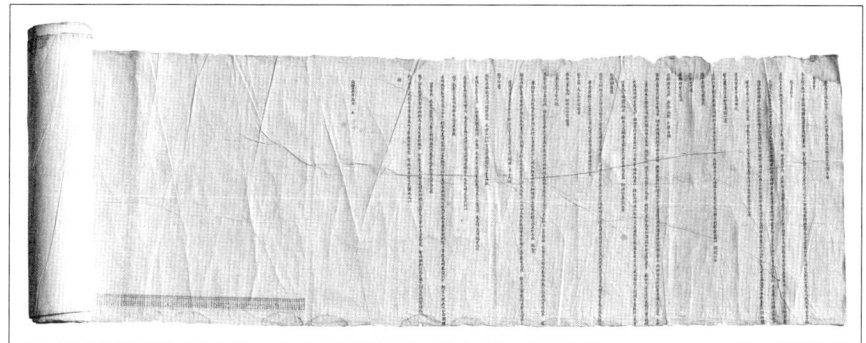

▲ 영남만인소(한국국학진흥원 제공)

추정해 볼 수는 있다. 1913년 조선총독부가 작성한 「토지조사부」에서 부포의 토지 소유자는 모두 15개 성씨 120명이다. 그 가운데 이씨가 63명으로 절반을 조금 넘고, 다음으로 조씨 16명, 김씨 12명, 금씨 7명의 순이다. 물론 이씨는 대부분 진성이씨이다. 『조선의 취락』에서 부포 거주자 가운데 진성이씨가 절반이 넘고, 동성마을이 형성된 지 150년이 된다고 했기 때문이다. 이로 미루어 18세기 이후 진성이씨가 본격적으로 부포에 세거했음을 짐작할 수 있다.

부포는 조선 후기 정치에서 소외되었다가 19세기 중후반부터 다시 정치적인 입장을 표명하기 시작하였다. 그 출발은 1855년 사도세자 추존을 위한 영남만인소 작성에서 비롯되었다. 영남 남인은 갑술환국 이후 정치적으로 몰락하여 사족의 활동이 향촌에 한정되었다. 정조가 평소 영남에 호감을 갖고 있음을 인식한 영남의 사족은 사도세자의 신원伸寃상소를 올렸다. 안동을 중심으로 한 영남 남인의 정치적 복권을 위해서였다. 그러나 정조가 49세에 갑자기 세상을 떠남에 따라 영남 남인의 정계 진입은 다시 좌절된다. 1855년(철종 6) 영남 남인은 다시 한 번 정치적 재기를 모색하면서 사도세자의 추존을 위한 상소를 올리게 되는데, 이때 부포 출신의 이휘병李彙炳이 영남만인소의 소수疏首가 되어 앞장섰다.

19세기 말 나라가 내우외환의 위기에 처하자, 부포 사람들은 구국운동의 대열에 동참하였다. 이만손李晩孫(1811~1891)은 조정의 개화정책을 규탄하는 상소를 올렸는데, 이는 위정척사상소의 선구가 되었다. 또한 1895년 12월 이만응李晩鷹이 중심이 되어 작성·배포한 「예안통문禮安通文」은 예안지역 의병항쟁의 계기가 되었다.

일제강점기 부포 사람들은 민족주의운동, 사회주의운동 등 다양한 노선과 방식으로 민족해방운동에 투신하였다. 현재까지 파악된 부포 출신의 독립운동가는 30여 명에 이른다. 몇 집 건너 한 집씩 독립운동가가 배출된 셈이다. 한말~일제강점기 부포 사람들의 삶은 민족운동과 궤적을 함께했다고 해도 과언이 아니다.

1945년 8월 15일, 해방의 기쁨을 맞이했지만 해방정국의 좌우 이데올로기 대립은 부포에도 많은 희생을 가져왔다. 우익 쪽의 건국청년단(건청)과 좌익 쪽의 인민위원회청년단(민청) 사이의 갈등이 확대되어 서로 죽이기도 했고, 1950년 6월 29일에는 온 동네가 불바다가 되는 참화를 당하기도 했다. 당시의 참화로 19채 가옥이 소실되었는데, 치솟은 불기둥과 검은 연기로 동네는 참혹한 전쟁터를 방불케 했다고 한다. 그러나 갈등과 대립이 오래 가지는 않았다. 1950년대 후반으로 접어들면서 이념에서 비롯된 갈등을 치유하는 가운데 함께 삶의 터전을 가꾸어 나갔다.

그런데 정부의 안동댐 건립 계획에 따라 부포를 포함한 예안면 일대가 수몰될 위기에 처하였다. 주민들은 조상 대대로 내려오던 삶의 터전을 떠나야만 했고, 아름다웠던 산하는 물에 잠겼다. 마을의 역사를 보여 주던 고색창연한 가옥과 유적 역시 물에 잠기고, 겨우 부라원루·성성재종택·계상고택 등만이 지대가 높은 곳으로 옮겨져 역사의 흔적을 말해 주고 있다.

4. 부포와 함께한 성씨들

부포의 세거 성씨로는 안동권씨·봉화금씨·횡성조씨·진성이씨·영해신씨·평강채씨·경주손씨·영양남씨 등을 들 수 있다. 안동권씨가 가장 먼저 세거한 이래 여러 성씨들이 처가살이의 풍습에 따라 부포에 살게 되었는데, 시기별로 부포를 주도했던 성씨는 조금씩 다르다. 16세기 이전에는 안동권씨가 번창했다가 16~17세기에는 봉화금씨·횡성조씨가 마을을 주도했으며, 18세기 이후 부계적 가족질서가 정착함에 따라 부포는 진성이씨의 동성마을이 되었다. 여기서는 600여 년 부포의 역사에 커다란 영향을 끼친 안동권씨·봉화금씨·횡성조씨·진성이씨를 중심으로 이거와 성장 과정 및 주요 인물에 대해 살펴보겠다.

1) 안동권씨

안동권씨安東權氏의 시조 권행權幸은 대대로 안동에 살던 토족으로, 본래 성은 김金이다. 김선평·장길과 함께 왕건군을 도와 견훤군을 격퇴한 공로로 권씨 성을 하사받았고, 후삼국 통일 후 태사太師의 작위를 받았다. 후손들이 권행을 시조로 하고 안동을 본관으로 삼았다.

『선성지』에 의하면, 권씨 가운데는 권간權簡의 선대와 권겸權謙(1413~1505)이 부포에 처음으로 살기 시작했다고 한다. 그러나 부포에 세거한 것은 권겸과 그 후손들이다. 권겸은 권행의 20세손으로, 당시 예안의 토성 예안 김씨 소량小良의 사위가 되어 안동에서 부포로 이거하였다.

권겸은 슬하에 3남 2녀를 두었다. 맏아들 수익受益은 1486년(성종 17) 문과에 급제하여 인동·영산·영덕 등의 수령을 거쳐 벼슬이 동지중추부사에 이르렀다. 부포와 마주한 다래의 경치가 빼어났기 때문에, 그는 아버지와 함께 거주지를 다래로 옮겼다. 둘째 아들 수덕受德은 소과에 합격했으나 일찍 사망하였다. 셋째 아들 수복受福은 1489년(성종 20) 무과에 급제하여 선전관·충훈위도사·어영대장 등을 거쳤다. 활쏘기와 기예가 매우 뛰어나 "보일 듯 말 듯한 곤충도 맞힐 수 있고, 멀리 있는 버드나무 잎을 꿰뚫을 수 있다"고 할 정도였다. 당시 북쪽 오랑캐들이 국경을 자주 침범하자 왕이 특명을 내렸는데, 이에 큰 공을 세우고 어영대장에 임명되었다. 수복은 면계綿溪로 거주지를 옮겨서 안정적으로 정착했으나, 16세기 중후반 여러 차례 물난리를 겪게 되면서 그 후손들은 의성 비안比安을 비롯한 여러 곳으로 흩어졌다.

권겸의 첫째 딸은 영천이씨 성손誠孫과 혼인하고 둘째 딸 역시 영천이씨 현감 흠欽과 혼인함으로써 친정자매가 시댁의 숙질이 되었다. 영천이씨는 이헌李軒이 영천에서 예안 분천汾川에 세거한 이후 예안의 대표적인 사족으로 성장했는데, 지중추부사에 이른 농암聾巖 이현보李賢輔(1467~1555)는 권겸의 외손자이자 외종증손자이다. 성리학적 질서가 아직 완전히 정착되지 않았기 때문에 처가살이, 재산의 아들·딸 균분상속, 윤회·외손봉사 등과 더불어 중첩혼인 역시 비일비재하였다.

권수익은 2남 3녀를 두었는데, 첫째 아들 곤鯤은 1522년 진사시에 합격하였다. 둘째 아들 운雲은 1513년 진사시에 합격하고 1516년 문과에 급제하여 홍문관교리를 지냈으나, 아쉽게도 25세에 사망하였다. 수익의 첫째 딸은 횡성조씨 대춘大椿과 혼인하였다. 대춘의 아들이 곧 월천 조목이고, 성재 금난수는 대춘의 사위이다. 수익의 둘째 딸은 김영형金永衡과 혼인하였고, 셋째 딸은 정응태鄭應台와 혼인하였다.

권수복의 아들은 준準·칙則·구矩이다. 구는 학문과 문필이 뛰어났으나 과거를 포기했으며, 수직壽職으로 첨지중추에 이르렀다. 권구의 부인은 역동 우탁의 후손이다.

권칙의 아들 수洙는 1546년 생원시에 합격했고, 1552년 문과에 급제하였다. 그가 성균관에서 공부할 당시 여러 친구들과 함께 뱃놀이를 했는데, 이때 그의 피리 소리가 맑고 깨끗해서 위로는 구름을 꿰뚫고 아래로는 바위틈에 메아리쳤다고 회자되었다. 시도 능했다고 하는데, 다만 몇 수만이 전할 뿐이다.

권구의 맏아들 속涑은 일찍이 조목과 함께 종조從祖 권수익에게 학문을 배웠고, 정릉참봉에 제수되었다. 동생 락洛은 어려서부터 학문에 뜻을 두고 권팽로權彭老에게 가르침을 받았으며, 이어 종자형인 조목에게 나아가 공부하였다. 향시 초시에 여러 번 합격했으나, 복시에는 떨어졌다. 만년에 예안현 및 안음현의 훈도를 지냈다.

권속의 아들 시중是中은 호가 늑로櫟老·늑정櫟亭으로 일찍이 조목 문하에 들어가 학문을 익혔다. 1602년(선조 35) 문학과 효행으로 참봉에 추천되었으나 나아가지 않고 학문에만 전념하였으며, 『선성지』·『선곡연계록善谷蓮

桂錄』 등을 편찬하였다. 고을 사람들이 그의 효성을 기록으로 남겼는데, 늘 가죽 주머니를 가지고 다니다가 맛있는 음식을 보면 거기에 담아 와서 연로한 부모를 봉양했다고 한다. 그 주머니는 '양로낭養老囊'으로 불렸는데, 『선성지』에 상세하게 기록되어 있다.

역동에도 권씨가 세거했는데, 그 가계는 권경달權景達 → 권인權仞 → 권임權任 → 권기수權耆壽로 이어진다. 권경달이 처음 터를 잡고 강동초사江東草舍를 지어 살기 시작하였다. 권경달은 문과에 급제하여 함창현감을 지냈지만, 이후로는 과거합격과 사환이 이어지지 않았다.

안동권씨는 부포에 가장 먼저 세거하고 현달한 인물을 많이 배출함에 따라 예안에서 일찌감치 사족의 반열에 올랐는데, 명문과의 거듭된 혼인은 향촌에서의 위상을 더욱 높여 주었다. 예를 들어 권수익과의 관계를 보면, 예안의 토성인 예안김씨의 김담金淡은 권수익의 외삼촌이고, 영천이씨의 이현보는 생질이며, 횡성조씨의 조목은 외손자이고, 봉화금씨의 금난수는 외손서이다. 안동권씨는 봉화금씨·횡성조씨를 비롯한 여러 성씨들이 부포에 세거할 수 있도록 문을 열어 준 성씨라고도 할 수 있다.

그러나 17세기부터 향촌사회에서 안동권씨의 위상이 약화되기 시작하였다. 양반들의 위상을 알 수 있는 향안·원생안 등에 등재된 인물이 얼마 되지 않으며, 일제강점기에 간행된 석판본 『선성읍지宣城邑誌』 인물조·과거조·생진조에도 17세기 중반 이후에는 권씨가 보이지 않는다. 그들은 부포에서 다래·북계北溪·면계 등으로 거주지를 넓혔으나 안정적인 경제 기반을 확보하지 못했고 현달한 인물도 배출하지 못하였다. 그래서 조선 후기로 내려올수록 향촌사회에서의 영향력이 줄어들 수밖에 없었다.

2) 봉화금씨

봉화금씨奉化琴氏는 고려 명종~고종 때의 충렬공 의儀를 시조로 하는 봉화의 명문거족이다. 모두 14개 파로 나뉘어 봉화·예안·안동·영양·옥천·고령 등지에 세거하는데, 예안에는 부포·오천·온계에서 대대로 살았다. 대부분 여말선초에 분파하였으며, 부포와 오천에는 11세 이화以和의 아들인 숙淑과 척滌이 처음으로 살기 시작하였고 온계에는 용화用和의 손자 계啓의 후손들이 세거하였다.

15세기 전반 금숙이 부포에 살게 된 것은 권간의 사위가 되었기 때문이다. 금숙은 일곱 아들을 두었는데, 그 가운데 곤崑·숭嵩·륜崙·증嶒·준峻이 과거에 급제하였다. 과거급제자가 많이 배출됨에 따라 봉화금씨의 가계는 바로 명문의 반열에 올랐다. 이후에도 과거급제와 사환이 이어졌다. 금숙의 손자 치함致諴은 1495년 무과에 급제한 이후 청도군수를 지냈고, 치소致韶는 음사로 월송포만호를 지냈다.

봉화금씨는 성재惺齋 금난수琴蘭秀(1530~1604) 대에 이르러 문호가 절정에 이르렀다. 아버지는 첨지중추부사 헌憲이고, 어머니는 영양남씨로 교수 남식南軾의 딸이며, 부인은 조목의 누이동생이다. 임천서당臨川書堂에서 강학하던 의성김씨 진璡에게 수학하면서 그의 아들 극일克一과 수일守一, 그리고 구봉령具鳳齡·이국량李國樑 등 안동과 예안의 뛰어난 학자들과 교유하였다. 조목의 권유로 이황의 문하에서 공부하는 방법을 터득하여 궁리·실천에 분발했으며, 『퇴계문인록』에 이름이 올랐다. 제릉참봉·경릉참봉을 비롯하여 직장直長·장례원사평을 역임하였다. 임진왜란이 일어나자 노모의 봉양을 위해 고향에 은거했으나, 정유재란 당시에는 향촌의 사족과 더불어 의병

▲ 금난수의 문집별책 수집 과정을 서술한 발문(한국국학진흥원 제공)

을 일으켰다. 그해 성주판관에 임명되었으나 부임하지 않았고, 1599년 봉화현감이 되었다가 1년 만에 사임하고 고향으로 돌아왔다.

금난수는 역동서원 건립 및 동약·족계를 실시하는데 앞장섰으며, 향촌사회의 안정과 질서유지를 위해 적극적으로 노력하였다. 만년에는 청량산 암벽 옆에 고산정孤山亭을 짓고 자적하였다. 정유재란 당시 국난극복에 앞장선 공을 인정받아 좌승지에 추증되었고, 예안의 동계정사東溪精舍에 제향되었다. 저서로는 『성재집』이 있다.

금난수는 아들로 경憬·업僚·개愷·각恪을 두었다. 경은 조목의 문인으로, 생원시에 합격하였다. 정유재란 당시 아버지와 함께 의병을 일으켰으며, 학행으로 천거되어 봉사奉事에 임명되었다. 업은 문과에 급제하여 창원부사를 지냈다. 개 역시 조목 문하에서 공부하였는데, 문과 급제하여 여주목사에 제수되었으며 이황의 증손녀와 혼인하였다. 각은 9세 때 아버지를 따라 한양으로 가서 하곡荷谷 허봉許篈에게 배웠다. 아주 총명하여 여러 책들을 한 번 보면 기억했다고 한다. 허봉이 매우 아꼈으나, 아쉽게도 18세에 죽었다. 생전에 많은 글을 썼고, 『조대집釣臺集』과 『풍창낭화風窓浪話』를 남겼다. 금경·금개·금업은 모두 도산서원 원장을 역임했는데, 특히 금경은 6회에 걸쳐 도산서원 원장을 지냈다.

『선성지』부포 인물조에 실린 21명 가운데 봉화금씨는 15명이다. 부포 출신의「향안」등재자 가운데도 봉화금씨가 많으며, 봉화금씨는 유향소의 향임을 여러 차례에 걸쳐 역임하기도 했다. 17세기 초 부포 봉화금씨의 위상이 어떠했는지 충분히 짐작할 수 있다. 물론 인조반정 이후 '월천계'의 입지가 위축되자 조목과 학문적 입장을 함께했던 봉화금씨의 족세도 상대적으로 약해졌다. 그러나 퇴계학을 가학으로 계승하면서 영남좌도 퇴계학맥과의 교유를 지속했고, 진성이씨·예안김씨 등 예안의 명문사족들과의 혼반도 지속되었다.

금개는 아들 성휘聖徽(1622~1682)가 이황의 현손녀와 혼인하고 딸이 이황의 현손 명철의 아내가 되는 등 진성이씨와 중첩적인 혼인관계를 형성하였다. 금개의 아내와 아들 성휘의 아내는 시어머니와 며느리 사이인 동시에 친정으로는 종숙질간이다. 거기다가 금개의 딸은 이명철의 아내가 되었으니, 친정어머니가 시고모이기도 하다. 당시에는 퇴계종가가 부포에 있었기 때문에 문밖만 나서도 친정 식구, 처가 식구들을 쉽게 만날 수 있었을 것이다.

금성휘는 1660년 진사가 되고, 숙종 즉위년에 참봉에 제수되었다. 그는 여러 차례 도산서원 원장을 지냈으며, 홍여하洪汝河·이현일李玄逸 등 당대 영남의 대표적인 학자들과 교유하였다. 조목의 신도비에서 류성룡을 '주화오국主和誤國'했다고 기록한 것이 논란이 되었을 때 김응조金應祖는 금성휘를

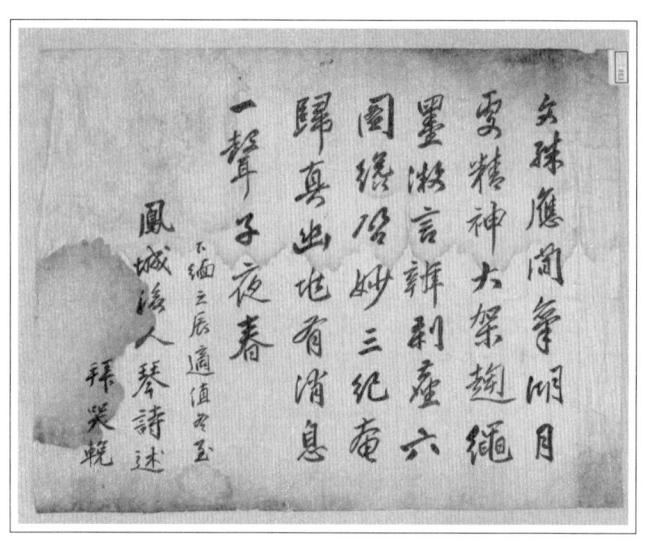

▲ 금시술의 필적(한국국학진흥원 제공)

통해 이 문제를 해결하려 했으며, 이휘일은 1666년(현종 7) 류세철 등의 의례 상소를 금성휘를 통해 중지시키려 하였다. 이러한 일은 그가 학문적으로 큰 명망을 얻었기 때문에 가능하였다.

18~19세기 봉화금씨 가운데 학문적으로 명망을 얻은 인물은 금난수의 9세 매촌梅村 금시술琴詩述(1783~1851)이다. 그는 후계後溪 이이순李頤淳, 면암俛庵 이우李㘽, 광뢰光瀨 이야순李野淳 등에게 학문을 배웠다. 1844년(현종 10) 문과 급제하여 사헌부감찰·성균관전적·사헌부지평·사간원정언에 제수되었으나 부임하지 않았다. 그는 평소 지조가 곧고 성품이 고결하며 문장에 능하였다. 향촌 문제에도 앞장섰는데, 계암溪巖 김령金坽을 서원에 향사하게 해줄 것과 조목의 사시賜諡를 청하는 상소를 직접 작성하였다. 『매촌집梅村集』이 전한다.

한말~일제강점기 봉화금씨 가운데 민족운동에 투신한 인물로는 학산鶴山 금용하琴鏞夏, 청원淸園 금용문琴鏞文이 있다. 금용하는 정기鼎基의 아들이고, 금용문은 대기垈基의 아들로 사종간四從間이다. 금용하는 아버지가 일찍 세상을 떠나는 바람에 고계高溪 금성술琴誠述에게 수업하였다. 그는 매우 총명했으나 과거를 포기하고 성리학에 전념하였으며, 1910년 경술국치 이후 "초야의 사람으로 죽어야 하는 의리는 없지만, 그렇다고 평상시와 같이 지낼 수는 없다"라고 하면서 죽을 때까지 흰옷을 입고 두문자정杜門自靖하였다. 금용문은 3·1운동 만세시위 참가로 옥고를 치렀다. 서울에서 3·1만세운동의 소식이 전해지자 예안에서도 수천 명의 군중이 독립만세를 외치며 거리로 행진하였다. 이때 금용문도 시위를 주도하다가 체포되어 징역 1년형을 선고받았다.

봉화금씨는 15세기 초 부포에 세거한 이래 사회·경제적 안정 위에서 16~17세기 부포의 학문과 문화를 꽃피우는 데 주도적인 역할을 했고, 향촌사회의 교화에도 앞장섰다. 이후 족세의 번성이 주춤하고 정치적 부침을 겪기도 했지만, 퇴계학을 가학으로 계승하는 가운데 부포를 대표하는 성씨의 하나로 자리매김하였다.

3) 횡성조씨

횡성조씨橫城趙氏의 시조는 횡성군 익翌이다. 그는 965년(광종 9) 고려에서 처음 실시한 과거에 장원급제하고 한림학사가 되었다. 품행이 깨끗하고 덕이 높았으며, 광종 때 문하시중에 올랐고 횡성군橫城君에 봉해졌다. 후손들이 그를 시조로 삼고 횡성을 본관으로 하여 세계世系를 이어 오고 있다. 후손 충冲이 고려 고종 때 문관으로 상장군을 겸임했는데, 거란군을 대파한 공으로 문하시중에 증직되었고 고종의 묘정廟庭에 배향되었다.

이후 대대로 횡성군에 살다가 여말선초에 충의 7대손 온보가 문경현 천곡리로 이주했고, 온보의 아들 장璋이 문경에서 예천 금곡리金谷里로 이거했다. 장의 증손자 대춘은 일찍 부모를 여의고 영천의 외가에서 성장했는데, 이조참판 권수익의 사위가 되면서 예안현 다래에 살기 시작하였다.

대춘은 아들로 목穆·우祐·정禎을 두었다. 목 역시 아버지에 이어 안동권씨와 혼인이 이루어져, 개세盖世의 딸을 아내로 맞이하였다. 조목의 누이 가운데 한 명이 권중기權重器와 혼인하고 두 명이 봉화금씨 금희琴熹·금난수와 혼인하는 등 횡성조씨는 당시 예안을 대표하는 사족과 혼반을 형성하였다.

조목은 어릴 때 아버지로부터 학문을 배웠으며, 조상으로부터 물려받은 재산으로 비교적 안정된 생활을 영위하였다. 그는 15세 때 이황의 문하에 들어가 학업을 청하였다. 1552년 생원시에 합격하였으나 이후 과거시험을 그만두고 스승 곁에서 학문에만 전념하였다. 그는 학봉 김성일, 서애 류성룡과 함께 '퇴계 영수領袖'라 일컬어졌다. 은일隱逸로 천거되어 봉화와 합천의 수령을 역임했고, 종2품 가선대부로 공조참판에 올랐다. 임진왜란이 발발하자 동생 및 두 아들과 더불어 의병을 일으켰으며, 이황이 졸한 뒤에는 서원에서 후진 양성에 더욱 힘을 쏟았다. 스승의 문집 편간編刊, 사원祠院의 건립 및 봉안 등에 있어서 항상 성의를 다하였다. 그는 1613년 도산서원 상덕사尙德詞에 배향되고, 1615년에는 이황을 모신 예천 정산서원鼎山書院에 배향되었으며, 1617년에는 봉화 창해서원昌海書院에 배향되었다.

조목은 아들로 수붕壽朋(1579~?)과 석붕錫朋(1585~1657)을 두었다. 수붕은 1616년(광해군 8) 진사시에 합격하여 경안찰방을 역임했으나 일찍 죽었다. 석붕은 1603년 생원시에 합격하였고, 1615년 문과에 급제하여 봉상시주부를 역임하였다. 인조반정 직후 북인정권과 가까웠던 예안지역의 인사들에게 처형·유배·훼가출향毁家出鄕 등의 조치가 취해졌는데, 조목의 아들이자 문인이었던 수붕과 석붕에게도 유배가 내려졌다.

이후 횡성조씨의 가세는 급격히 기울어졌다. 더욱이 석붕의 후손이 북후면 두산동斗山洞으로 이거하면서 부포를 중심으로 한 횡성조씨의 향촌 활동은 거의 없었다. 그럼에도 불구하고 횡성조씨는 오늘날까지 부포를 지키고 있다.

4) 진성이씨

진성이씨眞城李氏는 석碩을 시조로 한다. 진성(眞寶城)을 본관으로 삼은 것은 선조들이 대대로 진보현에 살았기 때문이다.『진성이씨세보』에 의하면, 진성이씨는 대대로 호장戶長을 역임했다고 한다. 고려 말 이석이 학문에 뜻을 세워 생원시에 합격하면서 관직으로의 발판을 마련하였고, 그의 아들 자수子脩의 대에 이르러 가문의 기틀이 다져졌다. 자수는 충숙왕 때 명서업明書業에 급제하고 홍건적 토벌에 공을 세워 송안군松安君으로 봉해졌으며, 벼슬이 판전의시사에 이르렀다.

진성이씨는 안동 입향조인 이자수의 5세 우양遇陽·흥양興陽·계양繼陽 대에 이르러 가세가 더욱 발전하였다. 이후 세거지는 안동 주촌周村을 비롯하여 예안 온혜·상계·하계로 넓어지게 되었다. 대개 동성마을은 특정 파

派를 중심으로 형성되지만, 부포의 진성이씨는 계상파·단사파·도연파·상계종파·섬촌파·아호파·원촌파·의인파·하계파·호동파 등 여러 파가 함께 동성마을을 이루었다. 후손 이원정李源楨(서울 거주)은 이러한 상황을 다음과 같이 자랑스럽게 말한다.

> 그러니까 다른 마을처럼 같은 빛깔의 옷을 입고 같은 생각을 하면서 살았던 것이 아니고 이런 빛깔 저런 빛깔 가지각색의 옷을 입고 조금씩 다른 생각을 하면서 살았던 마을이 부포 동네였습니다. 여러 빛깔의 옷을 입고 모였으면서 어쩌면 그렇게 잘 어울렸고 조화를 이루며 살았는지 모릅니다. '우리는 무슨 파다. 저 집은 무슨 파다'라고 구분하지 않았습니다. 마치 미국이 같은 빛깔의 한 폭으로 된 이불을 덥고 단일민족끼리 사는 나라가 아니고 쉰 쪽이나 되는 천을 모아 기워 만든 이불을 덥고도 수많은 인종이 평화롭게 잘 살아가는 모습과도 같았습니다.

이처럼 부포에는 여러 파가 모여 살았기 때문에 족보에는 부포에 세거한 후손들이 명확하게 드러나지 않는다. 다만 『선성지』에 의거하면, 이계양이 안동 주촌에서 부포로 가장 먼저 들어왔다고 한다. 그는 영양김씨 유용有庸의 사위였는데, 김유용의 집이 부포에서 가까운 서촌西村에 있었기 때문이다. 그런데 이계양은 부포에서 다시 온혜로 이거하였다. 이후 이황의 손자 안도安道가 예안 상계로부터 부포로 이거하여 그의 현손 수겸守謙 대까지 거기서 살다가 다시 상계로 돌아갔다. 주촌파에서 분파한 호동파虎洞派의 파조 7세 종從 역시 15세기에 두루에서 부포로 이거하였다.

이후 여러 파의 후손들이 부포에 들어와 살았는데, 이들은 정치적으로

▲ 진성이씨가 많이 살던 중마을의 모습

는 영남 남인, 학문적으로는 퇴계학을 계승하였다. 그래서 갑술환국 이후 정치적으로 배제될 수밖에 없었으나, 19세기 중후반부터 부포의 진성이씨는 다시 역사의 전면에 나서게 된다. 이황의 11세손 휘병彙炳이 1855년 사도세자 추존을 위해 영남만인소의 소수가 되었다. 영남 남인이 집권세력의 전횡에 맞서 목숨을 걸고 서명하여 자신들의 정치적 입장을 표출했는데, 이휘병이 앞장섰던 것이다.

이휘병의 아들 만손晩孫(1811~1891)은 수신사로 파견되었던 김홍집이 황준헌의 『조선책략』을 들여오자, 그 책을 들여온 김홍집의 죄를 탄핵하며 조정의 개화정책을 규탄하는 상소문을 작성하였다. 여기에 영남의 유생들이 연서하여 고종에게 영남만인소를 올렸다. 이만손은 재차 상소를 올리려 했으나, 조정을 비방했다는 죄목으로 체포되어 전라도 강진에 유배되었다. 이만손을 소수로 한 영남만인소는 이후 척사상소운동의 선구가 되었다. 또 이만손의 동생 만응晩鷹(1829~1905)은 1895년 「예안통문」을 작성·배포하여 의병을 일으키는 계기를 마련하였다. 『소행일록疏行日錄』을 보면 만인소의 소수를 정할 때 문벌·인물·학문·덕행 등을 참고했음을 알 수 있다. 양대 소수가 나왔던 당시의 부포는 영남 유림의 중심부가 아니었을까 하는 생각이 든다.

조선이 일본의 식민지로 전락하자 위정척사 계열에서는 자정순국이 이어졌는데, 이명우李命羽(1872~1920) 부부 역시 자정순국의 길을 택하였다. 당시 이명우가 남긴 글이 최근 후손에 의해 공개되었다. 이명우는 을미사변이 일어나자 가족과 함께 속리산·계룡산 등에 우거했으며, 1918년 고종 황제의 붕어 소식을 접하고 아침저녁으로 망곡하며 애도했다고 한다. 고종 황제의 삼년상이 끝나던 1920년 12월 20일 저녁, 마침내 그는 부인과 함께 유서를 남기고 순절하였다.

한편 호동파의 백농白農 이동하李東廈는 예안 상계종가와 함께 보문의숙을 세워 개화사상을 보급하고 청소년에게 애국심을 심어 주는 등 교육활동을 통한 항일운동을 전개하였다. 이후 만주 서간도에서 동창학교와 홍경학교를 설립하여 교육운동을 이어갔다. 동생 경식京植은 1927년 장진홍·이원기·이원록(이육사) 등과 함께 조선은행 대구지점을 폭파하였다. 이경식의 딸 병희丙禧는 경성의 종연방적에서 노동운동을 전개하였고, 1940년 북경으로 망명하여 이원록과 함께 의열단원으로 활약하다가 일본 경찰에 붙잡혀 북경 감옥에서 옥고를 치렀다.

혜전慧田 이원혁李源赫은 신간회 중앙본부에서 활동했으며, 김병로·조병옥 등과 함께 1929년 광주학생운동의 실상을 조사하여 민중대회를 개최하려다 옥고를 치렀다. 심천深泉 이선호李先鎬는 1925년 조선학생과학연구회를 창립하고 집행위원으로 활동하였다. 1926년에는 6·10만세운동을 계획하고 추진하였을 뿐만 아니라 인산 당일에 종로3가 단성사 앞에서 '조선독립만세'를 선창하며 격렬한 시위를 주도하였다. 몇 년간 옥고를 치른 후 일본으로 망명하여 재일본 조선인 항일운동에 가담하였다.

진성이씨는 다른 성씨에 비해 비교적 늦게 부포에 정착했지만, 18세기 중반 이후 부포 인구의 절반을 차지하게 되었다. 이들은 조선 후기 영남 남인의 정치적 진출 모색에 앞장섰으며, 격변하는 시대상황에서 위정척사운동으로, 의병항쟁으로, 독립운동으로 이어지는 항일구국운동에 앞장섰다. 진성이씨의 근대 역사는 곧 항일운동의 역사라고 할 수 있다. 해방 이후에도 부포의 세거 성씨 가운데 진성이씨가 가장 많았다. 그러나 댐이 건설되자 대부분 고향을 떠날 수밖에 없었다. 그들은 '수몰민'이 되었고, 그들의 고향은 사라졌다.

역사는 땅과 사람과 시간의 이야기이다. 부포 땅의 대부분이 없어졌기에, 더 이상 부포 사람도, 부포의 역사도 없다. 그러나 눈부시게 아름다웠고 가슴시리도록 아팠던 부포의 600여 년 이야기는 엄연히 존재한다. 그것이 기억에서 사라지기 전에 기록으로 남겨야 한다. 과거는 기록으로만 영원히 살아 있을 수 있기 때문이다. (김명자)

2장

부포마을의 공동체 민속

1. 나부산 자락에 자리 잡은 부포마을

부포리浮浦里는 1974년 안동댐이 건설되면서 마을의 낮은 지대는 모두 수몰되고 일부만이 남아 있는 상태이다.

부포리 일대에 언제부터 마을이 형성된 것인지는 정확히 알 수 없다. 『선성지宣城誌』 시거始居조에는 안동권씨安東權氏 경력經歷 권간權簡의 상세上世로부터 살았으며 그 후 금숙琴淑이 봉화에서 이곳 부포리로 들어와 권간의 사위가 되었다고 기록되어 있다. 구씨, 성씨, 금씨, 이씨 순으로 들어왔다는 구전이 있으나 확인되지는 않는다.

수몰되기 전 부포리는 넓은 들이 펼쳐져 있던 마을로 일제강점기 말에는 마을 호수가 100여 호 정도 되었는데, 그 가운데 진성이씨 가구 수가 50여 호로 가장 많았다고 한다. 당시 진성이씨 문중은 강산정파, 계상파, 단사파, 상계종파, 섬촌파, 아호파, 원촌파, 의인파, 호동파 등 여러 파가 모여 살았지만, 파를 구분하거나 집안을 따지지 않고 공존의 조화를 이루며 살았다. 현재 부포리에는 모두 27호 정도가 살고 있다. 진성이씨가 8호로 가장 많고, 광산김씨, 안동장씨, 봉화금씨, 진주강씨, 안동김씨, 안동권씨, 파평윤씨, 기계유씨 등 여러 성씨가 더불어 산다. 본래 원거리, 중마, 월촌, 신촌, 햇골, 호소골(호수골, 호동), 가름(柯陰, 葛陰, 가음골, 가음곡), 역동, 청고개(靑峴), 다래 등 여러 자연마을이 하나의 부포리를 이루었으나, 수몰되면서 역동마, 호소골, 가름 등만이 남아 있다.

일제강점기에는 마을에 수천석꾼이 있었다고 하며, 참봉댁 이만좌李晩佐 씨가 마을에서 농지세를 가장 많이 냈다고 한다. 또한 들이 넓어 비교적 넉넉히 생계를 유지할 수 있어서인지 예로부터 장수를 누리는 사람이 많았

▲ 수몰 전 부포동 전경

▲ 수몰 전 부포동 이정표

다. 부라촌浮羅村에서 장수한 인물들이 『선성지』에 기록되어 있다.

『선성지』를 보면 부포마을에는 금치함琴致諴, 금난수琴蘭秀, 권겸權謙, 권수익權受益 등 여러 인물이 살았다. 금치함은 1495년(홍치 을묘)에 무과에 급제하여 청도군수를 지냈다. 금난수(1530~1604)는 금헌琴憲의 아들이며 금치소의 손자이다. 그는 1561년(가정 신유)에 생원시에 합격하였고 퇴계의 추천을 받아 봉화현감을 지냈다. 정유재란 때에는 예안 수성장으로 활약하였으며, 사후 승정원좌승지에 증직되었다. 권겸은 안동에서 살다가 부포리로 옮겨 살았다. 그는 3남 2녀를 두었는데, 장남 권수익權受益은 1486년(성화 병오)에 문과에 급제하였고 차남 권수덕權受德은 소과에 합격하였으며 삼남 권수복權受福은 1489년(성화 기유)에 무과에 급제하였다. 권수익(1452~1544)은 퇴계의 고제였던 월천 조목의 외조부이다. 1486년(성종 17) 문과에 급제하였고 영산靈山·영덕盈德·개천价川·인동仁同 등 네 고을의 원을 거쳐 호조참판 및 동지의금부사同知義禁府使를 지냈다.

지금 부포마을에는 성성재종택惺惺齋宗宅과 부라원루浮羅院樓가 남아 있

◀ 성성재종택　　　　　　　　　▲ 부라원루

다. 성성재종택은 조선 중기의 학자 성성재惺惺齋 금난수의 집이다. 이 건물은 정침, 아래채, 사당으로 구성되어 있다. 금난수는 35세(1564) 때 이 건물의 아래 동계洞溪 가에 성재惺齋라는 정자를 짓고 학문에 힘썼다. 부라원루는 고려 중기부터 조선 말기까지 시행해 온 역원공영제도에 따라 예안현에 소속되어 있었다. 다른 건물도 함께 있었으나 지금은 누각만 남아 있다. 건립 연대는 알 수 없으며, 현판은 석봉石峯 한호韓濩의 글씨이다. 안동에는 관음원觀音院, 오리원吾里院, 낙목원落木院등 23개소의 원루가 있었지만 모두 사라지고 오직 부라원루만이 보전되고 있다. 부라원루가 보전된 데에는 부포마을 사람들의 남다른 의식이 작용했을 것이다.

2. 마을공동체 제사

부포마을에서는 매년 두 번의 마을 제사를 지냈다. 하나는 여신에게 올리는 동제이며, 다른 하나는 단소제사壇所祭祀이다. 단소란 묘소를 잃어버린 상태에서 제사를 지내기 위해 쌓은 제단을 말한다.

▲ 당집 외부 전경

▶ 당집 내부

1) 마을의 주도층이 주관하던 동제

지금 부포마을 호소골 북쪽으로 약 1km쯤 떨어진 산중턱에 부라원루가 있고, 거기서 약 20m 뒤쪽으로 당집이 있다. 당집은 약 1.5평 규모이다. 벽면은 나무 널빤지로 이어 붙였는데, 널빤지 사이로 틈이 있어서 내부가 훤히 들여다보인다. 신성공간임을 말해 주듯이 당집 외부에는 금줄을 여러 번 감아 두었으며, 평상시에는 주민들이 당집에 접근하지 않는다. 출입문은 쌍여닫이문이며 지붕은 맞배지붕 형태이다. 당집 내부의 정면에는 약 30㎝ 높이의 제단이 마련되어 있다.

여기 말이에요, 동제라고 있어요, 동제사. 있었는데, 우리는 오랫동안 해 왔는데, 물든(수몰된) 복판에 있었어요. 부라원루하고 한테(함께) 있었는데. 한테 있다가 부라원루가 물드면서(수몰되면서) 산 끝에 옮겨 놨어. 첫 번째로 그리(가름골) 갔다가 두 번째는 저리(호소골) 가고. 2005년도에 옮겨놨는데.(이동좌 증언)

당집이 들 한가운데 있었어요. 산에 있었던 게 아니라, 경지정리 하면서 원院

옆으로 옮겼고, 부라원루 옆에. 또 수몰되면서 산 위로 옮겼죠.(이태원 증언)

당집은 지금까지 두 번 옮겨졌다. 본래 들 한가운데에 당집이 있었는데, 1960년대 초반 경지정리를 하면서 원거리마을 가까이 있던 부라원루 옆으로 옮겼다가 마을이 수몰되면서 호소골 북쪽 산으로 다시 옮겼다. 이 시기에 부라원루도 두 번 이건되었다. 처음 가름골 아래 옮겨졌으나 사람이 살지 않는 외딴곳이라 현판을 도둑맞을 정도로 관리가 어려웠다. 그래서 2005년 현 위치로 다시 이건하였다. 동제에서 모시는 신은 여신으로 이분을 모시게 된 사연에 대해서는 다음과 같은 이야기가 전해온다.

첫 번째 이야기는 『안동의 동제』에 소개된 내용으로, 옛날 마을 노인의 꿈에 한 여인이 나타나 자신이 봉성(봉화)금씨의 딸이라고 신원을 밝히면서 당을 지어 자신을 모셔 줄 것을 부탁하여 마을 주민들이 당을 지어 모셨다는 것이다. 두 번째 이야기는, 봉화금씨 매촌공이라는 분이 벼슬하다가 임

◀ 수몰 전 부라원루와 회나무 전경

기가 끝나 고향 부포로 돌아오는 길에 옷자락 속으로 방울이 숨어들었다고 한다. 그 방울이 자신을 어디어디에 내려 달라고 하였는데, 그곳에 당집을 지어 지금까지 모셨다는 것이다. 다음은 두 번째 이야기이다.

> 들어올 때 봉화금씨 매촌공이라고 하는 그분이 벼슬살이를 하고, 요즘 말로 임기 끝나고 고향으로 돌아왔는데 옷자락에 방울이 숨어들드라네? 그래서 방울이 나를 어디 내려놔 달라고 해서 당 지아(당집을 지어) 놓고 봉화금씨당이라고 해 가지고. 매촌공이 방울을 가지고 왔으니까 봉화금씨당이라고 했지. 그렇게 들었지.(이수라 증언)

이런 이야기를 들으면 봉화금씨와 동제당이 밀접하게 연관되어 있음을 알 수 있다. 특히 매촌공을 거론하는 것은 구체적인 사실일 수도 있고, 매촌공과 동제당의 상징적 연관성을 말하는 것일 수도 있다.

매촌공梅村公은 봉화금씨 금시술琴詩述(1783~1851)을 가리킨다. 『매촌문집』에 따르면, 그는 『퇴계선생문집』과 『도산급문제현록陶山及門諸賢錄』을 편찬한 광뢰공 이야순李野淳(1755~1831)에게서 수학했으며 지조가 곧고 단정하고 문장에 능하였다. 또 효우孝友가 지극하여 아버지 5형제가 한울타리 안에서 의식을 같이하며 살았다. 1844년 문과에 급제하여 감찰監察과 전적典籍을 거쳤으며, 1851년 정언正言이 되었으나 부임하지 않고 같은 해 10월에 세상을 떴다.

매촌공의 생몰 연대를 볼 때, 부포마을처럼 큰 마을에 동제가 그렇게 늦게 생겼다고는 보기 어렵다. 그렇다면 매촌공이 동제의 중흥이나 재편에 큰 역할을 하였다는 것으로 해석하는 편이 옳을 것이다. 다른 지역의 사례를 보더라도 이미 있던 동제가 특정 인물의 역할이나 개입에 의해 그 성격이 바뀐 일이 많기 때문이다. 더욱이 동제는 평범한 민중들이 기원을 정확히 알기 어려운 시점부터 전승해 온 민간전승의 신앙이다. 여기서 제관선출의 방식에 대한 주민의 이야기를 들어 보자.

제관은 금씨(봉화)나 우리 이가(진성)가 했어요. 매촌 어른이 진성이가의 외조外祖이고, 마을에서 두 집안이 컸으니까. 당으로 봐선 주인 역할을 한 거죠. 그래가지고 제관을, 금씨가 없으면 진성 이가가 하고, 진성이가가 없으면 금씨가 하고, 그랬죠.(이동좌 증언)

제관은 금씨, 이씨 두 문중이 상의해서 정하였다. 두 문중에서 제관이 나왔다고 하지만 그저 젊은 사람들 가운데서 돌아가면서 제관이 선출되었다. 학문이 높거나 명망이 있는 분들이 제관을 맡은 것도 아니고, 마을의 큰 부자나 큰 선비가 제관을 맡지도 않았다. 금씨, 이씨 두 문중에서 큰 부자가 있었고, 이들은 자연히 동제 때 물질적 지원을 하기 마련이었다. 그래서 동제는 금씨, 이씨 두 문중이 주관하는 제사처럼 된 것이다.(이원정, 이동혁 증언)

두 이야기에는 동제의 성격을 이해할 수 있는 실마리가 있다. 제관으로 선출되는 성씨로 볼 때, 원래는 봉화금씨가 동제를 주도하였고, 뒤이어 진성이씨가 봉화금씨와 대등한 자격으로 동제를 주도하였다. 즉, 봉화금씨가 주도하는 동제로 시작되었지만 진성이씨도 더불어서 동제를 주도하였다는 뜻이다. 봉화금씨와 진성이씨는 과거에 이 마을에서 상당한 주도권을 가진 성씨였다. 지식이나 재력 면에서 마을 운영을 주도하던 성씨가 동제를 주관하는 성씨로 부상되었음을 말해 준다.

　따라서 매촌 금시술을 따라서 당방울이 이 마을로 들어왔다거나 동제당이 봉화금씨의 제당이었다는 전설은, 부포마을의 민중들이 주도해 오던 동제가 지식인이나 명망가의 실제적 개입을 통해 봉화금씨가 주도하는 마을신앙으로 재정립되었다는 사실을 상징적으로 전해 주고 있다. 그리고 봉화금씨보다 인구가 많으면서 역시 마을 운영을 주도하던 진성이씨가 합세하여 동제를 주도하였다는 것 또한 마을 운영의 주도권에 비례하여 동제의 주관자가 정해졌다는 사실을 말해 준다.

　특히 중요한 사실은 봉화금씨나 진성이씨 가운데서 큰 부자나 큰 선비는 동제의 제관을 맡지 않았다는 점이다. 금씨나 이씨 가운데서도 마을에서 사회·경제적 지위가 평범한 사람이 제관을 맡았다는 것은 역시 동제가 민중적 신앙의 성격을 일정하게 유지하고 있었음을 나타내는 대목이다. 본래 동제는 비유교적인 마을공동체 제의이지만, 부포마을의 동제는 재래의 민간신앙까지도 피라미드 체제로 사회질서를 잡아 가는 유교의 종법논리에 포섭되어 재편을 겪게 되었음을 잘 보여 준다.

　이 마을 동제당에 모셨던 방울은 한국전쟁 이후 없어졌다고 한다. 동제 존속의 근거이자 핵심적 상징물이던 당방울이 사라진 것은 봉화금씨와 진성이씨의 무관심에 따른 것이거나 이 마을 주민들의 동제에 대한 새로운 염원의 표상일 수 있다. 이는 한국전쟁 이후 마을사회의 변화 소용돌이 속에서 봉화금씨와 진성이씨가 주도하던 동제에 중요한 변화가 생겼음을 암시한다. 부포마을의 일부 주민들은 봉화금씨와 진성이씨가 동제를 주도했다는 과거의 사실을 인정하려 하지 않는다는 것이 이를 뒷받침한다.

동제는 2008년까지 음력 1월 14일 밤 자시에 지냈지만, 그 후부터 경비와 인력 문제를 해결하지 못해 중단되고 말았다. 부포마을이 수몰되기 전의 동제 모습은 다음과 같다. 동제에 참여할 제관과 당주는 정월 초닷새 전에 30대 이상 남자 주민들을 모아놓고 선출하였다. 당시에는 마을회관이 없었기에 큰 집을 소유한 주민 가운데 아무런 유고가 없는 집에서 모임을 가졌다. 이때 마을의 모든 주민들이 동제 비용도 내고 풍물도 함께 치면서 동제에 참여했지만 제관만큼은 봉화금씨 집안이나 진성이씨 집안에서 선출되었다는 것이다.

제수를 준비하는 역할을 하는 당주는 두 명을 선출하였는데, 각각 '숫당주'와 '안당주'라 불렸다. 한 집은 떡을 준비하는 임무를 맡았고, 한 집은 술을 준비하는 임무를 맡았다.

> 제관이나 당주는 아무 유고가 없는 사람을 물색을 해 가지고 천거를 하지. 상례 초상이 났다든지, 복인이라든지. 팔촌 이내에 복인이 있으면 안 되고. 다 빼고 그 중에 가장 맑은 사람이 되는 거고. 애기 낳은 집도 안 되고, 금색줄 친 집도 제외하고. 연령도 약간 고려를 했지만. 너무 연세가 많아도 안 되고, 40~50대 그 상간(사이)에 했고, 60세가 넘어가는 이가 별로 없었어요.(이동좌 증언)

이처럼 제관이나 당주가 되려면 까다로운 조건을 충족시켜야 하였다. 상주이거나 집안에 임신·출산한 여자가 있으면 맡기지 않았고, 주로 40~50대의 남자 주민을 선출하였다. 제관이나 당주로 선출된 사람은 집 밖에 나오지 않고 집안에서 근신하였으며 술·담배를 하지 않았다. 또한 제수를 준비하면서 맛을 봐서도 안 되며, 메를 지을 때 나오는 물도 함부로 버리지 않았다. 주민들도 행동거지를 조심하였다. 정월 열사흘 날이 되면 주민들은 당집 주변을 청소하고 황토를 당집, 제관집, 당주집 주변에 뿌린 뒤 금줄을 쳤다. 금줄은 제관이 직접 만들었는데, 짚으로 왼새끼를 꼬고 일정 간격으로 한지를 꽂았다. 짚은 제관이 내거나 깨끗한 농가에서 가져왔다. 금줄을 친 곳에는 부정한 사람들의 출입이 금지되었다.

동제를 지내기 전에는 서낭대를 앞세워 길놀이를 하기도 했다. 이때에는 풍물을 동원하여 흥겹게 놀았다. 서낭대는 대나무로 만들었는데, 높이가 6~7m에 이르렀으며 꼭대기에는 오색 종이꽃과 방울을 달았다.

동제 비용은 주로 '동네 공동소유의 논'(洞畓)에서 나오는 소작료로 충당하였고, 걸립을 통해 모으기도 하였다. 걸립을 하면 마을 주민들은 재산 정도에 따라 차이는 있었지만 각자 정성껏 비용을 댔다. 역시 큰 부자들은 많은 물질적 지원을 하게 마련이었다. 제수는 동제 하루나 이틀 전에 정산 장이나 도산면 서부리 장터에서 마련하였는데, 차량이 없었기에 장에서 마을까지 지게를 짊어지고 날라야 했다. 제수를 사러 갈 때는 부정한 것을 접하지 않기 위해 인적이 드문 이른 새벽에 출발하였다. 장에 도착하면 물건 값을 흥정하지 않았으며, 같은 가격이면 꼼꼼하게 좋은 물건을 골랐다. 구입한 제수는 한지로 싸서 당주 집에 잘 보관해 두었다.

동제를 위해 준비하는 제수는 메, 대구포, 삼색실과, 막걸리, 백편(백설기), 세 가지 채소 등이다. 다른 마을과 달리 피가 흐르는 돼지고기, 소고기, 닭고기는 쓰지 않았다. 백편은 쌀 한 말 정도 되는 양을 시루째 진설하였다. 모든 제수 준비가 끝나면 제관과 당주는 제수와 제기를 챙겨 밤 11시쯤 당집으로 향하였다.

제물은 간단해요. 간단한데, 들고 가기 힘들잖아요. 만약에 주전자에다가 제주를 담아가(담아서) 가잖아요. 바꿔서 들지 말라고 해요, 쉬는 법이 없어요. 끝까지 올라가야 하고 오른손이면 오른손, 다른 사람한테 줘도 안 되고. 떡을 한 말 정도 하면 정말 무겁습니다. 그때도 가다 쉬도(쉬어도) 안 되고. 이 모든 게 정성입니다. 당에 갈 때는 징이 제일 앞서 갑니다. 잡귀도 안 붙고, 안 간 사람들도 징소리 들으면 시작을 아니까.(이수락 증언)

제수를 당집까지 옮길 때는 다른 사람에게 맡기는 일 없이 자신이 끝까지 들고 올라가야 하였다. 게다가 오른손으로 제물을 들었을 경우에는 당집 앞에 도착할 때까지 오른손으로만 옮겨야 하였다. 당집으로 갈 때는 징을 앞세워 울리면서 이동하였다. 징소리는 주변 잡귀를 물리치고 동제가 시작되었음을 동네주민에게 알리는 뜻이 있다고 한다. 동제에는 제관과 당주 외에 참여하고자 하는 마을 주민들도 함께 갔다. 당제사의 절차는 유교식이다. 당에 도착하면 제관이 촛불을 밝히고 제수를 진설하였다. 누가 제관이 되느냐에 따라 진설하는 방법이 조금씩 다르기도 하였다. 진설이 끝나면 제관이 잔을 올리고 재배한 후 다음과 같은 축문을 읽었다.

維歲次丙寅正月庚戌朔十五日戊戌 幼學」眞城李壽昌等 齋沐告祀于」洞祠之神 有祠有神 佑我坊里」災消病滅 民物咸亨 時和」登豊 歲時報祀 永世無斁」謹以淸酌 庶羞祗薦于神」 尙 饗」

동사의 신에게 아뢰고 제사를 올립니다. 사당이 있고 신이 있으니 우리 마을을 도와주시고 재앙은 사라지고 질병은 소멸되어 사람들과 만물이 모두 형통하고 시세는 평화롭고 풍년이 들어 해마다 때가 되면 제사를 받들기를 영세토록 어김

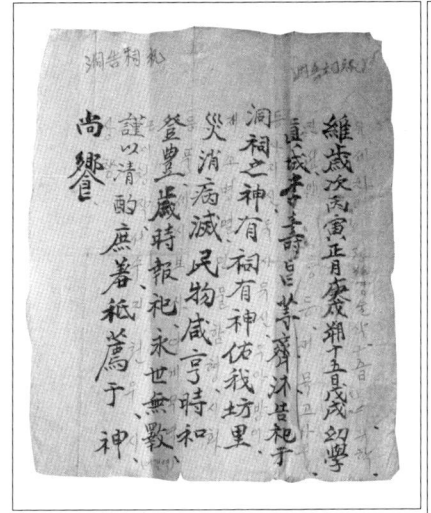 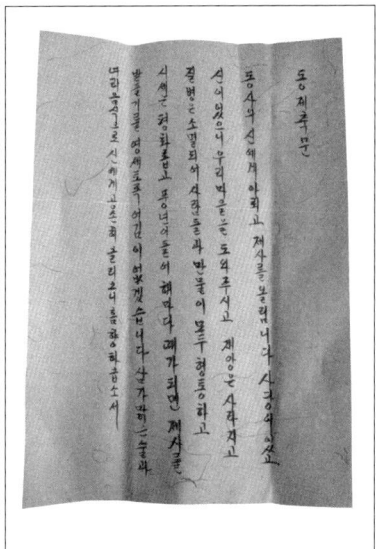

▲▶ 동제축문(한문, 한글)

이 없겠습니다. 삼가 맑은 술과 여러 음식으로 신에게 공손히 올리오니 흠향하옵소서.

이어서 소지를 올리는데, 마을 소지, 제관 소지, 당주 소지, 제사 참석자 소지의 순으로 올렸다. 마을 소지 내용은 주로 국태민안國泰民安, 재소병멸災燒病滅, 동리안일洞里安逸, 가화만사성家和萬事成 등이었다. 주민들은 동신을 공손하게 모시고 부정을 끼치지 말아야 할 존재로 여겼다. 동신을 잘 섬기면 본인은 물론 후손들도 별 탈 없이 잘 지낼 수 있다고 믿었다. 동신을 잘 모셔서 자신의 아들이 학교에 합격하였다는 이야기는 지금도 들을 수 있다. 부포리에 사는 어떤 사람은 자신의 아들이 희망하는 대학교 입학시험에 자꾸 떨어지자, 열나흘 밤에 아들을 데리고 당에 와서 소지를 올려 그 다음 해에 아들이 원하는 대학교에 합격했다고 한다.

 동제가 끝나면 징을 쳐서 끝났음을 알리고, 제관을 포함하여 모든 참석자들은 당주집으로 내려왔다. 동제를 지내는 날은 날씨가 매우 춥기 때문에 당주집에 와서 음복을 했다. 동제에 참여한 주민, 당주, 제관은 복주를 한잔씩 마시고 밥을 먹기도 하였다. 떡은 조금씩 종이에 싸서 당주들이 동제에 참여하지 못한 주민들에게 전해 주었다. 동제가 끝난 다음 날 아침에는 마을 주민들이 모두 모여 마을 대소사를 의논하고 제수음식과 술을 나누어 먹고 하루를 즐겁게 보냈다. 이와 같이 동제는 사실상 동제 준비, 동제(제사), 뒤풀이까지의 모든 과정을 포괄하는 것이었다. 동제가 주민들의 참여 속에서 진행되어 주민들의 화합과 결속을 도모하는 큰 행사였다는 것은 부포마을의 동제에서도 확인된다.

2) 후손 없는 인물에게 지내는 단소제사

 부포리의 단소제사는 경력經歷 벼슬을 지낸 권간權簡을 추모하는 제사이다. 권간은 안동권씨로 슬하에 딸 하나만 있었고, 봉화금씨 금숙琴淑(관찰사)이 그의 사위가 되어 마을에 들어왔다. 권간은 아들이 없어 그의 제사는 외손인 봉화금씨 집안에서 지내 왔는데, 훗날 진성이씨는 봉화금씨와 대등한 관계로 이 제사에 참여하고 있다.

 권간權簡은 벼슬이 경력經歷에 이르렀다. 이 마을에 시거했다. 묘가 있는 가화산加火山은 마을의 북산北山이다. 신재愼齋 주세붕周世鵬의 「청량산록淸涼山錄」에서 이른바, "예안 부라촌을 지나다가 권간의 묘를 바라보고 절하였다"라고 한 것이 바로 이곳이다. 장옥정張玉貞이 또 이르기를 "선조 가운데 생원이라는 분이 있으니 일찍이 이 마을에 살았는데 자손이 잔멸하여 고증할 수 없다"라고 하였다. (『국역 선성지』, 133쪽)

묘가 실제로 있었는데, 주인 모르는 고총이 서너 개 있었는데. 여기 단소壇所의 주는 안동권씨인데 후손이 없어요. 그래서 외손봉사, (봉화)금씨가 외손, 또 우리(진성이씨)는 외외손이라. 그러니까 우리는 금씨의 외손이랬다고(외손이었다고). 단소라는 뜻은 무덤이 없어 만든 단에서 지내는 제사. 그분은 경력공인데, 고려 말에 부포에서 거주를 했는데 부자랬고. 금씨가 이분 외손이지. 경력공이 금씨 사우(사위)를 봤고, 따님 한 분뿐이니께(한 분뿐이었니까) 양자법도 없고. 그래 살다 돌아가시니께네(돌아가시니까) 금씨가 외손봉사했고. 묘 자체는 잃어 뿌랬어(잃어버렸어). 단을 만들어서 외손들이 시사를 지내고.(이동좌 증언)

『선성지』 인물조의 기록을 통해 경력 권간이 자손은 없었으나 부포리에 그의 묘가 있었다는 것을 알 수 있다. 주민들은 권간의 묘인지는 알 수 없으나 마을에 주인을 알 수 없는 여러 기의 고총이 있다고 말한다. 권간의 단소는 가름골 뒷산에 가봉분假封墳의 형태로 만들어져 있다.

현재 단소제사는 특별히 정해진 날이 없지만, 2년에 한 번씩 10월 하순에 지내고 있다. 10년 전까지만 하더라도 1년에 한 번씩 제사를 지냈다. 봉화금씨 집안과 진성이씨 집안에서 지내는 제사이지만 마을 주민들도 참여하기도 한다. 단소제사를 위해 두 집안에서는 유사를 정해 놓았다. 제사를 지내기 전 세 명의 헌관, 축관, 집사 등 여러 직책의 제관을 뽑았다. 이때 헌관, 축관, 집사 등은 봉화금씨와 진성이씨 집안에서 맡았다.

제수비용은 단소제사에 딸린 논에서 나오는 소작료로 충당하였다. 지금은 수몰되어 단소제사에 딸린 논이 약 300평밖에 되지 않지만 수몰 전에는 이보다 많은 면적의 논이 있었다고 한다. 이 논은 권간이 상당한 부를 누리고 살다가 상속해 줄 아들이 없자 재산을 마을 공동재산으로 물려준 것으로 전한다. 그러나 당시로서는 딸과 사위가 균등하게 상속을 받는 것이 제도였으니, 사위 금숙이 재산을 물려받고 제사를 받들었을 것이다. 그 후에 금씨들과 혼인관계로 얽힐 뿐만 아니라 지위가 대등해진 이씨들에게로 제사참여가 확대되었을 것이다. 이러한 과정에서 권간의 유산 일부가 위토처럼 조성되었을 것으로 보인다.

마을이 수몰되기 전 단소제사의 전반적인 모습은 유교식 묘제와 비슷하다. 제사 전날에는 단소제사에 올릴 제수와 산신에게 올릴 제수를 정성껏 준비하고 단소 주변을 청소한다. 단소제사 당일 아침이 되면 헌관 이하 참사자들은 제수를 가지고 권간의 단소로 이동한다. 단소에 도착하면 먼저 제수를 진설하는데, 제상에는 과일, 나물, 생선, 돼지고기 등을 올린다.

제수진설이 끝나면 헌관 이하 모두 재배를 한다. 이어 초헌관이 분향하고 잔에 술을 따라 모사그릇에 붓고서 재배를 한다. 다음 초헌관이 첫 번째 잔을 올린다. 그리고 헌관 이하 모두가 꿇어앉고 축관은 헌관 옆에 꿇어앉아 축문을 읽는다. 축문의 내용은 다음과 같다.

維歲次丁卯十月甲戌朔十二日丙辰 外裔 琴」○○敢昭告于」經歷權公 伏以墓道難徵報本」無地義起築壇 歲以掃地」以淸酌庶羞 配德山李氏 祔」食 尙 饗」

경력 권공에게 아뢰옵니다. 아뢰옵건대 묘소를 증빙하기가 어렵기에 뿌리에 보답할래도 장소가 없었습니다. 의리로서 단을 쌓고 해마다 소지를 하겠습니다.

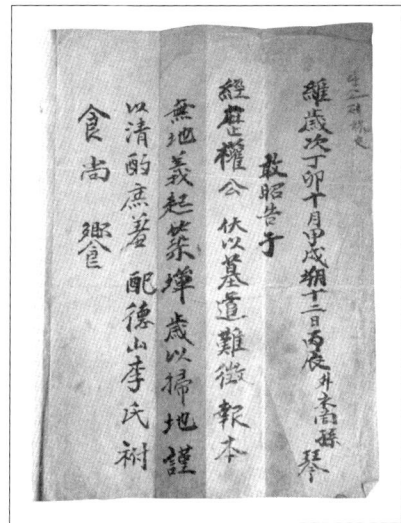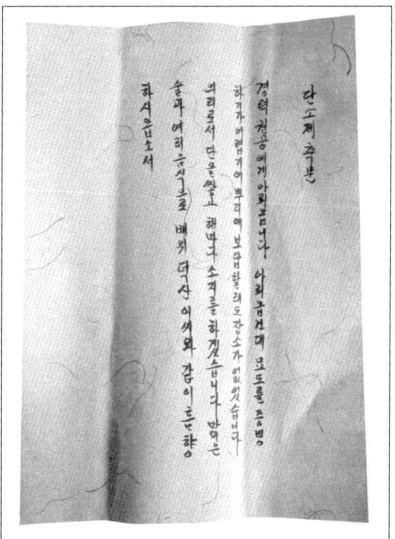

▲▶ 단소제사 축문(한문, 한글)

맑은 술과 여러 음식으로 배위 덕산이씨와 같이 흠향하시옵소서.

독축이 끝나면 초헌관이 재배를 하고 집사자는 제상에 올린 술을 거두어 퇴주기에 붓는다. 다음 아헌관과 종헌관이 각각 술을 올리고 재배한다. 다시 초헌관이 단 앞으로 나아가 무릎을 꿇으면 집사자가 단 위에 올린 술과 포를 내려 초헌관에게 준다. 초헌관은 술과 포를 조금 먹는다. 이어 헌관 이하 모두 재배를 하고 축관이 축문을 불사른다. 헌관 이하 모두 재배를 한다.

단소제사가 끝나면 헌관 이하 모두 모임을 가진다. 먼저 음복을 조금씩 하고, 제수로 쓰인 음식을 조금씩 싸서 나눈다. 이어 제사비용을 정산하고 유사를 새로 내거나 다음 해 단소제사를 담당할 헌관과 여러 제관을 뽑는다. 헌관으로 선출된 사람에게는 구두로 통보한다.

마을공동체 제사라고 인식되는 권간 단소제사를 보면 역시 마을사회의 구조가 일정하게 반영되어 있다. 권간의 외손인 봉화금씨 문중, 금씨문중과 대등한 관계에 있던 진성이씨 문중에서 초헌관과 아헌관을 맡고 외부의 손님이 참여하면 종헌을 하는 것은 마을의 역사적 발전 과정, 마을사회의 운영 구조를 배경으로 한 현상이다. 권간 단소제사는 주민들에게 마을공동의 제의로 인식되었을지라도 마을운영의 주도권이 어디에 있는지를 보여 준다.

3. 마을사회를 반영하는 명절 풍속

1) 이웃 간 세배하던 설날

설날이면 객지에서 자녀들과 친척들이 귀향한다. 설은 새롭게 시작되는 날이니만큼 깨끗한 옷을 차려 입었다. 온 가족이 모여서 아침 일찍 차례를 지내고 떡국을 먹고, 이어 자녀들과 손자손녀들이 집안 어른들께 세배를 드렸다. 어른들은 자녀들에게 덕담을 하며 아이들에게는 세뱃돈이나 음식을 주었다. 자기 집안사람들끼리 먼저 세배를 한 후 마을 사람들과 세배를 하였다. 집안 식구가 많은 경우에는 오후 늦게라야 마을 사람들과 세배를 할 수 있었다. 이 마을에서 차례를 지내는 순서는 지차 집안에서부터 시작하여 큰집에서 끝나는데, 차례가 끝나면 큰집에 모여서 여유 있게 여러 가지 이야기를 나누었다.

2) 찰밥 먹고 불싸움 하던 정월대보름

정월대보름에는 찹쌀과 팥, 수수, 검은콩, 땅콩, 기장 등을 넣은 '찰밥'을 먹었다. 다섯 가지 곡식을 넣어 만든다고 해서 '오곡밥'이라 부르기도 한다. 열나흗날 찰밥을 지어서 이날부터 이웃 간에 서로 나누어 먹었다. 대보름 아침에 호두, 밤, 땅콩 등으로 부럼을 깨물었는데, 이가 단단해지고 부스럼이 나지 말라는 의미를 가지고 있다. 또한 귀밝이술을 먹었는데, 좋은 소식만 들으라는 의미를 가지고 있다고 한다.

정월대보름 밤에는 10대~20대 젊은 청년들이 불놀이를 하면서 명절의 기분을 만끽하였다. 대보름 밤 청년들의 불놀이는 자연마을 간에 거칠고 경쟁적인 놀이로 발전하기도 했다. 전국적으로도 이는 매우 일반적인 현상으로, 이것을 세칭 '싸움'이라 했다. 부포마을에서도 횃불던지기(횃불싸움)나 돌팔매질의 형태로 전해 왔다. 자연마을 가운데 중마을과 신촌이 두 편의 중심이 되어 경쟁적으로 놀았다고 한다. 이것은 일찍이 손진태 선생이 「석전고石戰考」에서 언급한 바와 같이, 경쟁적인 위세 표출이나 상무정신을 강조하는 의례적 놀이이다.

> 불놀이 하다가 논둑 태우고 그랬어요. 그때 논둑 태워야지, 어른들이 일부러 태우지는 않고. 깡통에다가 줄을 달아서 소똥 같은 걸 태웠어요. 그래야 오래가. 깡통에다 철사를 달고 거기에 짚으로 엮은 줄을 길게 달아매고. 깡통은 구하기가 그렇게 어렵지 않았어요. 예전에는 호롱을 썼는데. 호롱은 사기호롱인데, 받치는 나무가 시원찮으니까, 깡통을 잘라서 (호롱을) 담아놨었으니까.(이태원 증언)

깡통이 어느 정도 보급된 이후에는 불놀이를 할 때 깡통을 돌리기도 하였는데 불이 붙으면 오래가는 말린 소똥을 연료로 사용하였다. 당시에는 호롱 받침대로 깡통이 많이 사용되었던 만큼 깡통을 구하는 것은 그다지 어렵지 않았다고 한다. 깡통 양쪽에 구멍을 뚫어서 철사로 묶은 다음 짚으로 새끼줄을 꼬아 철사에 연결하였다. 불놀이를 하면서 자연스레 논둑도 태웠는데, 이에 대해서 어른들도 긍정적으로 여겼다는 것이다.

이러한 불놀이는 횃불놀이, 불깡통 돌리기 등으로 불리었다. 이 불놀이에서는 마을 간의 대결이 크게 주목된다. 주술적 차원에서 보면 대보름달을 맞아서 달의 기운에 활력을 불어넣는 것이고, 실제적 측면에서는 들판의 논둑 밭둑을 태워서 해충을 멸살하는 것이다. 그럼에도 서로 다른 마을 청년들이 의례적인 '싸움'을 하는 것은 대보름달을 중심에 놓고 벌이는 마을 간 경쟁과 대결의 의식을 놀이로 표현한 것이다.

3) 초여름의 문턱에서 그네 뛰던 단오

수몰 전 음력 5월 5일 단오에는 마을 안 곳곳에서 그네를 뛰었다. 자연촌마다 그네를 하나씩 매었다. 중마에서는 성성재종택 옆 솔밭의 소나무, 월촌마에는 마을 가운데 위치한 밤나무 등에서 그네를 뛰었다. 성성재종택 옆 소나무에 매던 그넷줄은 8m 정도로 길었다.

> 그때만 해도 짚이 아주 귀했어요. 우리 집만 하더라고 짚을 한 짐 지고 가면 다래 옹기굴에서 옹기를 하나 가져왔어요. 단지나 이런 거. 옹기점이 있었어요. 소먹이를 짚으로 해야 했고, 귀했습니다.(이태원 증언)

그넷줄은 동네 주민 가운데 농사를 크게 짓는 주민이 짚을 내어 새끼를 꼬아 만들었다. 지금은 쉽게 짚을 구할 수 있지만 30~40년 전만 하여도 짚 한 짐에 옹기단지를 하나 바꿀 수 있을 정도로 귀했다. 보통 단오 전부터 그네를 달았는데 사흘은 뛰었다고 한다. 사흘 뒤에는 마을 어른들이 그넷줄을 잘라 버렸다. 그 이유는 짚으로 만든 줄이라서 오래 매어 두면 자칫 타는 도중에 끊어질 수 있다고 판단했기 때문이다.

그네 잘 뛰면 상을 더러 주고 그랬는데. 추천대회라고. 이만좌 씨라는 그 할배(할아버지) 자제가 한 번 대회를 열었는데. 잘 뛰면 뭐 주고. 처자들은 머리에 뭐 꽂고. 우리는 구경했거든. 그네 뛴다고 하면 많이 갔지.(이수락 증언)

그네타기에서 누가 더 멀리까지 오르는지 마을에서 승부를 겨루기도 하였다. 그네 아래에 가는 새끼줄을 달아 새끼줄이 날리는 것을 보고 높이를 가늠하였다고 한다. 그네를 뛸 때면 마을 여성들은 평상시보다 좀 더 신경 써서 옷을 입었고 머리에 궁궁이 풀을 꽂기도 하였다. 남자 여자 모두 뛰었지만 남녀가 함께 그네를 뛰지는 않았다. 남자 2명이나 여자 2명이 뛰는 경우는 있었다. 그네를 뛰려고 모여든 마을 사람들 때문에 솔마당이 눈코 뜰 새 없이 북적댔는데, 이때 술이나 음식을 내어 먹기도 하였다.

4) 머슴들에게 크게 놀리던 '풋구'

'풋구'(草宴)는 수확철을 앞두고 더욱 힘을 내서 열심히 일하자는 의미로 일꾼들을 모아 한바탕 풀어먹이는 행사를 말한다. 보통 음력 7월 초·중순

◀ 부포마을 쉼터(2011년)

에 하였는데, 세 번에 걸친 논매기가 모두 끝난 시점이었다. 당시에는 마을 길이 넓지 않아서 새벽에 일하러 나가면 바지가 길가의 풀에 맺힌 새벽이슬에 흠뻑 젖을 수밖에 없었다. 그래서 풋구 먹기 전날에 마을길 주변의 풀을 베어 냈다. 풋구를 먹는 날에는 나무그늘 밑에 모여 음식을 나누어 먹고 온종일 놀았다.

그날은 일꾼들의 하루 휴식을 주기 위해 있는 거고. 이 동네에서도 풋구 먹는데 도로변 풀도 비고(베고). 집집마다 술은 한 말, 막걸리 집에서 만든 거. 건진 국시도 하고. 놔 놓고, 노인들하고 아들도(아이들도) 데려다 놓고 하루 쉬었지. 딴 건 없지. 놀이나 어떤 그거는 없고. 제사 지내는 그러는 것도 없고 그저 먹고 쉬고. 머슴들한테 새 옷 해 주면 자기네들끼리 머슴살이 잘했네 하고. 주로 삼베 옷이고. 음식은 건진국수, 막걸리, 전쪼가리 많이 하고. 풋구 먹을 때는 금년에 누구네 농사가 잘 됐네 못 됐네 이야기도 하고, 농사가 마무리 안 됐으니까 가뭄이 오네 안 오네 그런 이야기도 하고.(이동좌 증언)

▶ 풋구 음식(예전 형식)

음식으로는 주로 건진국수, 막걸리, 전, 닭개장 등을 먹었다. 머슴을 데리고 있는 집에서는 삼베옷과 고무신을 해 주기도 하였다. 음식과 술을 먹고 흥이 오르면 풍물을 치며 놀았다. 그 당시 마을의 머슴들은 주로 이 마을에 사는 사람들이었는데, 더러 외지에서 혼자 들어와 머슴을 사는 경우도 있었다. 풋구는 머슴들이 많았던 부포마을에서 부잣집이 중심이 되어 특별히 머슴들을 위해 연 잔치, 머슴 배려의 잔치였다.

4. 합심의 상징인 계와 품앗이 전통

1) 초반계와 돈목계(동계)

초반계와 돈목계는 마을에 초상이 났을 때를 대비하여 만들어진 상여계와 같은 조직이다. 하지만 현재는 젊은이들의 도시 이주, 회원들의 고령화, 병원에서 치르는 장례 등으로 인해 유명무실한 조직이 되었다.

초반계라는 게 한글로 초반계고. 하나는 돈목계, 두터울 돈자 화목할 목자. 그렇게 했는데. 초반계는 부포에 사는 여러 성씨가. 우리 일가도 초반계에 해당되는 사람이 있고, 여러 성씨가 모여서 했고. 돈목계는 진성이씨하고 봉화금씨 두 성만. 한데(그런데) 양쪽 다 인원이 줄어버렸으니 할 수가 없으니 초반계를 없애부자(없애버리자). 없애부고(없애버리고) 명칭을 동계다. 고마 제일 양쪽이 같이 움직이면 갈등이 없어.(이수락 증언)

초반계는 부포마을에 살고 있는 여러 성씨들이 함께 모여 만든 조직으로, 한 가구당 한 명씩 가입하였다. 상가에 불을 밝히는 호롱과 같은 물품을 지원하기도 하였고, 장사를 치르는 데 필요한 술과 쌀 등을 모아 부조하기도 하였다. 또한 주민들에게 부고를 전하기도 하였으며, 묘를 파고 하관을 해서 봉분을 만들기까지의 모든 산역을 도맡아 하기도 하였다.

하지만 해방이 되면서 종래의 양반집에 초상이 나도 초반계에서 상여를 메려고 하지 않았다. 그리하여 1960년대를 지나면서 진성이씨와 봉화금씨 두 집안이 초반계에서 갈라져 나와 돈목계를 만들었다. 돈목계도 한 가구당 한 명씩 가입하였다. 돈목계가 생긴 이후에도 마을에서 존경받고 인심을 얻은 양반집에서 초상이 나면 초반계에서 찾아와 자신들이 맡아 하겠다는 제의를 하기도 하였다. 하지만 수몰이 되면서 초반계와 돈목계 모두 인원이 감소하게 되었고, 결국 하나의 동계로 통합되었다.

전부터 쓰던 목제 상여는 없어지고 대신 철제 상여를 구입하였으나 오래전부터 사용하지 않는다. 주민들은 목제 상여에 있던 휘장의 문양이 특이하였다고 기억하고 있다.

2) 협력하여 일하던 품앗이 전통

부포마을 주민들은 노동력을 주고받는 품앗이로 농사일을 많이 하였다. 어느 마을이나 마찬가지로 마을 내에서 서로 마음이 맞는 사람들끼리 품앗이를 하였다. 품앗이가 많이 이루어지는 농번기에는 하루 전에 약속을 해도 노동력 교환이 쉽게 이루어졌다. 논농사의 경우 모심기, 논매기, 추수를 할 때 노동력이 많이 필요하였다. 이때는 1~2명이 아니라 8~10명씩 대규모로 순번을 매겨 돌아가면서 품앗이를 하였다.

머릿속의 기억으로 '나 저 집에 품 받을 거 있다', '줄 거 있다'(는 것을) 알아요. 우리 아버지는 기록을 다 했더라고. 오늘 논매기 품이 몇 명이었고 누구누구누구였다. 그때 노트에 적힌 게 1년에 190명 정도 되더라고. 한 해를 안 넘기고 품은 다 갚고. 농사 다 끝나고 내가 받을 거 없잖아? 나무라도 한 짐 해 줘야지. (이태원 증언)

일을 하는 사람들은 자신이 누구의 집에 언제 일을 해 주었는지 머릿속에 기억하거나 노트에 기록해 두었다. 아침을 일찍 먹고 나와 일을 시작하였으며 해가 질 때쯤에 일이 끝났다. 보통 아침부터 일을 시작하면 오전 10시쯤 '오전 참'을 먹었다. 1시쯤에 점심식사를 하고 오후 3시가 되면 '오후 참'을 먹었다. 해가 지고 일이 끝나면 품앗이를 해 준 집에서 저녁을 먹고 집으로 돌아갔다. 한 집에 한 명씩 가는 경우도 있지만 부부가 함께 가서 품앗이를 해 주는 경우도 있었다. 그러면 다음에 갚을 때는 한 명이 두 번 가기도 하고 두 명이 한 번에 가서 품을 갚기도 했다. 한 해 안에 품을 다 못 갚았을 경우에는 나무라도 여러 번 해 주고 갚았다.

5. 넓은 마을의 비상연락 수단이던 '마을종'

현재 부포마을에는 주민들에게 긴급한 소식을 알리는 데 쓰던 종이 하나 남아 있다. '마을종', '동네종'이라는 이름으로 불렸다고 한다. 높이는 약 55.5㎝이며, 둘레는 아래가 약 74㎝, 위가 약 35㎝이다. 외형은 한국 종 같으나 큰 방울이 속에 달린 점으로 볼 때 서구의 영향을 받은 종이다. 부포마을 한가운데 있던 부포분교 앞에 나무로 만든 높다란 종각에 종을 달아놓았던 것이라고 한다.

일제강점기인 1930년대 말에 부포마을에 '경방단'이라는 의용소방대가 조직되었다. 당시 소방대장은 이윤호였다. 마을종을 이용하여 소방대원 소집훈련을 하였고, 불이 났을 때에는 재빨리 알리기도 하였다.

> 우리 종이 동네 저 아래 달아 놨는데, 사람이 사는 동네에 달았는데, 긴급할 때는 쳤거든. '불종'이라고 뚜드리는 게 따로 있고요, 사정없이 때리고요, 불이 나면 아무나 올라가서 사정없이 패는 거예요. 종 뚜드리는 대로 (사람들이) 모여요. 거서 불이 어디 났다고 하고. "동네 모여"라고 하면 한 번 두드리고 두 번 두드리고 세 번 두드리고, 쉬고 또 치고. 종각이 10m 높이는 됐을 거야.

마을 주민들은 종소리에 따라 어떤 상황이 발생하였는지 바로 알아챌 수 있었다. 가령 불이 났을 경우에는 아무나 종각에 올라가 사정없이 종을 두드렸다. 마을 주민들은 그 즉시 하던 일을 멈추고 종각 아래 모였다가 불이 난 집으로 달려가서 불을 껐다. 해방 후에는 서당 야학에서 학생들을 모을 때나 예비군훈련을 할 때, 새마을운동을 할 때 종을 쳤다. 면민체육대회에서 우승을 했을 때 주민을 모으기 위해서도 쳤다. 동네 모임을 알릴 때는 종을 한 번 두드리고 두 번 두드리고 세 번 두드리고, 쉬었다가 또 다시 반복해서 쳤다. 당시 가름골에서 횃골까지 거리가 약 4㎞ 정도 되었지만, 마을종을 두드리면 4㎞ 근방의 주민들이 모두 들을 정도로 종소리가 컸다고 한다. 마을종은 수몰 전 전화기가 들어오기 전까지 사용되었다.

마을종은 애초에 화재경고용 종이었지만, 부포마을의 규모와 밀접한 관련이 있는 마을 공공재였다. 마을이 워낙 넓고 호수가 많으니 비상시에 연락을 효과적으로 하기 위해서 큰 종을 사용했던 것이다. 그러다가 해방 후에는 종이 다른 용도로 사용되었다. 단순한 모임을 알리기 위한 종치기 방법, 비상시의 모임을 알리기 위한 종치기 방법 등이 구분되어 있었으니, 마을종의 의미와 기능이 문화적으로 어느 정도 정착되어 있었다는 뜻이다. (배영동)

▲ 마을종

* 자문: 이원정
* 수몰 이전의 사진은 〈부라원루〉라는 제목의 CD에서 전재한 것임.

3장

부포마을의 학문적 공간들

1. 이야기를 시작하며

우리나라는 예로부터 학문을 숭상하고 선비를 존경하는 풍습이 하나의 아름다운 전통으로 내려오고 있다. 요즈음은 조금 바뀌었지만 돈 많고 출세한 인물보다도 학식 있고 인격 훌륭한 사람을 더 존경하는 풍조는 여전히 사라지지 않았다. 특히 안동은 그런 점에서 보수적이라는 말을 듣기도 하지만 인간의 진정한 가치와 삶의 참된 의미를 중요하게 생각하면서 아름다운 전통을 지켜 가려 노력하고 있다는 점에서 여느 곳과는 다른 얼굴을 가지고 있다. 그래서 안동은 고을마다 마을마다 선비가 나지 않은 곳이 없고 인물이 없는 곳이 없다.

부포마을은 안동의 그런 성가聲價를 가장 잘 알려주는 곳 중의 하나로서, 비록 마을의 옛 형상은 모습을 감추었지만 여전히 안동이 안동인 이유를 잘 말해 주는 새로운 마을로 우리 앞에 나타나 있다. 선비의 정신과 행실을 교육하고 익히며 대대로 그 맥을 이어 오게 하는 핵심 교육기관으로서 이 마을의 서원과 서당은 지금도 그 자리를 지켜 오고 있다.

부포는 하나의 마을이지만 역동서원, 월천서당, 동계서원, 동계서재 등 많은 교육기관들이 들어서 있었고, 여기에서 수많은 선비들이 교육활동을 전개해 왔다. 특히 퇴계 선생께서 선현의 정신을 기리며 후학을 양성하기 위하여 건립한 역동서원이 있으며, 여기에 배향된 역동 선생의 모범은 영남학맥의 정신적 사표가 되기에 충분했다. 그리고 퇴계 선생의 제자인 조목의 월천서당 역시 학문공간으로서 당시 인재의 양성에 중요한 일익을 담당하였고, 그 외 동계서원 및 서재 등도 그런 역할을 하였다.

이 글에서는 역동서원의 주향인 역동 우탁 선생과 역동서원에 대해 먼저 알아보고 이어서 월천서당과 동계서원 및 서재 등을 살피고자 하는데, 서원과 서당 관련 자료가 부족하여 주로 시와 산문 같은 문헌자료에 나타난 내용을 중심으로 이야기를 주로 진행하고자 한다. 서원이나 서당의 창건에 따르는 사정을 말하거나 이들 공간을 대상으로 창작된 여러 한시 작품을 통하여 서원과 서당이 당시 사람들에게 어떻게 수용되고 기능하였는지를 살펴보겠다. 이런 논의의 자료로는 관련 기록을 담고 있는 퇴계, 월천과 같은 선현의 문집과 기타 이런 주제를 논의한 기존 연구를 참고하고자 한다.

2. 우탁과 역동서원

1) 우탁

여기서는 우탁(1262~1342)의 일생을 살피되 그의 사승관계를 주로 보고자 한다. 그의 본명은 탁倬이고, 자는 탁부倬夫 혹은 천장天章이며, 호는 단암丹岩 혹은 백운당白雲堂이다. 단양에서 태어나 문하시중으로 추증된 천규天珪의 아들이다. 우탁은 『역경易經』을 통달하고 이것을 의리학적으로 해설한 정자程子의 전문傳文을 깊이 이해하였는데, 이를 두고 원나라 학자들은 『역경』이 동국으로 갔다고 칭송하였다. 이 때문에 그는 당시에 역동선생易東先生이라고 불렸다.

행적을 보면, 17세(1278년)에 향공진사鄕貢進士가 되어 곧바로 홍문관수찬弘文館修撰의 벼슬에 올랐다. 1290년에 과거 병과에 급제하고 다음 해 영해사록寧海司錄으로 부임했다. 부임 당시 그는 『회헌선생실기晦軒先生實紀』「연보

年譜」에 보이는, 그의 스승 안향이 무당을 징치한 것과 유사한 일을 실천하였다. 영해지방에 풍속으로 내려오던 팔령八鈴이라는 신을 모시는 신사神祠를 깨뜨려 바다에 내버린 일이 그것이다. 여기에 백성을 괴롭히고 현혹하는 폐해를 막아야 한다는, 백성을 사랑하는 유자의식이 드러난다. 『역동우탁선생고실易東禹倬先生考實』에서는 그가 여러 고을에서 귀신을 숭배하는 사당과 사찰을 불태우고 유교의 합리적 관점을 관철시키는 정치를 했음을 기록하고 있다.

연대는 알 수 없으나 「진주에 수령으로 나가는 우좨주를 보내며」(送禹祭酒出守晋州)라는 이곡李穀의 시를 통해 그가 진주목사를 역임했다는 것을 알 수 있다. 그는 또 궁중의례를 담당하는 통사사인通事舍人에 임명되었다. 『고려사』에는 그의 나이 47세(1308년)에 충선왕忠宣王이 부왕 충렬왕忠烈王의 후궁이었던 숙창원비淑昌院妃를 간통하자 당시 감찰규정監察糾正으로 있던 우탁이 도끼를 들고 임금 앞에 나아가 군왕의 잘못을 극력 충간하는 지부상소持斧上疏를 했으며, 그 때문에 근신들이 두려워하고 임금도 부끄러워했다는 기록이 있다. 그러다가 우탁은 벼슬을 그만두고 단양으로 내려가 학문에 전념하였다. 그 뒤 진현관직제학進賢官直提學에 제수되고 성균관좨주成均館祭酒로 승진하여 성균관 유생들에게 성리학을 가르치며 새로운 학문을 연마하였다. 이때 그는 원의 풍속을 배제하고 족내혼族內婚을 막으며 학교를 세우는 등 여러 가지 활동을 하였다. 하지만 뜻대로 조정이 달라지지 않음에 따라 귀향의 뜻을 가졌고, 끝내 벼슬을 버리고 복주 예안현 즉 현재의 안동시 와룡면 선양리로 내려왔다. 이후 충숙왕이 여러 번 벼슬로 불렀지만 나아가지 않고 학문 연마와 후진 양성에 매진하다가 81세(1342년)의 나이로 생을 마감했다.

　이러한 우탁의 삶에는 몇 가지 특징이 나타나는데, 우선 그는 향후 고려 말과 조선시대에 보인 가장 보편적이고 일반적인 사대부 일생의 선구적 면모를 보여 준다는 점이다. 선비들은 향리에서 수학하고 과거를 통해 중앙으로 진출해서 중앙과 지방을 왕래하며 정사를 돌보다가 퇴로退老 후에는 고향으로 다시 돌아왔는데, 일찍이 우탁은 이러한 선비들의 전형적 삶의 과정을 분명하게 보여 주고 있다는 것이다.

　다음으로 볼 것은 그가 이룩한 업적들이 모두 선비의 본분을 실천하는 것이었다는 점이다. 미신과 불교 등 선비들이 말하는 이단을 철저히 배척한 것, 임금에게 직간하고 풍속을 바로잡고 족내혼을 금지하려 한 것, 현직에서 학교를 세우고 학생들을 가르친 것, 물러나 학문에 매진하며 후진을 양성한 것 등 그의 평생의 행적은 전형적인 선비의 일생이었다.

　끝으로 그가 출처에 엄정했다는 점을 들 수 있다. 그는 선비의 본분사를 소신껏 실천하고자 했을 뿐 자신의 지위나 기득권에 대해서는 초연한 태도를 보여 주었다. 정치에 참여가 필요하면 위험을 무릅쓰고 직간을 서슴지 않았으며, 현직에서 역할을 다했다는 판단이 서면 바로 관직을 버리고 낙향하여 자기 역할을 새로 찾았다.

　그는 어려서 처음 안향에게 학문을 배웠다. 안향의 문하생 수백 명 가운데 유림儒林에 등록된 사람은 우탁을 비롯하여 백이정白頤正, 권부權溥 등 네 사람에 불과했는데, 안향은 그 중에서도 우탁을 높이 평가하여 임종 때 제자들에게 자신을 섬기듯이 우탁을 배우고 따르도록 하라는 유지를 남겼다. 우탁이 안향의 적통嫡統이라는 사실은 이런 사실만이 아니라 사상의 측면에서도 확인이 가능하다. 원나라에서 실천성리학을 수용하고 교육을 통하여 이를 알리고자 했던 안향의 지향성이 우탁에게서 그대로 확인되기 때문이다. 구체적 사상의 내용에서 볼 때 두 사람이 모두 실천의 필수요소인 성경誠敬을 중시한다는 점에서 안향과 우탁이 사승관계로 맺어져 있음을 확인할 수 있다.

안향은 원나라를 두 번이나 방문하여 당시 중국에 유행하던 허형의 실천적 성리학을 이해하고 들여왔으며, 원나라를 방문한 제자들을 통해서도 성리학 관련 자료들을 수집하였다. 그는 외래사상을 그냥 들여오는 데 만족하지 않고, 새로운 사상의 쓰임새를 이해하여 당시의 여러 문제들을 해결하는 데 적용하려는 생각에서 실천적 성리학 교육에 노력을 아끼지 않았다. 더구나 그는 사재私財를 털어 나라에 바치기도 하면서 직무를 수행하는 가운데서도 학생 교육에 진력했다.

요컨대 우탁이 성경誠敬을 비중 있게 다루는 태도는 이를 중시했던 안향의 가르침에 따른 것이었다고 할 수 있다. 안향에서부터 우탁으로 이어진 성경 중심의 성리학 전통은 여말 실천성리학의 바탕이 되었다. 이것은 조선시대에 성리학이 사변적인 경향을 띠면서 유교의 사회실천적 성격을 상실해 갔던 흐름과는 다른 것이었다.

2) 역동서원

서원이라는 말은 역사성을 가지는 용어이다. 기존의 사설교육기관인 서당과 사설존현기관인 사묘의 두 가지 기능을 유기적으로 수렴하여 존현尊賢과 양사養士라는 두 기능을 체계적으로 병행하던 조선시대의 사립교육기관을 일반적으로 서원이라고 말한다. 여기서도 기존의 서원 개념을 그대로 사용하고자 한다.

퇴계는 자신의 서원관書院觀이 나타난 산문 자료들을 많이 남겼다. 서원에 대한 직접적 언급을 담은 그의 산문으로는 「동규후서洞規後敍」, 「상심방백통원上沈方伯通源」, 「의여영천수론소수서원사擬與榮川守論紹修書院事」, 「의여풍기군수론서원사擬與豐基郡守論書院事」, 「답황중거론백록동규집해송당박공유집해答黃仲擧論白鹿洞規集解松堂朴公有集解」, 「여백운서원제생경술與白雲書院諸生庚戌」, 「이산원규伊山院規」, 「이산서원기伊山書院記」, 「영봉서원기迎鳳書院記」, 「역동서원기易東書院記」 등이 있다. 퇴계의 서원관에 대해서는 이미 권오봉, 금장태, 이수환, 이우성, 이태진, 정남조 등인에 의해 많은 연구가 이루어졌는데, 기존 연구에 따르면 퇴계가 보는 서원의 기본적 기능은 대략 존현尊賢과 강도講道, 양사養士로 되어 있다. 그런데 특히 존현의 경우, 높일 인물이 없다고 해서 억지로 어떤 인물을 찾아 제향할 필요까지는 없다는 진보적인 태도, 제향의 인물은 가능하면 유교적 학문의 모범을 보이는 인물로 해야 한다는 것 등은 퇴계 서원관의 특성이다. 또한 그는 선비를 양성함에 과거를 준비하는 선비가 아니라 순수한 유교 학문을 연마하는 선비를 길러야 한다는 입장을 분명히 하였다. 이와 같은 주장의 당연한 결과로서, 학문의 성격 역시 과거시험에 대비하여 문장을 익히는 사장詞章보다는 도학道學의 실천에 초점을 맞추고 강도講道의 성격을 철저히 견지하고 있다는 것이 퇴계 서원관의 또 하나의 특징이라 할 수 있다.

서원을 읊은 퇴계의 시는 서당을 읊은 작품에 비하여 수가 매우 적다. 그러나 서원을 읊은 시작품은 서원의 기능에 대한 퇴계의 확고한 인식과

▲ 역동서원(현재 안동대학교 경내 소재)

퇴계 시의 문학적 성격을 이해하는 또 다른 핵심 자료이기 때문에 논의에서 매우 중요한 위치를 차지한다. 퇴계가 명백하게 제시한 존현과 양사라는 두 가지 기능을 시에서 찾아보고자 한다. 그런데 서원은 이 두 기능이 통합적으로 살아 있는 공간이다. 때문에 작품에서도 양자의 기능이 동시에 표현되어 있지만, 대략 어느 쪽이 더 우세한가에 따라 나누어 살펴보겠다.

퇴계는 서원을 두고 존현의 시간적 심상을 드러내고 강조하는데, 이것이 역동서원을 두고 다음과 같이 표현되었다.

〈서원성명이역동일절현의書院成名以易東一絶見意〉
옛날 전하田何가 『역』이 동쪽으로 갔다고 감탄했는데　　邈邈田門嘆易東
우리 동방에서는 정자의 『역』이 우리 공에게서 밝혀졌네.　吾東程易昉吾公
주자와 소강절을 따라 이 서원을 이름하니　　　　　　　更攀朱邵名玆院

천심이 백일 아래서 밝은 것을 보려하네.　　　　要見天心曒日中

퇴계는 아홉 개의 서원을 칠언절구로 하나씩 읊고 마지막에 결사로 시를 하나 더 추가하여 열 수로 된 연작시 「서원십영書院十詠」을 지었는데, 이 작품은 연작시에 속한 작품이 아니다. 연작시에 속하지 않고 별도로 지은 「역동서원시제군삼수易東書院示諸君三首」 중의 한 수로, 역동서원의 낙성을 기념해서 읊고 사람들에게 보여 준 작품이다. 앞의 두 행에서는 우탁을 중국의 전하田何라는 『역경』에 뛰어난 인물에 견주어 위대하다고 칭송하였고, 뒤의 두 행에서는 서원의 이름을 지은 것이 전례를 따른 것이며 『역경』의 진리인 천심을 여기에서 볼 수 있다고 하였다. 우탁을 유교의 핵심 경전인 『역경』의 이치를 깨우친 인물이라는 점에서 높이고 있다.

이 작품은 서원의 기능 가운데 존현의 측면을 더 강조하고 있다. 그런데 퇴계는 산문에서도 주로 성리학의 대가들을 존현의 대상으로 삼았다. 예를 들어 "『주역』은 사문斯文의 가장 으뜸이다. 정자의 전傳은 선유先儒들이 발명하지 못한 것을 밝혔는데, 선생(우탁)께서 이를 터득하여 그 글을 우리나라로 처음 가져왔고 이 땅에서 강의하였다"(夫易者, 斯文之宗祖, 而程氏之傳, 發先儒之所未發, 先生乃能有得於其書之始東, 而講授乎此地〈易東書院記〉)라는 말에서는 우탁을 존숭하는 퇴계의 태도를 읽을 수 있는데, 시작품에서도 이런 태도가 그대로 이어진다. 서원과 관련된 다른 시작품들에서는 우탁뿐만 아니라 이정 형제, 주자, 안향, 정몽주, 정여창 등 성리학의 대표적 인물들을 중요하게 부각시키고 있다. 퇴계가 시에서 그린 영봉서원의 경우는 송대 성리학자 정호와 주자를 입향하고 김굉필을 종향한 서원이고, 백운동서원은 안향을 모신 서원이며, 이산서원은 별도로 향사하는 선현이 없는 서원이다.

일상생활이나 자기수양을 하던 공간으로서의 서당과 달리 서원은 존현이라는 분명한 인위적 의도를 가지고 있어서 내용의 성격상 구체적 심상을 형성하지 않고 설명에 가까운 직접적인 서술을 한다. 인물을 칭송하기 위해 전고 인물을 인용하여 견줌으로써 전고의 복고적 심상이 제시되는 특성을 보여 주고, 전고 인물에게서 느낀 감정이나 존숭의 행위를 표현하는 것이 아니라 객관적으로 위대한 인물의 행적을 제시하고 이를 존숭할 것을 독자들에게 가르친다. 이러한 점에서 서원과 관련된 시작품은 시적 자아의 정서나 학문 행위를 스스로 표현하는 데 만족하던 서당 심상의 작품 유형과는 달랐다.

역동서원을 내용으로 하는 위의 시작품은 존현을 통하여 과거 인물을 만나는 시간적 연결 매개체로서 역할을 했다. 존현의 활동은 현재에서 과거를 환기하는 행위로서 과거에서 현재로 이어지는 시간적 연속 현상인데, 그런 일을 역동서원의 중대사로 표현함으로써 역동서원의 시간적 심상을 부각한다고 할 수 있다.

그런데 역동서원은 존현에 그치지 않고 양사의 시간적 서원 심상을 보여 주기도 한다. 실제 서원의 또 다른 기능이라고 할 수 있는 강도, 양사의 면모를 담은 작품을 살피고자 한다.

〈역동서원시제군삼수易東書院示諸君三首〉

낙동강 가에 선비의 집을 경영하니	儒館經營洛水邊
다행히 오늘 뭇 어진 이가 모이네.	幸同今日會群賢

처음 주역의 도가 옴에 하늘과 땅이 열리고	初來易道乾坤闢
점차 문명이 밝아져서 해와 달이 걸린 듯하네.	漸眞文獻日月懸
좋게 뒷사람을 기다려서 잘 계발하라.	好待後人能契發
공경히 듣건대 이 학문은 정밀하고 오로지 함에 달렸네.	恭聞此學在精專
밖으로 명리를 생각하여 서로 마음 빼앗기지 말고	莫將外慕相撓奪
값 매길 수 없는 밝은 구슬을 심연에서 얻을지어다.	無價明珠得自淵

이 작품은 퇴계가 역동서원을 읊은 또 다른 작품이다. 처음 두 행에서는 서원을 세우고 사람들이 모이는 과정을 직접적으로 서술하였고, 다음 두 행에서는 『역경』의 도가 드러나고 문명화되는 것을 각각 천지가 열렸다거나 해와 달이 하늘에 걸린 것과 같다고 하여 표현에 비유적 심상을 사용했다. 비유로 가져온 대상들을 구체적으로 살펴보면, 천지의 열림은 역동적 심상, 해와 달이 걸린 것은 시각적 심상으로 되어 있다. 이런 심상은 학문의 발전이 가지는 위대함을 짧은 표현으로 크게 부각하는 효과를 거두기 위하여 사용됐다고 할 수 있다.

강도와 양사를 내용으로 하는 작품은 당대의 현실문제와 수행해야 할 과제를 주로 다루었다. 그리고 강도와 양사라는 당대 문제는 당대에 국한되지 않고 문제적 현실을 교정하여 미래의 바람직한 방향을 지향했다. 비난이 모이는 현재의 서원을 바로잡아 효용을 인정받는 미래의 서원으로, 출세만 일삼는 현재의 학문풍토를 바로잡아 순수한 학문의 본질을 회복하는 미래로 가고자 지향한다.

사적 공간인 서당에서 이루어진 학문 행위가 확장되어 나타난 것이 서원교육이고, 여기서 더 나아간 것이 작가 자신과 제자들의 정치참여이다.

▲ 역동서원 입도문

그러나 그 출처의 방향이 나아감 일방이지만은 않았다. 나아감으로부터 다시 휴식과 학문의 사적 서당공간으로 끊임없이 돌아옴으로써 교육과 정치 참여의 공간이 공적인 영역과 사적인 영역을 두루 포괄해 나갈 수 있도록 했기 때문이다.

    역동서원이 가진 한 기능인 존현이 과거에서 현재로 이어지는 시간상의 흐름을 보여 준다면, 강도와 양사는 현재에서 미래를 향해 나아가는 시간의 흐름을 보여 준다. 도를 아는 인재를 길러서 장차 이상적 유교사회를 건설하려는 공적 지향성을 보인 것이다. 결국 양자의 시간상의 흐름을 연결해 보면, 과거에서 현재로, 현재에서 미래로 시간적 흐름을 보여 줌으로써 전체적으로 역동서원은 시간적 심상을 형성하게 된다. 당대 현실의 문제나 진리의 추구, 학문의 발전 등을 담아내면서 사용한 구체적인 역동적·시각적·촉각적 심상들이 모두 부정적인 현재에서 긍정적 미래에로의 지향성을 보여 주는 데 기여함으로써 통합적으로 시간적 심상으로서의 서원을 만들어 내고 있다.

역동서원을 제재로 한 작품은 그 내용상 시적 자아 개인의 일상과 학문을 읊은 것과는 거리가 있다. 당시 사회에서 드러난 존현, 강도, 양사의 내용이나 그 중요성을 부각하고 서원을 둘러싼 당대의 사회적 문제점을 지적하는 내용이 중심이었기 때문이다. 그래서 작가의 사적인 일상의 정서를 표출하는 대신 역동서원과 관련한 존현, 교육, 학문 등의 공적 과제를 제기하여 남을 교시하고 있다. 이는 작가가 서당을 읊을 때 사적 일상과 학문을 표현하는 자체에 만족하여 문학의 표현론적 기능을 수용한 것과 달리, 여기서는 문학효용론적 기능을 적극 활용하고 있다는 것을 의미한다. 즉 역동서원을 제재로 한 작품들은 퇴계가 교시를 위한 문학의 효용적 기능을 뚜렷이 인식하여 그것을 문학활동으로 실천해 낸 구체적 증거라고 할 수 있다.

3. 월천서당과 동계서원 및 서재

여기서는 월천서당과 동계서원, 동계서재 등을 살펴보고자 한다. 먼저 월천서당의 경우는 서당을 표현한 월천의 시를 먼저 살피고, 이어서 서당의 내력을 알려 주는 월천의 산문 글을 살펴보고자 한다. 그리고 동계서원 및 서재에 대해서는 주로 내력과 경과를 중심으로 이야기를 진행하여 관련 사실을 알아보고자 한다.

1) 월천서당

월천서당은 조목의 선고가 개인적 일상 속에서 학문하는 공간으로 세운 서당이다. 먼저 조목(1524~1606)의 인물에 관하여 간단하게 개괄하고 월천서당을 살피고자 한다.

조목은 다섯 살 때 『대학』 암송을 듣고 좋아하여 백 번을 반복해서 듣고 난 뒤에야 그만둘 정도로 호학의 기질을 타고났다. 이런 기질 때문인지 12세에 사서삼경四書三經을 이미 다 읽었으며, 15세의 어린 나이에 퇴계의 문하에 들어가 학문적 성취를 할 기회를 가지게 되었다. 조목이 18세에 생원시에 합격하고도 다음 시험을 준비하거나 벼슬에 뜻을 두지 않았던 것은 독서하며 스승과 친구를 따라 학문을 하려는 뜻이 있었기 때문이다. 학문을 향한 이러한 열정을 알아본 퇴계는 그를 아끼고 보살폈지만, 월천의 특정 행위에 대해서는 언제나 준엄한 가르침을 내렸다. 예를 들면 퇴계는 월천이 작성한 벽불闢佛과 관련한 상소문을 보고서는 처신의 의리상 침묵할 것을 충고했고, 부용산芙蓉山 아래 소沼의 이름을 바꾸려는데 월천이 항의하자 너무 강직한 기질 때문에 겸양의 미덕이 부족하다고 지적하였으며, 월천 41세 때 봉화현감이 술을 권하는 것을 자신에 대한 모욕으로 여겨 자리를 떠나버린 데 대해 강직함이 지나쳐 사납고 성내는 데 빠져서는 안 된다고 충고하였다. 월천이 만년에 훌륭한 인품을 갖출 수 있었던 것은 퇴계라는 걸출한 스승의 훈도와 그것을 수용하여 인격을 연마한 월천 자신의 노력이 더해진 결과라고 할 수 있을 것이다.

관직의 진출에 대해서 살펴보면, 월천은 여러 차례 벼슬이 내려졌으나 거의 출사하지 않았다. 43세 때 이조吏曹의 천거를 받아 공릉참봉恭陵參奉에 제수되었으나 나가지 않았고, 이후 25여 회에 걸쳐 벼슬이 내려졌으나 대부분 부임하지 않았다. 다만 몇 차례 어쩔 수 없이 나아가 관직생활을 하기도 하였는데, 집경전참봉, 봉화현감, 충청도도사, 공조좌랑, 공조정랑, 합천군수, 군자감주부에 부임한 것이 그것이다. 그나마도 봉화현감과 합천군

▲ 월천 선생이 애용하시던 단계석 벼루(종가댁 소장)

수로 2년여 벼슬살이를 한 것 외에는 대부분 몇 달 정도 근무하는 데 그쳤다. 이는 마치 그의 스승 퇴계가 수많은 벼슬을 거듭 사양하고 학문에 매진했던 모습과 유사하다.

월천은 지방수령에 부임했을 때도 향교를 중심으로 하여 지역의 학풍을 일으키는 일에 치중했을 뿐이었고, 가난한 생활은 거기서도 항상 변화가 없었다. 이와 같이 가난 속에서도 정진한 결과 그의 학문은 일정한 성취를 이루기에 이른다. 봉화현감 시절에는 향교에서 『소학』과 『대학』을 교학체계의 기본으로 삼아 강의하였고, 56세 시 합천군수를 그만두고 돌아와서는 월천서당에서 본격적으로 제자들을 교육하기 시작하였다. 여기서도 『소학』과 『대학』을 시작으로 『논어』, 『맹자』로 나아가 마침내 삼경에 이르는 교육 과정을 분명하게 보여 주었다. 이는 그가 유교 경전의 공부를 학문의 기본으로 삼고 있다는 것을 말해 준다. 이런 과정 중에 그는 고전에서 학문에 도움이 되는 문장을 선택하여 『주서초朱書抄』, 『곤지잡록困知雜錄』, 『한중

잡록閑中雜錄』,『잡록雜錄』등을 편찬하여 교육에 이바지하였다.

의리론과 경세술에 있어 그는 사회적 혼란상을 민정民情, 천심天心, 조정朝廷, 사습士習, 학술學術, 이륜彛倫 등으로 나누어 그 문제점을 구체적으로 지적하였다. 이는 임란 직전의 시대적 위기의식을 드러내고 있다는 점에서 율곡의 시대인식과 일맥상통하는 점이 없지 않다. 그는 변방을 충실히 해야 한다는 실변實邊에 찬동하면서도 그 방법이 민심을 안정시키는 데에 있다는 고본固本을 주장함으로써 현실정치의 문제점과 해결책을 분명히 제시하고 있다. 여기에 더하여 군주에게는 군덕君德을 강조하였다. 그리하여 성학聖學에 나아가 군주의 덕을 날로 새롭게 하고 정도正道를 밝힐 것, 공검恭儉하여 절약하고 백성을 아껴서 근본을 튼튼히 할 것, 강직한 선비를 포용하여 충성스런 말을 용납할 것 등을 주장하였다. 또 왜란에 따른 화친과 척화의 문제와 관련해서는 남송의 화의론자和議論者인 진회秦檜를 비판하면서 화친에 단호하게 반대하였다.

그리고 그의 학문에서 중요한 비중을 차지하는 것이『심경心經』에 관한 연구이다. 그는 스승 퇴계와『심경』에 대해 질의와 토론을 전개했는데, 이때 왕복한 서신을 모아서 엮은 책이『심경품질心經稟質』이다. 월천은 「심경찬心經贊」의 '미微'를 진덕수眞德秀와 다르게 해석하기도 하고, 「심학도心學圖」의 양심良心과 본심本心이 일치한다고 보아 양자의 구별을 비판하였으며, 정자의 발언에 근거하여 적자심赤子心과 대인심大人心의 주리主理적 성격을 주장하였고, 그 외 「심학도」와 양심養心 등에 대한 의견을 개진하기도 했다. 또 왕백의 「인심도심도人心道心圖」를 수정하여 「인심도심정일집중도人心道心精一執中圖」를 그리기도 하면서 학문을 쌓아 나갔다. 이러한 과정을 통하여 그는 일생동안 스승을 받들어 배웠고, 스승 서거 후에도 심상 3년을 마친 후 문집을 편찬하는 등 스승을 위한 활동을 계속해 나갔다.

벼슬을 멀리하고 학문 연마에 전념하고자 했던 월천은 시문학 작품 속에도 자신의 그러한 성향을 나타내는 경우가 많았다. 그래서 특히 심성을 수양하는 내용의 작품이 그의 시의 중요한 하위유형으로 자리하고 있다. 자연 취향의 작품이 또한 중요한 위치를 차지하고 있는데, 이 경우도 실제로는 향리에서 심성을 수양하며 살아가는 과정에서 주변 환경을 작품 내적인 환경으로 표현하는 가운데 나타나는 현상이라 할 수 있다. 그러나 이처럼 향리의 자연을 배경으로 심성수양에만 몰두했다고 해서 그가 사회나 국가의 현실을 도외시했던 것은 결코 아니다. 특히 그는 임란을 두고 군주와 백성, 나라를 걱정하는 시를 많이 남겨서 우국충정의 선비정신을 분명하게 나타냈다. 위대한 스승을 모신 월천은 출처에 개의치 않고 선비로서 자신의 도리를 다하기 위하여 혼신의 힘을 다했던 것이다. 이것은 그가 남긴 시들을 통해 확인할 수 있다.

월천이 보인 이와 같은 삶의 과정에서 월천서당은 매우 중요한 학문과 교육의 공간으로 기능을 하였다. 그래서 그는 월천서당을 중수하는 데서부터 학문과 교육의 활동 전 과정에 걸쳐서 시나 문을 지어 월천서당에 대해 언급하고 있다. 먼저 창건과 관련한 산문을 보고, 이어 월천서당을 배경으로 한 시를 살피고자 한다.

경자년 간에 선군께서 세 칸 집을 지었는데 반은 기와, 반은 초가였다. 이것은 아이들의 독서공간이었다. 그 뒤에 무너질 때마다 보수하여 붙이기도 하고 그대로 유지하기도 했다. 올해 가을에 비로소 문창과 당방의 제도를 갖추고 동쪽 처마를 더 달아내서 장서각을 넓혔다. 그래서 51년이 되었으나 세 칸의 제도는 옛날대로 하여 고치지 않았다. 또 선사께서 지어 주신 월천서당 3대자와 성산 이묵재가 쓴 재齋의 2대자를 서당의 두 서까래 사이에 나누어 걸었으니, 다 멀리 사모하는 마음을 일으키고 깊은 생각을 붙이기 위함이었다. 또 내가 어린 나이 때부터 자못 책을 좋아하는 성벽性癖이 있어서 혹 사고 혹 구하고 혹 인출하고 혹 의외로 반포하는 것을 받고, 친구 가운데 나의 뜻을 아는 사람들이 구하지도 않았는데 보내 주어서 올 가을에 시렁 위에 소장된 것이 선세에 전해온 것과 합하여 대략 1400여 권이 되었다. 다만 본성이 본래 혼미하고 우둔한 데다가 더하여 게으르고 노쇠하여 앞길을 알 수 없으니, 몇 편의 문자를 엿볼 수 있으며 몇 개의 의리를 알 수 있겠는가? 더구나 늙고 옹졸하며 금년에 67세가 되었다. 다만 아이 수붕이 열두 살, 석붕이 겨우 여섯 살인데, 이들이 성장하는 것을 보고서 지키고 갈무리하여 이웃마을에 벽을 바르는 데 사용되는 것을 면하려 한다. 경인 가을 끝에 동고산인은 월천서당에 쓴다.(庚子年間 先君創立三間屋 半瓦半草 蓋爲兒等讀書之所 其後隨壞隨補 或附或仍 今年秋 始其門窓堂房之制 附益東簷 以廣藏書之閣 蓋五十一年 而三間之制則仍舊不改 又以先師所題月川書堂三大字及星山李默齋所書是齋二大字 分揭於堂齋兩楣間 皆所以起遐慕而寓深思也 且余自早歲 頗有書癖 或買得 或求得 或印出 或蒙意外頒賜 親舊中知余意者 不待求而送之 今秋檢會庋上所藏 合先世所傳 蓋千四百有餘卷矣 但性本昏鈍 加之以惰慢 添之以衰暮 不知前途 能覰得幾篇文字 能透得幾重義理耶 而況老拙 今年已六十七矣 而秖有兒豚壽朋年十二 錫朋僅六歲 能得及見此輩之成長 保守護藏 免爲隣家糊壁之用乎 庚寅秋末 東皐散人書于月川書堂.〈「重修書室記」〉『月川集』, 권5, 雜著)

이 글의 내용으로 보면 겉으로는 아이들을 위하여 서당이 사용되기만 한 것 같으나, 실제는 월천 스스로 서벽이 있다고 했듯이 자기도 학문을 여기에서 궁구하였다. 더 정확하게 말하자면 후진을 양성하는 일과 스스로

▲ 월천서당

의 학문 정진을 겸했던 공간으로 사용되었다고 할 수 있다. 월천서당이 학문과 교육의 일상공간이 되었다는 것은 이곳을 배경으로 창작한 시를 살피면 쉽게 알 수 있다.

월천서당과 관련하여 월천은 몇 수의 시를 남기고 있다. 「중수서실음重修書室吟」, 「서당한음書堂閑吟」, 「서당대월書堂對月」, 「환서당還書堂」, 「서당야기유감삼수書堂夜起有感三首」, 「서당오음書堂午吟」, 「서당우음書堂偶吟」, 「일절一絶」 등이 그것이다. 여기서 서당과 관련한 월천의 생활을 엿볼 수 있는 몇 작품을 살피고자 한다.

(1) 〈중수서실음重修書室吟〉

작은 집이 오십 년이 되었는데 　　　　　矮屋三間五十年

중수한 이날에는 더욱 아득하네. 　　　　重修此日轉茫然

3장 부포마을의 학문적 공간들 _ 91

| 일흔이 된 지금 남은 생이 얼마인가? | 殘生七十今餘幾 |
| 어린아이 보전하여 아비 일 이을 수 있겠네. | 能保微豚幹蠱傳 |

(2) 〈서당오음書堂午吟〉

손수 뜰 앞에 나무를 심었더니	手種庭前樹
여러 해 지나며 차례로 자라네.	年多次第成
번성한 그늘 장차 땅을 덮으려 하고	繁陰將覆地
빼어난 줄기는 이미 기둥을 넘었네.	秀幹已超楹
새도 헤아려 능히 머물 줄 알고	鳥度能知止
바람이 불어옴에 저절로 소리 나네.	風來自有聲
그윽하게 거처함에 누워 쉴 수 있는데	幽居堪息偃
길가는 사람도 다 끊어졌네.	遮斷路人行

(3) 〈일절一絶〉

원래 경물은 저절로 이루어지나	元來景物自天成
사람은 스스로 기뻐서 정감이 있는 듯하네.	人自欣然若有情
다만 소쇄한 뜻을 항상 보존하니	但得常存瀟灑意
어찌 비루하고 인색함이 다시 싹트겠는가?	如何鄙吝更萌生

(1)은 지은 지 50년이 된 서실의 중수 경과를 말하면서 일흔이 된 월천 자신의 나이와 중수한 서실이 어린아이에게 자기 학문을 이을 수 있게 하는 공간이 되겠다는 기대감을 표현하고 있다. 서실의 용도가 아이들의 교육에 있다는 사실을 말하고 있는데, 실제 월천 자신이 학문하고 강학한 공간임을 말하지 않고 이렇게만 말한 것은 자신이 스스로 공부하고 가르침을 자랑하

고 있다는 혐의를 받지 않으려는 겸손의 표현이 아닌가 한다.

(2)번은 (1)과 시적 분위기가 다르다. 작품의 전반부에서는 직접 나무를 심었는데 그 나무가 자라서 그늘이 땅을 덮으려 하고 나무줄기가 서당의 기둥을 넘어설 정도가 되었다는 말을 하고 있다. 그래서 후반부에 오면 새가 날아와 깃들이기도 하고 바람이 불면 나무 소리도 난다고 했다. 이어서 작가는 마침내 그렇게 조성한 공간에 스스로 쉬며 길 가는 사람이 없는 한적한 시간을 즐길 수 있다고 말하고 있다. 나무를 심고, 그 나무가 자라서 그늘을 만들고, 새가 나무에 와서 깃들이고, 바람이 불어와 나무가 소리를 내고, 그리고 그 공간에서 작가는 한가한 휴식을 취하는 내용으로 작품이 구성되어 있다. 이 작품의 내용으로 보면 서당이 월천에게 일상생활의 공간임을 알 수 있다. (1)에서는 서당이 제자를 가르치는 교육의 공간임을, (2)에서는 또 서당이 언제나 누워 쉴 수 있는 일상의 공간임을 알 수 있는 것이다. 서당이나 서실이 개인적 생활의 공간임이 여기서도 확인된다.

그런데 (3)번은 (1), (2)와는 또 다른 분위기를 만들어 주는 작품이다. 월천은 이 시를 창작하게 된 배경을 상당히 긴 시제로써 다음과 같이 제시하고 있다. 위에 쓰인 시제 「일절」은 약칭한 것이다.

12월 초하루에 눈이 와서 서당의 경치가 매우 아름다웠는데, 문원聞遠(금난수)이 백마를 몰아 손에 『주서朱書』한 권을 가지고 고맙게 찾아왔다. 서로 창문을 열고 앉아서 놀기를 한참 하다가 보니 눈이 그쳤다. 하늘의 해가 맑고 아름다워 술 한 잔을 마셨다. 함께 『주서』를 읽으면서 그 사이에 자세한 대화를 나누었으니, 이 날의 정감과 흥취를 넉넉히 알 만하다. 다만 우리 무리가 매번 좋은 날과 아름다운 경치, 좋은 곳, 어진 벗을 만나 혹 고인의 책을 읽으면 심중이 기뻐서 자득하기를 깨끗한 지상에 이른 것과 같다가도, 일이 지나고 정취가 그치면 비열함과 인색함이 다시 싹터서 어떤 때는 천 길 구렁으로 떨어지는 것과 같으니 이것이 어찌된 연고인가? 다시 한 절구를 짓고 한 번 웃음을 더한다.(臘月初古雪作 書堂景致甚佳 聞遠騎白馬 手挾朱書一卷 惠然而來 相與排窓坐玩良久 旣而雪霽 天日晴姸 仍啜一杯 共讀朱書 間作細話 是日情興 足可知也 但吾輩每値佳辰美景 勝地良朋 或讀古人書 則心中欣然自得 如到麗然地上 至事過情歇 則鄙吝復萌 有時如墜千仞之壑 是何故耶 更爲一絶 以添一笑.〈詩〉『月川集』, 권1)

이 시제에는 매우 심각한 뜻이 담겨 있다. 어느 날 문득 사람이 찾아와서 함께 고인의 책을 읽고 대화를 나누는 동안에는 마음이 기쁘고 좋아서 깨끗하다가, 이런 일이 지나고 정감이 사라지고 나면 다시 비열하고 인색한 마음이 싹튼다고 말하고 있다. 즉 이 시제는 심성을 수양하는 일상의 정황을 표현하고 있다. 사람들이 찾아와 함께 학문을 강론하고 사유하는 일을 하고 있다는 것이다. 시제에서는 일상의 강마와 맑은 마음의 상태가 다시 비열하고 인색해질 우려에 대하여 주로 말하고 있다.

그런데 (3)의 전·결구에서는 맑은 뜻을 항상 보존하여 비루함과 인색함이 다시는 싹트지 못하게 해야 한다는 방책을 읊고 있다. 자연스런 활동을 그냥 방치했을 때 일어나는 비루함과 인색함의 정서를 극복하기 위하여 소쇄한 뜻을 의도적으로 유지하고 보존하고자 하는 뜻을 시에서 표현하고 있다. 따라서 (3)은 (1)이나 (2)와 같이 서당을 후대의 아이를 위한 공간이나 자기 일생생활의 공간으로만 사용하지 않고 심성을 수양하는 학문 활동의 공간으로 활용하고 있음을 보여 준다.

▲ 동계서원 현판

2) 동계서원과 동계서재

먼저 동계서원을 보겠다. 이 서원은 1702년(숙종 28)에 동계사東溪祠를 세워 위패를 봉안한 데서 출발한다. 그러니까 처음에는 사묘祠廟로 출발했다고 할 수 있다. 그러다가 1785년(정조 9)에 성재惺齋 뒤로 이건하여 서원으로 승격되었다. 그러나 안타깝게도 대원군의 서원철폐령으로 인해 1868년(고종 5)에 훼철되었다.

서원이 가지고 있는 존현의 기능과 관련하여 동계서원에 두 분이 배향되었는데, 금난수琴蘭秀와 이안도李安道가 그분들이다. 먼저 금난수를 보면, 그는 안동시 예안면 부포리에서 1530년(중종 25)에 태어나서 1604년(선조 37)에 향년 75세로 세상을 떠났는데, 자는 문원聞遠이고 호號는 성재惺齋(혹은 惺惺齋)이며 본관은 봉화奉化이다. 1561년(명조 16)에 생원시生員試에 합격하였으며, 이후 참봉參奉, 직장直長, 장례원사평掌隷院司評을 지냈다. 임진왜란이 일어난 다음 해인 1593년, 63세의 노령으로 예안에서 의병을 결성하였다가 참전하

3장 부포마을의 학문적 공간들 _ 95

지 못하게 되자 명군에게 군량을 조달하는 역을 맡았다. 이후 1599년에 69세에 봉화현감을 제수받았다. 1604년(선조 32) 75세를 일기로 서거한 뒤에 임진왜란 때의 공으로 녹훈을 받고 좌승지左承旨를 증직받았다. 저서로『성재문집』이 있다. 생전에는 특히 성리학에 몰두하였고, 동약洞約을 만들어 풍속의 교화에도 힘썼다.

다음 이안도李安道를 보면, 그는 1541년(중종 36) 안동시 도산면 온혜리에서 태어나 1584년(선조 17) 43세를 일기로 서거하였다. 준寯의 아들로서 자는 봉원逢原이고 호는 몽재蒙齋이며, 본관은 진성眞城이다. 어려서부터 조부 퇴계에게 배워 성리학에 밝았다. 1574년(선조 7)에 학행으로 천거되어 목청전참봉穆淸殿參奉이 되고, 이어 직장直長을 역임했다.

동계서원은 1785년 서원으로 승격되면서 몽재 이안도를 추향追享하였고, 다음 해에 입교당立敎堂을 세우고 그 동과 서로 각각 무자기재毋自欺齋와 신기독재愼其獨齋를 세운 후 도일문道一門과 산입문山入門을 두었다. 1869년 대원군의 서월철폐령으로 헐리기 전까지 서원은 부포 서재골 입구에 있었다.

동계서재東溪書齋는 현재 안동시 유형문화유산 제44호이며 부포 서재골 입구에 있다. 성재가 학문을 연마하던 곳으로, 이 건물 앞의 바위벽에는 임경대臨鏡臺, 풍호대風乎臺, 총춘대總春臺, 활원대活源臺 등 400여 년 전에 새겨진 글자들이 지금도 전해지고 있다. 서재에서 주로 학문을 연마한 성재 윗대의 세계에 대해 간단히 살펴보고자 한다.

성재가 속한 봉화금씨 관찰공파는 봉화금씨의 여러 파 중의 하나로서, 관찰공 금숙琴淑은 부포에 입향한 중시조이다. 경상도관찰사였던 금숙은 시조 영렬공의 12대손이고, 훈련원참군訓練院參軍을 역임한 금증琴暜은 13대, 정략장군월성만호略將軍月城萬戶를 역임한 금치소琴致韶는 14대, 부사용첨지중추副司勇僉知中樞를 역임한 금헌琴憲은 15대이다. 시조로부터 16대인 성재 금난수에 대해서는 앞에서 설명한 바와 같다. 성재 이후로도 훌륭한 후손들이 이어져서, 금경琴憬, 금업琴僷, 금개琴愷, 금시술琴詩述, 금용하琴鏞夏 등 빼어난 인물들이 계속해서 나왔다.

4. 이야기를 마치며

지금까지 부포마을의 학문공간인 역동서원과 월천서당, 동계서원과 서재 등을 관련된 인물과 연관하여 살펴보았다.

먼저 우탁과 역동서원에서 우탁의 인물됨을 몇 가지 방면에서 살펴보고 역동서원의 사정을 들어 보았다. 우탁은 출처와 관련하여 사대부 일생의 모범을 잘 보여 주었다. 즉 출생과 성장, 수학의 전 과정에 걸쳐서 그는 벼슬길에 나아가고 물러나서는 향리에서 제자를 가르치며 학문에 매진하는 전형적인 선비로서의 삶을 살았다는 것이다. 그가 평소에 이룩한 업적은 미신과 불교를 배척하고, 군주에게 직간하고 풍속을 바로잡으며, 학교를 세우거나 후진을 양성하면서 자기 학문에 매진하는 것이었다. 특히 우탁은 벼슬에 나가고 물러나는 출처에 엄격하여, 스스로 유자의 본분을 실천할 뿐 자신의 기득권에 초연한 태도를 보여 주었다. 그리고 그는 스승 안향의 영향을 받아 성경誠敬 중심의 성리학 전통을 수립하는 데 이바지하였다.

역동서원은 바로 이러한 우탁을 배향하기 위하여 퇴계가 설립한 서원이다. 서원은 본래 사설교육기관인 서당과 존현기관인 사묘의 두 가지 기능을 유기적으로 수렴하여 존현과 양사의 기능을 체계적으로 병행하던 조선시대의 사립교육기관이었다. 퇴계는 우탁의 삶과 학문을 모범으로 삼아 제자를 가르치며 학문을 연마하는 장으로서 역동서원을 창건하였다. 특히 퇴계는 존현의 대상을 억지로 정하지 않아도 된다는 진보적인 생각을 가지고 있으면서도 우탁과 같은 성리학적 학문을 가진 인물은 적극적으로 존현의 대상으로 삼아 서원에 배향하였다. 또한 퇴계는 서원 기능의 다른 하나로서 강도講道를 강조하였는데, 이로써 서원은 선현으로부터 당대의 학도로, 당대의 학도로부터 미래의 후학으로 이어지는 시간적 연속성을 강조하는 모습을 띠게 되었다.

다음으로 월천서당 부분에서는 월천서당에서 주로 활동한 조목의 인물됨과 서당을 살펴보았다. 조목은 다섯 살 때부터 『대학』 암송 듣기를 좋아할 정도로 호학의 기질을 타고났는데, 18세에 생원시에 합격한 뒤로는 벼슬에 뜻을 두지 않고 학문에 정진하고자 하였다. 특히 스승 퇴계로부터 처신의 의리나 겸양의 미덕, 지나친 강직함 등에 관한 몇 번의 충고를 받고 거기에 자신의 부지런한 노력이 더해져서 만년에 훌륭한 인격을 갖추었다. 그는 일생 동안 25회 여에 걸쳐 벼슬이 내려졌으나 몇 차례만 나아가는 데 그쳤고, 그나마 봉화현감과 합천군수에 2년씩 재직한 것 외에는 전부 몇 달 정도 머물 뿐이었다. 벼슬에 나가서도 『소학』과 『대학』을 가르치고 『논어』와 『맹자』에 나아가며 삼경三經을 공부하는 교육과정을 실천하는 교육자로서의 활동을 보이는 동시에 스스로 학문 연마를 게을리하지 않은 학자의 길을 계속 걸었는데, 특히 『심경』 연구에 심혈을 기울여 일정한 견해를 확립했다. 또한 시를 통해서 심성수양, 자연취향, 시대현실 등을 반영함으로써 유자로서 균형 있는 시적 성취를 이룩하기도 했다.

월천서당은 조목이 스스로 생활하면서 학문을 연마하고 후학을 가르치는 공간으로서의 기능을 보여 주었다. 친구가 찾아와서 함께 담화를 나누며 학문을 토론하기도 하고 또 문하의 제자들을 가르치기도 하는 일을 여기서 수행하고 있었기 때문이다. 이런 모습은 그가 월천서당과 관련하여 남긴 시에서 확인이 된다.

끝으로 동계서원과 서재에 대하여 살펴보았다. 동계서원은 숙종 때 동계사를 세워 위패를 봉안하는 데서 시작됐는데, 그 뒤에 서원으로 승격되었다가 대원군의 서원철폐령으로 훼철되고 말았다. 이 서원에는 금난수와 이안도 두 분을 배향했다. 금난수는 예안면 부포리에서 태어나 생원시에 합격하고 봉화현감을 지냈다. 정유왜란에 수성장으로 군무를 잘 보아 성읍을 지켜내었고, 그 공으로 좌승지에 증직되었다. 학문적으로는 성리학 연마에 몰두하였고 동약을 만들어 풍속 교화에 힘썼다. 또 다른 배향자인 이안도는 퇴계의 손자로서 조부로부터 직접 성리학을 배워 밝았으며, 선조 연간에는 학행으로 천거되어 참봉이 되고 직장을 역임하였다. 따라서 동계서원 역시 선현을 배향하고 후학을 가르치는 존현과 양사의 기능을 수행했던 것으로 보인다. 한편, 동계서재는 금난수의 가문이 신대로부터 대대로 학문을 연마하던 곳으로서 현재 안동시 유형문화재 제44호로 등록되어 있다. 이 건물 앞의 바위벽에는 400여 년 전에 새겨진 글이 남아 있다. 봉화금씨 가운데 부포에 터를 잡은 일파는 관찰공파인데, 부포에 입향한 중시조 금숙은 시조 영렬공의 12대손으로 경상도관찰사를 지냈으며, 이후 13대 금증, 14대 금치소, 15대 금헌 등 선대가 대대로 벼슬을 역임하였다.

이상의 내용을 보면 부포마을은 하나의 작은 마을임에도 불구하고 서당, 서재, 서원 등 다양한 교육과 학문의 기관이 있었다. 작은 마을에서 그처럼 많은 인재를 배출해 낸 것은 세상에 드문 현상이었는데, 이것은 모두 그와 같은 학문적 연원을 배경으로 한 것이었다. 그런 학문적 연원이 있었기에 지금도 그 정신을 계승하려는 노력이 마을 주민들을 중심으로 면면히 이어지고 있다고 생각된다. (전재강)

4장

이황, 조목 그리고 예안학맥

1. 예안의 퇴계학단

예안은 퇴계 이황의 본향이고 퇴계학의 진원지이다. 이황이 50대로 들어서는 시기부터 계상에 머물면서 본격적으로 제자 교육을 시작한 것은 조선 교육사에 있어서 중대한 의미를 갖는다. 이 시기 이후 조선은 대규모의 제자를 육성하는 큰 선생이 여기저기서 등장하게 되고, 그들이 길러 낸 제자들에 의해 2차, 3차의 크고 작은 선생들과 제자들이 출현하게 되는 교육혁명의 과정 속으로 진입하게 되기 때문이다. 그러므로 퇴계 이황의 시기, 조선의 16세기는 조선성리학이 완성되고, 조선성리학의 학파와 학맥이 등장하고, 지역의 성리학 문화가 시작되는 시대가 되는 것이다. 그런데 이황의 초기 교육은 주로 그나 그의 가문과 연관되어 있는 사람들, 그리고 그의 삶터인 예안과 그 인근 지역의 사람들을 대상으로 행하여졌다. 이것은 퇴계학이 예안 또는 그 주변 지역인 안동의 지역학 중심일 수밖에 없는 이유가 된다. 이 학단의 전체적인 규모는 물론 안동에서 더 크게 구축된다고 할 수 있고, 예안의 경우는 오늘날 예안이 안동에 포함되고 또 발전 과정상에서 이 두 지역이 서로 뒤엉켜 있으므로 구분하여 말할 수 없는 것이 사실이지만, 여기에서는 예안만으로 한정시켜서 따로 말하여 보고자 한다.

예안의 퇴계학단을 말함에 있어서는 퇴계 이황과 월천 조목을 우선적으로 눈여겨보지 않을 수 없다. 퇴계학단은 많은 현달한 인사들을 포함하고 있지만, 퇴계 이황에게 가장 심복하였던 사람을 들라 하면 월천 조목을 빼놓을 수는 없을 것이다. 월천 조목은 이황과 같은 지역에서 태어나서 일찍부터 이황으로부터 배웠고 죽을 때까지 이황을 곁에 모시고, 또는 마음에 모시고 살았다. 이황에게 있어서 조목은 자식과도 같은 제자였고, 조목에게 있어서 이황은 스승이고, 부모와 같은 존재이고, 동향의 선배였던 것이다. 이런 이황과 조목 사이의 긴밀한 관계는 예안학단이 일반적으로 갖지 않을 수 없는 기본적 조건이었다. 다만 이황과 조목 사이에서만 이러한 특징을 말할 수 있는 것이 아니라 이황과 금난수 사이에서, 이황과 이덕홍 사이에서, 이황과 금보 사이에서도 동일하게 나타날 수 있는 특징인 것이다. 그런 점에서 우리가 예안학

▲ 퇴계 이황

단을 살펴보고자 한다면 우리는 무엇보다도 이황과 조목 사이의 인간적 관계를 알아보지 않으면 안 되는 것이다.

2. 이황과 조목―스승과 제자

어떤 두 사람이 스승과 제자로 관계를 맺었다고 해서 배움이나 영향 받음은 일방적으로 제자 쪽에서만 의미를 지니는 것이라고 할 수는 없다. 스승 역시 제자로부터 배우고 영향 받을 수 있는 것이다. 물론 제자가 스승으로부터 배우고 영향 받는 정도보다 스승이 제자로부터 배우고 영향 받는 정도는 비교적 적다고 할 수 있을 것이지만 말이다. 어떤 두 사람에게서 배우고 영향 받는 정도가 얼마나 양적으로 넓게 또 질적으로 깊게 확보될

수 있느냐 하는 것은 그 두 사람 사이에 신뢰와 존경이 얼마나 크게 자리 잡고 있느냐 하는 것을 통하여 측량될 수 있다. 신뢰와 존경은 마음의 빗장을 열게 하는 유력한 전사이기 때문이다. 기술이나 지식 같은 것을 배우고 가르치는 경우에는 이익이 마음을 열게 하는 향도 역할을 할 수 있다. 그러나 설령 기술이나 지식을 배우고 가르치는 경우라고 하더라도 그 두 사람 사이에 신뢰와 존경이 자리 잡을 수 있다면 그 기술이나 지식은 보다 효과적으로 옮겨지고 전해질 수 있게 되는 것이 사실이다.

한갓 기술이나 지식을 전하고 전해 받는 경우에도 전하고 전해 받는 사람 사이에 놓이는 신뢰와 존경은 아주 중요한 역할을 담당한다. 하물며 인격을 배우고 가르치는 경우에는 어떠하겠는가? 인격은 말로, 또는 글로 전해질 수 있는 것이 아니다. 인격은 마음으로 받아들임으로써 전해지는 것이다. 전해 주려고 해서 전해지는 것이 아니라 받아들이려 함으로써 전해지는 것이라는 말이다. 인격을 배우고 가르치는 경우에는 배우려는 쪽의 마음가짐이 결정적인 기능을 수행한다. 마음을 열고 진심으로 받아들이려고 할 때 스승의 미덕은 제자에게로 은연중 전해지는 것인데, 진실로 그 마음을 열게 하는 데는 신뢰와 존경보다 더 권능을 갖는 덕목이 없는 것이다. 물론 이것은 스승에게 제자의 신뢰와 존경을 이끌어 낼 수 있는 덕목이 갖추어져 있어야 한다는 점을 전제로 하는 이야기이다.

퇴계 이황과 월천 조목의 관계를 놓고 말할 때 그들 사이에 놓이는 가장 큰 미덕은 바로 이 신뢰와 존경이다. 물론 이것은 조목에게만 그러한 것이 아니라 예안학단 전체의 경우에 다 그러하다. 그 점은 이덕홍과 조목 사이의 간단한 대화를 통하여 분명하게 드러난다.

조월천이 덕홍에게 말하기를 "선생께서는 성현의 모습이 있다" 하기에, 덕홍은 말하기를 "선생은 평이하고 바른 도리와 맑고 밝은 마음을 가지고 있다. 어찌 단지 모습뿐이겠는가" 하였다.(퇴계학연구원, 『퇴계선생언행록』, 40쪽)

이 간단한 문답은 월천 조목이나 간재 이덕홍에게 퇴계 이황이 얼마나 큰 신뢰와 존경을 받고 있는지를 알게 한다. 위 인용문의 문면만으로 본다면 우리는 이덕홍과 조목이 그들의 스승인 이황을 바라보는 시선에 일정한 차이를 갖는다고 말할 수도 있을 것이다. 조목보다는 이덕홍이 더 철저하게 이황에게 경도되어 있는 것이라고 판단할 수도 있으리라는 말이다. 조목이 이황에게서 성현의 모습을 보고 있다면 이덕홍은 이황에게서 성현의 모습뿐만 아니라 성현의 도리, 성현의 마음까지를 보고 있기 때문이다. 그러나 이러한 차이는 대화라고 하는 것이 갖는 특징과 연결되어 해석될 수 있는 문제라고 하겠다. 우리의 대화는 통상 어떤 견해에 대한 동의를 표명할 때 그저 고개를 끄떡이거나 그냥 간단하게 그렇다고 말해 버리고 마는 식으로 전개되지는 않는다. 그런 소극적 시인은 대부분 마지못한 승인이기 십상이다. 우리는 마음으로 별로 동의하고 싶지 않은 견해에 대해서도 이런 소극적 시인으로 마무리해 버리는 경우가 있다. 먼저 제출된 타인의 견해에 대해 자신도 진실로 같은 생각일 때는 그 견해를 강화하는 방식으로 전개되는 것이 우리의 대화양상이다. 위의 조목의 말에 대해 이덕홍이 제출하는 생각의 강화도 먼저 제출된 견해에 대한 적극적인 동의로 보아야 할 것이지, 조목이 생각하지 않는 부분까지를 이덕홍이 말하고 있다고 보아서는 안 되는 것이다. 조목과 이덕홍은 똑같이 스승인 이황을 성현과 같은 인물로 간주하고 있는 것이라는 말이다.

조목이나 이덕홍 같은 유학자들에게 있어서 성현은 공자로 대표된다. 공자는 성인을 이루는 것을 공부의 목표로 삼아 평생을 노력하였던 사람이고, 결국 성인에 가까이 가는 데 성공을 거둔 사람이다. 중국에서든 한국에서든 유학의 목표점은 바로 이 자리, 공자가 이룬 성취 속에 놓인다. 유학의 역사 속에서 공자를 목표점으로 삼아 일정한 성공을 거둔 사람들, 공자를 통하여 성인의 자리에로 나아간 사람들이 바로 성현이다. 이황이나 조목, 이덕홍 등은 그런 성현을 목표점으로 삼아 끊임없이 배우고 노력하는 사람이다. 유학자들에게 있어서 스승은 앞서서 이끌어 가는 자이기는 하지만 배움의 동지이기도 하다. 그것은 스승이 아직 성현의 자리에 이르지 못한 경우에 해당된다. 그러나 스승이 성현의 경지에 도달한 사람이라면 이야기는 조금 달라진다. 그 경우에 있어서 스승은 더 이상 노력하는 과정 속에 있는 배움의 동지가 아니라 배움을 완성시킨 사람, 배우는 사람이 모범으로 삼아서 따르고 본받아야 하는 사람, 그 인간 자체를 사표로 받아들여야 하는 사람이 되는 것이다. 더 이상 가르치는 사람이 아니라 모범을 보이는 사람이 되는 것이다.

조목이나 이덕홍에게 있어서 이황이 배움을 같이하는 동지이면서 스승일 경우에는 조목이나 이덕홍은 이황을 통해 공자를 배운다는 생각을 하는 것이라고 말할 수 있다. 그러나 조목에게 있어서 이황이 성현으로 받아들여진다면 조목은 더 이상 이황을 통하여 공자 바라보기를 할 필요가 없어진다. 그는 그대로 이황을 배우기만 하면 되는 것이다. 이런 점에서 조목이나 이덕홍이 이황에게서 성현의 모습을 발견하는 것은 그들이 이황에 대하여 최상의 신뢰와 존경을 표하는 것임을 의미한다고 할 수 있다. 조목의 의식과 지향은 전적으로 이황이라는 울타리 안에 놓여 있는 것이라는 말이다.

이와 같은 총체적인 마음열기는 우리가 실제의 인간관계에서 쉽게 만날 수 있는 것이 아니다. 이런 마음열기가 있을 때 교육은 가르침을 받는 사람에게 있어서 감화의 모습을 띠게 된다. 이런 마음이 갖추어져 있을 때 마치 마른 솜이 물을 빨아들이듯 스승의 덕목은 제자의 의식 속으로 쉽고 빠르게 스며들 수 있게 되는 것이다.

3. 이황과 조목―죽은 성현과 산 성현

조목이나 이덕홍의 이황은 그들이 최대의 신뢰와 존경의 마음으로 받아들인 성현이다. 그런데 죽은 성현을 모시는 것과 살아 있는 성현을 그 생활 속으로 받아들이는 것은 전혀 다른 성격을 띤다. 어찌 보면 죽은 성현은 되기도 쉽고 섬기기도 쉽다. 반면에 살아 있는 성현은 되기도 어렵고 섬기기도 어렵다. 죽은 성현은 그 본래의 모습과 역사 속에서 덧씌워진 환상의 상호작용을 통하여 만들어진다. 엄밀히 말하자면 그 사람을 성현으로 등장시키는 데에는 역사가 더 큰 역할을 수행하게 마련이다.

역사 속에서는 어떤 사람의 긍정적인 부분이 주로 표창된다. 그것은 우리가 만사, 행장, 묘갈명 같은 것들을 얼핏 살펴보는 것만으로도 확인될 수 있다. 이런 것들은 우리가 역사적 인물을 들여다보는 시선이 어떤 것인지를 증거로 하는 효과적인 자료들이다. 대부분의 경우 우리는 어떤 사람을 기리고 추억하기 위해서 죽은 사람을 향해 시선을 던진다. 어떤 사람을 비판하고 매도하기 위해서 죽은 사람을 들여다보는 경우도 아주 없지는 않지만, 그런 경우는 일반적이라고 하기 어렵다. 그 이유는 어디에 있는가? 아마도 죽은 사람에 대해서 특별히 언급할 필요성을 느끼는 사람들이 주로 그 사람과 심정적으로 묶여 있는 사람들이기 때문일 것이다.

죽은 사람에 대해 특별히 발언할 필요성을 느끼는 사람은 죽은 사람에 대해 일정하게 부채를 갖는 사람들이다. 후손, 지인, 제자, 후배 등등, 이들은 심정적으로 죽은 사람에 대해 애호감을 갖고 있으며, 설혹 죽은 사람에 대해 불만을 갖고 있었다고 하더라도, 그것은 그의 죽음으로 인해 증발되어 버리고 아쉬움만이 남아서 죽은 사람을 추억하게 된다. 그러니 그들의 발언은 애초에 긍정적으로 윤색되고 과장될 가능성이 큰 것이다. 그러나 살아 있는 사람, 그것도 지금 나와 생활을 공유하고 있는 사람의 경우에는, 우리는 추억을 위해 그 사람에게 집중하는 것이 아니다. 그 사람의 삶은 세세한 것에 이르기까지 나의 삶과의 접점에서 생생하게 살아나는 것이며, 나는 나의 이해관계를 매개로 삼아서 그 사람에 대한 평가를 매양 새롭게 내려야만 한다. 그 사람에 대한 나의 평가는 완성되어 있지 않으므로 끊임없이 흔들릴 수밖에 없는 것이다.

조목이나 이덕홍에게 있어서 이황은 그렇게 살아 있는 사람이었다. 그런 만큼 이황에 대한 조목이나 이덕홍의 신뢰와 존경은 매양 흔들릴 수밖에 없는 것이었다. 이러한 모습은 다음의 일화를 통해서 알 수 있다.

평소 오담의 이름이 오래도록 세속 사람들의 근거 없는 호칭을 받아 듣건대 사람으로 하여금 슬프게 마음을 용동시키므로 참람되게 한 좋은 이름 풍월담으로 바꾸고자 했더니 마침 그대는 '어찌 또 아끼는 것을 점유하려 하는가' 하는 뜻으로 말을 하였습니다. 대저 강산과 풍월은 천지간의 공물인데 이를 만나고서 완상할 줄 알지 못하는 이도 많지만 혹 승지를 점유하여 자기의 개인 것으로 생각하는 이도 또한 어리석은 것입니다.(퇴계학연구원, 『국역퇴계전서』, 4책, 276쪽)

이 일화는 위의 글귀만으로는 제대로 이해되기 어렵지만, 조목이 월천의 낙강 가에 집을 짓고 풍월이라는 당호를 붙였는데 그 후에 이황이 오담을 풍월담으로 개칭하고자 한다는 점을 전제한다면 사정이 어느 정도 분명하여질 수 있을 것이다. 이황은 오담의 '까마귀 오' 자를 좋아하지 않았다. 그에게 있어서 승지는 이름까지도 아름다운 것이어야 한다는 기본 입장이 있다. 그 뜻을 통하여 우리의 마음을 길러 주는 기능을 수행해야 한다는 것이다. 그러므로 이황은 오담을 풍월담으로 바꾸어 부르고자 하는 것인데, 그것이 조목에게는 자신이 당호로 쓰고 있는 풍월이라는 아름다운 이름을 이황이 빼앗아 가고자 하는 것으로 비쳤다. 따라서 조목은 이황을 향하여 '어찌 제가 아끼는 의미를 점유하려 하십니까' 하는 항변을 제출하는 것이라고 하겠다. 이 일화 속에서 우리는 조목의 의식이 자신의 이익을 앞세워서 스승인 이황의 생각과 부딪치는 것을 확인할 수 있다. 이익의 주체로서의 인간의 모습은 살아 있는 사람이라면 누구나 폐기하기 어려운 것임에 틀림이 없다. 그 점은 조목에게 있어서만 어려운 일이 아니라 이황에게 있어서도 역시 그러하다. 그러므로 이황은 '승지를 점유하여 자신의 것으로 생각하는 이도 또한 어리석은 것'이라고 하면서 그 뒤에 다음과 같이 조목의 허물을 힐책하는 말을 덧붙여 불편한 심사를 토로한다.

절경의 아름다운 이름은 사람이 마땅히 생각하여 서로 저버리는 데 이르지 않아야 귀한 것입니다.…… 사람의 기질의 병통은 강·유 두 가지에 많이 나타납니다.…… 금군(금난수)은 비록 유에 가까우나 모두가 유연하지는 않아서 혹 정도로 나오는데, 공(조목)은 비록 강을 자부하지만 모두 강의 선은 아니고 도리어 사납고 모진 병통에서 나와 겸손하고 공손하게 마음을 비워 남의 말을 받아들일 뜻이 조금도 없으니 그 덕을 해치고 사물을 방해함이 금군의 행위보다 심함이 있습니다.(퇴계학연구원,『국역퇴계전서』, 4책, 277쪽)

앞의 인용문에서는 이황에 대해 불편한 심사를 표출하는 조목의 모습이 두드러지게 나타나는 것이었다면 이 인용문에서는 조목의 항변에 대해 조목의 인격적 허물을 짚어 내는 방식으로 대응하는 이황의 거북한 마음이 주로 표현되어 있는 것이라고 하겠다.

풍월이라는 이름을 오담에 붙이느냐 마느냐 하는 것은 극히 사소한 문제이다. 사실 이것은 크게 이익과 결부되어 있는 문제도 아니다. 그런데도 이런 문제에서 자존심에 상처를 입고 불편한 심사에 빠져들게 되는 것은 이황과 조목이 다 같이 생생한 생활 속에서 서로를 만나기 때문이다. 생활은 이렇게 생동하는 것이고 서로의 마음이 미묘하게 부딪는 곳이다. 그러므로 생활 속에서는 언제나 신뢰와 존경을 유지하기가 쉽지 않다. 조목과 이황이 만나는 곳은 그런 생활 속이었다. 조목은 그런 생활 속에서 상황에 따라 마음이 미묘하게 흔들리면서도 여전히 스승 이황을 성현으로 받아들이고 있는 것이다. 그것은 그만큼 그의 신뢰와 존경의 마음이 크고 단단한 지반 위에 놓여 있음을 의미한다.

4. 이황과 조목―아들과 제자

연보에 의하면 조목은 15세에 퇴계 이황에게 배우기 시작하는 것으로 되어 있다.(『월천선생문집』, 「연보」, 15세조) 조목이 1524년생이니 1538년부터 이황 문하에 속한다고 할 수 있겠다. 1538년이면 이황 나이 38세. 34세로 급제하여 승문원 권지부정자로부터 벼슬 생활을 시작하였으니 벼슬살이 4년째에 접어드는 시기이다. 이때로부터 7년 후, 명종대왕 즉위년인 1545년에 이후의 이황 인생을 중심에서 장악해 나간 대사건이 벌어진다. 을사사화이다. 을사사화는 이황으로 하여금 조광조의 그림자를 섬뜩하게 느끼게 하는 사건이었다.

이황의 조광조관은 독특하다. 조광조의 실패가 시대의 실패가 아니라 조광조의 실패라고 보는 것이 이황의 기본 입장이다.

> 조정암께서는 타고난 자질이 참으로 아름다웠으나 학문의 힘이 아직 충실하지 못하여 그 베푼 바가 적당한 곳을 지나침을 면하지 못하게 되었네. 그러므로 끝내 일을 실패함에 이르렀던 것이네. 만약 학문의 힘이 이미 충실해지고 덕의 그릇이 이루어진 뒤에 나와서 세상일을 담당했더라면 그 이룬 바를 쉽게 측량할 수 없었을 것이네.(퇴계학연구원, 『퇴계선생언행록』, 206쪽)

조광조의 실패가 학문이 덜 충실하였던 탓이고 덕의 그릇이 덜 이루어진 탓이라고 한다면, 학문을 충실히 하고 덕의 그릇을 완성시키는 것을 목적지로 하는 이황의 지향점은 분명하여진다. 실패하지 않는 것, 조광조처럼 성급하게 나아가다가 사화 같은 올가미에 걸리지 않는 것―실패나 좌절이 학문의 충실이나 덕의 그릇의 완성과 일정하게 연관되어 동일시되고 있는 것이 이황이 지향하는 세계의 모습인 것이다. 을사사화는 이황에게 조광조가 빠졌던 함정이 그의 것이 될 수 있음을 절감하게 하는 계기가 된다. 그리하여 그는 조광조의 성급함을 경계하며 새로운 활로를 찾아 나가는 적극적 노력을 개시하게 되는 것이다. 물러나 지키기 교육을 통해 세상을 개혁하기를 특징으로 하는 이황적 방법론은 그 이후의 역사 속에서 완성되는 것이다.

이황이 실제로 모든 벼슬로부터 물러나 완전히 은거를 선택하는 것은 49세 때의 일이다. 그의 은거는 완전한 성공을 거두지는 못하여 늘 조정을 들락거려야 하였지만, 49세 이후 이황 의식의 중심이 산림에 놓인다는 것만은 부인될 수 없다. 그리고 이황이 집중적으로 고향에 돌아와 머무는 시기를 갖게 되는 것은 45세 이후, 을사사화 이후의 일이다. 34세부터 45세까지는 고향에 돌아와 머무는 시기가 길지 않은 관인 이황의 시기인 것이다. 그러니 이 기간 동안은 이황이 고향에 제자를 둘 수 있는 때가 아니었다고 하겠다. 그런데 조목은 38세의 이황에게 배움을 청하고 그 문하에 들게 된다. 조목 연보에 의하면 조목은 5세에 독서를 시작하여 12세에 사서삼경을 다 읽고 15세에 퇴계 문하에 드는 것으로 되어 있다. 퇴계 이전에 조목의 학문을 이끌어 갔던 다른 이름이 나타나지 않는 것으로 보아 조목의 학문은 가학이나 독학 차원의 것이었고, 12세에 사서삼경을 다 읽었다면 15세 때쯤에는 학문의 향도를 절실히 원하는 지점에 이르러 있었을 것이다. 그러니 고향의 이름 높은 젊은 선비를 찾아 가르침을 청하게 되는 것이겠다.

이황의 역사 속에서의 성공은 무엇보다도 그 교육사업, 제자 양성의 성공으로부터 온다. 이황만큼 많은 제자들을 길러냈던 예는 조선왕조의 전 역사를 통해서 보더라도 희귀한 사례에 속하는 것이다. 그런 이황의 제자

▶ 「월천선생연보」

기르기는 49세 이후에 본격화된다. 이황의 풍기 시절이 백운동서원을 중심에 두고 있는 것이니만큼 그때 백운동서원의 원생들을 가르쳤다고 하더라도 그것은 48세 때의 일이다. 조목이 이황 문하에 적을 올리는 것은 그것보다도 10년 전이다. 조목은 이황의 처음 제자이거나 거의 처음의 제자라 할 수 있는 사람인 것이다.

조목이 이황의 문하에 출입하면서 만나게 된 것은 이황만이 아니다. 이황의 아들 이준 역시 조목과 이황의 관계를 언급함에 있어서 빼놓을 수는 없는 인물이다. 이준은 1523년생이다. 조목과 1년 밖에 차이 나지 않는 나이이다. 조목이 15세로 이황의 문하에 들었을 때 그곳에는 16세의 이준이 있었다. 조목은 이황과 심정적으로 친근해지는 것보다 먼저 이준과 친구가 되어 갔을 것이고, 이황은 젊은 조목을 제자라기보다는 아들의 친구로서 아들을 대하듯 만났을 것이다. 마찬가지로 조목 역시 이황을 스승이라기보다는 친구의 아버지로서 아버지를 생각하듯 생각하였을 터이다. 이러한 사정은 이황과 조목 사이가 심정적으로 누구보다도 친근할 수밖에 없는 조건을 형성한다.

조목에게 있어서 이황은 누구인가? 15세에 가르침을 받기 시작하여 30여 년이나 변함없이 모셨던 스승이고, 15세에 만나 평생 두터운 교분을 이어 갔던 절친한 친구의 부친이고, 동향의 이름 높은 선배였다. 이황 문하의 누구도 조목만큼 이황과 가까운 지점에 놓이는 사람은 없다. 이준이나 이안도를 제외하고 인간적으로 이황과 가장 가까운 지점에 자리 잡고 있는 것이 조목인 셈이다.

5. 이황과 조목―세심함, 그리고 충직함

이황과 조목 사이는 이황과 다른 제자들의 사이와는 달랐다. 그 둘의 관계는 스승과 제자 사이를 뛰어넘어 보다 밀착되어 있었던 것이다. 조목에게 있어서 이황은 보다 더 심복하는 스승이었고 이황에게 있어서 조목은 보다 더 거리낌이 없는 제자였다. 다음의 인용문들은 이 두 스승과 제자 사이를 지배하는 인간적 분위기를 일목요연하게 보여 준다.

감히 '자포자기를 하는 것은 아니다'라고 하나 그대는 이천 정이의 말씀에 '게으른 뜻이 한번 생겨나면 곧 이것이 자포자기이다'란 것을 보지 못했습니까?(퇴계

학연구원, 『국역퇴계전서』, 4책, 261쪽)

앞 편지에서 말한 것은 실상 포기해버리는 지경에 들어갔다는 말이 아니고 다만 마음 쓰고 공부할 극히 세밀한 곳을 그대에게 말함으로써 스스로 점검하여 어떠함을 알게 했을 뿐입니다. 지금 보내준 글을 보니 지나치게 스스로를 낮추었는데 가만히 생각하건대 이같이 하는 것은 또한 호기 호연지기를 기름에 방해됨이 있을 것입니다.(퇴계학연구원, 『국역퇴계전서』, 4책, 262쪽)

앞 편지에 망령되이 거론한 '호기를 기름'에 대한 한 구절을 두고 일컬으신바 그대는 어찌하여 의심하고 사양하기를 이같이 합니까? 만일 일상생활에서 한 마디의 말, 한 행동이 마땅함을 얻는다면 호기에 해될 것이 없고, 한 마디라도 걸림이 있으면 천지와 어긋나게 되어 곧 호기를 기름에 해가 있게 되는 것이니, 비록 맹자같이 부동심하는 지위에 나아가는데도 그 처음엔 반드시 이 같은 조그만 곳에서 공부하기 시작하는 것이므로 앞 편지에서 그렇게 말했던 것입니다. 그런데 그대는 어찌하여 다른 이에게 미루어 버리고 스스로 포기하는 것입니까?(퇴계학연구원, 『국역퇴계전서』, 4책, 262쪽)

이것은 조목에게 연이어 보내는 이황의 세 통의 편지이다. 물론 그 사이에는 조목의 편지가 있다. 조목이 어떤 편지를 보냈는지는 다시 상고해 볼 필요가 있는 문제이지만 이 세구절의 인용문만으로도 스승과 제자 둘 사이에서 어떻게 그 마음이 움직이고 있는지는 충분히 가늠하여 볼 수 있을 것이다. 조목이 '자포자기를 하는 것은 아닙니다'라는 편지를 보낸 것은 문면과는 상관없이 '자포자기'를 생각해야 할 정도로 절박하고 답답한 마음속 풍경을 알려 준다. 이황은 그런 조목의 마음속 흐릿한 생각을 예리하게 읽어 낸다. 그리하여 '한순간이라도 게으른 마음이 일면 그것이 바로 자포자기인 것'이라고 말하며 치열한 공부의 길에서 잠시도 벗어나지 않도록 독려한다. 물가에서 있는 아이를 보는 것 같은 걱정스러움을 가득 담은 시선이 거기에는 있는 것이다. 스승의 견책을 받자 조목은 더욱 침울해지고 더욱 나약하여져서 더욱 자신의 공부가 미진함을 토로한다. 용맹정진하여도 성과가 없으니 자신의 능력이 미치지 않는 것은 아닌가 한탄하고, 과연 스승의 말처럼 자신이 공부에 게을러서 스승께서 자신이 공부를 포기하는 것으로 생각하시게 한 점도 있음을 인정한다. 스승의 견책을 마음 깊이 받아들이는 조목의 내면의식이 이 속에는 있다. 그렇게 조목이 자신을 한없이 낮추고 스승의 견책을 받을 정도로 공부에 게으름을 반성하자, 이번에 이황은 조목의 과도한 반성이 혹여 모든 것에 자신을 잃는 데까지 이르게 되지는 않을까를 걱정한다. 그리하여 이황은 '호연지기'를 거론하며 조금은 너그러운 태도를 보이는 것이다. 그러나 스승에게 걱정을 끼친 조목은 '호연지기'는 자신에게 어울리는 것이 아니라 다른 이들의 것이라고 미루어 놓는 겸양을 보이고, 이황은 다시 마음이 흔들리지 않게 하는 것이 바로 호연지기임을 가르치는 서신을 보내는 것이다.

　위의 세 인용문은 이렇게 조목에게서 이황에게로 세 통의 편지가 전해졌고, 또 이황이 조목에게 주는 세 통의 편지를 썼음을 우리에게 알려 준다. 그런데 그 내용은 무엇인가? '게으른 생각이 한번 일어나는 순간을 경계하라'는 이황의 가르침이다. 한 번이면 끝날 간단한 한마디 가르침을 위해 여섯 통의 편지가 연이어 오고 가는 것이다. 이런 간단한 가르침은 시간을 두고 그 내용을 검토해 볼 필요도 없는 것이고, 여러 번 반복적으로 거듭될 필요도 없는 것이다. 그런데 여섯 통의 편지가 오고 가야 했다. 이유는 이황의 말을 너무 충직하게 받아들여 과도하게 스스로 자신을 견책하는 조목의 태도 때문이고, 마치 처음 걸음마를 배우는 어린아이를 보듯이 조목의 마음 풍경까지를 걱정스러운 시선으로 지켜보는 이황의 세심한 배려 때문이다. 사소한 마음의 움직임에 이르기까지 무심함을 허용할 수 없는 인간적인 관계가 이황과 조목 사이에는 갖추어져 있는 것이다.

이황에게서 조목만큼 많은 견책을 받고 있는 제자는 없다. 다른 이들도 견책을 받는 모습이 여럿 보이기는 하지만 조목만큼 빈번하지는 않고, 조목에게 행해지는 것만큼 직접적이지는 않다. 누군가를 견책한다는 것은 쉬운 일이 아니다. 그것을 반복한다는 것은 더욱 그러하다. 혹 한두 번의 견책은 인간관계를 해치지 않을 수 있으나 반복되는 견책은 분명히 서로 간에 오해를 쌓고 인간관계를 해쳐서 끝내 멀어지게 되는 빌미로 작용하게 마련이다. 견책이 반복되는데도 여전히 가까운 자리에 머물러 있다면 그 양자 사이에는 일반적인 관계 이상의 심리적 바탕이 확고하게 마련되어 있는 것이라고 보아야 한다.

6. 이황과 조목―단순함 또는 우직함

조목에게는 분명히 인간적인 약점이 있다. 김성일의 말을 들어보자.

들건대 당신께서는 다른 사람의 말을 허심탄회하게 받아들이는 도에 흠이 있으며 벼슬자리에 있으면서 일을 조처함에 있어서도 융통성 없이 꽉 막혀 인심을

잃고 있다고 하는데…… (민족문화추진회, 『국역학봉전집』, 4책, 406쪽)

다른 사람의 말을 듣지 않고 융통성이 없다는 것은 세상살이에는 적당하지 않은 인격임을 의미한다. 우리는 흔히 이러한 사람들을 사교성이 없다고 말한다. 조목의 비사교적 성향은 다음의 이야기 속에서 분명하게 살펴볼 수 있다.

연전에 제군들이 고을 원님(예안현감: 곽황)과 술자리에서 상종하면서 실언이 많았는데 유독…… 그대에게만 허물을 돌린 것은 그대의 말이 다른 사람에 비해서 더욱 거만함에 가까웠기 때문일 것…… 들으니 그대가 일찍이 쌍벽(예안 부진의 절벽) 위에 있는 누정에서 원님을 뵈었을 적에 원님이 큰 대접에 술을 부어 그대에게 건네자 그대는 이미 취한 터라 원님이 큰 그릇으로 그대를 모욕하는 줄 알고 거스르는 표정과 말씨를 보이며 마시기를 언짢아하다가 이내 일어나 종종걸음으로 나옴에 원님이 몹시 괴이하게…… (퇴계학연구원, 『국역퇴계전서』, 4책 288쪽)

예나 지금이나 우리의 술자리는 항상 문제의 진원지이다. 이것은 1564년의 기록이니 조목의 나이 41세 때의 일이다. 40대라면 당시로서는 노성함이 요구되던 나이이다. 상대는 자신의 고을을 다스리던 원님이니 관과 민의 구분이 엄격하던 시절로서는 아무리 술자리였다고 하여도 조심하고 경계삼아야 할 필요가 있는 자리였다고 하겠다. 그러나 그런 상황에 대한 배려는 조목에게 없다. 그는 그저 단순하게 자신의 감정에만 충실할 따름이고 모욕을 당했다고 생각되자 앞뒤 가리지 않고 떨치고 일어서는 결례를 범하는 것이다. 이런 조목의 모습은 앞에서 인용하였던 것들 중 '어찌 또 아끼는 것을 점유하려 하십니까'라고 스승인 이황에게 반발하는 이야기 속에서도 드러난다. 스승에게도, 관장에게도 자신의 감정을 있는 그대로 직설적으로 드러내 결례를 범하는 것은 김성일이 힐난하고 있는 바대로 '융통성 없음'의 모습이기도 하고, 이황이 걱정하듯이 '거만함'의 표출이라고 할 수도 있을 것이다. 그러나 그것은 무엇보다도 조목의 단순하고 우직한 품성, 앞뒤 돌아보지 않고 생각하는 대로 행하는 품성으로부터 기인한다.

이런 조목의 품성은 많은 실수를 할 수 밖에 없는 약점을 지닌다. 그리고 조목은 김성일이 보고하는 대로 남의 말을 허심탄회하게 듣는 사람도 아니었다 하니 충고하여 바꾸어 나가게 할 수 있는 사람도 따로 없었다고 하겠다. 이황만이 조목에게 충고하고 견책하여 바로잡을 수 있는 권능을 가지고 있었다. 이황이 '조사경에게'라는 제목으로 쓰고 있는 편지들은 다수가 충고와 견책을 내용으로 하고 있는 것이다. 조목도 자신의 품성을 알고 있었으므로 스승 이황의 충고와 견책을 바탕으로 삼아 허물을 바로잡을 수 있기를 소망한다. 아래의 편지는 그러한 내용을 담고 있는 것으로 이해할 수 있다.

> 보내준 편지에서는 분치(화내는 것)가 자신에게 절실한 병통이라고 하였는데, 만약 체찰하고 극복하는 공부를 스스로 해 내려가지 않았다면 어찌 자신의 앎을 살핌이 여기까지 이를 수 있겠습니까? 허물을 알기는 진실로 어려우며 허물을 고치는 데 인색하지 않기란 더욱 어렵습니다. 다만 스스로 진기(떨치고 일어남)하고 면려(힘써 노력함)하며 용감하게 실행한다면 다른 사람이 어떻게 그 틈에 관여할 수 있겠습니까?(퇴계학연구원, 『국역퇴계전서』, 4책, 283~284쪽)

조목은 끊임없이 스승인 이황을 향하여 가르쳐 주고 교도하여 주기를 청하고, 이황은 세심하게 마음을 쓰면서 애써 훈계하고 견책하는 노력을 다하는 모습이 이 몇 줄 속에 잘 갈무리되어 있다고 생각된다.

7. 이황과 조목―가난함 그리고 벼슬

인간 세상 빈부의 일은
아득한 바다를 대하듯 길을 알기 어려우니
그대 곤궁함 생각할 때마다
한숨 소리만 길게 입가에서 떠나네
허름한 집조차 무너져 가는 가난은
금리(두보의 집이 있었던 곳)에서 이미 보았고
한 사람 종조차 두지 못한 삶은
옥천(노동의 호가 옥천자)에게서 다시 보았네
깊은 소 속 달그림자는 바람에 흔들리는데
그대 술항아리에는 먼지만 쌓이고
마음속에는 시서가 가득 찼는데
그대 주린 얼굴엔 황달기만 번지네
옛사람의 여가 즐기는 일을 본받아
아침엔 형필을 읊고
저녁엔 상송이나 불러 보세나(퇴계학연구원, 『국역퇴계전서』, 2책, 91~92쪽)

이황이 조목을 보는 시선 속에는 걱정스러움과 안쓰러움이 가득하다. 걱정스러움은 조목의 앞뒤 재지 않고 하고 싶은 대로 행하는 성품을 진원지로 삼고, 안쓰러움은 조목의 구원할 길 없는 가난을 출발점으로 한다. 조목의 일생을 규정할 수 있는 하나의 단어를 찾아야 한다면 나는 충직함과 가난 사이에서 길을 잃고야 말 것이다. 그만큼 조목의 가난은 단순한 것이 아니라는 말이다.

> 가난이란 선비에게 보통 있는 일이나 그대 같은 이는 참으로 도시락 밥, 바가지 물도 없는 형편이니, 그 처하는 방도가 어찌 옛사람이 만났던 것보다 더 어렵지 않겠습니까?(퇴계학연구원, 『국역퇴계전서』, 4책, 261~262쪽)

이황이 증언하여 주는 조목의 가난이다. 옛 선비들 중 누구도 처해 본 적이 없었던 가난, 이황은 조목의 가난을 그렇게 표현하여 주는 것이다. 여기에는 일종의 강조법이 적용된 것이기는 하겠지만, 어쨌든 조목의 가난이 그만큼 심각하였던 것은 분명한 모양이다. 위의 시에서 보았듯이 허름한 집이 무너지고 한 사람의 종조차 거느릴 수 없는 가난보다도 더 심각한 지경에 조목은 처하여 있었던 모양이니 말이다. 이황은 늘 조목의 가난을 걱정한다. 그리하여 실제로 도움의 손길을 뻗치기도 한다.

> 어찌하여 한 번 찾아와 즐거움을 함께하기를 아까워하십니까? 지금 하인과 말을 보내니 즉시 채찍을 들어 출발함이 좋겠습니다. 여기 쌀 한 말을 함께 보냅니다만 번거롭게 포장하지는 않았습니다.(퇴계학연구원, 『국역퇴계전서』, 4책, 90쪽)

이황은 이렇게 가끔 적은 도움을 주기도 하지만, 그것이 조목의 가난을 구원할 수 있는 방법이 되지는 못하였다. 가난이란 각자가 구원할 수 있는 것일 뿐, 타자로서는 도움을 줄 수는 있어도 구원하기는 어려운 일이 아니겠는가? 이황 역시 이 점에 있어서는 예외일 수 없다. 그러므로 이황은 벼슬이 조목의 가난을 구원하는 방법일 수 있다고 생각하기까지 한다.

> 공은 군색하기가 매우 심하여 가난함을 걱정하는 속사정과 과거를 보기 위한 공부를 진실로 벗어나기 어려울 것입니다.(퇴계학연구원,『국역퇴계전서』, 4책, 261쪽)

과거 보는 공부에 매달리는 선비들을 질타해 마지않는 이황에게서 이런 말이 나오기까지 하는 것이다.

> 한 번 벼슬길에 오르니 평생 한 몸 더럽힐 뿐이네. 전에는 희던 옷이 이젠 티끌이 덮여 검어졌구나. 월천으로 돌아가 서성대는 저 선비야. 뼈에 스미는 가난이 해마다 더해짐을 탓하지 말라.(퇴계학연구원,『국역퇴계전서』, 1책, 262쪽)

이 시에 보이는 것이 원래 이황의 생각이다. 벼슬을 하는 것은 몸을 더럽히는 일이다. 몸을 더럽히기보다는 가난을 감내하는 편이 훨씬 낫다. 이것이 퇴계의 속마음인 것이다. 그런 이황이 벼슬하는 것을 택할 수 있는 방법의 하나로 고려하는 발언을 하는 것이다. 그 사정의 절박함을 짐작할 수 있는 일이 아니겠는가? 그러나 과거 보러 가는 것도 맨손으로 될 수 있는 일이 아니다. 여비가 있어야 하는 일이니 말이다. 정유일(자는 자중)이 자신이 여비를 주어서 조목을 과거 보러 가게 할 계획을 꾸미는 것은 이러한 사정을 반영한다.

그(조목)로 하여금 여기로부터 하인과 말을 얻어 우리 고을까지만 오게 하면 그 뒤는 내가 마땅히 조처할 것입니다.(퇴계학연구원, 『국역퇴계전서』, 4책, 286~287쪽)

정유일은 진보에 살았고, 이때 과거는 경주 주변에서 치러졌던 모양이다. 정유일은 진보에서 경주까지 말과 하인을 위한 경비를 대주겠다고 하는 것이다. 이때 조목이 정유일의 도움을 받아 과장에 나갔는지 아닌지는 분명치 않다. 진실로 가난은 남루가 아니다. 그러나 그것도 정도의 문제이다. 견뎌 낼 수 있는 가난은 남루가 아니라 인간적 품격을 갖출 수 있게 이끌어 주는 시련일 수 있지만, 견뎌 낼 수 없을 정도의 가난은 남루를 넘어서서 참혹함이 된다. 조목의 가난이 그랬던 모양이다. 조목이 처음 얻는 벼슬자리는 경주에 있는 집경전의 제관이다. 가난이 아니었다면 제멋에 사는 자유주의자이고 남에게 오만하다고 여겨질 정도로 자존심이 센 조목이 받아들일 만한 직책이 아니었다. 이황은 가난 때문에 길을 떠나는 제자를 위하여 시를 지어 송별한다.

새 한 마리 길을 떠나고
또 한 마리 뒤따라 떠나네
하나는 서로
하나는 동으로
손짓하며 흩어지네
모두 돌아와 언덕 아래 머무는 날
즐거이 화답하며

즐거이 날아 봄이 어떠하리(퇴계학연구원, 『국역퇴계전서』, 2책, 218쪽)

서로 떠나는 새는 다시 조정에 불려 서울로 올라가는 이황을 말한다. 동으로 떠나는 새는 경주의 집경전 제관이 되어 가는 조목을 말한다. 떠나면서 돌아와 같이 산천 사이에서 노닐 희망을 앞세우는 것은 벼슬은 함정이라고 보는 이황의 의식을 대변한다.

조목은 50세에 이지함, 최영경, 김천일 등과 더불어 학행으로 추천되었으나 마침 상중이라서 나아가지 못한다.(『월천선생문집』, 「연보」, 50세조) 그에게 다시 벼슬이 내려지는 것은 훨씬 뒤의 일이다.

8. 이황과 조목―스승을 기리는 사업

조목은 가난이라는 함정에 빠져서 벼슬자리를 얻는 것을 고려해 보기는 하였지만 사실은 세상에 나아가 벼슬을 하는 것보다 스승을 가까이 모시는 일이 더 소중하다고 생각했던 사람이다. 이황에게 몰입되어 있는 조목의 이러한 모습은 이황의 손자 이안도의 죽음을 애도하는 것에서 극명하게 드러난다.

선사께서 살아계실 때 그 도덕과 문장은 동방의 하늘을 비춰 주는 해와 달 같았고, 사림을 든든하게 받쳐 주는 산악과 같았고, 나라의 앞길을 지시하여 주는 신령한 점괘와도 같았다. 마땅히 자손들이 그 선행과 은택을 깊고 멀리 이어 나가서 천세 만세 동안 모든 영역에 펼쳐 내어 그침이 없어야 할 터인데, 지금 그대가 이와 같이 일찍 죽는 재앙을 맞으니 어찌 이리 원통한 일이 있단 말인가?(『월천선생문집』, 「제이봉원안도문」)

조목은 이안도의 죽음에 이렇게 통탄하여 마지않는다. 이것은 안연의 죽음에 하늘이 자신을 버린다고 탄식하였던 공자와 같은 문맥 위에 서 있는 반응이라고 하겠다. 조목은 이안도를 스승 이황의 유지를 이어 갈 수 있는 스승의 유일한 혈손이라고 생각하고 있는 것이다. 스승의 저 일월 같고 산악 같고 신령한 점괘와도 같은 도덕과 문장을 천세 만세 이어 내려가야 하는데 그 역할을 중심에서 수행할 수 있는 이안도가 죽어 가니 얼마나 애통한 일인가? 위의 인용문 속에 담겨 있는 것은 조목의 이와 같은 안타까운 마음인 것이다. 조목이 이안도에게 온갖 기대를 거는 것은 몇 년 사이에 스승 이황의 집안에 흉사가 거듭 반복되었던 탓이다. 이안도의 죽음에 이르기까지 3년 사이에 다섯 명의 죽음이 계속되는 이황가의 흉사는 조목이 설령 이황의 집안과 아무 관계가 없는 사람이었다고 하더라도 마음 아파할 만한 것임에 틀림이 없다.

군(이안도)의 가문의 존장 이준께서 두 서자의 요절로 과도한 마음의 상처를 입어 그로부터 1년이 채 가기 전인 지난해 봄에 임지에서 타계하시니 군의 3형제가 관을 지고 집으로 돌아와야 했었습니다.…… 그때로부터 1년이 지나기 전에 군의 아우가 청년의 나이로 일찍 저세상으로 가고 또 2개월이 지나지 않아서 군이 또 이어서 죽음을 맞으니…… (『월천선생문집』, 「제이봉원안도문」)

이황의 큰아들이 이준이고 이준의 큰아들이 이안도이다. 이준과 이안도는 이황의 아들이고 손자였으며 또한 이황의 제자이기도 하였다. 그러니 이황의 학문과 덕행을 이어 나가는 일의 중심에 이들이 자리하는 것이 합당한 일이다. 그런데 이들 부자가 앞서거니 뒤서거니 하면서 한꺼번에 타계하여 버린 것이다. 스승의 사업을 천세 만세 이어 나가기를 꿈꾸는 조목의 마음이 애통함으로 무너져 내릴 수밖에 없는 일이 아니겠는가?

이준은 1583년에 타계한다. 이안도는 1541년에 낳아서 1584년에 저세상으로 떠난다. 1584년, 스승인 이황이 타계한 지 14년이 되는 때이다. 그동안 이루어 낸 것은 덩그러니 세워진 도산서원뿐이다. 그런데 스승의 문적은, 천세 만세 이어 가야 할 그 성현의 말씀들은, 그것들은 여전히 여기저기에 흩어져 있고, 이곳저곳에서 사라져가고 있다. 스승의 문적을 빠짐없이 수합하고 책으로 묶어 내서 천세 만세 전하여야 한다. 조목은 생각한다. 스승의 집안에는 이영도가 있지만 그로서는 역부족이다. 어찌할 것인가? 조목은 혈손들만으로는 힘에 부치므로 제자들이 나서야 하고, 제자들이 나서야 한다면 당연히 자신이 일을 맡아 수행하여야 한다고, 그것이 그에게 맡겨진 사명이라고 믿었다.

신의 스승인 이황은 일생을 학문과 공부에 부지런히 애썼으며, 늘그막에 더욱 독실하여 염계와 명도, 이천 이래의 모든 선비의 바른 전통을 얻었습니다. 그 시와 문장과 논변을 통해 펼쳐 낸 것은 모두 사람의 마음을 맑게 하고 세상의 도를 떠받치는 것이었으며 앞으로는 성인을 이어받고 뒤로는 어두운 자의 눈을 열어 주었습니다. 몸이 죽은 뒤에 글이 많이 흩어져 버려서 그 손자 안도가 거두어 모았으나 미처 다 마치지 못하여 일찍 죽음에 이르고, 본집에 이를 관리할 만한 자제가 없습니다. 그 글이 어쩌면 사라져 없어지고 세상에 전하지 않게 될 것 같아 신이 가슴 아픈지라 삼가 향중의 여러 사람들과 더불어 교감 교정하고 모아서 기록할까 합니다. 신이 만약 성은을 입어 직책이 바뀌도록 허락된다면 죽기 전에는 거의 이 일을 완수할 수 있을 것입니다.(퇴계학연구원,『퇴계선생언행록』, 261쪽)

노년의 조목이 사직소에서 쓰고 있는 말이다. '죽기 전에는 이 일을 완수할 수 있을 것이다'라는 것은 죽기 전에 이 일을 완수하여야 한다는 것을 의미한다. 조목으로서는 자신이 아니면 스승의 문적을 모아 펴낼 사람이 없고, 그는 벌써 죽음을 생각해 보아야 하는 나이가 되어 있었다. 그의 마음은 다급할 수밖에 없었던 것이다.

퇴계의 제자인 조목을 비롯하여 여러 제자와 자손들이 힘을 합쳐서 퇴계 선생이 생전에 써 놓은 많은 글들을 그것을 받은 사람들과 나라의 자료보관 장소나 퇴계의 유물 가운데서 수집 정리하여 1599년에 목판으로 새겨 1600년 경자년에 도산서원 이름으로 간행하였다.(퇴계학연구원,『학문의길, 사람의길』, 335쪽)

『퇴계문집』의 일차 정리와 간행에는 조목의 지도와 노력이 절대적이었던 것이다. 조목에게 있어서『퇴계문집』을 정리 간행하는 것은 사문에 대한 책임을 다하는 것만은 아니었다.

신은 성시(임금이 성인인 시대)에 태어났지만 학문은 적고 재주는 거칠어 백료 신하의 말석에서 아무런 힘도 기여하지 못했으니 참으로 성조(성인인 임금이 이끄는 조정)의 죄인입니다. 다만 이 한 가지(이황 문집 간행 일)로 사문(스승의 문하)을 저버리지 않아서 혹 인심과 세도(세상의 도리)에 도움이 없지 않기를

바랍니다.(『조선왕조실록』, '선조 19년 2월, 공조정랑 조목이 퇴직을 청하다')

『퇴계문집』의 간행과 유포는 조목에게 있어서 인심을 아름답게 하고 세상의 도리를 드높이는 데 초석을 놓는 일로 받아들여지고 있었던 것이다. 조목에게 있어서 이황은 성인이었고, 성인의 말씀은 세상을 구원하는 힘을 지니는 것이기 때문이다.

9. 이황과 조목─스승과 제자

여러 사람들이 선생이라고 부르면 반드시 크게 사양하여 물리치며 말하였다. "전에 선생이라는 이름을 도둑질한 적이 있었습니다. 나는 평생 세상을 속이고 이름을 훔친 적이 많지만 지금의 선생이라는 이름은 이런 뜻으로 쓰는 게 아니지 않습니까? 나를 월천옹, 월천 사는 노인이라고 부르는 것이 좋겠습니다."(『월천선생문집』,「연보」, 76세조)

이 구절은 한자가 갖는 속성상 그 의미가 분명하지 않다. 전에 도둑질했던 선생이라는 호칭은 무엇이고, 지금 선생이라고 불리는 것은 또 무엇인가? 그리고 월천옹이라 부르라는 것은 또 무엇인가? 76세의 노인이고 월천 사는 사람이니 월천옹이라 부르는 것은 하등 이상할 것이 없다. 그러나 어린 나이의 학동들, 월천서당에 출입하는 학생들을 앞에 두고 "나를 선생으로 칭하는 것은 좋지 않으니 월천옹이라고 불러라"라고 말하고 있는 것이라면 상황이 자연스럽다고 하기는 어렵다. 그러니 전에 도둑질한 선생이라는 호칭은 학동들이 훈장 선생으로 그를 모시면서 쓴 호칭이고, 뒤에 손을

▲ 월천서당

내두르며 거부하고 있는 선생이라는 이름은 지역 사림이 그에게 붙이고 있는 호칭으로 이해하는 것이 옳을 터이다. 조목이 76세 때라면 1599년, 도산서원 이름으로 『퇴계문집』이 간행되던 때이다. 이때는 『퇴계문집』 일로 향중의 사림들의 모임이 빈번하였을 것이고, 문집 일과 관계된 퇴계 제자들의 회합이 이어졌을 것이다. 그런 자리에서 향중의 사림이, 스승 퇴계의 제자들이, 그에게 선생이라고 호칭하였던 것을 조목이 손사래를 치며 거부하고 있는 것으로 본다면, 이 글의 숨겨진 뜻을 읽어 내는 데 실패하였다고 할 수 있는 것일까? 나는 이것이야말로 진실로 이 구절이 담고 있는 내용이라고 생각한다.

그러면 조목은 왜 예안 향중의 사림들이, 이황의 제자들이, 그를 중심으로 모여 그에게 선생이라는 호칭을 붙이는 것을 거부하고 있는 것일까? 그

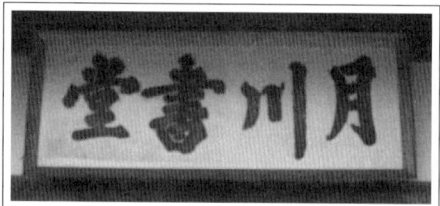

◀ 월천서당에 걸려 있는 현판   ▲ 월천서당 현판

것은 아마도 '그런 선생이라면 스승 퇴계만이 그렇게 불릴 자격이 있다'고 믿는 조목의 의식을 배경으로 하는 것은 아닐까? 월천노인이라면 아마도 그러하였을 것이다.

> 우리 존장 조목께서는 대업을 성취하는 일에 힘을 다하셔서 선생(퇴계)의 의발을 잘 전하여 나가도록 하시기 바랍니다.(대동문화연구원간, 『학봉선생문집』, 90쪽, 권3, 4면, 「답조월천임오년」)

김성일의 이 말은 상투적인 발언의 혐의가 짙지만 어쨌든 스승 퇴계의 의발이 조목에게 전하여졌음을 인정하고 있다는 점을 알려 주기는 한다. 조목은 이황 사후 그 제자들의 중심이었고, 이황의 제자들에게 스승으로 호칭되던 사람이었던 것이다. 김성일의 의발론은 이런 조목에 대한 적극적인 평가에 속하지만, 가장 적극적인 평가는 정온에 의하여 말하여진다.

> 선생의 아름다운 품성은 퇴계를 만나서 완성되었고, 퇴계의 도학은 선생을 얻고서야 빛을 발하였다. 선생이 아니라면 누가 퇴계의 가르침을 받을 수 있었을 것이며, 퇴계가 아니라면 누가 선생이 깨달음을 간직할 수 있게 이끌어 주었겠

는가? 여기서 내가 선생의 언행과 사업을 많이 생략하고 상세하게 말하지 않은 것은 후인들 중에 선생을 살펴보려 하는 사람으로 하여금 먼저 퇴계를 보고 그것을 통해 선생의 모습을 얻어 가질 수 있게 하기 위함이다.(『월천선생문집』, 「가선대부 공조참판 월천 조목선생 신도비명」)

이보다 더 적극적인 찬사가 있을 수 있겠는가? 이황에게 조목은 누구인가? 조목에게 이황은 누구인가? 조목은 이황에게 그의 후반기 반평생을 동행하면서 끊임없이 존경과 찬사를 바치는 사람, 언제나 그의 곁에 붙어 서서 가르침을 청하고 있는 사람이다. 이황이 현실의 두꺼운 벽에 부딪쳐 낙담하고 실족하였을 때마다 스스로의 존재 이유와 자신의 가치에 대한 자문에 늘 긍정적인 답변을 이끌어 낼 수 있게 하였던 가장 확실한 우군, 이황의 반평생이 찬란한 광휘에 휩싸일 수 있게 하여 주었던 비밀스런 동지이다. 해바라기가 있는 한 태양은 그 광채를 잃지 않는다. 가장 커다란 사랑은 시선 속에 있는 법이다. 자기를 바라보며 그것에서 의미와 가치를 발견하는 사람이 하나라도 있다면, 그런 사람의 삶은 위대하여질 수 있는 조건을 충분히 갖추고 있다고 할 수 있다. 조목은 이황에게 있어서 해바라기이고, 사랑을 가득 담은 시선이었다. 이황은 조목에게 있어서 15세 이후의 삶을 이끌어 주었던 지남이고, 등대였다. 우러러볼 수 있는 하늘이었고, 늘 그 속에서 따스함을 느낄 수 있었던 햇살이었다. 언제나 불을 밝히고 있는 등대가 있다면 우리는 조난을 걱정할 필요가 없다. 눈을 들어 살피기만 하면 등대의 불빛이 우리를 이끌어 줄 것이기 때문이다. 그런 등대지기가 아름다운 사람, 언제나 곁에 머물고만 싶은 사람이라면 그는 그 등댓불을 바라보는 것만으로도 가장 커다란 행복을 느낄 수 있을 것이다. 조목에게 있어서 이황은 언제나 그를 향하여 불빛을 던져 주고 있는 등대였고, 그의 한평생을 행복으로 충만하게 한 애정 가득한 후원자였다.

10. 예안의 퇴계학단

예안의 퇴계학단이 지니는 성격상의 특징은 퇴계와 조목 사이, 조목과 퇴계 사이에서 움직이는 정서를 일반적 토대로 삼는 것이다. 이들을 바탕에서 묶고 있는 정서는 다른 어느 경우에 비해 보다라도 더 강력하고, 더 절대적이다. 무엇 때문인가? 이들에게 있어서는 그들의 정신적 지주가 되는 퇴계 이황이 바로 그들의 일부로, 그들과 일체가 되어 지역적 삶을 같이 살아가고 있기 때문이다. 그것은 퇴계 이황의 당시에도 그러하였고, 퇴계 이황의 사후에도 그러하다. 정신적 측면에서 퇴계 이황의 지도력은 그의 사후에도 이 지역에 남아 지역문화를 이끌어 가는 지남으로 기능한다.

퇴계 이황은 죽어서 타계와 더불어 그들의 옆을 떠난 것이 아니라 도산서원으로 그들 속에 여전히 남아 있고, 조상의 정신으로 그들 속에 남아 있고, 지역의 모든 천지자연과 하나가 되어 있는 환경으로 그들의 생활 속에 남아 있기 때문이다. 그 점에서 퇴계 당시와 세월이 얼마나 떨어져 있든, 그것은 그들에게 문제가 되지 않는다. 이황과 조목 사이에서 보는 것과 같은 정감적인 일체감은 세월의 침식을 받지 않을 수 있는 절대적 기반을 갖추어 주는 것이기 때문이다. 그런 일체감 속에서 상대방은 선택의 대상이 되는 것이 아니라 절대적 수용의 대상이 된다. 어떤 역사도 이런 일체감을 완벽하게 해체시켜 낼 수 있는 권능을 갖지는 못하는 것이다.

예안의 퇴계학단은 퇴계 이황의 시대 이후로는 주로 가학의 형식으로 유전되어 내려왔다. 퇴계학을 가학으로 유전하여 내려온다는 것은 퇴계를 통하여 조상을 만나고, 조상을 통하여 퇴계를 만난다는 점을 의미한다. 다만 퇴계학뿐이라면, 이것은 퇴계학적 지향을 담고 있는 정신사적 배경이 약화되는 것을 통해 구축될 수 있다. 그러나 그것은 가학이기도 하므로, 조상이 무의미하여지는 시간 속으로 들어가기 전까지는 그 권능을 해체시켜낼 방법이 없게 된다. 현대는 퇴계학적 지향은 아주 약하여졌지만 조상의 권능은 여전히 해체되지 않고 남아 있는 시기이다. 그러므로 예안에서 퇴계학은 약화되어 있기는 하지만 완전히 소멸되어 있지는 않은 것이다.

예안의 퇴계학단에서 주목될 수 있는 가학 양상은 여럿 있을 수 있을 것이다.

이 글 뒤에는 『예안읍지』에 기록되어 있는 인물조를 사진 자료로 첨부해 놓았는데, 고려와 조선의 중요한 예안지역 인물을 망라하고 있는 것이라고 하겠다. 물론 그 하한은 18세기쯤이라고 할 수 있을 것이다. 그러나 예안지역의 유력한 성씨는 다 포함하고 있다고 말할 수 있을 것이다.

전체적 맥락 위에서 볼 때 예안지역의 가학전통은 크게 네 덩어리로 나누어질 수 있다. 퇴계 이황으로 대표되는 진성이씨 일문, 이황의 선배인 이현보를 필두로 하여 퇴계의 문하였던 이숙량, 이덕홍으로 대표되는 영천이씨 일문, 퇴계의 문하였던 김부인과 그 후인인 김해 등을 대표로 하는 광산김씨 일문, 퇴계 문하인 금응협, 금란수 등을 대표로 하는 봉화금씨 일문, 조목을 대표로 하는 횡성조씨 일문 등이다. 이들은 대를 거듭하여 가며 퇴계학의 가학전통을 전승하여 내려왔다. 조선시대 예안의 지역문화는 이들에 의해 이끌려 내려왔다고 할 수 있다. 이 문화는 퇴계 이황을 정신적 지주로 하는 것이며, 예안지역을 터전으로 하여 조상에서 후손으로 삶을 이어 내려왔던 이 지역 여러 가문들의 삶과 문화를 중심에서 지도하여 나왔던 핵심적인 정신이다. (윤천근)

---

* 이 글은 필자의 「이황의 조목, 조목의 이황」(안동대학교부설 퇴계학연구소, 『퇴계학』 14집, 2004년 1월)을 바탕으로 하여 일부 재구성하여 완성시킨 것이다.

▲ 『예안읍지』 인물조

5장

봉화금씨들의 학문과 활동

봉화금씨奉化琴氏들이 시조로 모시는 사람은 고려시대의 금의琴儀(1153~1230)이다. 금의는 삼한공신 금용식琴容式의 후예라고 하나, 그 세계가 명확하지 않으므로 봉화금씨들은 금의를 시조로 삼는다. 그는 한림학사를 거쳐 고려 고종 7년에 벽상삼한대광壁上三韓大匡에 오르고 수태보동중서문하시랑평장사守太保同中書門下侍郎平章事에 이르렀다. 여러 차례 과거의 시험관을 맡았는데, 그 가운데 뛰어난 인물이 많이 나왔으므로 세상에서 그들을 '금학사의 뛰어난 많은 문생들'(琴學士玉筍門生)이라 하였다. 그는 문장도 매우 훌륭하여 『한림별곡翰林別曲』에도 금학사琴學士로 소개되어 있다. 시호는 영렬英烈이다.

봉화금씨들은 그 뒤 최씨 무신정권과 갈등을 빚어 10세 중현대부내부영윤中顯大夫內府令尹 금우공琴遇工에 이르러 경북 봉화로 이주하여 살게 되었다. 11세 통례문기후通禮門祗侯 금이화琴以和의 둘째 아들인 영동정令同正 경상도관찰사 금숙琴淑은 대략 550여 년 전 즈음, 오래 전부터 부포에 터 잡아 대를 이어 살던 사간司諫 권간權簡의 사위가 되어 처향으로 이거하였다. 봉화금씨들의 부포시대가 막을 올린 것이다. 이는 안동지역에서 흔히 볼 수 있는 바와 같이 이른바 '처가곳'에 가서 터전을 새로이 마련한 경우이다. 권간은 딸 하나만 두고 있었기 때문에 자연스레 권간의 제사는 외손인 봉화금씨가 지내게 되었다.

금숙의 아들 일곱 가운데 다섯이 문무과에 합격하였다. 그래서 부포를 '다섯 아들이 과거에 급제한 터'(五子登科基)라 불렀다 한다. 금숙의 여섯째 아들 참군 금증琴嶒, 금증의 아들 정략장군定略將軍 금치소琴致韶, 금치소의 아들 첨지중추僉知中樞 금헌琴憲, 금헌의 아들 증좌승지贈左承旨 금난수로 내려오면서 봉화금씨는 점차 마을의 주 세력이 되었다. 주세붕의 「유청량산록」에는 금치소와 그 아들·조카들 4~5명이 주세붕을 맞이하였고, 주세붕이 금치소의 집에서 후하게 대접받으며 묵었다는 기록이 나온다. 이는 주세붕이 부포를 지날 당시 금치소가 마을의 금씨들을 대표하는 인물이었음을 짐작하게 해 준다. 부포의 또 하나의 주요 성씨인 진성이씨는 권간의 외외손, 즉 금씨의 외손이 됨으로써 마을에 자리 잡게 되었다 한다. 진성이씨 또한 처가 곳에 터를 잡은 것이다.

봉화금씨는 부포에 세거한 뒤 마을의 주 세력이 되고 경제적으로도 상당한 부를 축적한 듯 보인다. 하지만 현달한 인물이나 뛰어난 학자가 나온 것은 아니었다. 부포 봉화금씨들의 학문은 입향조 금숙의 현손 금난수가 퇴계의 문인이 됨으로써 비롯되었다고 할 수 있다. 그 후로도 봉화금씨들의 학문은 금난수의 후예들이 이끌어 갔다.

1. 성재 금난수의 삶과 학문

1) 금난수의 생애

금난수琴蘭秀(1530~1604)는 자가 문원聞遠이고 호는 성재惺齋이다. 성재란 호는 스승인 이황이 지어준 것이다. 고산주인孤山主人이라고도 하였는데, 이는 그가 고산 맞은편에 일동정사를 짓고 스스로 지은 호이다. 성재의 '성惺'은 인격의 수양이나 학문 공부에 있어서 깨어 있음, 깨어남을 의미한다. '성惺' 자 하나를 덧붙여 성성재惺惺齋라고도 하는데, 이는 그 깨어 있음을 거듭 강조하여 스스로를 더더욱 다짐하는 뜻을 지닌다.

금난수는 어려서부터 총명하여 말을 시작할 무렵부터 글자를 함께 깨우쳤다. 부친이 이를 보고 7세에 『소학』을 가르쳤는데, 공부를 성실하게 하여 많은 성취가 있었다. 금난수는 12세에 외숙 남개신을 찾아뵈러 갔다가 안동 내앞의 부암 곁에 서당을 짓고 집안과 인근의 자제들을 가르치던 청계 김진 金璡(1500~1580)에게 배우게 되었다. 이 배움의 과정에서 그는 김진의 아들인 약봉 김극일金克一과 구봉 김수일金守一 형제를 비롯하여 백담 구봉령具鳳齡, 양곡 이국량李國樑과 교유하며 학문을 토론하였다.

그는 21세 때인 1550년에 이황의 문인이던 손위처남 월천月川 조목趙穆(1524~1606)의 권유로 퇴계 이황의 문하에 나아갔다. 이로써 조목은 금난수의 처남이면서 동문 선배이자 평생토록 뜻을 같이하는 동지가 되었다. 이황의 편지 가운데는 조목·금난수 두 사람 앞으로 보낸 편지가 여러 통 있다. 스승 이황은 금난수와 조목이 개인적으로 인척일 뿐만 아니라 학문적으로도 서로 뜻을 같이하는 사이임을 잘 알고 있었던 것이다. 또한 이황이 조목에게 보낸 편지에 금난수의 안부 및 학문의 진전을 묻는 경우도 있다.

금난수는 이황에게 입문하기 전인 18세부터 청량산 보현암에 들어가 공부를 시작하였고, 이로부터 20여 년 동안 근처의 여러 산사를 왕래하면서 학문에 정진하였다. 그러한 사정의 일부가 그의 「보현암벽상서전후입산기」에 실려 있다.

> 청량산은 산림 가운데 가장 빼어난 곳이다.…… 나는 정미년(1547) 봄에 이 산을 두루 살피며 들어간 뒤에 비로소 산의 진면목을 알게 되었다.…… 갑자년(1564)

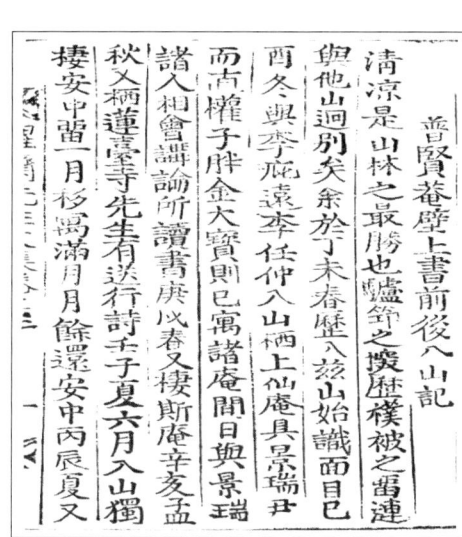
▶ 「보현암벽상서전후입산기」

정월에 두 아들 경憬과 업憡을 데리고 문수암에 묵었다가 김생굴金生窟, 대승암大乘庵, 중대암中臺庵, 별실암別室庵 등으로 옮겨가며 묵었다. 대개 정미년부터 지금 갑자년까지 거의 20년 동안 이 산을 다녀간 것이 열두세 번이 된다.……

금난수는 25세 되던 해(1554)에 부포 동계東溪 위에다 서실을 짓는다. 이황은 이 동계서실에 성재惺齋라는 이름을 붙여주고 손수 편액을 써 주었으며, 성재 주변의 경관에다 임경대臨鏡臺, 풍호대風乎臺, 총춘대總春臺, 활원당活源塘 등의 이름을 지어 주었다.

금난수는 32세 때(1561) 비로소 사마시 생원과에 급제하였다. 원래 그는 이황의 문하에 들어선 뒤 과거에 대한 생각을 접으려 하였다. 그 점은 이황이 금난수에게 보낸 편지 곳곳에서 드러나고 있다. 그러나 그에게 주어진 집안의 과거에 대한 기대는 적지 않은 것이었다. 이것은 바로 그의 집안

◀ 고산정(한국국학진흥원 제공)

내력에 의거한다. 부포 입향조 금숙 이래 금난수 집안은 튼튼한 경제적 기반에도 불구하고 과거는 소과에 그치고 대과에 이르지 못하였다. 총명한 금난수에 대한 집안 어른들의 기대는 남다를 수밖에 없었다. 더구나 금난수가 이황의 제자가 됨으로써 그러한 기대는 더욱 높아갔을 것이다. 그 같은 사정을 넉넉히 짐작한 이황은 편지에서 여러 번 학문과 과거를 병행할 것을 강조하였다. 하지만 이황의 학문적 자세는 기본적으로 과거에 의한 입신과 영달보다는 학문적 수양과 인격도야가 우선이었다. 스승 이황을 무한히 존경하였던 금난수는 스승의 가르침대로 학문의 길로 나아가길 바랐고, 이황은 그러한 제자를 흐뭇하게 바라보며 경敬의 마음공부를 강조하면서도 부형의 기대에 부응해서 과거에도 힘쓸 것을 당부했던 것이다.

금난수는 34세 되던 해(1563)에는 가송협 고산과 마주보는 취벽에 고산정을 짓는다. 독서를 하며 자연과 벗하고 수양을 하기 위해서였다. 연보에서는 "가을에 일동정사日洞精舍를 지었다. 이것이 곧 고산정孤山亭이니, 푸른 절벽을 끼고 깊은 못을 굽어보는데 경치가 빼어나고 그윽하여 선성宣城(예안)

의 명승지 가운데 하나이다"라고 적고 있다. 류근柳根은 금난수 묘갈명에서 "고산정을 짓고 자호를 고산주인孤山主人이라 하였고, 매화와 국화, 소나무, 회화나무를 많이 심었다. 앞에는 깊은 못이 있어 작은 배를 갖추어 두고 흥이 일어나면 배를 타고 오가곤 했다"라고 하였다.

이황이 청량산을 사랑한 사실은 유명하다. 이황은 생전에 벗들, 문하생들과 여러 번 청량산을 유람하였고, 그곳에서 독서하고 수양하였다. 이황의 문하들 또한 스승의 길을 좇았다. 이황은 도산에서 청량산을 오가는 길 곳곳에서 자연을 감상하며 많은 시를 남겼다. 이황이 청량산으로 유람하러 가던 어느 날이었을 것이다. 이황은 고산에 들러 물 건너 맞은편 정자에 있을지도 모르는 제자 금난수를 찾았다. 그런데 그가 없었던 모양이다. 이황은 다음과 같이 읊는다.

일동의 주인 금씨여!	日洞主人琴氏子
시냇가 너머로 불러 묻노니, 지금 있는가?	隔溪呼問今在否
농부가 손 흔들어도 말소리 들리지 않으니,	耕夫揮手語不聞
구름 낀 산만 슬피 바라보며 홀로 한참을 앉아 있네.	悵望雲山獨坐久

1579년 가을에 김득연金得研(1555~1637)이 쓴 「유청량산록遊淸凉山錄」에는 "고산의 층층절벽에 조대釣臺가 있다. 바위에 퇴계와 함께 노닐던 사람들의 이름과 이 시를 새겨 놓았는데 뛰어난 필적이다"라고 기록되어 있다.

고산정 주변의 풍광이 매우 빼어나므로 그것을 읊은 시와 글들 또한 수없이 많이 남아 있다. 금씨 집안에서는 그 중 상당수를 모아 '고산제영孤山題詠'이라고 이름붙여 보관하다가 한국국학진흥원에 기탁하였다. 옛 모습에 미치기 어림없겠지만 지금의 눈으로 보아도 도산에서 청량산으로 가는 길에 가장 빼어난 풍광이 바로 고산이고 고산정이다. 고산정 주변의 풍광을 읊은 글 가운데에는 금난수의 막내아들로 18세에 요절한 금각의 「일동록日洞錄」이 잘 알려져 있다. 금각은 하곡荷谷 허봉許篈(1551~1588)에게 글을 배웠는데 16세 때 부친의 명을 받아 허봉에게 일동정사의 기문을 부탁하니, 허봉이 우선 금각에게 글을 지어 보라 하였다가 금각의 글을 읽은 뒤 감탄하며 "이 문장을 기記로 삼기에 족하니, 어찌 반드시 나의 글을 구하는가?" 하고 글을 짓지 않았다고 한다.

1570년 스승 이황이 돌아갔다. 금난수는 다음과 같이 스승을 우러르고 기렸다.

부모님 날 낳으시고, 선생님 날 가르치셨네.	生我父母 誨我先生
백 년을 기약하며 믿고 의지하려 하였더니,	將期百年 恃有所
이렇게 돌아가시니 누구에게 의지할까.	山頹樑毁 夫我何依
병들면 누가 고쳐 주고, 의문나면 누구에게 물으리.	我病誰砭 我疑誰質

그는 기년복朞年服과 3년 심상心喪으로 스승에 대한 예를 다하였다. 이후에도 그는 늘 동문의 벗들과 함께 스승에게 배운 바를 토론하며 잘못된 것을 바로잡았다. 그는 스승의 문집을 발간하는 데도 온 힘을 기울였다.

금난수는 학문과 행실로 천거를 받아 1579년 제릉참봉에 제수되었고, 장흥고직장을 거쳐 장례원사평이 되었다. 임진왜란이 일어나자 예안수성장으로 활동하였으며, 1596년 성주판관과 익위사익위가 되었으나 부임치 않았다. 1597년 왜적이 다시 쳐들어 왔을 때 명나라 병사들이 길을 나누어 남하하다가 보급이 차단되어 군량이 부족하게 되었는데, 그는 다시 수성장의 임무를 맡고 다방면으로 주선하여 그 비용을 조달하였다. 1599년 봉화현감이 되었다. 금난수는 일찍이 이황이 정한 온계동약溫溪洞約을 베끼고 몇 조목을 첨가하여 동중향약洞中鄕約을 만들고, 수시로 동네 사람들을 모아 거듭 깨우치고 가르친 일이 있었다. 그는 봉화현감이 되었을 때도 향약의 시행을 도모했다. 그는 고을에 "퇴계 선생께서 고향에 향약을 세우심이 어찌 비단 우리 한 고을만의 화목을 돈독히 하고자 한 것이겠는가? 온 나라 안의 향리에 널리 퍼뜨려 지키고 시행한다면 실로 국가에 교화가 두터워지는 큰 행운이 될 것이다"라는 포고문을 내렸다. 또 현감 재직 시에는 오래도록 실전되었던 금씨 봉화입향조 영윤공令尹公 금우공琴遇工의 눌곡 묘소를 찾고 재사를 세웠다. 현감에서 물러난 후에는 향리로 돌아와 고산정에 머무르면서 매번 동문들과 함께 도산서원이나 역동서원에 모여 스승의 가르침을 토론하고 그것을 실천하는 바를 강구하다가 1604년 세상을 떠났다.

금난수는 스승 이황을 부모처럼 섬겼으며, 이황 또한 그를 자식처럼 아꼈다. 그는 스승의 가르침을 따르고 몸소 실천에 옮기는 일이 바로 자신이 평생 할 일이라고 여겼고, 후학들을 스승의 문하로 이끄는 일에도 힘을 썼다. 이덕홍, 남치리, 구찬록 등은 모두 그를 인연으로 하여 이황의 문인이 되었다. 금난수는 사후 왜란 때의 공훈(宣武原從功)으로 좌부승지에 추증되었다. 1709년 동계사東溪祠를 창건하여 그의 위판을 모셨는데, 후에 동계서원으로 승격될 때 따로 경현사景賢祠를 세워 배향하고 또 입교당立敎堂, 무자기재毋自欺齋, 신기독재愼其獨齋, 도일문道一門을 세웠다. 1785년 서원을 성재 뒤로 이건하면서 몽재 이안도를 추향하였다. 동계서원은 1869년 서원철폐령에 의해 헐렸다. 서원의 흔적은 지금도 남아 있다고 한다.

2) 금난수의 학문

금난수는 조목과 더불어 이황의 지근거리에서 오랫동안 배움을 가진 제자이다. 그는 이황이 본격적으로 강학을 시작한 1550년, 약관을 갓 벗어난 나이에 입문하여 스승이 돌아가실 때까지 20여 년 동안 줄곧 가까운 곳에서 스승을 부모처럼 섬기면서 가르침을 받았다. 이황 또한 때로는 엄한 스승의 모습으로, 때로는 인자한 부모처럼 금난수를 대하였다. 이는 이황이 그에게 보낸 편지를 통하여 짐작할 수 있는데, 『퇴계집』 권36에 16통의 편지가 실려 있어 편지 수로 보면 이황의 수많은 문인들 가운데 열손가락 안에 꼽힌다. 그는 『주자서절요』의 편찬, 도산서당의 창건, 역동서원의 건립 등 이황이 행한 주요 사업에 중요한 역할을 하였다. 스승 이황이 돌아가신 뒤에는 스승의 문집 간행과 도산서원의 건립에도 주도적 역할을 하였다. 그럼에도 불구하고 금난수의 행적이나 학문은 잘 알려져 있지 않다. 문집이 있으나 먼 뒷날에야 만들어졌고, 문집에 실린 글들도 소략하여 학문적 이론이나 세세한 행적을 넉넉히 그려내기 어렵기 때문이다. 하지만 이황이 보낸 편지 글과 문집에 실린 내용을 중심으로 그의 학문과 행적의 대략을 짐작하는 데에는 큰 무리가 없다.

원래 유학에서 학문이란 지식의 이론체계만을 말하는 것이 아니다. 마음의 수양과 올바른 행위의 실천 모두가 학문이다. 이를 성리학의 용어로 말하면 거경궁리居敬窮理(몸과 마음을 공경하게 지니고 사물의 이치를 바르게 궁구하는 일)일 것이다. 이황이 거경궁리를 수레의 양 바퀴로 보면서도 거경에 중점을 두었다는 것은 널리 알려진 사실이다. 결론부터 말하면, 금난수의 학문은 그가 부모같이 섬겼던 이황의 가르침을 따라 마음의 수양과 올바른 행위의 실천에 주안점을 둔 것이었다. 그러면 스승과의 만남을 통해서 이루어지는 그의 학문과 공부의 과정을 살펴보자.

금난수는 21세 되던 1550년 횡성조씨 조대춘趙大春의 딸과 결혼했다. 부인은 이황의 사후 도산서원 상덕사에 유일하게 종향된 조목의 누이동생이다. 같은 해 금난수는 1538년 이미 이황의 문하에 든 처남 조목의 권유로 퇴계 이황의 문인이 되었다. 류근은 금난수의 묘갈명에서 다음과 같이 말하고 있다.

> 조목은 퇴계 이황 선생 문하의 가장 이른 제자였는데, 공에게 말하길 "그대는 나의 벗이니, 마땅히 퇴계 선생을 배알해야 한다" 하였다. 당시 퇴계 선생은 벼슬을 그만두고 고향에 돌아와 계셨는데, 배우고자 하는 사람이 있으면 병을 이유로 거절하였다. 공이 날마다 선생 계신 곳에 찾아갔고, 한 달여 동안 떠나지 않았다. 선생이 그 뜻을 가상히 여겨 비로소 문하에 들어오게 했다.

금난수가 이황의 문하에 입문한 시기는 이황의 학문이 무르익고 본격적으로 강학을 시작한 즈음인 1550년이다. 젊디젊은 제자 금난수를 이황은 마음으로 퍽 아꼈다. 금난수에게 보낸 이황의 편지를 보면 그는 자연을 벗삼아 독서를 하고 수양을 하는, 즉 자신이 가고자 했던 학문의 길을 그대로 따르고자 하는 제자 금난수를 면려하기도 하고, 제자가 처한 입장을 안타까워하기도 하였다. 때로는 학문을 하는 과정에서 나태하고 좌절하는 제자를 향해 꾸지람도 아끼지 않았다. 이황의 금난수에 대한 편지에는 단순히 학문적 사승관계를 넘어서는 끈끈한 정이 엿보이는 것이다. 그래서 금난수는 이황을 부모처럼 여겼고 이황은 금난수를 자식처럼 아꼈다고 적은 것이다.

금난수는 이황의 문하에 들기 전부터 산사 등 고요한 곳을 찾아다니며 공부하였고, 입문한 후에는 스승의 학문적 관심과 가르침을 바탕으로 과거에는 뜻을 두지 않고 동문들과 함께 경치 좋은 산사나 암자 등을 찾아다니면서 독서에 골몰하였다. 이런 모습을 어여삐 여긴 이황은 「증행시贈行詩」를 지어 치하하면서 "문원이 스스로 공부가 완성되지 않았다고 생각하여 향시를 치르지 않고 경서를 들고 산으로 들어갔으니 그 뜻이 참으로 가상하다"라는 글귀를 시에 첨부하여 격려하기도 하였다. 입문 다음 해인 1551년의 일이다.

금난수의 공부는 유학 경전과 역사서 등 기본 과목 외에 주자서朱子書, 『심경心經』 등 스승의 학문적 관심을 그대로 따르고 있다. 그러면 이황이 금난수에게 보낸 편지를 따라가면서 금난수의 학문을 짐작해 보기로 한다.

1553년 이황이 보낸 편지에 의하면, 이황은 마음공부와 함께 과거공부를 할 것을 당부한다. 마음공부는 『심경』을 통해서 하되 서둘지 말 것이며 『통감』은 격물치지格物致知에도 도움이 되고 과거공부에도 도움이 되니 이 두 가지 공부를 겸해서 하라고 한 것이다. 그 즈음에 보낸 다른 편지에서도 이황은 학문을 함에 거경과 궁리에 힘쓰라는 맥락으로 금난수의 학업을 독려하였다. 특히 경敬의 마음공부를 강조하고 그 방법으로 성성惺惺, 늘 깨어 있을 것을 강조하였다.

모름지기 생각을 너그럽게 갖고 여유 있게 깊이 생각하여 늘 깨어 있는 마음으

▶ 성재 현판
(한국국학진흥원 제공)

로 항상 살피기를 잃지 않아야 할 것이니, "마음을 일깨워 늘 도리를 밝게 지니도록 하라"(惺惺主人, 常不失照管)는 이 법이 조금 간약簡約한 것입니다.…… 주자가 말씀하신 "마음이 발하기 전에 무엇을 찾으려 하지 말고 이미 깨달은 뒤에는 억지로 안배를 하지 말며, 오직 평일에 엄숙히 공경하고 마음을 함양하는 것으로 본령의 공부를 삼으라"는 이 한 구절이 더욱 간절한 깨우침이 됩니다.

금난수가 25세에 동계에 공부하는 서실을 지었을 때 이황이 그 집의 이름을 성재라 짓고 편액을 손수 써 주며 다음과 같은 시를 지어 준 것도 그러한 맥락 아래에 있다.

동계 깊숙한 곳 작은 집 새로 지으니,	東溪深闢小齋新
이끼 낀 길, 사립문 세속 티끌 머네.	苔徑柴門逈絶塵
묻노니 주인은 무엇을 일삼는고.	爲問主人何事業
촌교의 공력이라도 스스로를 진중히 여기라.	寸膠功力自珍身
하남 문하의 사선생이,	河南門下謝先生
뭇 성인이 마음으로 전한 바를 한 마디로 밝혔네.	百聖心傳一語明
묘용과 깊은 근원 모두 무르익으면,	妙用深源都在熟

서암승이니 돌피니 평할 것이 없다네.　　　　　　　　瑞巖稊稗不須評

　하남 문하의 사선생이란 이정二程 문하의 사상채謝上蔡(1050~1103)를 말한다. 사상채는 경敬을 상성성常惺惺(늘 깨어 있음)이라 풀이하였는데, 이황이 성재라는 편액을 짓고 이 시를 지어 준 것은 경의 마음공부에 힘쓰라는 큰 격려의 뜻을 담고 있다. 경은 당시 이황이 자신의 학문을 정립해 가는 데 있어 가장 큰 화두였다. 이 화두를 입문한 지 얼마 되지 않은 젊은 제자에게 던져 준 것이다.

　그 뒤에도 이황은 금난수가 위기지학爲己之學(수양의 학문)에 열중하는 것을 바람직하다 여겨 격려를 아끼지 않는다. 그러면서도 과거공부에도 힘쓸 것을 당부한다. 이는 금난수가 처한 입장을 살펴 집안의 기대에도 부응하기를 바라는 마음이었다.

　본도의 방에는 그대의 이름이 없으니 비록 나로서도 안타깝지 않을 수 없거늘, 이제 보내온 편지에 이에 대한 한마디 언급도 없이 다만 산간에다 초가집을 짓고 바야흐로 옛 학업을 닦아 다른 사람들이 맛보지 못한 바를 맛보고 있다고 하니, 사람들은 이상히 여기고 비웃을는지 모르지만 나는 마음속으로 더욱 고맙고 가상하게 여기는 바입니다.…… 하지만 우리나라의 풍속이 초야에 이름 없는 사람은 가끔 자기 몸 하나로 부지할 수 없는 우려가 있습니다. 더구나 어버이의 마음이 자제에게 바라는 것이 오로지 입신양명하는 데 있으니, 말세에 과거를 보는 일을 어찌 폐지할 수 있겠습니까?…… 이러한 뜻을 깊이 생각해서 겸해서 과거공부도 해야 합니다.

스승이 던져 준 마음공부라는 화두에 대한 학문적 열망과 과거를 통한 입신이라는 집안의 기대 사이에서 금난수는 속내 깊숙이 갈등을 빚을 수밖에 없었을 것이다. 어쨌든 그는 32세(1561)에 생원시에 합격한다. 그러나 그는 여전히 그 갈등을 벗어던지지 못했던 것 같다. 그러다 보니 스승이 던져 준 화두, 즉 마음공부조차 만족스럽게 수행하지 못하였다. 이황은 성재 편액을 써 준 뒤 10여 년 사이에 몇 번에 걸쳐 편지로 학문에 대한 뜻을 흩뜨리지 말고 열심히 공부할 것을 당부한다. 스승의 바람에 부응하지 못했다고 생각한 금난수는 1564년에 지은 「보현암벽상서전후입산기」에서 자연을 벗 삼아 공부하면서 지낸 20여 년의 생활을 돌아보며, "이로써 사람이 수양하는 것은 학업에 힘씀이 어떠한가에 달려 있는 것이지 처해 있는 곳의 시끄럽고 조용함과는 관계가 없는 것임을 알았다. 뒷날 산에 들어가는 사람은 나를 보고 경계로 삼으라"라고 하였다. 이때까지도 그는 그 기본적 갈등의 늪에서 헤어나지 못하고 있었던 것이다. 1565년 이황은 그러한 제자에게 엄한 꾸지람을 내린다.

> 내가 근일 조사경에게 보낸 편지에, "그대가 어디에 있으며 무슨 공부를 하느냐"라고 묻고 또 "만약 글을 읽지 않는다면 고산이 아무리 좋은들 무슨 소용이 있겠느냐"라고도 했습니다.…… 지금 사람들은 모두가 과거 또는 외부의 영화로운 일에 마음이 팔려 망가뜨려지는데, 오직 그대만은 다행히 일찍 이런 액에서 벗어났으니 정말 이 학문에 크게 주력을 할 만합니다. 그런데도 그럭저럭 세월이나 허비하면서 한평생을 마치고 만다면, 이 세속의 먼지 속에 허덕이다가 쓸모없이 죽는 사람과 무슨 차이가 있겠소. 역시 오십 보로 백 보를 비웃는 것과 같을 뿐입니다.

그 뒤 몇 번의 편지를 더 보낸 이황은 돌아가던 해인 1570년에도 편지를 보내 격려와 함께 안타까움을 전하며 끝없이 학문에 정진할 것을 부탁한다. 제자에 대한 애틋한 사랑이 담긴 편지이다.

지난번에 구여응을 만나서 들으니 그대가 세 아들을 데리고 용수로 갔다던데, 이제 보내 온 편지를 받고 보니 더욱 위로가 됩니다. 그런데 편지 속에서 말씀한 전일에 학문을 못하게 된 연유와 근일에 발을 잘못 내디뎠다는 한탄은 모두가 꾸밈없는 중심에서 나온 말이라 가상하고 가상합니다. 다만 이런 줄만 알고 깊이 생각하고 애써 고쳐서 만년에 효과를 거두지 않는다면 그 일시적인 개탄과 자책이 비록 통절하다 하더라도 무슨 도움이 있겠습니까? 대저 그대의 자품은 한편으로는 비록 밝으나 한편으로는 실로 어두우며, 또 부끄러운 줄도 알고 자신을 함부로 하지도 않으나 아직 시속의 소견과 명리의 테두리에서 벗어나지 못하니, 이것이 학문이 진취되지 아니하고 후회가 많게 된 까닭입니다.…… 그러나 이것이 그대는 잘못하고 나는 잘한다는 말이 아니니, 이제 마땅히 각기 노력을 하여 이 소원을 이루도록 해야 할 것입니다.

이황이 돌아가기 전에도 금난수는 스승의 사업에 적극적으로 참여하였다. 1555년에 시작된 『주자서절요』의 편찬에 참여하여 필사와 교정을 담당하였고, 1557년에 터를 마련하여 시작한 후 1561년에 완성된 도산서당의 건립에도 직간접으로 참여하였다. 그는 그것을 「도산서당영건기사陶山書堂營建記事」로 남겼다. 또한 역동서원의 건립에도 참여하였다. 그는 스승이 돌아간 뒤에는 스승을 추모하고 선양하며 스승의 가르침을 널리 펴는 데 앞장섰다. 그는 퇴계문집의 간행과 도산서원의 창건 등에 조목과 함께 온 힘을 기울였다. 그 중 도산서원과 관련된 일화가 김득연의 「유청량산록」에 실려 있다.

> 냇가의 모래를 건너 작은 고개를 넘으니 부역 나온 장정 수십 명이 돌을 모아 제방을 쌓고 있었는데, 곧 금참봉琴參奉과 오상사吳上舍 두 어르신께서 도산서원의 학전學田을 위해 공사하고 있는 것이었다. 이어 두 어른을 배알하여 잠깐 모시고 이야기하고서 떠났다.

이 글은 1579년 가을에 쓴 것이다. 금참봉은 금난수를 말하는 것으로 짐작된다. 그해 4월에 금난수가 학행으로 천거되어 제릉참봉을 제수받았기 때문이다. 도산서원이 완공된 것은 1576년의 일이다. 서원이 완공되었어도 서원을 운영하기 위해서는 기본재산이 필요했을 것이고, 그것을 마련하는 일을 금난수가 맡아서 하고 있었던 것이다.

금난수는 이황의 학설을 그대로 따랐을 뿐, 자기 학문의 독자적 성격을 달리 드러내지 않았다. 이를 최영성은 '학퇴계學退溪정신'이라고 규정하였다. 그의 드문 학술적 논술인 「독화담집변讀花潭集辨」 또한 화담 서경덕徐敬德의 기 중심적 이론을 비판하고 리의 주재성을 강조한 것이지만 그 내용은 스승의 학설을 이끌어 온 것이었다.

금난수는 이황의 가르침을 학문과 개인적 수양의 방면에서만 그대로 따르고자 했던 것이 아니다. 그는 스승의 처신과 향촌생활의 관심사에 대해서도 그것을 계승하고자 한다. 금난수는 스승이 관심을 지녔던 향약이나 동약의 시행과 관련된 많은 기록을 남겼다. 이런 점에서 박현순은 금난수를 이황의 실천적 면모를 계승한 인물로 꼽았다. 이황은 향촌사회의 교화를 위해

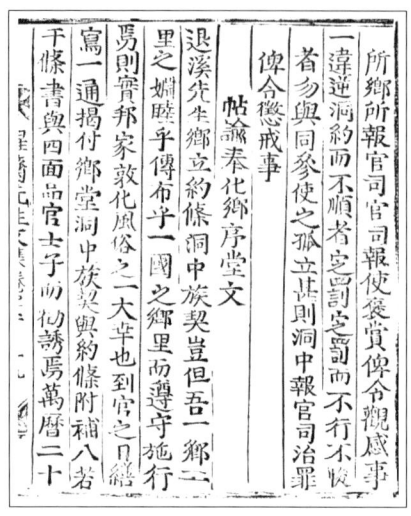
▲ 「첩유봉화향서당문」

온계동약溫溪洞約과 예안향약禮安鄉約을 만들었는데, 금난수는 이를 계승하여 발전시켰다. 임진왜란 직후 그는 이황의 온계동약에 여씨향약呂氏鄉約 몇 조목을 첨가하여 동중향약洞中鄉約을 만들고, 여기에다가 가사歌詞 5장을 따로 지어 마을 사람들에게 인간의 도리를 권면하였다. 그는 이황의 향약과 동계를 온 나라에 반포하여 시행하면 풍속의 교화에 큰 효과가 있을 것이라고 자부하였다. 이는 그가 학문적인 사유나 이론보다는 스승으로부터 배운 성리학적 세계관의 실천에 주력하였다는 것을 보여 준다.

금난수의 학문과 삶에 이황 다음으로 영향을 미친 사람은 조목이다. 조목이 부포의 맞은편 다래에 살았으므로 금난수가 일찍부터 조목과 알고 있었으리라는 것은 충분히 짐작할 수 있는 일이지만, 그와 밀접한 관련을 갖게 되는 것은 기록상으로는 금난수가 조목의 누이와 결혼을 하면서부터이다. 조목은 손위처남으로 혼인 직후에 금난수를 이황의 문하로 이끌었고, 그 뒤로도 평생을 같이한 작은 스승이자 동지였다. 금난수가 이황의 문하에 든 2년 후 이황은 3년 여 서울생활을 하게 된다. 이때(1553) 금난수는 조목을 따라 구봉령, 김팔원, 권대기 등 동문 선배들과 계를 결성하여 경전과 사서를 읽었다. 그 후에도 조목과 금난수는 성성재, 용수사, 월란암 등에서 함께 독서하며 토론하였고, 이황의 『주자서절요』의 필사에도 같이 참여하였고 또 이 책을 읽기도 했다.

금난수는 세 아들 금경, 금업, 금개를 어려서부터 외숙인 조목에게 보내 수학하도록 하였다. 조목과 금난수의 학문은 금난수의 세 아들을 거쳐 금개의 아들 금성휘로 이어졌다. 조목과 금난수는 스승의 가르침을 곧이곧대로 받아들이고 실천하고자 한 평생의 동지였지만 기질은 좀 달랐다고 한다. 스승 이황은 조목의 기질을 강함, 금난수의 기질을 부드러움이라고 대비하여 평가하였다. 금난수가 조목을 매개로 하여 이황의 문하에 입문한 것처럼, 금난수가 매개가 되어 이황의 문하에 입문한 사람들이 있다. 그들은 이덕홍, 남치리, 구찬록, 구찬조, 손흥례 등이다.

금난수는 이황과의 만남에서 오로지 스승 이황의 학문적 가르침과 행신行身을 따르고자 하는 태도를 보인다. 그것이 바로 그가 생각한 위기지학爲己之學이었다. 스승으로부터 학문적 가르침을 받는 과정에서 주자서와 『심경』은 매우 중요한 위상을 갖는다. 당시 이황의 학문적 관심의 추이는 주자서로부터 시작되어 『심경』으로 나아가는 것이었다. 그 과정에서 금난수는 『주자서절요』의 편찬 과정에 참여하였을 뿐 아니라 또 『주자서절요』를 열심히 공부하기도 했다. 『심경』의 경우에는 일찍이 24세(1553)에 「독심경서讀心經書」를 지어 『심경』을 '도에 들어가는 문'(入道之門)으로 인식하고 스승을 좇아 본원을 함양하려는 의지를 보였을 뿐 아니라, 스승이 세상을 떠난 뒤에는 스승의 「심경후론心經後論」을 읽고 「독선사심경후론갱용전운이절讀先師心經後論更用前韻二絶」을 지음으로써 『심경』을 통해 경敬의 마음공부에 매진

하겠다는 의지를 다시 한 번 다짐하고 있다. 경의 마음공부 방법이 스승 이황이 던져 준 화두, 바로 성성惺惺이었고, 그 목표는 본원을 함양하는 것이었다. 다시 말해 금난수의 평생 학문은 『심경』을 바탕으로 경을 주로 하여 본원을 함양하는 것이었다고 평가할 수 있다.

원래 금난수의 문집은 사후 200여 년이 지나도록 간행되지 못한 상태였다. 그러다가 8세손 금시술琴詩述과 금서술琴書述 형제 대에 이르러『퇴계집』등 여러 문집에서 그의 시문을 수집 정리하는 작업이 이루어졌고, 이를 바탕으로 10세손 금정기琴鼎基와 금대기琴岱基가 시문을 다시 수집하고 연보 및 부록 등을 증보 합편하여 1909년에 목활자로 간행하였다.

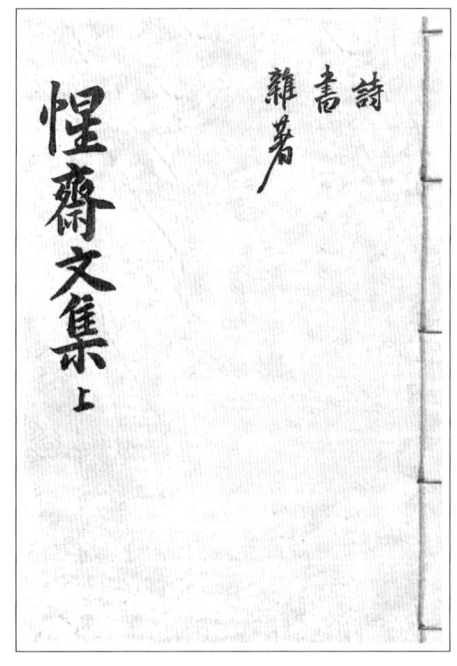

◀『성재문집』(한국국학진흥원 제공)

2. 금난수의 후예들 1

금난수가 스승 이황의 학문에 대한 가르침을 독실히 따랐다는 점은 앞에서 누누이 말했다. 그는 아들들을 데리고 청량산의 산사들, 고산정 등에 머무르면서 스스로 학문을 닦고 자제들을 교육하였던 것으로 보인다. 이황이 돌아가던 해인 1570년 금난수에게 보낸 편지에는 "지난번에 구여응을 만나서 들으니 그대가 세 아들을 데리고 용수로 갔다던데 이제 보내 온 편지를 받고 보니 더욱 위로가 됩니다"라고 적혀 있다. 금난수는 도산에 있는 용수사龍壽寺에 세 아들을 데리고 공부를 하러 갔던 것이다. 그때 맏아들 경은 18세, 둘째 업은 14세, 셋째 개는 9살이었다. 그 뒤 금난수의 아들들은 외숙인 월천 조목에게 집지하고 학문을 닦았다. 이는 1579년 김득연이 쓴 「유청량산록」에 "둘째 금업과 셋째 금개가 역동서원 삼성재三省齋에서 외숙인 조목에게 날마다 강의를 들었다"라고 한 것을 보아도 충분히 알 수 있는 일이다. 이와 같은 부형의 교육에 대한 지대한 관심과 외숙의 성실한 가르침으로 금난수의 아들 형제들은 18세에 요절한 막내 금각을 제외하고는 모두 대·소과에 합격하여 입신하였다. 금난수는 비록 과거를 통해 발신하라는 집안의 기대에 부응하지는 못했지만 아들들의 교육을 통해 집안의 그런 기대를 저버리지 않았던 것이다.

금난수의 맏아들 금경琴憬(1553~1634)은 자가 언각彦覺, 호는 월담月潭으로, 조목의 문인이다. 그는 1589년 동생 금업과 함께 사마시에 나란히 합격하였다. 당시 나라의 풍속에 진사는 관례에 따라 모두 성균관에 들어가서 일정 기간 원점圓點(기숙생활)을 해야 했다. 그때 마침 성균관에서 유생들이 상소하는 일이 있었는데, 그는 퇴계 선생의 "유생들이 상소하는 것은 외람되고 분수에 넘치는 일"이라는 가르침에 따라 불참하였다가 이후로 다시는 성균관에 들어가지 못하게 되었다. 임진왜란 때에는 의병에 참여하여 화왕산성火旺山城싸움에서 활약하였고, 1600년에 현릉참봉顯陵參奉에 제수되었다. 1601년 동생 금업, 금개와 더불어 대과 회시에 응시하였는데, 동생들은 먼저 등제하고 그는 한 획이 기준에 미달하여 최종 인준을 기다리고 있다가 "동생들이 이미 급제했으니, 내 어찌 남들과 다투겠는가?" 하고는 다른 사람에게 양보하였다. 1614년 2월 사섬시봉사司贍寺奉事에 제수되었으나 광해군의 정치가 어지럽다 여겨 벼슬을 마다하고 부임하지 않았다. 그는 같은 해 부친상을 당하고 1616년에는 모친상까지 당하게 되자, 이후 세상에 뜻을 두지 않고 계암 김령金坽(1577~1641), 동암 이영도李詠道(1559~1637) 등과 깊은 산골인 비암 등지에서 서로 학문을 강론하며 매우 친하게 지냈다. 그는 도산서원 원장을 10여 년간 역임했다. 문집 『월담일고月潭逸稿』가 동생 금업과 금개, 금개의 아들 금성휘의 문집과 함께 『나산세고羅山世稿』로 합철되어 전한다.

둘째 아들 금업琴㦿(1557~1638)은 금난수의 둘째 아들로 자는 언신彦愼, 호는 만수재晩修齋이다. 형 금경과 마찬가지로 외숙인 조목 문하에서 수학하였다. 1589년에 형 금경과 함께 나란히 사마시에 합격하였고, 대과는 동생 금개와 함께 1601년 동방으로 급제하였다. 내직으로 성균관전적을 거친 후 사간원정언에 세 번, 병조좌랑과 병조정랑에 각각 여섯 번, 분병조정랑에 한 번, 내자시정內資寺正에 한 번, 사헌부장령에 세 번, 분승지分承旨(대비전인 서궁의 승지)에 한 번 제수되었다. 외직으로는 흥해군수, 김해부사, 창원도호부사를 역임하였고, 나중에 용양위부호군에 제수되었다. 금업은 덕행과 기량이 뛰어났고 문장으로 세상에 떨쳤으며 글씨 또한 훌륭하였다. 『만수재고晩修齋稿』가 『나산세고』에 합철되어 있다.

셋째 아들 금개琴愷(1562~1629)는 자가 언강彦康, 호가 망월헌望月軒으로, 역시 조목의 문인이다. 망월헌이라고 호를 지은 것은 스승 월천 조목을 기리는 뜻이 담겨 있다. 즉 부포에 있던 태청서당과 월천이 서로 마주보고 있었기 때문에 망월헌이라고 한 것이다. 1591년에 소과에 급제하였고, 1601년 식년시에 급제하였다. 1608년 성균관전적을 시작으로 사헌부감찰, 예조정랑을 역임하였다. 1611년에는 금산군수로 나갔으며, 1614년에는 다시 성균관전적이 되었다가 봉사직장, 군기시첨정, 사헌부장령, 사간원헌납, 사헌부지제교 등을 두루 지냈고, 외직으로 여주목사를 역임하였다. 이후 광해군 정권의 혼탁함을 보고는 벼슬을 버리고 안동 예안의 향리로 돌아와서 여생을 보냈다.

금개는 문장이 모범적이었고 행실이 청백하였다. 후손 금서술이 지은 「여주목사망월헌유사」에 의하면, 택당 이식李植(1584~1647)은 당대의 인물을 평하면서 금개에 대해 "여주목사 금개는 본가 제사에 제수를 보낼 때 북어 몇 마리를 보내곤 하였는데, 사람들이 너무 간소하다고 비아냥대면 '가법이 본래 그렇다'고 대답하였다고 한다. 이로써 관직에 있을 때 청백하고 검소한 덕을 지녔음을 알겠으니 깊이 칭찬하노라"라고 평하였다고 한다. 그는 퇴계의 손자인 몽재 이안도의 딸에게 장가들어 딸만 둘을 두었다가, 늦은 나이에 당시 풍기군수로 있던 태촌 고상안高尚顔(1553~1623)의 딸을 얻어 두 아들과 세 딸을 두었다. 두 아들 중 맏이 서휘는 맏형 금경의 후사로 들어가고 회갑에 낳은 둘째 성휘聖徽가 뒤를 이었다. 『망월헌일고望月軒逸稿』가 『나산세고』에 합철되어 있다.

막내아들 금각琴恪은 자가 언공彦恭, 호가 조대釣臺이다. 호를 조대로 한 것은 그의 아버지 금난수가 지은 일동정사 맞은편 고산에 조대가 있었으므로 그것을 딴 것으로 보인다. 『선성지』에 다음과 같은 기록이 있다.

> 공은 3~4세부터 총명이 뛰어나고 학문이 출중하였으며, 7~8세에 모든 이치를 터득하였고 조정의 득실과 세상의 사람 사는 일, 시운의 잘잘못을 모두 다 이해하였다. 어렸을 때 서울로 공부를 하러 가서 허하곡許荷谷에게 배웠는데 하곡이 그를 매우 칭찬하였다. 18세에 병이 들어 서울에서 죽으니 조야에서 애통해 하지 아니하는 이가 없었다. 생전에 지어 놓은 많은 글들은 흩어져서 모으지 못하였고 다만 『조대집釣臺集』과 『풍창낭화風窓浪話』가 남아 있다.

금각이 16세에 일동정사의 기문을 지었다는 것은 앞에서 말하였다. 금각에게 잠시 글을 가르쳤던 허봉은 금각이 죽자 장편의 시를 지어 추모하면서, 당대의 시인 이백보다도 뛰어난 재주를 지녔으나 명이 짧아 일찍 죽었다고 하였다. 외숙 조목 또한 생질인 금각을 위해 제문을 지어 추모하였다.

3. 금난수의 후예들 2

이황에서 조목·금난수를 거쳐 금난수의 아들들인 금경, 금업, 금개로 이어지는 부포 금씨들의 학문은 금개의 아들인 금성휘에 이르러 퇴계학맥의 가장 큰 학파인 학봉학파와 연결고리를 갖게 된다. 금성휘琴聖徽(1622~1682)는 자가 화숙和叔, 호가 낙포洛浦이며, 1660년 진사시에 합격하였다. 그는 학사 김응조金應祖(1587~1667), 목재 홍여하洪汝河(1620~1674), 존재 이휘일李徽逸(1619~1672), 갈암 이현일李玄逸(1627~1704) 등과 도의로 사귀었다고 하는데, 그들은 주로 학봉 김성일과 관련이 있거나 이른바 학봉학파를 정립한 사람들이다. 김응조는 김성일의 손자사위이고, 홍여하는 김성일의 증손자사위이며, 이휘일·이현일 형제는 학봉학파를 확고하게 정립한 인물들이다. 금난수의 후손들은 조목의 예안학파가 하나의 학파로 뚜렷이 성장하지 못한 관계로 자연스레 학봉학파 쪽으로 연결고리를 갖게 되고 그에 따라 진로를 모색한 것은 아닌가 한다. 금성휘의 문장은 기상이 웅장하였다고 한다. 그는 이현일의 천거에 의하여 참봉을 역임하였다. 『유집遺集』이 『나산세고』에 합철되어 있다.

금씨들의 학문은 금성휘 이후 뚜렷한 사승으로 이어진 것이 아니라 주변의 학자들에게서 공부하며 근근이 유지해 간 것으로 보인다. 금서술의 『소무헌집』 권5에는 성재 금난수를 비롯한 여러 선조들의 유사가 실려 있는데, 「조고처사부군유사祖考處士府君遺事」에 의하면 금난수의 5세손 이래로 여러 대에 걸쳐 자손들이 일찍 세상을 떠나 양자를 들였다고 한다. 심지어 금서술의 조부가 일찍 세상을 떠난 뒤에는 갈암 이현일의 장손녀로서 일찍 과부가 된 조모가 집안을 추스르고 제사를 모셔야 했는데, 제사 절차를 한결같이 친정에서 행한 바대로 행했기 때문에 조부의 유사를 쓸 당시의 제례祭禮는 모두 재령이씨 가문의 예를 따른다고 기록하고 있다. 이처럼 대를 잇는 일조차 버겁다 보니 학문적 성과를 제대로 이루어 내기가 더욱 어려웠으리라는 것은 능히 짐작할 수 있다. 그러다가 금난수의 8세손인 금시술·금서술 형제에 이르러 금씨의 학문이 다시 빛을 발하고 학봉학파의 학맥과도 연결되기에 이른다.

금시술琴詩述(1783~1851)은 자가 계문繼聞이고 호가 매촌梅村이다. 생김새가 훤칠하고 명민하였으며 그 재주가 세상을 떠들썩하게 하였다고 한다. 어려서는 후계 이이순李頤淳(1754~1832)에게 수학하였고, 관례를 치르고는 면암 이우李㙖(1739~1810)에게 『중용中庸』을 수업받았으며, 그 뒤로 다시 광뢰 이야순李野淳(1755~1831)에게 가르침을 받았다. 금시술은 1816년 가을에 과거 보러 갔다가 돌아오던 날에 할아버지가 세상을 떠나고 이듬해에 또 아버지마저 돌아가자 더 이상 과거에 뜻을 두지 않았다. 그는 자식과 조카들에게 '직直' 한 글자는 어디든 다 통용된다고 가르쳤으며, 같은 마을의 친척들에게는 항상 겸손하라고 일렀다. 다른 사람의 잘못을 보면 거듭 직접 얼굴을 맞대고 훈계하면서 그들이 반성하기를 기대하였으되, 옆에 있는 사람들이 알지 못하게 하였다. 세상살이에 있어서 스스로의 주장을 과격하게 펴지도 않았고, 남의 의견을 함부로 따르지도 않았다. 그래서 대부분의 사람들이 성심으로 탄복하여 원한을 가진 사람이 한 명도 없었다고 한다. 1844년 62세로 문과에 급제하여 사헌부감찰과 성균관전적에 제수되고, 1845년 사헌부감찰에 다시 제수되었다. 1848년에 사헌부지평에 제수되고 1851년 사간원정언에 제수되었으나 한 번도 부임하지 않았다. 그는 광뢰 이야순에게 학문적으로 깊은 영향을 받았으므로 학맥 상으로는 학봉학파의 거장 대산 이상정, 천사 김종덕, 광뢰 이야순으로 이어지는 줄기에 속한다고 할 수 있다.

학문적 논술로는 철저한 리기이원理氣二元의 입장에서 사단칠정四端七情을 논한 글, 이황의 「심통성정중도心統性情中圖」를 가지고 구도와 비교하여 개정된 부분을 세밀하게 해설한 글 등이 있다. 경전 중에서는 특히 『대학』

을 중시하여 『대학』의 핵심이 오직 '호오好惡' 두 자에 있다고 하였으며, 『퇴계선생문집』을 존숭하여 동방의 『논어』라고 극찬하였다고 한다. 그는 8대조 금난수가 어버이처럼 섬겼던 이황을 거룩한 성인을 섬기는 마음으로 바라보았던 것이다.

금시술의 아우 금서술琴書述(1791~1872)은 자가 계흠季欽이고 호는 소무헌素無軒이다. 어려서부터 눈동자가 맑고 성품이 단정하였다. 한 번은 친구들과 어두운 방안에 앉아 있는데 어떤 어른이 방에 들어와서는 "아무개의 눈빛이 어두운 곳에서도 빛이 나니 참으로 기이한 자질이다"라고 하였다. 작은아버지의 양자로 나가서는 양친을 모시는 데 효성을 다하여 그 부친이 "이 아이의 효성은 하늘이 낸 것이다"라고 하였다고 한다. 형 금시술처럼 이야순에게 수학하였다. 향시에 합격하였으나, 대과에 실패한 뒤로는 과거에 대한 마음을 접고 평생을 처사로 지내면서 성리학을 깊이 연구하였다. 1836년에 부친이 돌아가시자 그 상을 마치고는 세상의 일을 멀리하여, 집안 식구들을 데리고 고산정 아래에 작은 집을 세내어 거주하면서 학문에 전념하였다. 금씨들의 또 하나의 마음의 고향을 찾아간 것이다. 그는 그곳에서 경전을 벗 삼으면서 금난수가 읽었던 『심경』과 주자서를 반복하여 연구하였다. 주자의 글을 가려 뽑아 자기의 말처럼 외웠으며, 이황의 편지 중에서 매우 중요한 것을 뽑아 10조목으로 만들어 '고편顧篇'이라 이름붙이고는 항상 눈앞에 두고서 스스로를 깨우치고 반성하는 자료로 삼았다. 처세를 함에 있어 항상 겸손하였다. 어질고 지혜롭다고 해서 남들보다 앞서서 담론하지 않았고, 행동은 남을 이기려는 태도가 없었다. 수양하는 방법은 간결하고 핵심이 있었으며, 독서하는 방법은 깊이 궁구하며 근본 뜻을 연구하였다.

정재 류치명柳致明(1777~1861), 이휘병李彙炳(1790~1869) 등 당대의 유명한 학자들과 깊이 교유하였다.

금서술은 평생을 전형적인 처사로 살았다. 그의 문장은 형인 금시술과 우열을 가늠할 수 없을 정도로 뛰어났다고 한다. 그의 작품 가운데 「고산잡영孤山雜詠」은 이황의 「도산잡영」을 본받아 지은 것으로, 고산정사 주위의 누대와 자연경관, 사계절의 경치를 읊은 것이다. 주자서와 이황의 학문을 숭상하였으며 『소무헌집素無軒集』 6권 3책이 전한다.

4. 조상의 뜻과 학문을 잇고자 하다

금시술·금서술 형제는 성재 금난수의 뜻과 학문을 이어받아 빛을 발했다. 그들의 학문은 성재의 학문적 성격을 닮았다. 그들은 성리학의 이론에 관심을 지니기 보다는 인격수양에 힘쓰면서 처사에 가까운 삶을 살았다. 그들은 문장도 훌륭하였으므로 선조 금난수의 인격수양과 실천지향적인 측면, 조목의 문학적인 측면을 아울러 이어받았다고 할 수 있다. 한편 그들 형제는 선조 성재 금난수의 유문을 수습하여 『성재집』의 바탕을 마련하였다. 또한 금서술은 여러 조상들의 유사를 지어 조상들의 뜻이 이어져 내려온 내력을 밝혔다.

그 뒤로도 조상의 뜻과 학문을 잇고자 하는 움직임은 계속되었다. 금시술의 아들인 금익상琴翼祥(1810~1870)이 또한 그러하였다. 그의 자는 현도顯道이고, 호는 매포梅圃이다. 1850년 진사시에 합격한 이후로는 과거에 뜻을 두지 않고 오로지 성리학 연구에 힘쓰며 향리 유림활동에만 전념하였다. 유고가 전한다.

금난수의 10대손 금정기, 금대기 등이 금시술, 금서술 형제가 준비하던 『성재문집』을 발간하였다는 사실은 앞에서 말한 바 있다. 이 또한 조상의 학문과 가르침을 잇고자 하는 노력의 일환이다. 금정기의 아들로 금난수의 11대손인 금용하琴鏞夏(1860~1929)도 조상의 학문과 뜻을 이어 갔다. 그의 자는 치삼穉三이고, 호는 학산鶴山이다. 어려서부터 재주가 뛰어났던 그는 족증조인 고계 금성술琴誠述에게서 수업하였다. 또한 서파 류필영柳必永(1841~1924)의 가르침을 받았는데, 류필영은 그의 포부가 뛰어난 것을 보고 매우 칭찬하였다고 한다. 그는 일찍이 향시를 포기하고 성리학 공부에 전념하였다. 경사經史에 박학하고 학문을 깊이 궁구하였는데, 늘 도리를 실천하면서 한 번도 게을리하지 않았다. 1910년 경술국치庚戌國恥 이후에는 "초야의 사람으로 죽어야 하는 의리는 없지만, 그렇다고 평상시와 같이 지낼 수는 없다"라고 하며 죄인을 자처하였다. 그는 흰옷을 입고 패랭이를 쓰고서 출입을 삼가면서 일제에 항쟁하였다. 그래서 향리에서는 그 집을 금패랭이 집이라 불렀다 한다. 그는 안동 내앞 독립운동기념관 독립유공자 비석에 유림대표로 기록되어 있다.

1950년 6월 29일 밤, 부포마을에 큰 화재가 일어났다. 6·25전쟁이 일어난 지 나흘 만의 일로, 좌익단체 사람들이 불을 지른 것이다. 그 와중에 부포리 중마을에 있던 500년 된 400평 대지에 30여 칸 기와집이던 성성재종택도 소실되고 말았다. 종택 터는 성재 금난수의 증조부 5형제가 과거에 급제하였다 하여 오자등과기五子登科基라 불리던 터전이었다. 문중의 중심이자 조상의 영혼과 뜻이 늘 맴돌고 있다고 여기던 종택을 뜻하지 않게 잃어버린 후

▲ 성재종택(한국국학진흥원 제공)

손들은 늘 조상께 죄송한 마음이었다. 종택이 불탄 지 7년이 지난 1957년 봄, 금난수의 12대 종손 금학수琴學洙와 금성수琴性洙를 비롯한 종중 원로 10여 명은 모임을 갖고 종택을 다시 세우기로 합의하였다. 종택의 중건에 참여하였던 금창동은 중건 과정을 다음과 같이 낱낱이 기억했다.

금난수 후손들은 종택의 중건을 위해 1957년 그해 도산면 온혜리에 있는 건축한 지 27년 된 기와집을 매입하고 같은 해 7월에 해체하여 부포로 운반하기 시작하였다. 마침 군부대에 후생사업이 있어, 대구에 있는 227 수송중대에 의뢰하여 GMC 2대가 20여 일 동안 해체된 가옥의 자재 28차분을 운반하였다. 책임장교는 계씨 성을 가진 준위였다.

건축과정은 눈물겨웠다. 성성재는 후손이 귀하여 돌아간 지 353년이 지난 그때까지도 전국에 100여 호가 안 되었다. 게다가 거의 시골에 살았다.

그때는 전쟁이 끝난 지 4년밖에 지나지 않은 터라 나라살림도 어려웠지만 자손들의 시골살림은 더더욱 어려웠다. 12대손 금성수가 평생 모은 소 두 마리 값을 내고, 형편이 좀 나은 자손들은 20만 환도 내고 10만 환도 내었다. 형편이 안 되는 자손들은 인력으로 부역하였는데, 그들은 영양, 봉화, 인근의 월곡, 임동, 도산 등지에서 식량과 이불을 짊어지고 와서 주변에 방을 얻어 놓고 1주일에서 10여 일씩 도와주고 돌아갔다. 주위 사람들이 모두 그 단결력과 눈물겨운 노력에 감탄하였다고 한다.

그러한 노력 끝에 1년 만에 400여 평의 대지에 32칸, 문간채 6칸의 종택이 이루어졌다. 도목수 김은득과 목수 김해연·남재일이 목공일을 맡아 9개월에 걸쳐 일하였고, 토역은 금용문·금용무 형제가 2개월에 걸쳐서 하였다. 잡역은 자손과 동민들 연인원 1천여 명이 도왔다. 그렇게 힘들여 건축한 종택이지만 건물이 완성된 지 16년이 지난 1976년, 안동댐 건설로 인해 지금의 위치인 부포리 156번지로 이건해야만 했다. 그 후 종택은 1992년 경북문화재자료 제264호로 지정되어 보호되고 있다.

지금 부포에는 금씨들이 두 가구만 남아 있다. 워낙 후손이 귀한 집인 데다가 수몰 후 각처로 살 길을 찾아 떠났기 때문이다. 이제 옛 모습은 대부분 물속에 잠겨 떠난 이들의 마음속에만 자리한다. 떠난 고향도 그립거늘 잃은 고향이야 얼마나 애틋하랴. 고산정 가는 옛 길목 백운지에 자리한 성재 묘소 아래의 재사도 다 허물어져 가고 있다. 재사에 살며 관리할 사람이 없는 탓이다. 세상이 변하고 삶의 방식도 변해 버린 지금, 다시 돌이킬 방법은 없으니 안타까운 마음조차도 괜한 여운이리라. (이해영)

6장

부포마을의 진성이씨

1. 진성이씨의 부포 입거

부포가 자리한 예안에는 여말선초부터 새로운 사족들이 몰려들었다. 그러나 조선 초까지만 하더라도 예안현은 아직 그 세력이 약한 잔읍殘邑의 처지를 면하지 못하였다. 고려시대에는 안동부의 속현에 불과하였고, 조선 초기 세조 대에 들어서도 봉화현과 통폐합 논의의 대상이 될 정도로 읍세가 약하였다. 그러나 농법이 점차 발달하자, 예안지역의 사족들도 점차 그 세력 범위를 넓히면서 성장하기 시작하였다. 초기 이주자들은 대부분 처가를 연고로 하여 이 지역에 자리 잡기 시작하였다. 이주는 특히 서면西面의 사천沙川과 동하리東下里의 부라촌浮羅村에 집중되었는데, 앞으로는 낙동강이 흐르고 뒤로 나부산이 병풍처럼 펼쳐진 부포지역은 사족들에게는 풍요를 약속하는 매력적인 공간이었다.

부포의 가장 오래된 성씨로는 안동권씨를 들 수 있다. 그들은 호군護軍과 경력經歷을 역임하였던 권간權簡의 윗대부터 이미 이 지역에 자리를 잡고 있었다. 그 후 봉화금씨 금숙琴淑이 권간의 사위가 되어 이 마을에 살기 시작하면서 부포 동네를 세상에 널리 알리기 시작하였다. 금숙의 자제가 7형제인데, 그 중 5형제가 등과함으로써 부포는 오자등과기五子登科基로 세간에 그 이름이 드러나기 시작한 것이다. 고려시대에는 부포가 역원驛院으로, 혹은 연무鍊武하고 습사習射하는 군사훈련의 장소로 알려졌으나 이제는 전국적으로 주목되는 선비들의 마을이 된 것이다.

비슷한 시기에 진성이씨眞城李氏들도 부포에 자리 잡기 시작하였다.『선성지』에 따르면 15세기 후반 이계양李繼陽은 영양김씨英陽金氏 김지로金智老의 손녀와 혼인을 맺고 부포에 정착하게 된다. 진성이씨의 시조 이석李碩은 원래 청송군 진보면에 살았으나, 2세 이자수李子脩가 홍건적의 침입 때 공을 세워 송안군松安君에 봉해진 후 왜구의 침입을 피해 진보를 떠나 풍산면 마애磨厓로 이주함으로써 진성이씨는 안동과 인연을 맺게 된다. 그 후 이자수의 차남 이운후李云侯가 임하현의 현령이 되어 와룡면 주촌周村으로 이주하였고, 4세 이정李禎의 아들인 이계양의 대에 부포로 이거한 것이다.

그러나 노송정老松亭 이계양은 부포에 오래 살지 않고 이내 온혜溫惠로 옮겨 간다. 퇴계가 쓴 조부 이계양의 사적(「祖父事蹟」)을 보면, "공은 처음 부포에 살았으며, 그 후 봉화 훈도로 내왕하던 중 어느 날 온혜를 지나다가 그 산수를 사랑하여 이사했다"라고 되어 있다. 세간에 전하는 일화로는 어떤 스님이 온혜를 천하길지로 지목하고 장차 명현이 날 것을 예견 했다고 한다. 계양의 둘째 아들 우堣는 북후면 태자太子로 이주하여 큰 학자로 성장하였다.

주촌파에서 분파한 호동파虎洞派의 파조 7세 종縱이 15세기에 두루에서 부포로 이거하였으나 노송정 자손들이 다시 부포와 인연을 맺게 된 것은 퇴계의 손자 이안도李安道로부터 비롯되었다. 퇴계 사후 퇴계가 살던 상계上溪 집은 선생의 손서인 고령박씨 박려朴欐와 의성김씨 김용金涌이 물려받았고 장손인 이안도는 부포로 이거하였다. 이때부터 부포는 상계파 종가가 되어 이안도의 현손인 이수겸李守謙까지, 창설재蒼雪齋 권두경權斗經의 주선으로 상계로 다시 돌아올 때까지 무려 105년간 퇴계종택으로서의 성가를 누렸다. 부포로서는 긍지와 자긍심이 가득한 시절이었다.

그러나 퇴계종택이 부포에 있는 동안 매우 극적인 사건이 발생하였다. 이안도의 배위 안동권씨의 자진自盡사건이다. 안동권씨는 지금 상계종가 대문 위에 설치되어 있는 열녀문의 주인공이다. 이 사건은 『삼강행실도』에도 실려서 조선시대의 대표적인 열녀상으로 널리 알려졌다. 현대어로 바꾸어 옮겨 보자.

> 권씨는 안동부의 사람이니 직장 이안도의 아내이다. 시아버지 섬기기를 효도로써 하였는데, 남편이 죽자 홑옷을 입고 거적을 깔고 밤낮 울어서 소리 그치지 않기를 다섯 달이나 하였다. 소대상을 끝내고 병이 더욱 깊어져서 기절을 하였다가 다시 살아나 비로소 달인 조의 즙을 마시면서도 밥은 먹지 않고 머리도 빗지 않았으며 띠 풀지 않기를 스물세 해나 하였다. 일찍이 이르기를 "내가 죽지 않은 것은 후사 때문이다. 지금 만약 뒤이을 사람을 세우지 않으면 죽어서 돌아가신 사람들을 지하에서 볼 수가 없다"라고 하고 남편의 아우 영도의 아들로 뒤를 이었다. 금상今上조에 정문을 하사하시었다.

권씨는 후사가 없었기에 시동생 되는 이영도李詠道의 아들 억嶷을 양자로 얻었고, 억은 장성하여 창령성씨 목사 성안의成安義(芙蓉堂)의 딸과 혼인하였다. 그런데 성목사가 사돈댁을 찾아 종택에 머무르는 어느 날 저녁, 안동 권씨는 가법과 가도에 관한 곡진한 유언을 남긴 후 자진하여 오래 전 떠난 남편의 뒤를 따르고 말았던 것이다. 이로써 권씨는 부포지역에 유학의 세계에 충실했던 종부의 한 전형을 새겨 놓았다. 이런 사실들로 인해, 퇴계 선생의 사당이 자리했던 부포는 선비사회의 또 다른 중심으로 자리할 수 있었다. 조선 후기의 명유 택당澤堂 이식李植은 비록 당색을 달리하였지만 권씨의 묘지명을 써서 그 정절을 기렸다.

2. 부포의 인문적 환경과 퇴계의 가학

부포는 오래전부터 자연과 인간이 조화를 이룬 길지로 알려졌다. 그래서 퇴계의 종택이 들어온 후 진성이씨의 여러 파들이 따라서 옮겨 왔다. 상계파上溪派나 계상파溪上派뿐만 아니라 의인파宜仁派, 원촌파遠村派, 호동파虎洞派 등 진성이씨의 여러 후손들이 산수를 좇아 부포로 모여들었다. 산천이 아름답고 들이 넓어 비교적 생계가 좋아서인지, 부포는 예로부터 수壽를 누리는 사람이 많아 수향壽鄕이라고도 불렸다. 부포 출신인 이원정李源梃은 그 승경을 이렇게 소개하고 있다.

> 황지에서 발원한 낙동강이 청량산과 건지산의 두 틈새를 뚫고 흘러내리면서 구곡九曲을 이루었는데, 이곳이야말로 천하의 절경이었다. 구곡은 청량淸凉, 고산孤山, 단사丹砂, 천사川砂, 탁영濯纓, 분천汾川, 오담鰲潭, 월천月川, 운암雲巖이다. 구곡 가운데 부포 앞이 바로 월천이다. 굽이치던 강은 빠른 물살로 역동 앞을 지나 한숨을 돌리면서 다시 조용해져 넓고 조용한 호수를 이루니, 아름다운 산영山影이 거울에 비치는 듯했다.

이렇게 아름다운 풍광 속에 퇴계의 사상과 정신이 아로새겨졌다. 부포의 산하에는 퇴계의 얼과 혼이 곳곳에 배어 있다. 부포에는 퇴계 선생이 세운 역동서원易東書院이 있었다. 이 서원은 퇴계 선생이 고려 말의 대유인 우탁禹倬 선생을 제향하기 위하여 건립을 발의한 서원으로, 그가 건립한 이산서원伊山書院과 함께 유학사에서 매우 중요한 위치를 점하는 곳이다. 이 서원을 중심으로 퇴계의 고제들이 함께 퇴계학의 기치를 높이 세운 곳이 바로 부포지역이다. 특히 이곳에서 생장하였던 월천月川 조목趙穆(1524~1606)

과 성재惺齋 금난수琴蘭秀(1530~1604)는 퇴계의 경敬사상을 이 지역에 깊이 뿌리 내리게 하였다. 월천은 퇴계 사후 예안 사림을 대표하여 도산서원의 건립과 『퇴계문집』의 간행을 주도하였고, 퇴계의 도학을 현실 속에 꽃피우고자 하였다. 또한 성재는 퇴계가 주도한 온계동약溫溪洞約을 본받아 부포동약을 만들고, 이를 통해 주민들의 공동체적 일체감을 강조하였다. 진성이씨는 자연스럽게 이들 가문과 혼인이나 학연으로 얽히면서 단단한 지역공동체를 형성할 수 있었다.

이러한 환경 속에서 부포의 진성이씨는 수많은 학자와 걸출한 인물들을 배출하였다. 조선시대에는 퇴계학의 정맥을 계승한 학자와 관료들을 배출하였고, 일제의 강점기에는 민족혼을 살리는 의사와 열사들이 우후죽순처럼 솟아올랐다. 우선 한 시대의 유림을 대표했던 인물들의 면면을 살펴보도록 하자.

3. 상계종파의 학자와 선비

부포의 진성이씨 중에서 상계종파上溪宗派는 특히 많은 학자들을 배출하였다. 그 중에서도 청동淸洞 집안은 문한이 강성하기로 이름 높았다. 청동집은 16세손인 후계後溪 이이순李頤淳(1754~1832) 형제와 그 자손들이다. 17세손에서는 이이순의 장남으로 영남만인소운동을 주도한 소계素溪 이휘병李彙炳과, 성류정省流亭 이지순李志淳의 계후인 고계古溪 이휘령李彙寧 등 뛰어난 학자들이 배출되었다. 18세손에서는 후계의 장손인 둔와遯窩 이만손李晩孫과 가간可澗 이만익李晩翊, 그리고 예천군수로 부임하여 선정으로 칭송받았던

▶ 후계정 현판

혜산惠山 이만유李晩綏(1823~1886) 등 당대의 영남학파를 주도해 간 인물들이 배출되었다. 또한 이만손의 둘째 아들인 이중택李中澤(1856~1929), 후계의 증손이자 이만신李晩臣의 아들인 이중홍李中泓(1838~1902)도 한 시대에 문명을 날린 인물들이다. 이제 만인소운동을 주도한 인물들에 대해서는 별도로 논의하기로 하고, 저명한 학자들을 중심으로 이력을 살펴보자.

이이순은 부포가 배출한 가장 큰 학자 중의 한 사람이다. 자는 치양穉養, 호는 후계後溪이다. 조선 후기의 사상사에서뿐만 아니라 문학사에서도 그는 매우 중요한 자리를 차지하고 있다. 그는 1779년(정조 3) 생원시에 합격하였고, 효릉참봉을 시작으로 의금부도사 등 중요한 내직을 두루 역임하였다. 외직으로 나아가 1806년에 은진현감恩津縣監에 임명되어 과단성 있게 일처리를 하였으나, 오히려 이것이 빌미가 되어 중도에 물러나는 불운을 겪었다. 죽림서원竹林書院 유생들의 불법적인 군역 문제를 바로잡으려다 유생들과 마찰을 빚어 9개월 만에 물러나게 된 것이다. 그는 낙향하여 부라浮羅 동쪽 청동淸洞에 후계정後溪亭을 짓고 연구와 후진교육에 매진하였는데, 학문의 폭이 넓어 유학뿐만 아니라 음양서와 농공 기술 등에 두루 통하였다고 한다. 또한 몸에 밴 검소함으로 반상간에 귀감이 되었다.

이이순은 『퇴계문집』을 교검校檢 개간하고 몽재蒙齋 이안도李安道(1541~

1584), 청벽淸壁 이수연李守淵(1693~1748), 만호晩湖 이세정李世靖(1730~1767) 등의 유문을 수습하여 『계산세고溪山世稿』를 만들었다. 몽재 이안도의 유문이 남아 있는 것은 그의 공적이다. 청벽 이수연과 만호 이세정은 모두 퇴계 가학을 전승하고자 노력한 인물들이다. 이수연은 퇴계의 6대손으로 생원시에 합격하고 음보로 세자익위사를 지냈는데 그가 『퇴계선생속집』을 편찬하였고 또 7세손 이세정이 가학을 바로세우는 일에 헌신하였다는 데서부터 『계산세고』를 편집한 이이순의 뜻을 읽을 수 있다.

이이순의 재능은 문학에서 빛을 발하였다. 『화왕전花王傳』같은 가전체 소설을 창작하기도 하고, 구곡가의 형식을 빌려 그의 문학적 재능을 드러내기도 하였다. 『화왕전』은 모란의 일종인 요황姚黃의 행적을 통해 인간 세상에 교훈을 주고자 한 것이다. 퇴계가 『성학십도』를 통하여 군왕에게 도학정치의 당위성을 말하고자 하였다면, 그는 문학작품을 통하여 백성을 위한 왕도정치의 필요성을 피력하고자 하였다. 『화왕전』에서 요황은 매화가 지닌 군자의 덕을 빌리고 대나무의 간언을 받아들여 바른 정치를 실현하고자 노력하지만, 현실의 정치에서처럼 요황은 결국 해당화의 요염함에 빠져 나라를 도탄에 빠트리게 된다. 이처럼 이이순은 군왕에게 여색을 경계하도록 당부하는가 하면, 또 국화를 선비의 꽃으로 의인화하여 선비들에게 절개와 명철明哲로써 한 몸의 깨끗함을 유지할 것을 당부하기도 한다.

또한 그는 당시 지식인사회에 무서운 기세로 확산되던 서학을 통렬히 비판하면서 유림사회의 동요를 막고자 하였다. 1791년은 이른바 신해사옥辛亥邪獄으로 신주를 불사른 윤지충尹持忠 등이 처형당하고 서학서의 소장을 금하는 등의 일대 정치적 파란이 일어난 시기이다. 바로 그 다음 해에 정조

▶ 청량정사의 모습
 (출처: 문화재청)

는 도산서원에 검교檢校인 이만수李晩秀를 보내어 치제致祭하고, 이단이 횡행하는 와중에도 영남지방이 건재한 것은 오로지 퇴계 선생을 스승으로 모신 영향임을 천명하고 치하하였다. 이때 이이순은 「사학탄邪學歎」을 지어 정조의 격려에 화답하였다. 그는 서학의 전파를 탄식하면서 영남지방이 끝까지 정학正學을 지켜야 한다고 역설하면서 유림사회를 결속시키고자 하였다. 그리하여 퇴계 선생의 자취가 배어 있는 청량산의 옛 연대사 터에 청량정사를 건립하는 사업을 주도해서 후학들이 퇴계의 유훈을 생각하며 학문에 몰입할 수 있도록 하였다.

고계 이휘령(1788~1861)은 생부生父인 이승순李承淳의 아들로 부포에서 태어나 상계종가의 종손인 군수 이지순李志淳에게 입양됨으로써 퇴계의 10대 종손이 되었다. 그는 종손의 자리에 있으면서도 관료와 학자의 길 모두에서 성공을 거두었다. 1816년(순조 16)에 진사시에 합격하여 세자익위사세마, 호조좌랑 등의 청요직을 거친 후, 외직으로 나아가 동복현감, 서산과 영천의 군수, 밀양과 동래의 부사 등을 차례로 역임했다. 그의 문집에는 이 시기 틈틈이 남긴 시문들이 있다. 특히 서연에서 동궁에게 행한 강의록을 남겨 두어 궁중에서 어떤 교육이 이루어지고 있었는지를 알게 해 준다. 그는 다시 내직으로 들어 와 동부승지, 돈령부도정, 부총관 등의 관직을 제수 받았으나, 말년의 대부분의 시간은 향저에 머무르면서 가학을 계승하여 성리학 연구에 전념했다. 「팔고조도八高祖圖」를 그려 퇴계 집안의 종통을 확실하게 밝혔으며, 퇴계의 「성학십도」를 명료하게 이해할 수 있도록 고증하는 한편 리기설에 관한 퇴계학파의 입장을 종합하고자 하였다. 특히 국문으로 된 그의 「방경무도사邦慶舞蹈辭」는 궁중 풍속을 노래한 가사로 많은 주목을 받고 있다. 가사의 내용은 당시 동몽교관童蒙敎官으로 있었던 그가 익종의 왕후인 조씨趙氏의 간택에서부터 가례 때의 상전賞典 내림까지의 광경을 자세하게 서술하면서 왕실의 번성을 기원하고 책봉을 송축하는 것이다. 퇴계와 후계에 이어 고계에 이르기까지, 국문가사에 대한 퇴계 문중의 남다른 애정을 보여 주는 대목이다.

고계의 학문과 관료로서의 경험은 조카인 혜산 이만유에게로 전해졌다. 이만유는 이휘수李彙壽의 막내아들로 태어나 어려서부터 문중의 중망을 받았다. 사마시에 장원으로 급제한 후, 효릉참봉과 의금부도사 등의 직책을 원만하게 수행하였다. 당시 그가 지은 행행시行幸詩와 경복궁시景福宮詩를 두고 조두순趙斗淳은 '진정한 문학사'라고 칭송하였다. 외직에 나아가 예천군수로 있을 때에는 큰 홍수가 나자 험한 물길 속에 몸을 던져서 사력을 다해 제방의 붕괴를 지켜내었다. 이에 읍의 사람들이 '이공제李公堤'라는 입석을 세워 그의 선정을 기렸다. 그는 이후에도 태천현泰川縣, 하양읍, 양양읍, 상주목 등의 수장으로 있으면서 오랜 적폐를 해소하고 문교진흥에 힘써 청백리로 칭송이 자자하였다.

이만호李晩浩(1804~1871)도 퇴계학을 천양하는 일에 필생의 노력을 기울였다. 그는 만회와萬悔窩 이종순李鍾淳의 손자로, 이른바 번남본樊南本으로 불리는 『도산전서』를 1869년 족인인 이휘부李彙溥, 이휘재李彙載, 이만각李晩慤 등과 함께 간행하였다. 이 번남본은 『주자대전』의 체재를 따르되 당시 도산서원에 보관 중이던 최초본, 중본中本, 경자본의 정본定本과 『퇴계선생수간退溪先生手簡』 등 여러 자료들을 취합하여 엮은 중간본이다.

이만숙李晩淑(1810~1851)은 자를 중문仲聞, 호를 계서谿栖라 하였다. 그는 해은海隱 강필효姜必孝와 정재 류치명柳致明을 스승으로 삼아 공부하였는데, 특히 예학과 성리학에 밝다는 평을 들었다. 그의 문집에는 시문집 이외에도 「유청량산록遊淸凉山錄」과 같은 기행문과 시무時務에 관한 내용 등이 함께 실려 있다. 특히 「상팔조上八條」는 군학君學, 시무時務에 관한 8개항의 건의 내용이 담겨 있어 당시 사람들의 정치적 소신을 알려 준다.

이만익李晩翊(1799~1859)은 이휘수의 슬하에서 태어났다. 호는 가간可澗으로, 진사를 거쳐 벼슬이 공조참판에 이르렀다. 성격이 너그럽고 인품이 넉넉하여 사람들로부터 많은 신망을 받았다고 한다. 그가 인제현감으로 있을 때 강원도관찰사가 그 사람됨을 흠모하여 "나의 자질子姪이 이인제李麟蹄 닮기를 원하노라"라고 말할 정도였다고 한다.

이병호李炳鎬(1851~1908)는 후계 이이순의 후손으로, 당대의 거유인 면우 곽종석郭鍾錫, 방산 허훈許薰 등과 함께 변화하는 시대 속에서 리기설·심성설 등에 대해 깊이 있는 토론을 전개하였다. 그의 학문적인 종지는 역시 퇴계학설에 근거해 있다. 특히 「동자문답童子問答」이라는 논설에서는 태극과 리기 등에 대한 그의 소견이 평이한 형식의 문답체로 서술되어 있다.

그가 정리한 「강사절목講社節目」은 강과講課에 관한 조약을 담은 것으로, 한 말에 퇴계학파 내에서 강회가 어떻게 운영되고 있었는지를 보여 주는 귀중한 자료이다. 문집 『동정유고東亭遺稿』를 남겼다.

4. 계상파와 의인파의 인물과 행적

부포에 살던 계상파의 학자로는 이만여李晩興(1861~1904)가 있다. 그는 퇴계의 11세손으로 자는 희증希曾이고 호는 봉강鳳岡이다. 총명이 남달라 어릴 때부터 조부 이만순李萬淳으로부터 『퇴계집』을 배웠으며, 이후 족형 용산龍山 이만인李晩寅의 문하에서 수학하였다. 용산 이만인은 한주 이진상의 심즉리설心卽理說을 비판하고 퇴계 리학의 독자적 의미를 강조한 인물이다.

이만여는 벼슬에 뜻이 없어 평생 성리학 연구와 경전 연구에 전념하였다. 그의 학문이 세간에서 주목을 받게 된 계기는 임진년(1892)에 이만인이 주관한 예천의 오천浯川에서의 강회 자리였다. 이 강회에는 영남의 뛰어난 선비들이 운집하였는데, 그는 이 자리에서 한주 이진상의 심즉리설을 논리적으로 비판하면서 퇴계의 심통성정론을 따르던 다수 유림들의 적극적인 지지를 이끌어 내었다. 그는 나중에 다시 이진상의 아들인 대계大溪 이승희李承熙에게 이 문제에 관한 질의서를 송부하여 한주학파의 논쟁을 이끌어 갔다. 그의 이론가로서의 면모는 향산 이만도와의 질의 과정에서도 나타났다. 그는 존양성찰설에 대한 여헌과 한강의 견해에 대해 반박하면서, 양인의 해석이 자칫 존양과 성찰 공부를 함께 중시하는 퇴계의 학설을 흔들 수 있음을 경계하였다. 그는 스스로를 퇴계학의 정맥을 지키는 파수꾼으로 생각하였는데, 이러한 자세는 『봉강집鳳岡集』에 실린 「명심록銘心錄」에서도 확연하게 나타난다. 그는 퇴계학문의 요체인 경으로 삶을 일관하고자 하여, 말과 행동거지, 가법과 일상에서의 처신 모두에서 경의 태도를 지켰다. 족형인 이만인과 류필영柳必永, 허훈許薰 등에게 보낸 그의 간찰은 성리철학과 상제례에 관한 것이 대부분이다. 그가 남긴 기록 중에서 최근 가장 주목을 받는 것이 바로 『오가산지吾家山誌』이다. 이 책은 퇴계에 의해 오가산吾家山으로 명명된 청량산에 관한 퇴계의 시 30편을 중심으로 하여 주세붕, 허목 등의 시문을 함께 모은 책으로, 청량산의 승경에 관한 내용에 국한되지 않고 범위를 넓혀 도산 일원, 농암聾巖, 분천汾川, 하연賀淵, 오담鰲潭 등 퇴계의 발길이 이른 곳을 폭넓게 언급함으로써 후대의 탐방객들에게 좋은 길잡이가 될 수 있도록 하였다.

한편 부포에 거주하던 의인파의 인물로는 일제강점기에 활동한 이만좌李晩佐(1886~1975)의 행적이 주목된다. 그는 은일의 선비였다. 퇴계의 11세손으로 부친은 이휘형李彙衡이며, 자를 군석君奭으로 하고 호를 매당梅堂으로 하였다. 그는 원래 영양군英陽郡에서 출생하였는데, 7세 때 부포로 이거한 후 친족 어른으로부터 글을 배웠다. 경릉참봉敬陵參奉을 지내다가 1907년에 나라가 풍전등화의 상태에 이르자 낙담하여 귀향하였다. 고향의 산하를 사랑하였으나, 이미 기울어진 나라의 운명에 절망하였다. 그의 시 「부라원루浮羅院樓」에는 그런 쓸쓸한 마음이 짙게 배어 있다.

느지막이 강루를 향하니 풀들이 길을 덮었는데	晩向江樓草路迷
염천의 더위 피해 난간을 부여잡고 오르네.	爲逃隆暑一攀躋

앞의 너른 들은 돌아갈 길 아득하고	前臨大野還要遠
이미 난간에 다다랐으니 계단을 오르고저.	已到危欄更欲梯
저 숲 너머 연기 피어오르니 날이 저물러 함을 알겠고	隔樹烟生知日薄
빈 대들보에 흙무더기 떨어지니 날짐승 깃들음을 알겠네.	空樓泥落認禽棲
이제 옛 선비들의 공부소리 이어감이 어려움을 알겠거니	當年絃誦難追續
이 세상의 도리가 떨어짐을 어찌하리.	無奈如今世道低

그가 쓴 「부라원루중수기浮羅院樓重修記」는 사라진 부라원의 옛 모습을 알려 준다. 기문에 따르면 부라원루의 현판 글씨는 한석봉의 작품이다. 창건 연대는 고려시대, 혹은 신라시대까지도 추정하나 확실한 내력은 알 수 없고, 아마도 연무鍊武하고 습사習射하는 군사 훈련의 용도로 사용되었을 것으로 보인다. 이 누정에 월천 조목의 자취뿐만 아니라, 임진·정유 양란 시에 의병장으로 활동하였던 성재 금난수, 부용당 성안의, 그리고 창성부사로 있을 때 서해평西海坪정벌에 혁혁한 공을 세웠던 산남山南 김부인金富仁 등 문무를 겸비한 인물들의 발길이 두루 미쳤던 것도 단순한 우연은 아닐 것이다. 또 기문에는 후대의 인물로 후계 이이순의 「강루팔영江樓八詠」의 시가 남겨져 있다는 사실과 함께, 중간에 완전히 퇴락한 것을 군수 이상호가 문화비 13만금을 내어 중수하였다는 사실도 기록해 두고 있다.

5. 영남만인소와 부포 유림

조선 후기에 재야 유림의 기개와 결집된 뜻을 가장 극명하게 드러낸 사건이 바로 만인소萬人疏이다. 만인소를 통해 선비들은 혼돈의 시대에 조정이 나아갈 방향을 제시한다. 만인소는 1792년 처음 등장한 이후 총 7차례 이루어졌다. 그 중에서 특히 영남의 모든 선비들이 뜻을 모아 첨예한 시국 문제에 대한 의견을 조정에 개진한 영남만인소嶺南萬人疏는 그 사회적 파장이 매우 컸다. 현존하는 영남만인소는 전후 두 차례의 것이 있다. 그런데 공교롭게도 이 두 차례의 만인소를 주도한 인물은 부포의 청동淸洞 집안 출신들이다. 이들의 의기와 결기가 시대를 이끌어 갔던 것이다.

첫 번째 영남만인소는 사도세자의 무고를 탄원하는 내용이었다. 1792년(정조 16)에 영남지방에서 올라온 상소는 만 명의 유림들이 참여하였다. 내용은 사도세자의 억울함을 풀어 줄 신원이 필요하다는 것과 군주의 권한을 강화하고 강력한 개혁을 해야 한다는 것이었다. 그러나 사도세자가 죽은 지 120년이 지나도록 신원이 되지 않자 영남 사림은 1855년(철종 6) 이휘병을 소수疏首로 해서 사도세자 추존을 청원하는 '영남만인소'를 새롭게 올렸다. 지금도 한국국학진흥원 유교문화박물관에는 길이 99.25m의 상소가 남아 있어 당시의 분위기를 짐작할 수 있다.

다음의 영남만인소도 역시 부포의 청동 집안이 중심이 되었다. 이 만인소의 발단은 1880년 김홍집이 일본으로부터 가져 온 황준헌의 『조선책략』이었다. 이 책에는 러시아의 위협을 막는 방안으로 중, 일본, 미국과 연합하여 자강을 도모할 것을 조선 정부에 건의하는 내용이 담겨 있었다. 이에 국왕 고종과 관료들은 미국과의 수교에 관심을 가지게 되었는데, 이러한 움직임에 반대하여 1881년 이휘병의 아들인 이만손은 소두가 되어 정부의 개화정책에 반대하는 만인소운동을 주도하였다. 이만손은 강진규姜晉奎, 이만운李晩運 등과 함께 만여 명의 유림들을 규합하여 위정척사를 주장하는 상소를 올렸다. 이들은 『조선책략』이 세간에 돌아다니는 것을 보고 "저절로 머리카락이 곤두서고 간담이 흔들리며 통곡하고 눈물을 뿌렸다"고 말할 정도로 당시 조정의 개화정책에 강한 위기감을 토로하였다.

또한 그들은 서학에 의지하여 치재致財·권농勸農·통공通工 등 개혁정책을 시행하는 것에 대해서도 부정적인 입장을 피력하였다. 만인소에서는 "우리에게는 고래로 양법선규良法善規가 있으므로 서학에 종사할 필요가 없다"라고 하면서 외세의존적인 정부 정책에 강한 불만을 토로하였다. 이에 민씨정권에서는 민태호 등이 이만손을 불러 주의를 주었다가 불복하고 재차 상소를 준비하자 그를 강진현 신지도薪智島로 유배 보내었다. 이렇게 영남만인소로 촉발된 위정척사운동은 곧바로 전국 유림의 척사운동을 촉발시켜 개화파와 보수파의 갈등을 불러왔다. 부포가 위정척사운동의 가장 중심지로서의 역할을 담당한 것이다.

6. 민족혼이 살아 숨 쉬는 부포

영남만인소운동에서 나타난 부포 선비들의 기개는 한말 나라의 운명이 풍전등화에 이르자 항일과 애국의 넋으로 살아났다. 그 첫 움직임은 계상繼尙 이만응李晩鷹(1829~1905)이 이끌었다. 이만응은 후계 이이순의 손자이며 만인소운동을 주도한 이만손의 동생이다. 그는 을미년(1895) 12월에 「예안통문禮安通文」을 작성하면서 서명자 137명을 대표하는 소두가 되었다. 이 「예안통문」은 예안의병을 창의하는 계기가 되어 항일의병사에 일대 전기를 제공하였다. 그가 살던 계상고택은 1800년대에 지은 정면 7칸 측면 7칸의 목조와

▲ 수몰 전의 계상고택

가로서 건축사에서도 매우 귀중한 가치를 지니고 있다.

부포는 항일운동사에서 가장 빛나는 가문 중의 하나인 백농白農 이동하李東廈 집안을 배출하였다. 백농은 그의 부친 이규락李圭洛, 아우 이경식李京植, 아들 이병기李丙驥, 그리고 이경식의 딸 이병희李丙禧와 함께 일제강점기 부포가 낳은 가장 위대한 독립운동가 중의 한 사람이다. 백농은 독립운동 기간 중 이동후李東厚·이원식李元植·이철李轍 등 다양한 이름으로 활동하였다. 그는 1875년 부포에서 초기 항일운동가인 이규락(1850~1929)의 아들로 태어났다. 이규락은 구한말 서울에서 설립된 항일단체인 충의사忠義社 회원으로 활동하였는데, 충의사는 유학의 부정적인 요소는 걷어내는 일방, 몰려오는 외세를 배격하고 국가의 권익을 지키고자 설립된 단체이다. 을미의병에 참여했던 재야 유생층과 재경 관인이 함께 연계하여 1904년 8월에 설립된 이 단체는 한일의정서반대운동, 일진회반대운동 등을 기치로 내걸고 활동을 시작하였다. 1905년 을사조약이 체결되자 친일매국노에 대한 규탄과 함께 무장투쟁인 의병항쟁도 적극 모색하였다. 이때 충의사에서 활동한 인물들 중에는 이규락 이외에 이중식李中植·김운락金雲洛·류교영柳喬榮·이상룡李相龍·이남우李南羽 등 다수의 안동 유림이 포함되어 있었다.

백농은 이러한 집안의 분위기 속에서 자라면서 자연스럽게 민족의식이 형성되었다. 그는 서울의 계산학교桂山學校에서 교사를 지냈고, 대구협성학교大邱協成學校의 교감 등을 역임하였다. 1907년 상계의 이충호李忠鎬, 원촌의 이중직李中稙 등과 함께 예안에 보문의숙寶文義塾을 설립하고 교육구국운동에 앞장섰다. 1908년 3월에는 교남교육회嶠南敎育會에 참여하였고, 1909년 비밀결사체인 대동청년단大東靑年團에 가입하여 윤세복, 안희제, 김동삼, 신채호 등 80여 명 동지와 함께 활약하였다. 그는 국권이 피탈되자 1911년에 박은식, 이동녕, 이시영, 김동삼 등과 함께 중국으로 망명하였고, 대종교 활동을 하던 윤세복과 함께 이원식이라는 이름으로 서간도지역에 동창학교東昌學校와 홍경학교를 설립하여 학생들에게 민족의식을 고취하였다. 그는 중국 간도지방을 중심으로 왕성한 항일운동을 전개하다가 1916년 일경에 피검되어 국내로 압송되었고, 석방 후 다시 망명하여 봉천폭탄사건, 상해임정군자금사건을 주도하는 등 전후 5차에 걸쳐 구금되었지만 결코 굴하지 않는 항일의지를 불태웠다. 해방 후에도 백농은 이승만정권에 대한 반독재운동에 앞장섰다. 그는 1951년에 「경고 대통령 이승만 박사 하야문」이라는 글을 통해 자유당정권의 실정을 조목조목 비판하면서 결코 굽히지 않는 그의 기개를 드러내었다.

백농의 아우인 이경식은 1927년에 조선은행 대구지점을 폭파하려다 미수에 그친 장진홍 의거 사건에 관여한 인물이다. 이 사건을 통해 이경식, 이육사 등이 공범으로 일본 경찰에 구금된다. 의거가 사전에 발각되어 주범인 장진홍 의사가 도피해 버리자 그와 깊은 친교를 가졌던 이경식, 이육사 형제 등이 체포된 것이다. 후일 장진홍 의사가 체포되면서 자신의 의거가 단독 범행이었음을 주장하게 되고, 그 결과 공범으로 연루됐던 이경식 등은 약 3년의 옥고를 치른 후 모두 무죄 석방되었다. 아직 뚜렷하게 행적이 드러나지 않았으나 그의 동생 이병린李丙麟도 만주에서 독립운동을 하다 일가족이 처형당한 것으로 알려져 있다.

이경식의 딸 이병희는 1918년 출생하였다. 이병희는 어릴 때부터 백부인 백농 이동하와 아버지의 영향으로 인해 자연스럽게 항일정신이 길러졌다. 동덕여고보에 재학 중 이미 공산주의에 눈을 떠서 자생적 공산주의 그룹인 '이재유李載裕 그룹'에 참여한다. 당시 이 조직은 적색학생서클을 조직하여 노동현장에 투입하고 적색노동조합을 건설하여 파업을 일으키는 노동운동을 전개하였다. 이병희는 이러한 노선에 적극 찬동하여, 학업을 포기하고 16세의 어린 나이에 종연방적이라는 공장에 위장취업하여 파업을 주도하다 4년여의 옥고를 치른다. 옥고를 치른 뒤 이병희는 1940년에 중국으로 망명하였다. 그녀는 1943년에 북경에서 집안의 어른이기도 한 이육사와 재회하여 함께 좌우합작의 방법을 논의하다가 다시 일경에 체포되었다. 풀려난 직후인 1944년 1월, 그녀는 이육사의 죽음을 맞아 그의 시신을 수습해서 국내로 반장하는 역할을 담당하면서 세간의 주목을 받았다.

백농의 아들인 이병기(1906~1950)도 독립운동에 헌신하였는데, 그는 독립운동의 일환으로 공산주의 활동에 참여하였다. 1932년 대구공산주의자협의회 사건으로 한 차례 일본 경찰에 검거된 바 있는데, 1933년 용산공작주식회사에 위장취업하여 이재유 그룹과 함께 적색노동조합을 조직하였다가 1934년 일본 경찰에 검거되어 영어의 몸이 되었다. 그 후 그는 왜관에서 야학당을 개설하여 항일운동을 계속하다가 1939년 일제에 피체되어 다시 수감되었다. 1950년 6월, 그는 전쟁이 터지자마자 경산으로 끌려가 집단학살극 속에 희생되어 44세라는 젊은 나이로 부친인 백농보다 먼저 세상을 떠났다.

한편 부포에서는 조선의 독립을 염원하면서 한날한시에 순절한 이명우 李命羽(1872~1920) 부부의 처연한 모습도 볼 수 있다. 이명우는 부포마을에서 태어났는데, 자를 명보明甫, 호는 성재誠齋로 하였다. 만약 나라가 망하지 않았다면 그의 일생도 순탄하였을 것이다. 그는 14세에 안동권씨(1868~1920)에게 장가를 들었다. 1894년 사마시에 합격하여 진사가 되었으나, 한말의 격동적인 상황은 곧 그의 삶의 행로를 통째로 바꾸어 버렸다. 1895년 명성황후가 시해를 당하자 그는 깊은 절망감을 느꼈고, 1905년 을사늑약이 체결되자 모든 활동을 접고 칩거에 들어갔다. 1910년 나라의 주권을 빼앗기는 비극적 상황에서 스스로 목숨을 끊고자 하였으나, 아직 부모가 구존해 있음으로 후일을 도모하였다. 일제의 국권늑탈에 맞서 안동지역에서는 이미 같은 문중의 향산 이만도를 포함하여 10명의 자결순국자가 나타났다. 류도발柳道發(1832~1910), 류신영柳臣榮(1853~1919)과 같이 부자가 연달아 자결한 경우도 있었다.

1912년 봄, 이명우는 가족을 이끌고 충청도로 이거했다. 1918년 10월 모친상을 당하고, 1919년 1월에는 광무황제인 고종이 승하하자 그는 마침내 순국을 결심하였다. 상기喪期가 끝나는 날, 이들 내외는 자식들을 물리친 뒤 독을 마시고 조용히 눈을 감았다. 1920년 12월 20일(음력) 저녁이었다. 이명우는 자결하면서 「비통사悲痛辭」와 「경고警告」, 「유계遺戒」를 남겼다. 그의 「유계」에서는 성誠과 경敬을 근본으로 할 것과 심학이 만세의 연원이라는 점을 강조하고 있어 그의 순절이 퇴계학에 바탕을 두고 있음을 알 수 있다. 그는 또한, "이로움이 있으면 의를 생각하고, 어려운 사람을 보면 반드시 도움을 줄 것"(見得思義 見窮必恤)을 유훈으로 남겼다. 한편 안동권씨는 유서에서 '충의의 길'을 따르는 남편을 따라 자신은 '의부義婦의 길'을 가겠다는 뜻을 자손들에게 남겼다. 권씨는 "너 어루신게읍서 평싱에 의리 가득ㅎ시와 이제 뜻과 갓치 이루실 듯ㅎ시니 나도 갓치 싸르리라"라고 하여 의로운 길을 가는 남편을 따르겠다는 신념을 드러내었다. 망국의 통한에 많은 의인들이 목숨을 스스로 버렸으나, 부부가 이렇게 한날한시에 순국의 길을 간 사례는 유일하다. 이들 부부는 조정의 높은 관직을 차지한 인물도 아니었고 당시 유림사회의 지도적 인물도 아니었다. 다만 포의의 신분으로 궁벽한 시골에서 간구한 삶을 이어가던 은일지사였다. 부인 권씨는 일제강점기에 순국의 길을 택한 유일한 여성이다. 그녀가 남긴 한글 유서는 독립운동사뿐만 아니라 국문학사에서도 중요한 위치를 차지하고 있다.

신간회 활동을 한 혜전惠田 이원혁李源赫(1890~1968)도 부포 출신이다. 이원혁은 1890년 부포에서 이유호李維鎬의 아들로 태어나 뒷날 이진호李縉鎬에게 입양되었다. 그는 1922년 동경으로 건너가 일청영어학교日淸英語學校에 입학하였으나 곧 퇴학하였다. 귀국 후 그는 시대일보사時代日報社를 경영하고, 이어서 프롤레타리아 문학을 지향하는 『조선지광朝鮮之光』이라는 잡지를 간행하였다. 1927년, 신간회 설립에 적극적으로 관여하여 후일 중앙집행위원으로 피선되었다. 그는 신간회를 통하여 광주학생운동에 대한 일본의 강압적 탄압에 항거하는 민중대회와 언론활동을 전개하다가 권동진權東鎭, 허헌許憲, 홍명희洪命熹 등과 함께 피체되어 옥고를 치렀다. 해방 후에는 조헌영, 조병옥, 여운형 등과 함께 조선민족당朝鮮民族黨 설립에 참여하면서 해방공간의 정치활동에 적극 참여 하였다.

이원태李源泰(1885~1936)는 대전군 진잠면에 거주하면서 1919년 김창숙 등이 주도하는 독립운동을 지원하고 군자금을 모금하였다는 죄명으로 체포되어 영어의 몸이 되었다. 같은 해에 이성호李成鎬(1885~1963) 역시 예안 만촌교회 교인들과 함께 예안장터에서 만세시위를 벌이다가 3월형을 언도받고 복역하는 고초를 겪었다.

심천深泉 이선호李先鎬(1904~?) 또한 부포 출신으로서 독립운동사에 큰 족적을 남긴 인물이다. 그는 호산壺山 이중진李中進(1875~1950)의 맏아들로 부포에서 생장하였다. 호산은 이육사와는 같은 원촌 집안으로 내장원주사內藏院主事를 역임하였다. 그는 1927년 일본의 경제침략을 막으려 예안협동조합을 설립하였다. 비록 적극적인 독립운동은 아니었으나, 일제의 경제침탈을 막기 위한 민족운동의 일환이었다. 그의 이러한 민족의식은 조부인 공범公範 이만구李晩九(1845~1911)의 훈도에서 비롯되었다. 공범은 향산 이만도 선생이 목숨을 건 단식을 할 때 그의 아들 이중탁李中濯과 함께 방문하여 마지막 모습을 지켜보며 가르침을 받은 인물이다. 이중탁(1884~1916)은 봉강 이만여李晩輿로부터 학문을 전수받아 영남의 사림들로부터 퇴계의 학문을 이어갈 '선정고가지풍先正古家之風'이 있는 준재로 촉망받았으나 32세의 젊은 나이로 요절하였다.

　이선호는 유소년기에 숙부 중탁中濯에게 한학을 배웠고, 3·1운동 후 중앙고보에 입학했다. 중앙고보에 다니던 중 그는 조선학생과학연구회를 창립하고 집행위원으로 활동하였다. 이 연구회는 사회과학의 보급, 학생의 사상통일과 상호단결, 인간 본위의 교육 실시, 조선 학생 당면 문제의 해결 등을 강령으로 내세운 비밀결사였다. 1926년에는 6·10만세운동을 계획하고 추진하였으며, 인산일 당일에는 종로3가 단성사 앞에서 제1성으로 대한독립만세를 선창하며 격렬한 시위를 주도하였다. 수년의 옥고를 치르고는 1928년 일본으로 건너가서 재일본 조선인 항일운동에 참여하여 계속 투쟁하는 매서운 집념을 보여 주었다.

7. 부포의 마지막 선비들

　부포에 살았던 진성이씨는 500여 년의 세월을 유유히 흐르는 낙동강과 함께 시대의 풍랑을 헤치며 살아 왔다. 앞에서 살펴본 것처럼 부포는 상계파, 원촌파, 의인파, 계상파, 강정산파, 병암정파 등 여러 파의 진성이씨들이 함께 마을을 이룬 매우 예외적인 지역이다. 그럼에도 불구하고 이 마을의 공동체적 일체감은 유별난 것이었다고 인구에 회자된다. 이러한 유풍은 아마도 퇴계의 경敬철학을 함께 공유하면서 어려운 시대를 같이 살아온 역사적 경험에서 비롯된 것이 아닐까 생각된다. 이들은 때로는 고향의 빼어난 승경을 시심詩心 속에 녹여 내기도 하였지만, 한말의 위기상황을 맞이해서는 흔들리는 역사의 흐름에 맞서 온 몸으로 저항하였다. 그리하여 영남만인소의 소두로서 선비사회의 여론을 주도하면서 정국의 흐름에 엄청난 파장을 몰고 오기도 하였고, 일제강점기에는 어떤 마을, 어떤 고을보다도 앞서서 맹렬한 저항의 햇불을 치켜들었다.

그러나 일제강점기가 지속되자 가학을 이어 오던 부포의 진성이씨들도 점차 흩어지기 시작하였다. 수많은 학자를 배출했던 청동집은 일제강점기에 대다수 대구로, 대전으로 이사를 떠났다. 국권이 찬탈되고 일제에 의해 사회가 재편되자 선비들은 차츰 설 자리를 잃게 되었다. 그러한 가운데도 마지막까지 선비의 자존을 지켰던 분들이 있다. 병암정파屛巖亭派의 인물로는 이준호李準鎬(1889~1969)가 박학다식으로 널리 알려져 있다. 의인파에는 이중기李中基(1881~1966), 이중수李中遂(1907~1994)가 있다. 이중기는 학문도 높았지만, 글씨로 더욱 알려진 인물이다. 이중수는 독립운동가인 서파西坡 류필영柳必永의 손서로서 전형적인 선비상을 지녔다는 세평을 얻었는데, 만년에는 『매당문집』의 간행에 정성을 쏟았다. 글씨로 명성을 남겼던 인물로는 계상파溪上派의 이관호李瓘鎬(1907~1978)를 빼놓을 수 없다. 이관호는 특유의 세필로 널리 알려졌다. 쌀 한 톨에 세 사람의 주소와 성명을 기재하였다든지, 깨 표면에 '거북 구'(龜) 자 석 자를 썼다는 전설 같은 일화들이 풍문에 실려 지금까지 전해 온다. 같은 계상파의 이중구李中求(1911~2003)는 1934년에 일어난 안동 '콤그룹' 사건에 관련된 인물인데, 노년에는 예학에 정통한 인물로 더욱 알려졌다.

그렇게 조선유학의 마지막 자존을 지켜 왔던 선비들도 이제는 사라지고 부포는 푸른 물빛 속에 잠기고 말았다. 그러나 사라진 부라촌의 전설은 언젠가 재해석되어 귀중한 역사적 경험으로 되살아날 것이다. (정순우)

【표 1】 부포마을 진성이씨 주요 인물의 약력

성 명	자	호	생몰연대	저술	주요행적	비 고
李世翕	和仲		1725~1788			遠村派 李守元의 子
李頤淳	穉養	後溪	1754~1832	後溪集	恩津縣監	上溪派 李龜蒙의 子
李承淳	穉紹	晩悟	1760~1839		將仕郞	上溪派 李龜蒙의 子
李彙壽	鶴叟	默隱	1778~1860		贈吏參	上溪派 李承淳의 子
李彙圭	心受		1786~1854		文科-承旨	上溪派 李明淳의 子
李彙炳	晦可	素溪	1790~1869		萬人疏 疏首	上溪派 李頤淳의 子
李晩翊	亨進	可澗	1799~1879	有文集	工曹參議	上溪派 李彙壽의 子
李晩浩	祖源	書山	1804~1871			上溪派 李彙周의 子
李晩淑	仲聞	谿栖	1810~1851	谿栖文集		上溪派 李彙楨의 子
李應淳	和吉		1811~1891		侍從臣	溪上派 李龜運의 子
李晩孫	家述	遜窩	1811~1891		萬人疏 疏首	上溪派 李彙炳의 子
李晩綏	國明	惠山	1823~1886	惠山集	蔭牧師	上溪派 李彙壽의 子
李晩九	而直		1824~1919			遠村派 李彙教의 子
李晩鷹	繼尙		1829~1905	예안통문발기		上溪派 李彙絧의 子
李彙相	公弼		1835~1889		文科-正言	溪上派 李應淳의 子
李中泓	深汝		1838~1902			上溪派 李晩臣의 子
李炳鎬	子翼	東亭	1851~1908	東亭遺稿		上溪派 李中英의 子
李圭洛	禹玄	石蘭	1854~1929		憲陵參奉	虎洞派 李會斗의 子
李晩輿	希曾	鳳岡	1861~1904	鳳岡集	幼學	溪上派 李彙儁의 子
李中爀	美卿	覃山	1869~1953		中樞院 議官	上溪派 李晩綏의 子
李晩裔	賀卿	宇靖	1871~1946	有文集		溪上派 李彙容의 子
李命羽	明甫	誠齋	1872~1921	有文集	殉國	江亭山派 李廷鎬의 子
李中進	聖先	壺山	1875~1950		內藏院主事	遠村派 李晩七의 子
李中濯	應漢	葛广	1884~1916	葛广遺稿		遠村派 李晩九의 子
李晩佐	君奭	梅堂	1886~1975	梅堂集	參奉	宜仁派 李彙衡의 子

【표 2】 부포의 진성이씨 독립유공 서훈자

이름	생몰연대	활동분야	서훈내용
李命羽	1872~1921	자정순국	건국훈장 애국장
李東廈	1875~1959	구국계몽운동, 대종교 활동	건국훈장 애족장
李源泰	1885~1936	군자금 모금	건국포장
李成鎬	1886~1968	예안 3·1독립만세운동	건국표창
李源赫	1890~1968	신간회, 민중대회 주동	건국훈장 애족장
李京楠	1895~1945	장진홍 의거	건국훈장 애족장
李先鎬	1904~?	6·10독립만세운동, 사회운동	건국훈장 애국장
李孝貞	1913~2010	노동운동, 사회운동	건국포장
李丙禧	1918~생존	노동운동, 의열단 활동	건국훈장 애족장

【표 3】 부포의 진성이씨 독립운동 미포상자

이름	생몰연대	활동분야	비고
李晩鷹	1829~1905	을미년의 의병통문	
李會壁	1878~1943	예안 3·1운동	
李中翰	1872~1939	도산서원 자산으로 보문의숙 설립	
李中進	1875~1950	1927년 예안협동조합 설립	
李中沆	1879~1961	교남교육회 안동지회 회원	
李丙驌	1906~1950	용산공작(주) 노동자로 위장 투쟁	이동하의 아들
李玄鎬	1910~1997	안동 콤사건	이선호의 4촌 동생
李中求	1911~2003	안동 콤사건	
李仁鎬	1912~1962	안동 콤사건	이선호의 8촌 동생
李勉鎬	1913~1945	안동 콤사건	이선호의 동생
李東芃		안동 콤사건	

7장

부포마을 사람들이 펼친 항일투쟁

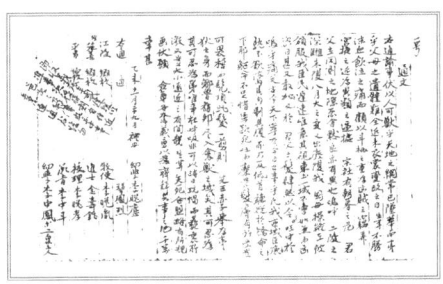

1. 물속에서 건져 올리는 항일투쟁 이야기

부포마을, 지금은 물밑으로 들어가 찾을 길이 없는 곳이다. 이 마을에 대한 자취는 그저 그곳에 살았던 사람들의 머리와 가슴에만 남아 있을 뿐이다. 옛날을 되새기는 사람들의 이야기가 이곳만은 아니겠지만, 부포마을 사람들의 이야기는 귓가를 파고들어 가슴 깊게 박힌다. 남다른 애정과 자부심은 마을이 사라진 지 40년이 되도록 옅어지기보다 오히려 짙어지고 있다. 그러한 바탕에는 부포마을 사람들이 가진 특성과 남긴 자취가 고스란히 묻어 있기 때문이다.

부포마을 사람들이 자랑하는 역사 속에는 나와 집안에 대한 사랑, 마을과 고을, 그리고 나라에 대한 사랑이 절절히 녹아 있다. 낙동강이 흘러내리는 물길을 따라 동쪽 기슭에 자리 잡은 이곳은 독립운동으로 이름난 몇몇 마을에 견주어도 모자람이 없는 뚜렷한 자취를 갖고 있다는 사실을 되새겨 볼 필요가 있다. 지금은 물밑으로 사라져 마치 아무 일도 없는 것 같지만, 실제로는 그렇지도 않았고, 응어리진 덩어리가 무겁게 가라앉아 있다. 차디찬 물길 속으로 들어가 옛 이야기를 찾아야 한다. 비록 세월에 쓸려 가 버렸다고 하더라도, 그 어디엔가 알려 주고 들려줄 물결 소리라도 있으리니.

우리 독립운동사는 1894년부터 1945년까지 51년 동안 펼쳐졌다. 일제가 우리나라를 강제로 빼앗은 때는 1910년이니, 독립운동은 이보다 15년도 더 앞서 시작되었다는 말이다. 독립운동의 역사는 1919년을 앞뒤로 25년 정도씩 나뉜다. 앞 시기에는 독립운동의 출발점인 의병항쟁이 앞서고 10년 뒤에 구국계몽운동이 뒤를 따랐다. 1910년 나라를 잃자마자 자정순국 투쟁이 빗발치고, 만주로 망명하여 독립군 기지를 건설하는 인물이 줄을 섰다. 1919년

3·1독립선언 당시 사회주의가 들어오면서 독립운동은 두 가지 노선으로 나뉘기 시작했다. 흔히 말하는 민족주의와 사회주의라는 것이다. 투쟁의 방법과 이념에서 차이를 보이기는 해도 일제의 통치를 벗어나 겨레를 노예 상태에서 벗어나게 한다는 목적은 마찬가지였다. 그래서 6·10독립만세 투쟁이나 신간회처럼 좌우합작을 도모하기도 했다. 1945년까지 펼쳐진 독립운동에서 좌우가 별도의 길을 가기도 하지만, 끊임없이 합작을 도모하기도 했던 이유가 바로 겨레의 해방, 나라의 독립이었기 때문이다.

부포마을 사람들이 펼친 독립운동은 결코 적지 않았다. 그렇지만 마을이 물밑으로 사라진 뒤에 이를 전하는 이야기는 잦아들었고, 간혹 지나는 바람 소리처럼 먼 이야기가 되어 버렸다. 그렇다고 역사적 가치마저 사라진 것은 아니다. 짧은 글이지만 끊길 듯 얕아진 그들의 숨소리라도 귀 기울이고 들어, 나라와 겨레를 위해 살다 간 그분들을 만나러 떠난다.

이 마을 사람들이 펼친 항일투쟁은 워낙 다양해서 쓰기도 힘들고 체제를 잡기도 어렵다. 그냥 시간 순서대로 써 나가면 사람마다 가진 내용을 쓸 수는 있겠지만, 큰 구도로 이해하기는 곤란하다. 그래서 크게 시간 순서로 잡더라도 성격별로 큰 틀을 세워 이해하는 것이 옳을 것 같다. 따라서 고민 끝에 네 가지로 시기와 성격을 구분하여 글을 쓴다. 첫째는 보수 유림들이 펼친 활동과 그 연장선상에서 이루어진 것, 둘째는 유림이 서양 문물을 본격적으로 받아들이면서 안동에 나타난 혁신의 물결과 그를 잇는 활동, 셋째는 사회주의를 받아들여 민족문제를 해결하러 나선 노선, 넷째는 전시수탈체제에 적극 저항하지는 않더라도 일제가 보기에는 걸리적거린 사람들 등이 그것이다. 그리고 마지막으로 항일투쟁을 벌인 이 마을 사람들 가운데서도 분명하게 드러나는 대표적인 그룹을 가려 살펴보도록 하겠다.

【표 1】 부포마을 사람들이 참가한 독립운동

연도	활동 내용	참가자
1895	의병봉기통문(「예안통문」)	이만응
1904	충의사	이규락
1908	계몽운동	이동하·이동식·이중항·이중한
1911	만주망명	이동하
1919	3·1독립선언 (3월 17일 예안장터 만세운동)	금용문·금용운·이성호·이회벽·조방인·조병건·조사명·조수인
1921	자정순국	이명우 부부
1925	제2차 유림단 의거	이원태
1926	6·10독립만세운동	이선호
1927	신간회	이원혁
1927	예안협동조합	이중진
1927	장진홍 의거	이경식
1929	신간회와 광주학생항일투쟁	이원혁
1930	도쿄 사회운동	이선호
1931	안동코뮤니스트 그룹	이면호·이철호·이동신·이중구·이현호
1933	노동항일투쟁	이효정·이병희·이병기
1940년대	수탈체제 저항	이원본, 이우란, 이치득, 성재근, 김태암

2. 지킬 가치가 있는 보수의 길

1) 의병의 길을 열고 충의사에 참가하며 은둔한 유림들

독립운동의 시작은 의병항쟁이다. 그 출발점이 1894년에 일어난 안동 갑

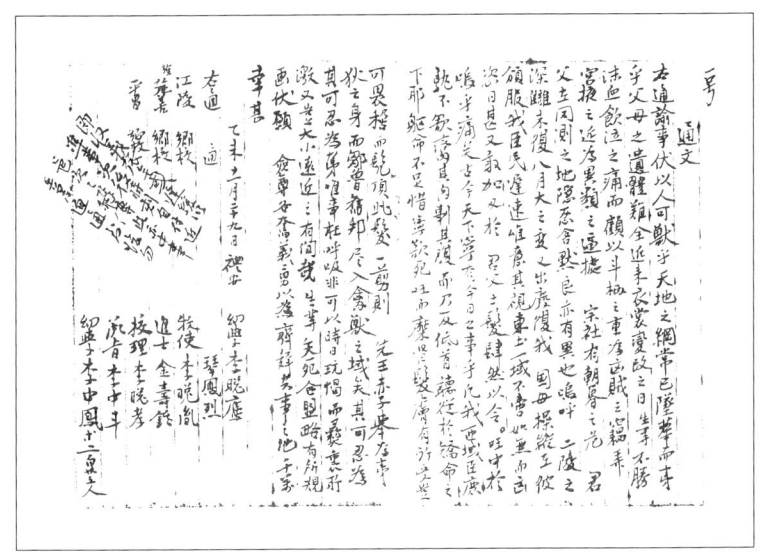

▲ 「예안통문」

오의병이고, 1895년 을미의병에 이어 1909년까지 끊기고 이어졌다. 그 가운데 본격적인 대규모 항쟁은 을미의병에서 시작되었고, 의병을 일으키자고 경북에서 맨 먼저 발송된 글이 바로 「예안통문禮安(鄕會)通文」이다. 안동에 단발령이 도착한 날은 그것이 단행된 지 12일 지난 1896년 1월 11일(음 1895.11.27)이다. 그러자 이틀 만인 1월 13일(음 11.29)에 「예안통문」이 돌았다. 이를 출발점으로 삼아 의병을 일으키려는 논의가 일어나고, 여러 서원에서 통문을 돌리기 시작했다.

「예안통문」은 안동지방에서 의병봉기를 도모하자는 첫 통문이다. 모두 223명 이름으로 작성된 것이지만, 대표자 이름은 7명이 등장한다. 그 맨 앞에 적힌 인물이 바로 부포마을 출신 이만응李晩膺이다.

통문의 요점은 이렇다. 왜인들이 임진왜란 때 성종과 중종의 왕릉을 파

헤친 야만성이나, 이번에 국모를 시해한 방자함으로 보아, 장차 왕위까지 마음대로 흔들 것이라고 경고하면서, 단발령이라는 일본의 강압책에 고개 숙일 수 없다고 주장했다. 이 글은 역사적으로 농축된 항일의식과 그 시대 지식인으로서의 자존심, 그리고 정의감을 보여 준다. 예안에서 결성된 선성의진은 이 통문을 바탕으로 1월에 성립되었다. 대장은 하계마을 향산響山 이만도李晩燾였고, 부장 또는 중군으로 이중린李中麟이 활약하였다. 이만응은 일제의 침략성을 규탄하는 통문에 앞장섰지만, 의병에는 가담하지 않은 것으로 보인다. 그렇더라도 의병을 일으키는 실마리를 여는 데 앞장섰다는 점만은 인정하고 가야겠다.

호동파 종손 이규락李圭洛(1850~1929)은 1904년 충의사忠義社에 참가하였다. 서울에서 전·현직 관리들과 유생들이 '외적을 물리치고 강토를 보전하며 종사를 지키고 생령을 받들기 위해 결사한다'는 뜻을 내걸고 조직하였다. 133명이 넘는 인원이 참가했는데, 서울과 경상·충청지역 출신이 대부분이었다. 안동부 사람으로는 10명 넘게 확인되는데, 여기에 포함된 이규락이 바로 부포마을 출신이다. 이규락이 서울에 머물면서 충의사에 참가하는 동안 그의 아들 이동하와 이동식이 서울과 대구에서 교남교육회 활동을 시작하고 교육구국운동에 힘을 쏟았다.

한편 나라가 망했다는 소식을 듣고 상주 차림으로 은둔한 인물도 있었다. 봉성금씨 성성재惺惺齋 금난수琴蘭秀의 종손인 학산鶴山 금용하琴鏞夏가 그 주인공이다. 70세 원로이자, 명가의 주손인 그는 나라가 망했다는 소식을 듣자, 패랭이(平涼子)를 쓰고 지내며 바깥출입을 금했다. 이를 두고 두문자정杜門自靖이라 일컫는다.

2) 광무황제 고종 탈상에 맞춘 이명우 부부의 자정순국

1910년에 나라가 망하자마자 안동에서는 목숨을 끊어 일제 침략에 항거한 선비들이 줄을 이었다. 이만도와 이중언·이현섭·류도발·권용하 등이 순국의 대열을 장식했다. 또 1919년 3월 광무황제 고종의 장례에 맞춰 류도발의 아들 류신영이 그 뒤를 따랐다. 이 대열에 부포 사람이, 그것도 한 사람이 아니라 부부가 함께 참가하는 장엄한 일이 일어났다. 그 주인공이 바로 이명우李命羽(1872~1921)와 권씨부인이다.

이명우는 자가 명보明甫·성일性一이고, 호는 성재誠齋였다. 마지막 과거 시험인 1894년 식년시 소과에 합격하여 진사가 된 그는 1905년 외교권을 빼앗기자 문을 닫고 세상을 등졌다. 그런데 1910년 나라가 망하자 자신이 어떤 길을 갈 것인지 고민하였다. 아주 가까운 청구에서 이만도가 단식하여 순국해 가는 과정을 지켜보면서 그도 자신의 행로를 생각했던 것이다. 그 눈치를 알아챈 아내는 부모가 살아 계심을 일깨우면서 뒷날을 도모하자고 말렸다. 1912년 온 가족을 이끌고 속리산 아래 갈평리로 이사한 이유가 거기에 있었다. 1915년 부친이 세상을 떠나자, 3년상을 마치고 계룡산 남동쪽으로 이사하였다. 모친상마저 끝나고, 마침 광무황제 고종의 대상大喪이 눈앞에 오자, 그는 삶을 끝내기로 작정하였다. 아내와 논의한 끝에 두 사람이 함께 세상을 떠나자고 의견을 모았다. 광무황제의 대상일이 음력 1920년 12월 20일인데, 양력으로 따지면 1921년 1월 28일이다. 밤이 되자 자식들에게 긴요한 일이 있으니 물러가 있으라고 말하고서 일찍 깨우지 말라고 일렀다. 그러고 나서 두 사람은 삶을 끝내는 이유와 남기는 이야기를 썼다. 「비통사悲痛辭」와 「경고警告」·「분사憤辭」·「유계遺戒」 등이 그러한 글이다. 권씨부인

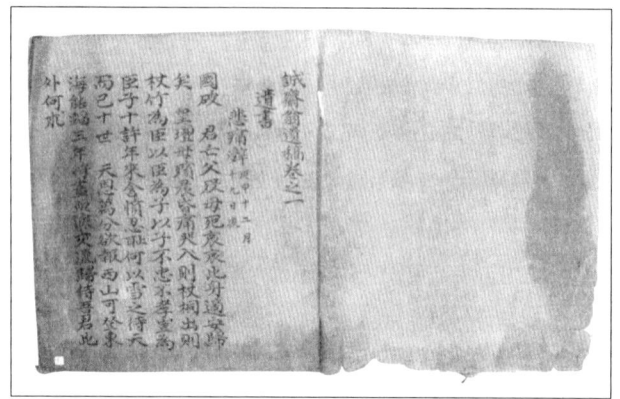
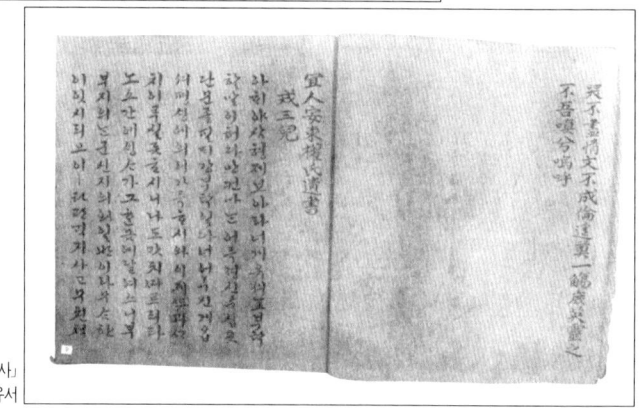

▲ 「비통사」
▶ 권씨부인 유서

도 자식들에게 가슴 저린 유서를 남겼다. 그러고는 두 사람 모두 독약을 마시고 숨졌다. 이명우는 나라를 잃고 10년 넘는 동안 분통함과 부끄러움을 참았으나 이제는 충의忠義의 길을 가겠다는 뜻을 담았고, 권씨부인은 그 남편이 택한 길을 따라간다면서 자식들이 훌륭한 집안을 지켜나가기 바란다는 뜻을 남겼다. 남편은 충을 택하여 삶을 마감하고, 아내는 그 충을 선택한 남편을 따라 절의를 지켰다. 어디에서 이런 부부를 다시 만나랴. 근거지도 아닌 충청도에서 많은 유림들이 모여 이들의 충절을 기리는 제를 올렸다.

3) 보수의 마지막 선택 제2차 유림단 의거와 이원태

보수 유림의 독립운동으로 마지막을 장식한 것이 제2차 유림단 의거다. 3·1독립선언 당시 주도 세력에서 빠진 유림이 프랑스 파리에서 열린 강화회의에 독립청원서를 보냈으니, 이를 '파리장서' 혹은 제1차 유림단 의거라 부른다. 여기에 견주어 1925년부터 이듬해까지 주로 경북 유림들 사이에 자금을 모아 나라 밖에 새로운 독립운동기지를 만들자고 나선 것이 제2차 유림단 의거다. 이를 주도한 인물은 김창숙이다. 1919년 파리장서를 가지고 중국으로 망명했던 김창숙이 북경을 중심으로 활동하다가, 독립이 가까운 날에 쉽게 이루어질 것 같지도 않고, 남만주가 위험한 곳이라고 판단한 뒤 몽골 근처에 새로운 독립운동기지를 건설한다는 목표를 세웠다. 이에 필요한 자금을 확보하기 위해 그는 비밀리에 국내로 들어와 지방 곳곳을 돌았고, 이듬해 중국으로 다시 떠났다. 그때 모은 자금이 부족하여 독립운동기지를 만들지는 못했지만, 그것이 1926년 나석주 의거의 자금으로 쓰였다. 일제가 뒤늦게 이를 알아채고 추적에 들어가 주로 경북 유림들이 붙잡혀 옥고를 치렀다.

부포마을 사람으로는 이원태李源泰가 여기에 참가했다. 김창숙이 경북지역에 연락책을 선정하고 그들을 찾아다니면서 자금을 모았다. 1925년 11월 3일 이원태는 대전으로 찾아온 김창숙을 만났다. 부포마을 출신인 이원태는 봉화군 재산면으로 옮겼다가 다시 대전 진잠면鎭岑面 학하리鶴下里로 가서 살았다. 나라가 망하고 혼란하던 시절 많은 사람들이 계룡산 자락으로 옮겨 가 살았고, 앞에 나온 이명우 부부도 그 가운데 하나였다. 김창숙으로부터 계획을 들은 이원태는 김창숙을 자신의 집으로 초청하여 11월 12일까지 미물게 하였다. 열흘 동안 그를 보호하며 자금을 모으는 방책을 협의하고 도움을 주었을 것이다. 그리고 나서 유성면儒城面 봉명리鳳鳴里에 있던 평양여관으로 안내하여 경찰의 검문을 따돌리기도 했다. 그 뒤로 김창숙은 경북 봉화와 안동을 거쳐 대구와 경남 밀양 등으로 옮겨 다니며 자금을 모았으며, 그러던 중 자동차 사고를 당해 고생하였으나 이듬해 중국으로 빠져 나갔다. 이것이 드러나 옥고를 치른 인물은 다음과 같다.

송영호(3년)·김화식(3년)·이봉로(2년)·손후익(1년 6월)·이종흠(1년)·이재락(1년)·김창탁(10월)·이원태(10월)·이우락李宇洛(8월)·이영로李泳魯(8월)·홍순철洪淳喆(벌금 70원)·김동식金東植(벌금 30원)

3. 나라를 찾기 위해 혁신의 길을 열다

1) 본격적인 항일투쟁의 깃발을 든 이동하

1904년에 들면서 나라를 구하기 위해 새로운 방법을 찾으려는 움직임이 나타났다. 곳곳에서 일본군에 맞선 의병들의 투쟁이 처절하게 펼쳐졌지만, 일제의 침략을 막아내지 못하고 나라가 무너질 조짐을 보였다. 이에 의병으로 맞서는 전투로는 독립을 지키는 것이 불가능하다고 판단하는 사람들이 서양문화를 받아들여 새로운 인력을 키우고 민족자본을 쌓아 식민지로 빠져드는 사태를 막아 보려고 나섰다. 1904년부터 시작된 이 현상을 구국계몽운동이라 부른다. 신식학교를 세워 새로운 문화를 수용하는 인재를 양성하기 시작했다.

　서울에서 시작한 이 구국계몽운동을 지방으로 확산하는 데에는 서울에서 활약하던 인물들의 움직임이 결정적으로 작용했다. 당시 서울에서 활약하던 경상도 사람들도 고향의 문화적 개혁과 혁신을 이끌어 내고자 조직을 만들었다. 이것이 바로 교남교육회였다. 교남은 영남이다. 대구에 신식학교를 만들어 낸 조직도 바로 교남교육회였다.

　부포마을 사람들이 펼친 항일투쟁사에서 본격적인 첫발은 이동하李東廈(1875~1959)로부터 시작되었다. 그는 교남교육회에 참가하면서 구국계몽운동을 벌이기 시작했는데, 그것이 바로 부포마을 사람들이 벌인 항일투쟁의 신호탄이라 평가할 만하다. 그의 호는 백농伯農(白儂), 다른 이름으로 이원식李元植·이동후李東厚·이철李轍 등이 쓰였다. 그는 호동파虎洞派 종손이자 선릉참봉이던 아버지 이규락을 따라 서울로 가서 1904년 보광사범학교에 들어가 1907년에 졸업하였다. 서울 계산학교桂山學校에서 근무하다가, 1908년 3월 15일 교남교육회가 조직되자, 그는 대구 협성학교協成學校 교감을 맡았다. 그러다가 고향으로 돌아와 진성이씨 문중에서 마련한 보문의숙寶文義塾에 참가하였다. 그러나 문중학교에 참가한 사실보다도 1909년 대동청년단大東靑年團에 들어가 활동한 사실에서 그의 기여도를 짐작할 수 있다. 교남교육회에 들어가 활동한 부포 사람으로는 이규락의 맏아들이자 이동하의 형인 이동걸李東杰(이동식)을 비롯하여, 이중항李中沆·이중한李中翰도 있었다.

　1910년 8월 나라가 무너지자, 독립운동가들은 또다시 새로운 길을 선택하고 나섰다. 하나는 일제의 침략과 통치를 받아들이지 않겠다는 결연한 뜻으로 목숨을 끊어 일제에 저항한 것이고, 다른 하나는 독립군을 길러 독립전쟁을 펼치겠다고 만주로 망명한 것이다. 부포마을에서 가까운 곳인 청구에서 이만도가 단식에 들어간 지 24일 만에 순국하고, 또 하계마을에서 이중언이 바로 이어서 단식하여 27일 만에 순국하였다. 이때 부포마을에서도 자정순국의 뜻을 세운 사람이 있지만, 부모가 살아계신 터라 뒷날을 기약한 인물이 있었으니, 이명우가 그 사람이다.

만주지역 독립운동사에서 안동 사람들이 가지는 역사적 위상은 절대적이다. 특히 서간도의 독립운동사에서 안동 사람을 제외하면 글을 쓸 수가 없을 정도다. 김대락과 김동삼 등 임하 내앞마을의 의성김씨, 이상룡을 비롯한 법흥과 도곡의 고성이씨, 이원일 일가를 비롯한 예안의 진성이씨, 류인식을 비롯한 삼산의 전주류씨, 예안의 홍해배씨 등 많은 문중이 앞서거니 뒤서거니 하면서 만주로 갔고, 서간도지역 한인 독립운동의 주축이 되었다. 여기에 부포마을 사람도 참가하였는데, 이동하가 여기에 속한다.

이동하는 신식교육을 보급하여 새로운 시대에 맞는 인재를 양성하다가, 만주 망명길에 올랐다. 남만주의 독립운동은 크게 두 가지 방향으로 나아갔다. 독립군을 기르자면 한국인들이 와야 하고, 그러자면 먹고살 만하다는 소문이 나야 했다. 그러므로 동포사회를 만들고 안정시키는 것이 가장 기본이었다. 다음으로 독립군을 양성할 학교를 세운 뒤, 여기에서 배출된 인원으로 독립군을 조직하고 독립전쟁을 펼치는 것이다. 이동하가 펼친 사업은 바로 인재를 길러내는 것이다. 1911년 만주로 간 그가 압록강 바로 너머인 환인현桓仁縣에서 동창학교東昌學校의 교장을 맡은 것이나, 신빈현新賓縣(興京縣)으로 자리를 옮겨 흥경학교興京學校를 세워 민족교육에 앞장선 것도 그런 차원에서 나온 결실이다.

또 만주에서는 한국인들을 하나로 묶어 줄 이념이 필요했다. 만주에서 터를 잡고 한인사회를 만들자면 무엇보다 먼저 만주족의 질시와 업신여김을 이겨 내야 했다. 그들의 제도와 풍습에 맞추는 것도 필요하지만, 민족의 자긍심을 유지해 나갈 수 있도록 정신적인 틀이 마련되어야 했다. 독립운동가들이 만주에서 우리 민족의 역사를 서술하여 만주가 우리 영토라거나, 옛 영토에서 조국을 되찾을 힘을 기르자고 가르친 이유도 거기에 있었다. 여기에 또 하나의 중요한 활동이 바로 민족 신앙을 내세워 동포들을 묶어세우는 것이었다. 그것이 바로 대종교 활동이다. 신채호와 박은식, 이상룡 등 유림 출신 독립운동가들이 하나같이 대종교를 택하고 그 연결망으로 독립운동 조직을 유지해 나간 것도 이 때문이다. 이동하는 윤세복과 더불어 대종교를 확산시키고, 이를 중심으로 독립운동 세력을 연계하였다. 그가 운영한 동창학교가 대종교 조직에서 운영한 것으로 알려지는 이유도 여기에 있다. 따라서 1910년대 만주지역의 독립운동을 연결하던 가장 중요한 조직망이 바로 대종교 조직이었고, 조선총독부가 '단군 죽이기'를 목표로 삼고 미신타파운동을 벌인 이유도 대종교 조직을 중심축으로 삼은 독립운동 조직을 부수기 위한 계략에서 나온 것이다. 광복 후에 그가 대종교 원로 지도자로 활동한 역사도 이러한 바탕 위에 이루어진 것이다.

　잠시 심양에 갔다가 일제에 붙잡혔던 이동하는 풀려난 뒤 다시 간도로 갔다. 그런데 이번에는 회령독판부會寧督辦府 활동으로 일제에 붙들렸다. 대한민국 임시정부가 국내 행정을 직접 손아귀에 틀어쥐기 위해 비밀 행정조직을 만들었는데, 이것이 연통제聯通制였다. 회령독판부도 거기에 속했고, 이동하가 연통제에 참가했다는 것은 곧 대한민국 임시정부가 펼치는 행정

▲ 예안면사무소

장악 시도에 최전선에서 움직였다는 것을 말해 준다. 그러다가 그는 일본 경찰에 붙잡혀, 청진지방법원에서 실형을 언도받고 옥고를 치렀다.

2) 보수와 혁신이 손잡은 예안장터 독립만세시위

3·1독립선언은 전 세계에 한국의 독립을 선언한 것이다. 1914년에 시작하여 1918년 11월에 끝난 제1차 세계대전을 마무리 짓는 회의가 1919년에 프랑스 파리에서 열리게 되자, 여기에 한국 문제를 상정하여 독립을 달성하자는 목적으로 일어난 것이 바로 독립선언과 만세시위였다. 일본 도쿄에 유학하고 있던 한국 학생들이 2월 8일에 들고 나온 독립선언이 바로 그 출발점이었고, 나라 안팎에서 5월 말까지 진행되었다.

안동에서는 3월 13일에 이상동이 단독으로 펼친 만세시위가 앞을 서고, 3월 17일(음 2.16)에 예안과 18일에 안동의 만세시위로 급격하게 퍼져 갔다. 부포마을 사람들이 참가한 독립만세운동은 주로 예안장터와 안동장터에서

▲ 선성산

터진 만세운동이었다. 예안에서는 3월 17일과 22일, 안동에서는 18일, 23일, 28일에 장날에 맞춰 장터에서 독립만세운동이 터졌다. 그때 장날은 음력으로 열렸다. 예안시위는 예안면장 신상면申相冕과 진성이씨 문중 사람들이 한 몫을 담당했고, 예안선명학교, 예안보통학교 등이 참가했으며, 만촌교회가 여기에 또 한몫을 단단히 맡았다. 이곳 만세운동은 현직 면장이 주도하고 면사무소가 그 준비를 하는 장소로서 사용된 드문 사례를 남겼다.

여기에 참가한 부포마을 사람으로는 봉화금씨 문중의 금용문琴鏞文과 금용운琴鏞運, 진성이씨 문중의 이성호李成鎬와 이회벽李會璧, 횡성조씨橫城趙氏 문중의 조방인趙邦仁·조병건趙炳建·조사명趙思明·조수인趙修仁 등이다. 이들은 대부분 3월 17일에 일어난 예안장터와 예안지서 앞에서 수백 명 군중을 이끌며 만세시위를 벌였고, 거기에서 일경에 붙잡혀 재판을 받고 옥고를 치렀다.

【표 2】 3·17 예안장터 독립만세운동에 참여한 부포 사람

이름	생몰연대	출생/주소	수형	포상
琴鏞文	1882~1961	부포동/귀단동 457	1년	건국훈장 애족장
琴鏞運	1899~?	부포동/귀단동 457	태형 90	
李成鎬	1886~1968	부포동/부포동 137	태형 90	대통령표창
李會璧	1878~1943	부포동		
趙邦仁	1886~1943	부포동/정산동 1153	1년	건국훈장 애족장
趙炳建	1891~1971	부포동	3년	건국훈장 애족장
趙思明	1876~1973	귀단동	1년	건국훈장 애족장
趙修仁	1881~1943	부포동/정산동 1153	5년	건국훈장 애족장

　금용문은 자가 우명禹命, 호는 청원淸園이며, 집은 귀단리歸團里에 있었다. 귀단에 살던 사람들은 부포를 안마을이라 불렀으니, 부포나 귀단을 모두 한 마을로 여겨 왔음을 말해 준다. 그는 바로 3월 17일 예안면에서 터진 1차 시위에 참여하였다가 일경에 붙들렸다. 금용운은 금용문과 주소가 같은데, 당시 나이는 겨우 만 스무 살에 불과하였다. 그는 태형 90대에 처해져 고통을 당했다.

　이성호는 예안 만촌교회(현 예안교회) 교인들과 함께 독립만세시위를 준비하고, 예안장터에서 이를 펼쳐나가다가 일본 경찰에 붙잡혀 1919년 5월 19일 태형 90대를 당했다. 이회벽은 자가 사범士範이며, 예안면 1차 만세시위에 참여하였다고 전해지지만, 아직 확실한 자료가 나타나지 않고 있다. 조방인·조병건·조사명·조수인은 모두 횡성조씨로서, 퇴계 제자로서 도산서원에 함께 배향된 월천月川 조목趙穆이 그 조상이다. 부포마을에서 태어나 이웃 임북면 정산동鼎山洞(현 예안면 정산리)으로 이주하거나 귀단동에 살던 사

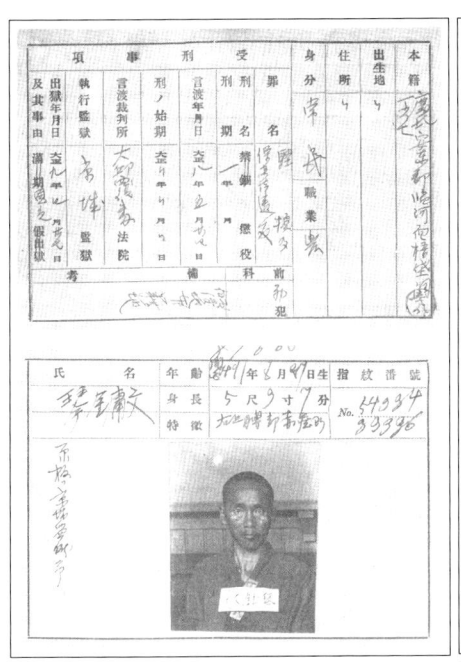
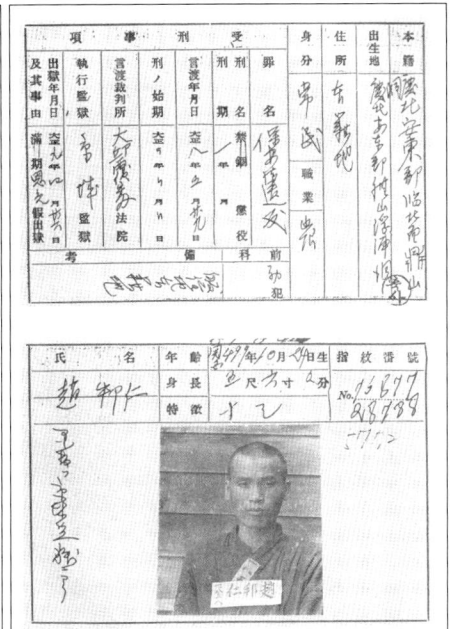
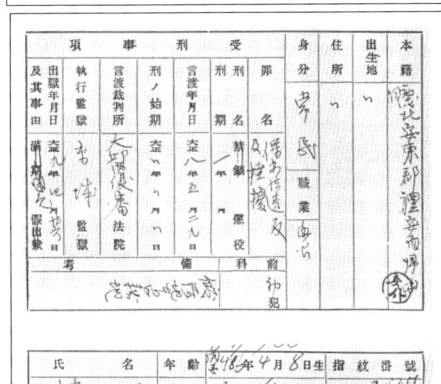
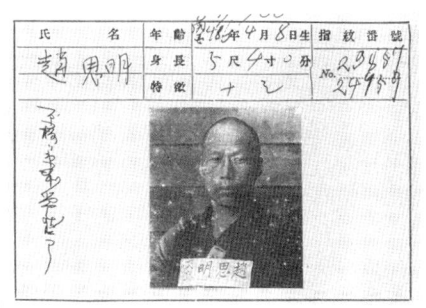
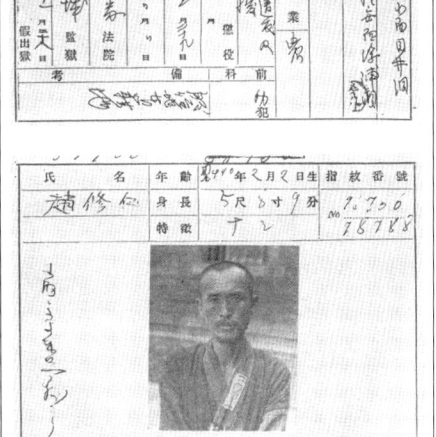

▲ (위 왼쪽부터) 금용문 신원카드, 조방인 신원카드
(아래 왼쪽부터) 조사명 신원카드, 조수인 신원카드

람들이다. 조수인은 1919년 3월 8일 무렵 서울에서 손병희로부터 서신을 받고 고향으로 돌아와 집안사람인 조병건·조사명·조방인과 함께 만세시위를 벌이자고 논의하였고, 다음 예안 장날인 3월 17일에 독립만세운동을 일으키자고 입을 모았다. 약속한 대로 조수인은 앞장서서 시위를 이끌었다. 이 바람에 일본 경찰에 붙잡힌 조수인은 1919년 3월 31일 대구지방법원 안동지청에서 징역 5년형을 언도받고 항소하였지만, 4월 24일 대구복심법원에서 기각되는 바람에 옥고를 치렀다. 예안장터 독립만세운동으로 형을 치른 인물 가운데 가장 오랜 옥고를 치른 것이다. 조병건이 3년형, 조방인과 조사명이 각각 징역 1년형을 언도받고 옥고를 치렀다.

 3·1독립선언이 있은 뒤, 나라 안팎에서 다양한 항일투쟁이 펼쳐졌다. 중국 상해에서 대한민국 임시정부가 수립되자 여기에 직접 참가하거나 지원하는 활동이 나타났다. 또 여기에 자금을 보내기 위한 노력들도 곳곳에서 진행되었다. 널리 말해지는 군자금모집활동이라는 것이 그것인데, 부포마을 사람들도 여기에 참가했으리라 짐작된다. 구체적인 자료는 전해지지 않는데, 이 마을 출신 이동화李東華가 43세이던 1920년에 일본 경찰에 쫓기게 된 일도 이런 이유 때문이 아닌가 짐작된다. 그에 대한 형사기록부 기록은 보안법 위반이라는 이름 아래, '범죄' 내용을 '공갈미수'로 적고, '기소중지' 상태라고 되어 있다. 그렇다면 독립운동에 쓰일 자금을 모으면서 벌어진 일이 아닐까 짐작되고, 일제의 추적을 따돌리고 사라진 것으로 여겨진다. 하지만 다른 자료가 확인되지 않아 딱 부러지게 확신하기는 힘들다.

3) 1920년대 후반의 항일활동

1926년 6·10독립만세운동이 좌우합작으로 펼쳐졌다. 바로 그해 10월 중국 북경에서 안창호가 앞장서서 사회주의 운동가들과 좌우세력이 하나의 정당을 만들어 이것을 중심으로 독립운동을 펼쳐 나가자며 대독립당조직북경촉성회를 결성하고 나섰다. 이것이 1927년에 들어 상해와 남경, 무한과 광주로 널리 확산된 뒤, 다시 만주로 퍼져갔다. 그리고 국내에는 1927년 2월 15일 신간회 창설로 나타났다. 1920년대 전반기에 나라 안에 터를 잡은 사회주의 세력과 민족주의 세력 사이의 결속과 연대가 이루어진 것이다. 서울에서 활동한 인물로 이원혁李源赫의 위상과 활동이 두드러진다.(이원혁에 대해서는 뒷장에서 다룸)

1927년 여름, 새로운 형태의 경제운동이 나타났다. 동경 유학생이던 전진한錢鎭漢이 앞장서서 일으킨 협동조합운동이 그것이다. 그 목적은 일제의 경제 침탈로 우리 농촌이 날로 피폐해지는 것을 막는 데 있었고, 이를 위해 협동조합을 설립하자는 것이었다. 일본 상인들이 부당하게 이윤을 올리고, 고리채가 농촌을 허덕이게 만드는 것을 이겨 내려면 무엇보다 농민이 경제적으로 단결해야 한다는 것이 주장의 핵심이었다. 농촌이 붕괴되어 가고 있으니, 이를 살려 내는 방법으로 협동조합을 만들고, 이를 중심으로 경제공동체를 만들자는 것이다. 일제도 스스로 농촌이 무너지고 있음을 잘 알았다. 농촌이 무너지면 빼먹을 것이 없어진다는 점도 알고 있었다. 1930년을 앞뒤로 일제가 한국 농촌을 살리자고 나선 이유도 거기에 있었다.

그런 조짐이 보이던 1927년에 협동조합운동이 일어났고, 여기에 호응하고 나선 인물 가운데 부포에서는 이중진李中進의 자취가 두드러진다. 일제의

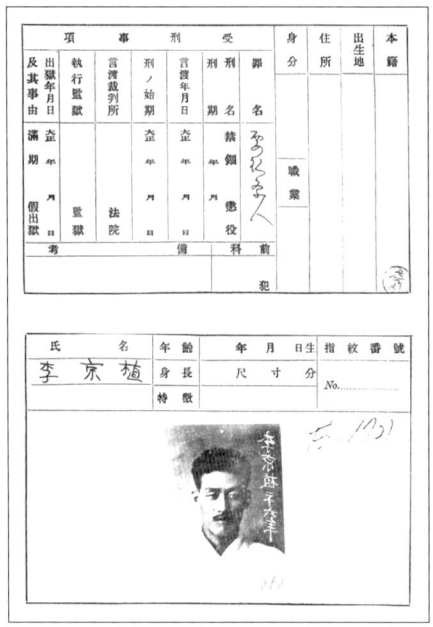

▲ 이경식 신원카드

눈으로 보면, 농촌의 부흥은 필요했다. 그러면서도 이것이 항일투쟁으로 펼쳐질까 의심하는 눈초리는 쉴 틈이 없었다. 이중진이 예안협동조합을 만들던 때가 1927년 8월, 아들 이선호李先鎬가 6·10독립만세운동에 앞장섰다가 잡혀 서대문형무소에서 고생하고 있고, 더구나 만기 출옥을 앞둔 때였다. 그러니 조심스럽게 지낼 형편이지만, 이에 아랑곳하지 않고 사회운동에 나선 것은 대단하다는 느낌을 준다. 아들이 선택한 길과 그로 말미암은 고난에 힘을 실어 준 셈이다. 예안협동조합 결성에는 신간회 활동을 펴고 있던 이준문李準文, 그리고 김연식金衍植도 동참했다.

신간회가 만들어지던 1927년 10월, 대구를 뜨겁게 달군 거사가 일어났다. 1927년 10월 18일 장진홍張鎭弘이 펼친 조선은행 대구지점 폭탄반입거사가 그것이다. 장진홍은 폭탄을 심부름꾼을 시켜 배달시켰다. 그 현장은 지금 대구시 한복판 중앙로역 근처인 하나은행 자리다. 오전 11시 50분 무렵 폭탄이 터져 은행원과 경비원 등이 부상을 입고 유리창이 쏟아져 내렸다. 대구 중심지가 아수라장이 된 것이다. 일본 경찰은 경북지역의 청년들을

6백 명 가까이 마구잡이로 붙잡아 넣었다. 그러다가 주역 장진홍이 일본 오사카에서 붙잡혀 귀국한 때는 1929년 봄이었다. 그동안 이육사 형제를 비롯하여 부포마을 출신 이경식 등이 옥고를 치렀다. 실제로 이들은 혐의만 쓴 채 증거도 없이 붙잡혀 지낸 것이다. 일본 경찰은 이경식이 장진홍 의거에 참가한 것으로 판단하였지만, 사실 어디까지가 진실인지는 속 시원하게 밝혀지지 않았다.

4. 혁신을 넘어 혁명으로 민족문제를 해결하자

1) 6·10독립만세운동의 선두에 선 이선호

1919년 3·1독립선언은 우리나라 독립운동사에서 앞뒤로 시기를 구분하는 선이다. 그 앞은 전통 유림들이 펼친 의병과 개혁을 추구하는 계몽운동가와 혁신 유림들이 펼친 구국계몽운동이 주류를 이루었다. 그런데 3·1독립선언 이후에는 사회주의가 들어오면서 독립운동계는 자유주의와 사회주의라는 두 개의 노선이 형성되었다. 나라의 독립을 추구하면서도 두 노선은 거리를 두었고, 더러는 경쟁을 넘어 갈등까지 겪게 되었다. 그것이 광복 이후 남북 분단에다가 6·25전쟁까지 이어지는 바람에, 사회주의자들이 펼친 독립운동은 눈 밖으로 나고 말았다. 심하게는 그들이 좌우합작으로 펼친 독립운동마저도 좌파가 주도했다는 이유만으로 낮게 평가하고 외면하였다. 가장 대표적인 것이 제2의 3·1운동이라는 6·10독립만세운동이다.

6·10독립만세운동은 좌우합작품이다. 조선공산당 2차당이 주역이고, 천

도쿄 구파와 조선학생과학연구회가 동참한 항일투쟁이다. 그래서 과거에 3·1독립선언은 그렇게들 기념한다고 목소리를 높이면서도, 같은 항일투쟁인 6·10독립만세운동은 대충 넘어갔다. 이제는 인터넷으로 그때 신문을 찾아보면, 그 진실을 쉽게 알 수 있다. 최고 지도자가 권오설이고, 나라 밖으로 망명하여 이를 지원한 김단야(김태연)도 조선공산당 소속임을 알 수 있다. 게다가 권오설이 국민들에게 선언한 '격고문'에는 민족의 독립을 목적으로 투쟁한다는 내용이 담겨 있다. 일제 판결문에 그러한 사실이 고스란히 들어 있다. 그 무렵 사회주의자들이 오로지 계급투쟁에만 몰입한 것이 아니라, 민족의 독립을 향해 몸을 던진 사실을 알 수 있다는 말이다. 그런데도 너무나 오랫동안 6·10독립만세운동은 그저 대충 언급하고 지나는 대상이었다. 남북분단과 6·25전쟁이 이를 더 심하게 만들었다.

　1926년 4월 조선공산당 2차당은 5월 1일의 메이데이 투쟁을 준비했다. 그런데 24일 융희황제 순종이 세상을 떴다는 소식을 듣자마자 이들은 투쟁의 방향을 바꾸었다. 바로 광무황제 고종의 장례에 맞춰 3·1독립선언이 나온 것처럼, 온 국민이 참가하는 민족독립운동을 펼치자는 것이다. 그래서 잡은 날짜가 장례일인 6월 10일이다. 그런데 이미 3·1독립만세운동를 겪었던 일제는 모든 경우를 생각하고, 철저하게 수색하여 빈틈을 보이지 않았다. 장례 행렬은 여덟 시에 창덕궁 돈화문을 나서서 종로3가를 곧바로 지나 을지로에서 동쪽으로 방향을 꺾어 훈련원이 있던 동대문운동장을 향해 나아갔다. 종로3가 네거리에는 발 디딜 틈도 없었다. 모여든 사람들의 눈빛에는 마지막 황제를 보내는 나라 잃은 설움과 원한이 가득 서렸고, 일제 군경은 언제 어디서 터질지 알 수 없는 사태를 막으려고 군중과 뒤섞여 있었다.

▶ 「동아일보」
1926년 6월 11일자에 실린
6·10만세운동

 한순간 팽팽하게 숨 막히는 분위기가 깨졌다. 오전 8시 40분, 한 학생이 종로3가 네거리 복판으로 내달으며 갑자기 '대한독립만세'를 부르고 나선 것이다. 그 짧은 순간 모든 것이 엉켰다. 이를 덮치는 일본 경찰, 네거리 곳곳에서 터져 나오는 만세 소리와 함께 격문이 뿌려졌다. 격문은 "2천 만 동포여, 원수를 구축하라. 피의 값은 자유이다"라는 구호가 적혀 있었다. 이를 막고 붙잡으려는 일본 경찰, 이를 뿌리치며 만세를 부르는 학생들, 혹시나 하며 기다리다가 함께 움직이기 시작하는 군중…… 이 모든 것이 짧은 순간에 시작된 폭풍 같은 일이었다. 그 맨 앞에 독립만세를 부르고 뛰어든 학생이 바로 부포마을 출신 이선호였다.
 6·10독립만세운동의 선두에 안동 사람들이 포진하였다. 전체를 이끈 최

7장 부포마을 사람들이 펼친 항일투쟁__ 217

고 지도자는 가일마을 출신 권오설이고, 학생 조직을 이끈 인물로는 부포리 176번지 출신 이선호, 삼산마을 출신 류면희, 가일마을의 권오상·권오운 등이 있었다. 이선호는 중앙고등보통학교에 입학하고, 1925년 9월 27일 학생 항일 단체인 조선학생과학연구회를 창립하는 데 앞장서면서 집행위원으로 활약했다. 이 모임의 구성원은 전문학교와 고등보통학교 학생이고, 그의 나이도 이미 22살이었다. 요즘으로 보면 대학생 나이였다. 일본 경찰은 이 단체가 위험하다고 판단하여 해산하라 명했다. 그러자 이선호는 이천진과 함께 경기도 경찰국 고등과장을 찾아가 단체 이름만 바꾸면 다시 허가하겠다는 답변을 받아냈다. '사회'라는 말을 빼고 조선학생과학연구회로 조직을 꾸린 이유가 거기에 있다. 그렇다고 이들의 목표가 바뀌지는 않았을 것이다. 사업부를 맡은 그는 학생 도서관과 과학 강좌 개설에 앞장서면서 학술강연회를 밀고 나갔다. 1926년 4월 정기총회에서 그는 이병립·조두원·박하균과 함께 임시집행부로 뽑혔다. 이 조직이 바로 6·10독립만세운동의 주축이 되었다.

　권오설의 지도를 받은 그는 국장 행렬이 지나는 길가에 중등 이상의 학생이 줄 서게 되는 것을 기회로 삼아 선두로 치고 나갈 계획을 세운 것이다. 거사는 계획대로 이루어져, 독립만세운동은 서울을 넘어 지방으로도 퍼져 갔다. 그러나 일제의 철저한 봉쇄로 3·1독립선언만큼 확대되지는 않았다.

　이선호는 종로경찰서에 잡혔다가 서대문형무소로 넘어갔다. 많은 학생이 붙잡혔다가 대표자 11명만 기소되었다. 법정에서의 그의 발언은 온 겨레의 뜻을 가장 잘 드러냈다. 1926년 11월 4일자 「동아일보」 기사는 '자유를 절규하면 자유가 생긴다는 결심으로'라는 표제어 아래, "자유를 부르짖으면

▲ 「동아일보」 1926년 6월 26일자에 실린 이선호
▶ 「동아일보」 1926년 11월 4일자 신문 기사

반드시 자유가 온다는 굳은 신념 아래 자유를 얻기 위하여 한 것이라는 등의 말을 명쾌한 어조로 답변하였다"고 보도하였다. 또 이듬해 3월에 있은 복심법원 공판에서는 "자유의 나라를 동경하고 있었다"는 말과 "신학기를 당하여 공부하고 싶은 생각을 하면 양심에 없는 답변이라도 하고 싶으나, 지금도 역시 마음은 변하지 않았노라"고 밝혔다. 거짓말로라도 마음을 바꾼 듯이 답변하고 싶지만, 자유를 절규하던 그 마음이 조금도 변하지 않았다는 사실을 당당하게 밝힌 것이다. 그는 징역 1년형을 받았으나, 실제로 그가 풀려난 때는 1927년 9월 20일이었으니, 1년 3개월 동안 감옥에서 고생한 것이다.

6·10독립만세운동에 앞장섰다가 1년 넘게 옥고를 치르고 나온 이선호

는 얼마 지나지 않아 일본으로 갔다. 그의 행적은 옥고를 치르고 나온 뒤에도 한 치 꺾임이 없었다. 도쿄에 도착한 뒤 재건고려공산청년회 일본부에 참가한 것이다. 그가 감옥에서 나왔을 때 일본으로 가라며 권한 사람은 다름 아닌 아버지 이중진이었다. 예안협동조합을 만들어 농촌 살리기에 나선 그 아버지가 아들의 등을 떠밀 듯이 일본으로 보낸 것이다. 그가 참가한 재건고려공산청년회라는 것도 사실상 조선공산당 재건 투쟁과 같은 길이다. 조선공산당의 전위조직이 고려공산청년회이기 때문이다. 그는 이 청년회의 동경구역국에 소속된 프랙션(재일본조선노동총동맹·재일본조선청년동맹·근우회 동경지회·동경조선노동조합 부인부)을 '재건고려공산청년회 일본부' 직속으로 개편하고, 관서구역국에서 활약하기도 했다. 그러면서 국내로 이천진을 비롯한 동지들에게 일본의 반체제 발간물을 신문 속에 끼워 몰래 보내다가, 1930년 6월 동경구재판소東京區裁判所 검사국에서 출판법 위반이란 혐의로 벌금 30원이라는 판결을 받았다.

2) 광주학생항일투쟁을 확산시킨 이원혁

1929년 11월 3일에 일어난 광주학생항일투쟁은 어이없는 민족차별에 분개한 학생들의 항거였다. 가해자 일본 학생을 보호하는 반면에 피해자인 한국 학생들을 오히려 탄압하는 전형적인 일제의 만행에 학생들이 분개하여 일어난 거사였다. 이것은 단순하게 학생들의, 더구나 광주지역 학생들의 투쟁에 머물지 않고, 서울과 각 지방으로 널리 퍼져갔다.

부포마을 출신 이원혁李源赫의 활동이 여기에 나타난다. 이백헌으로 알려지기도 했던 그는 이미 1919년에 대한민국 임시정부를 지원하는 군자금

모집활동으로 붙잡혔다가 풀려난 일이 있었다. 1922년 도쿄로 가서 일청영어학교日淸英語學校를 다니다가 그만두고 돌아와 시대일보사를 경영하고, 잡지 「조선지광朝鮮之光」을 펴냈다. 그는 일본에서 발간된 책 가운데 사회문제를 다룬 것을 골라 번역서를 거듭 펴냈다. 대표적인 것이 『신사회의 연애관』·『사회주의의 철학』·『사회주의의 부인관婦人觀』·『유물사관 해설』 등이다. 그러니 압수당하고

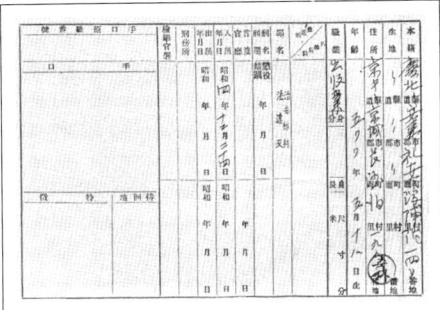

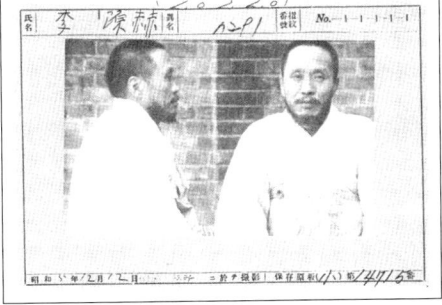

▲ 이원혁 신원카드

삭제당한 것도 당연히 있었다. 1929년에 펴낸 『영미英美의 노동운동』은 허가되지 않고 삭제된 단행본이다. 그는 또 이때 사회사정조사연구사 설치에도 힘을 보탰다. 사회운동을 펼치고 나가려면 기초 조사가 기본인데, 이것을 맡을 조직이 없었기 때문이다. 안동 오천 군자리 출신 김남수金南洙도 여기에 참가하였다.

1927년 6월 10일 신간회 경성지회 설립대회에 참석하여 간사로 선출되고, 같은 해 12월 14일 제1회 간사회에서 선전부 총무간사를 맡았다. 1929년 6월에는 경성지회에서 복대표 후보로, 7월 23일에 열린 제1회 집행위원회에

서는 서기장으로 선출되었고, 이후 줄곧 중앙집행위원으로 활동하였다. 그 해 11월 광주 학생들의 항일투쟁 소식이 들려오자 신간회는 발 빠른 움직임을 보였다. 이원혁은 동지들과 함께 대응책을 마련하였다. 먼저 일본 경찰에게 붙잡힌 학생을 모두 풀어 줄 것과 실제 진상을 제대로 밝힐 것을 요구하는 결의문을 만들어 신간회 중앙 본부와 연합으로 각 언론 신문사에 보낼 것을 결의하였다. 이어서 12월 13일 이원혁은 권동진權東鎭·허헌許憲·홍명희洪命憙 등 10명과 함께 광주 학생들의 항일투쟁에 대한 결의문을 발표하였다. 일제는 '민중대회사건'이라는 이름을 붙여 이원혁을 붙잡아 넣었고, 그는 1년이 넘도록 심문과 재판을 받았다. 「중외일보」는 1930년 1월 8일자로 '영하 17도 혹한과 재감 중요범 소식, 알고 싶은 그들의 소식은'이란 기사를 실어 고통스러운 감방 생활을 전했다. 그런 과정을 거쳐 1931년 4월 24일에 가서야 징역 1년 4월형을 언도받고 옥고를 치렀다. 1932년 1월 22일 그는 허헌·조병옥·홍명희·이관용·김무삼 등과 함께 가출옥하였다.

3) 안동코뮤니스트 그룹에 참가한 부포 청년

1930년대에 들면서 항일투쟁 양상에 새로운 움직임이 나타났다. 좌우로 형성된 독립운동의 노선이 신간회로 합류했다가 다시 나뉜 것이다. 그러면서 1930년 '경북공산당사건'이란 이름으로 일제가 사회주의자를 철저하게 짓밟게 되자, 경북지역 사회운동 세력은 극히 약해졌다. 그렇다고 하여 쥐 죽은 듯 지낸 것은 아니다. 이런 상황을 깨고 나가기 위한 노력이 곳곳에서 나타났다. 당 조직을 다시 세워 계급해방과 함께 민족해방을 추구하자는 노력이 그것이다. 영양·영덕의 Y그룹, 예천의 무명당無名黨, 김천의 K그룹

같은 조직들이 거기에 속한다. 이들 조직 가운데서 부포 사람이 참가한 것은 당연히 안동코뮤니스트 그룹, 줄여서 안동콤그룹이라는 조직이었다.

안동콤그룹은 1931년 3월 20일에 조직되었다. 그 핵심은 와룡 중가구동 출신 안상윤, 율세동의 이필, 법상동의 권중택과 권예윤, 예안 천전동의 이점백, 동부동의 이발호, 임하 천전의 김공망(김상호)과 김후식 등이고, 여기에 영주 평은의 수도리水島里(무섬마을) 출신들도 여럿 있었다. 안동의 6개면에 적색노동조합과 적색농민조합을, 그리고 면에는 면그룹이나 세포조직을 만들었다. 안동읍에 만들어진 적색노동조합을 대표로, 그 아래에 양화직공조합과 인쇄직공조합을 두었다. 또 여성부를 두어 인텔리 여성에게도 사회주의를 퍼트렸다. 지역조직으로는 임하그룹이 대표적인데, 그 아래에 적농부와 반제동맹을 두었다. 예안에는 예안노농행동대라는 조직을 두고, 영주에는 문수면 수도리(무섬마을) 사람들을 중심으로 한 영주적농재건투쟁위원회를 두었으며, 봉화에는 적농재건준비위원회를 두어 활동하였다. 이 조직은 노동자와 농민, 그리고 청년들을 대상으로 대중 강좌와 야학을 열어 민족의식을 심으면서 사회주의를 전파하며 소작료 인하 투쟁을 비롯한 민중의 생존권을 지켜나가는 활동을 펼쳤다. 하지만 1933년 3월 안동·영주·봉화 3개 군에서 합동으로 메이데이 기념투쟁을 준비하다가, 일본 경찰의 철저한 탄압에 부딪치게 되었다. 이로 말미암아 검속되어 형사사건부에 기록된 청년이 무려 143명이나 된다. 물론 형사사건부에 기록되지 않고 고문만 당하다가 풀려난 인물도 있었을 것이나, 그 수가 얼마나 될지는 알 수 없다. 143명을 출신 지역으로 보면 안동이 78명, 봉화가 38명, 영주가 16명, 기타 11명이다. 이 가운데 안상윤·이필·권중택 등 18명이 3년형에서 1년형 사이의 실형을 선고받고 옥고를 치렀다. 기소유예로 풀려나는 사람은 조사 과정에서 처절하게 고문을 당한 것은 말하지 않아도 알 만하다.

부포마을 청년들도 다섯 사람이나 엮여 들어갔다. 모두 실형을 선고받지는 않고, 4명은 기소유예로 풀려나고, 한 명은 기소중지가 되었다. 기소유예라 하더라도 풀려날 때까지 그들이 겪은 고생이야 어찌 말로 표현할 수 있을까. 이동신李東烒이 기소중지된 이유는 붙잡히지 않았기 때문일 것이다. 이들을 기록에 나온 순서대로 적어 보면 다음 표와 같다.

【표 3】 1933년 메이데이 기념투쟁에 참가한 부포 사람

이름(이명)	주소	나이(1933)	직업	결정	비고
李勉鎬(特岩)	부포동 176	21	농업	기소유예	이선호 동생
李玄鎬(源鎬)	부포동 562	24	농업	기소유예	이선호 4촌 동생
李中求(中㥠)	부포동 377	23	농업	기소유예	
李哲鎬(仁鎬)	부포동 422	22	농업	기소유예	이선호 8촌 동생
李東烒	부포동 불명	26		기소중지	

이면호는 6·10독립선언의 주역 가운데 한 사람인 이선호의 동생이다. 그는 형을 따라 일본에 다녀온 뒤, 사회운동에 뛰어 들었다. 이철호는 이선호의 삼종제, 8촌 동생이다. 이현호도 이선호의 4촌 동생이고, 이중구나 이동신은 그의 친족이다. 이들은 이선호보다 열다섯 살 정도 적은 나이들이니, 이선호의 영향을 받은 청년으로 보는 것이 큰 무리가 없을 것이다.

4) 서울에서 노동운동을 열어간 이병기

1930년대 사회운동에 뛰어든 인물에는 이정복李淳福이라는 이름으로도

알려진 이병기李丙驥(1906~1950)
도 빠트릴 수 없다. 그는 이동
하의 아들이며, 뒤에서 보게
될 이병희의 사촌 오빠요, 이
효정의 종숙이다. 일찍이 아버
지 이동하가 구국계몽운동에
이어 만주로 망명하여 활동하
다가 옥고를 치렀으니, 그 영
향 속에 자라난 것은 두말할
나위가 없다. 그는 스물여섯
살이 되던 1932년 2월 '대구공
산주의자협의회사건'이란 것
에 엮여 일본 경찰에 붙잡혔다

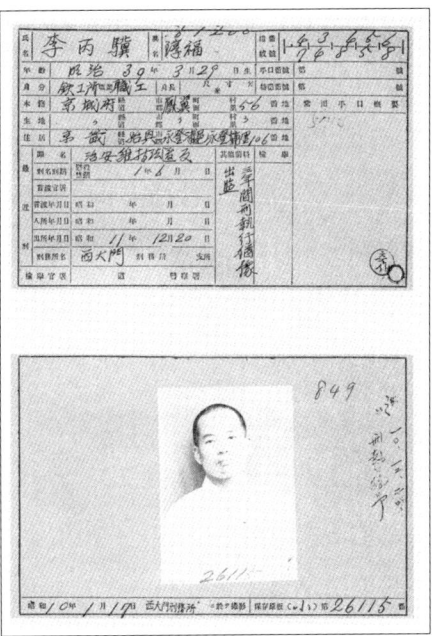

▲ 이병기 신원카드

가 풀려나면서부터 본격적으로 사회운동에 뛰어들었다. 그는 1933년 8월 용산공작주식회사 영등포공장에 노동자로 위장하여 들어갔다. 이는 노동운동을 통해 민족문제를 해결하러 나선 걸음이었다. 이효정·이병희와 마찬가지로 그도 이재유李載裕 그룹에 참여하여 공장 내에 적색노동조합을 조직하기 위해 힘을 쏟았다. 가까운 친척이 한 틀 속에서 활동한 것이다. 이병기는 1934년 2월 일본 경찰에 붙잡혀 고생하다가 징역 1년 6월에, 집행유예 3년형을 선고받았다. 일제에 맞서 힘겨운 싸움을 견뎌낸 그는 1950년 6월, 전쟁이 터지자마자 경산으로 끌려가 집단학살극 속에 희생되었다. 44세의 젊은 나이였다.

5) 서울 노동운동계의 불꽃 같은 두 처녀 이효정·이병희

사회운동에 뛰어든 여성은 당연히 신사회에서 성장한 인물이다. 부포마을과 인연을 가진 사람으로는 이효정李孝貞(1913~2010)과 이병희李丙禧(1918~생존)가 눈길을 끈다. 두 사람 모두 부포마을에서 태어나지는 않았지만, 할아버지와 아버지의 고향이 이곳이니 부포 사람임에 틀림없다.

이효정은 1933년 조직된 '경성 트로이카' 구성원으로 사회운동을 편 여성이다. 1913년 봉화군 춘양면 외갓집에서 태어났다. 증조부 이규락은 호동파 주손으로 충의사에 가담한 인물이다. 조부 이동걸에 이어 부친 이병룡李丙龍은 종가를 잇는 주손이었다. 그러므로 이효정이 태어난 외가를 들먹이기보다는 진성이씨 호동파 종가의 종녀로 태어난 사실을 생각하면 부포 사람이라고 말하는 편이 마땅하다. 독립운동의 길을 치고 나간 이동하는 이효정에게 둘째 할아버지(종조부)가 되고, 바로 앞에서 본 이병기에게 그는 종질녀가 된다. 1929년 11월에 일어난 광주 학생들의 항일투쟁은 동덕여자고등보통학교 2학년이던 이효정으로 하여금 항일투쟁으로 나서는 계기가 되었다. 친구들과 학교에서 만세를 부르다 종로경찰서에 잡혀간 일이 첫걸음이었다. 1930년 11월, 광주학생항일투쟁 1주년을 맞아 다시 투쟁이 시작되자 동덕여자고등보통학교에서 백지동맹 투쟁이 벌어졌다. 이효정은 주역 가운데 한 사람으로 활동하다가 무기정학을 당했다. 이제 항일투쟁의 본격적인 발걸음이 시작되었다.

울산에서 잠시 교사가 되었다가 다시 서울로 간 이효정은 이재유가 주도하던 사회주의 단체 '경성 트로이카'에 가입하고, 노동운동을 시작하였다. 1933년 9월 종연방적 경성제사공장 여성직공파업을 이끌어 갔다. 낮은 임금

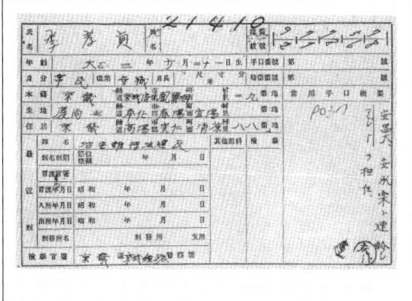
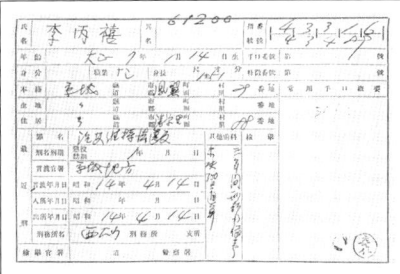
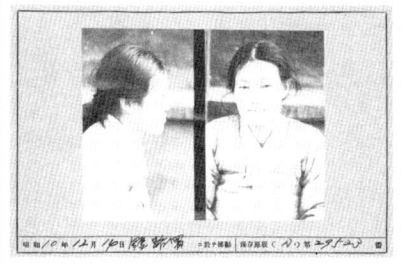
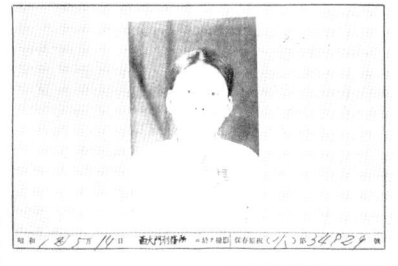

▲ (왼쪽) 이효정 신원카드, (오른쪽) 이병희 신원카드

으로 고생하는 여자 직공을 위해 앞장서서 파업투쟁을 벌였다. 일제 자본가에 대항하던 끝에 이효정은 동대문경찰서 형사에게 붙잡혀 모진 고초를 겪었다. 투쟁을 이어 가다가 1935년 11월에 붙잡혀 끔찍하게 물고문을 당하면서 서대문형무소에서 13개월이나 견뎌야 했다. 감옥을 나온 뒤 그는 사회주의 운동가인 박두복과 결혼하였다. 광복을 맞은 뒤 남북 분단은 가족의 이산을 가져왔다. 남편이 월북하는 바람에 늘 감시 속에 살았다. 그래도 2006년에 독립유공자로 포상되어 그의 삶에 대한 평가가 새롭게 바뀌게 되었다.

이병희는 10대 소녀 시절에 사회운동에 뛰어든 인물이다. 1918년 서울에서 태어났지만 조상은 모두 부포리 호소골 출신이다. 둘째 큰아버지(중부) 이동하는 독립운동을 하였고, 부친 이경식李京植도 앞에서 본 것처럼 장진홍 의거에 얽혀 옥고를 치렀다. 이병희는 또 이병기의 사촌 여동생이다. 이병희는 특히 이효정의 영향 속에 사회운동에 뛰어들었다. 이병희가 이효정의 종고모이지만, 이효정이 다섯 살 많다. 그러니 이병희가 이효정의 가르침을 받는 것이 당연했고, 실제로 그의 영향을 철저하게 받았다. 그도 동덕여자고등보통학교를 다니면서 사회주의를 받아들이기 시작하여 항일투쟁의 길목으로 접어들었던 것이다.

1933년 만 15세의 소녀 이병희는 서울 신설동에 있던 종연방적주식회사에 위장취업했다. 그 뒤에 이효정이 있었던 것은 말할 것도 없다. 그는 김희성·박인선 등과 뜻을 모아 500여 명의 여공을 이끌고 파업을 주도하였다. 그러다가 1936년에 붙잡혀 서대문형무소에서 4년 가까이 옥고를 치렀다. 1939년 4월 출옥한 이병희는 1940년 북경으로 망명하였다. 1943년 일가친척인 이육사가 북경으로 다시 망명해 오자, 그와 함께 투쟁 방향을 가늠하다가 그해 가을에 일본 경찰에 붙잡혔다. 북경에는 일본총영사관과 일본헌병대가 같은 곳에 감옥을 두고 있었는데, 그곳에 이육사와 함께 갇혔다가 1944년 1월 초 이병희가 먼저 풀려났다. 결혼 날짜가 다가왔기 때문이다. 그러나 일주일 뒤에 이육사가 숨졌다는 소식을 듣고 유해를 인수하여 화장한 뒤, 유골을 국내에서 온 동생에게 넘기느라 결혼식을 치르지 못했고, 그 때문에 파혼을 겪기도 했다.

5. 전시수탈체제에 맞선 사람들

일본은 1931년 만주를 침공하면서 식민통치도 더욱 강화시켜 나갔다. 그러다가 1937년 7월 중일전쟁을 일으킬 때는 더욱 악랄하게도 전시수탈에 돌입하였다. 전쟁에 필요한 물자를 약탈하는 것은 기본이고, 인력 동원에다가 의식화교육까지 펼쳐 나갔다. 일제는 마침내 인적·물적 자원을 모두 끌어가기 위해 1938년 4월 '국가총동원법'이란 것을 만들어 냈다. 인력 수탈은 말할 것도 없고, 군수물자를 비롯하여 피복·식량·음료·사료 등 전시에 필요한 모든 물자를 앗아 가는 수탈 행위로, 이를 벗어나는 사람에게는 단호하게 '국가총동원법 위반'이라는 혐의를 씌워 탄압하였다. 부포마을 사람들도 그러한 고통에 마주쳤다. 실제로 무엇을 어떻게 하다가 고생하였는지 확인할 수는 없지만, 일단 그 혐의로 붙들려 들어가 고생하고 징역형 혹은 벌금형을 선고 받은 사람이 몇몇 확인된다.

【표 4】 1940년대 국가총동원법 위반 혐의로 기소된 사람

이름	생년	본적·출생 주소	시기	형량	비고
李源本		부포동 382	1940.3	벌금 20원	용산경찰서
李遇然	1899	부포동 의성 단촌면 하화	1943	벌금 40원	안동지청 검사분국
李致得	1911	부포동 377 율세정 478	1943.12	벌금 200원	
成再根 (正男)	1922	부포동 227	1944.9	징역 2년	안동지청 成田再根
金太岩	1903	부포동 859 예안면 천전동 425	1944.12	벌금 20원	안동지청 金山太岩

6. 부포마을 항일투쟁의 두 그룹

부포마을 사람들이 펼친 독립운동을 말하면 두 개의 틀이 두드러진다. 이동하와 이선호를 중심으로 형성된 틀이다. 물론 3·1독립만세운동에 참가한 횡성조씨와 봉화금씨 문중의 인물들이 있지만, 여기에서 말하는 것은 한 순간이 아니라 앞뒤로 시간을 두고 길게 이어 간 투쟁 그룹을 말한다.

먼저 이규락을 이어 이동하를 정점으로 삼는 그룹을 보자. 호동파 주손인 이규락은 의병에서 계몽운동으로 전환하는 과도기적인 조직인 충의사에 가담했다. 그의 아들 이동하는 구국계몽운동에 뛰어들어 부포 사람으로는 처음 본격적으로 독립운동을 시작하고, 만주로 망명하여 대종교를 중심 이념으로 삼고, 이와 연계된 학교를 세워 구국교육운동을 이어 간 인물이다. 그의 형 이동걸(이동식)은 교남교육회 활동에서 이름을 드러냈고, 동생 이경식은 1927년 장진홍 의거에 얽혀 옥고를 치렀다. 이동하의 형제(이동걸·이경식), 아들(이병기)과 질녀(이병희), 그리고 종손녀(이효정)가 1930년대 사회운동에 뚜렷한 발자취를 남겼다. 3대에 걸친 항일투쟁은 혁신에서 혁명으로 이어 간 줄기를 보여 준다.

그 줄기는 광복 이후에도 이어져 갔다. 특히 이동하가 이승만에게 대통령에서 물러나라고 요구한 일은 그 정신을 고스란히 보여 준다. 6·25전쟁으로 대한민국정부가 부산으로 피난해 있던 시절인 1951년, 이승만이 나라를 지켜내는 일보다 권력을 연장시키는 데 온 힘을 쏟아 붓는 짓을 그는 참을 수가 없었다. 이동하 그룹의 독립운동은 구국계몽운동과 사회운동을 거치면서 40년 세월을 채우고, 끝내 이승만의 독재를 끝장내려는 반독재 투쟁, 곧 민주화운동으로 이어졌던 것이다.

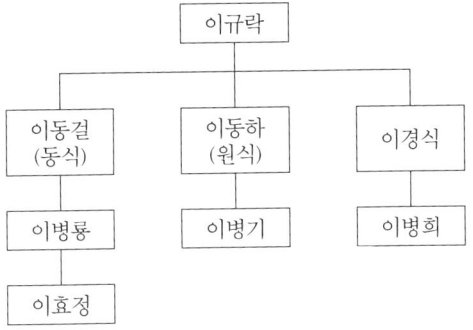

▲ 이동하―이명우―이선호의 집

1935년 2월 이선호의 아버지 이중진의 회갑일 사진인데, 집안 가득 하객들이 모여 있고, 길 앞에는 일본식 가마가 서 있다. 이 집은 본래 호동파 종가로 이동하의 생가인데 1895년에 서울로 이사 간 뒤, 순국지사 이명우가 이어 살다가 1912년에 충청도로 옮겨갔고, 그 뒤를 이어 이선호의 부친 이중진이 살았다. 집터가 그랬을까, 이 집 자체가 독립운동의 역사다.

다음은 이선호를 핵으로 보는 틀이다. 물론 그의 아버지 이중진을 중심으로 삼을 수도 있지만, 활동이 펼쳐진 양상을 보면 이선호가 선택한 길과 투쟁력이 전체에 가장 큰 영향을 주었기 때문에 그렇게 보는 것이다. 학생과학연구회에서 출발하여 6·10독립만세운동으로 이어진 그의 길은 사회주의를 수용하여 민족문제를 해결하려 했던 선구자적인 대열에 합류했음을 말해 준다. 그리고 1930년대에 들어 친동생 이면호를 비롯하여 부포마을 출신 집안 형제들이 사회운동에 뛰어든 출발점은 역시 이선호의 선택과 투쟁에서 비롯된 것으로 보는 것이 좋겠다.

한 사람의 선택이 얼마나 큰 영향을 주었던가. 그 선택으로 말미암아 한 마을이나 한 집안이 무너지는 일도 있지만, 그들의 선택과 피땀으로 역사의 정도는 지켜지는 것이 아닌가. 자유를 부르짖으면 자유를 찾을 수 있다는 그 외침은 그때나 지금이나 변하지 않는 진리다. 그래서 진리는 짧은 시간 동안 존재하는 것이 아니라 영속성을 지닌다. 이선호 그룹의 선택과 외침이 그래서 역사적 가치를 가지는 것이다.

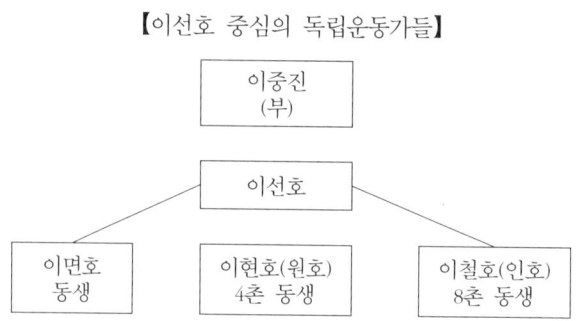

【이선호 중심의 독립운동가들】

7. 마을은 없어져도, 자랑스러운 그 정신은 이어지길

항일투쟁을 펼쳐 독립유공자로 포상된 이 마을 사람들은 모두 14명이다. 이들 가운데 부포마을에서만 줄곧 살지 않은 사람도 포함되어 있다. 외가에서 태어나거나 서울로 옮겨 가 살았던 사람, 계룡산 자락으로 은거한 인물도 있다. 부포마을의 영역에서 태어나거나 선대로부터 오래오래 대를 이어 이 마을에 살았던 문중의 사람을 여기에 포함시킨 것이다. 결코 적지 않은 수치다. 작은 마을에서 이만큼 독립유공자가 쏟아져 나온 것은 바로 이 마을 사람들의 정신을 말해 준다.

【표 5】독립유공자로 포상된 부포마을 사람

이름	생몰연대	활동분야	포상
금용문	1882~1961	3·1독립만세	건국훈장 애족장
이경식	1895~1945	장진홍 의거	건국훈장 애족장
이동하	1875~1959	구국계몽운동	건국훈장 애족장
이명우	1872~1920	자정순국	건국훈장 애족장
이병희	1918~생존	사회운동	건국훈장 애족장
이선호	1903~?	6·10독립만세, 사회운동	건국훈장 애국장
이성호	1886~1968	3·1독립만세	대통령표창
이원태	1885~1936	제2차 유림단 의거	건국포장
이원혁	1890~1968	신간회, 광주학생항일투쟁	건국훈장 애족장
이효정	1913~2010	사회운동	건국포장
조방인	1886~1943	3·1독립만세	건국훈장 애족장
조병건	1891~1971	3·1독립만세	건국훈장 애족장
조사명	1876~1973	3·1독립만세	건국훈장 애족장
조수인	1881~1943	3·1독립만세	건국훈장 애족장

낙동강 상류, 지금은 물속에 잠긴 그곳에 이러한 이야기들이 가라앉아 있다. 강렬했던 항일투쟁의 절규가 터져 나올 것도 같은데, 그저 수면을 스치는 바람 소리뿐이다. 나라를 위해 살다 간 인물들의 업적을 찾기란 너무나 힘들고, 겨우 조각조각 엮어 보아도 마치 빛바랜 사진을 들여다보는 것 같아 안타깝다. 그러는 사이에 옛날을 되뇌는, 떠난 사람들의 아픈 마음이 전율로 전해져 온다.

  마을이 대부분 물속에 잠긴 현실이지만, 그렇다고 그것만이 아쉽고 한스럽지는 않다. 나라와 겨레를 위해 삶을 바친 그들의 진한 이야기와, 그들을 지켜 내고 떠나보내면서 처절한 삶을 겪어야만 했던 가족과 후손들의 흐느낌과 통곡마저 깊게 묻혀 버렸기 때문이다. 물속에 잠겼다고 해서, 후손의 가슴에 맺힌 역사마저 사라지는 것은 아니리라.

  지금은 겨우 얼마만큼만 남아 옛 모습을 고스란히 볼 수는 없지만, 부포 사람들의 역사적 업적과 후손들의 긍지가 뒷날까지 고스란히 전해지면 얼마나 좋을까. (김희곤)

8장

부포마을 사람들이 열어 간
근현대 100년

1. 들어가는 말

'부포마을 근현대 100년'을 더듬기 위해 마을 사람들의 기억을 들추어 본다. 부포에 살았던 사람들의 기억 속에 자리한 마을은 어떤 모습이었을 까? 물속에 잠겨 버린 부포의 옛 모습을 도저히 알 수 없는 필자에겐 그 기억들이 부포로 가는 유일한 창窓이다.

옛날 같았으면 예안장터에서 강변로를 따라 낙동강 상류로 약 10리쯤 거슬러 올라가다 보면 앞이 탁 트이는 넓은 들판이 나타난다. 이 마을이 바로 부포라는 동네다. 마을 가운데로 낙동강이 유유히 흐르는데 예안에서 가다가 다래서 강 건너를 바라보면 올막졸막한 촌락이 있다. 역동·가름·중마을·호소골·월촌·신촌·원거리·햇골 등이다. 역동에서 햇골까지 직선으로 십리가 좋은데 그 사이는 낙동강의 물길이 바뀌면서 생긴 기름진 논·밭이 천여 두락이나 된다. 강 저쪽은 월천 조목의 자손 횡성조씨들이 사는 다래라는 마을이 있고, 또 청고개가 있다. 마을을 둘러싼 산세가 곱고, 들이 기름져서 생활이 상대적으로 좋았던 탓인지 부포에는 예로부터 수를 누리는 사람이 많아 수향壽鄕이라고 하였다. 평균 수명이 짧았던 옛날에도 오랜 수를 누렸던 인물이 많았다.(이원정의 글)

이 글을 통해 다가선 부포는 풍요로움과 넉넉함, 고즈넉한 풍광이 서린 곳이다. 그러나 지금의 부포에서는 그런 모습을 찾기 어렵다. 여느 조그마

▼ 수몰 전 중마을 뒷산에서 본 부포마을 전경

한 시골의 마을과 다를 바 없다. 마을 입구에 자리한 봉화금씨 성성재 금난수(1530~1604) 종가를 제외하면 안동의 동성同姓마을에서 흔히 볼 수 있는 고와古瓦조차 찾기 어렵다. 현장이 주는 역동성과 역사성은 모두 물속에 파묻혀 버렸다. 결국 부포마을의 근현대사를 더듬는 작업은 단편적인 자료와 증언에 기댈 수밖에 없는 한계를 가지고 시작한다.

2. 근현대 행정공간과 부포 사람들

근대 공간에서 '부포 사람'을 규정하는 행정적 공간은 조선시대보다 강한 규제력을 갖는다. 특히 일제강점과 더불어 행정공간은 더욱 중요해졌다. 1912년 조선총독부가 펴낸 자료에 의하면 부포동은 예안군 동하면東下面에 속하였다. 그 뒤 1914년 일제에 의해 행정구역이 통폐합되면서 예안군은 예안면이 되었고, 부포동은 예안면에 속하게 되었다. 이때 원래의 부포동과 동하면 청천동靑川洞, 그리고 의동면宜東面 분천동汾川洞 일부가 통합되어 부포동이 되었다. 이는 전통적인 '부포 사람' 속에 이질적인 요소가 섞이는 때이다.

이 무렵 부포동에 살았던 사람들이 얼마나 되는지를 정확하게 알려 주는 자료는 없다. 다만 1910년 초에 작성된 「부포동토지조사부」에 기재된 토지 소유자를 살펴보면 120인이다. 여기에다 토지를 소유하지 못한 사람을 감안한다면 최소 120호는 되었을 것이다. 그 뒤 1935년 조선총독부가 간행한 『조선의 취락』(朝鮮の聚落)에 따르면 1930년 부포마을의 총 호수는 99호이다. 그 가운데 동성인 진성이씨가 50호를 차지하였다. 이는 전체 호수의 약 50%

▲ 샘끝에서 바라본 부포마을 전경

이다.

1961년 자료인 『안동대관安東大觀』에 따르면 부포동은 부포1동과 부포2동으로 나뉜다. 부포1동은 호소골·월촌·중마을·샘끝, 부포2동은 다래·역동·청고개를 포함한다. 부포1동에는 127호, 부포2동에는 84호가 살았다. 인구는 각각 607인과 523인이다. 이 수치는 1970년대까지 거의 그대로 유지되었다. 마을 사람들이 제공한 자료에 따르면 안동댐 조성으로 마을을 떠나기 전까지 부포동의 호수는 221호였다. 1976년 수몰 뒤 부포2동의 역동은 부포리로, 다래와 청고개는 도산면 동부리에 편입되면서 부포리는 또 다른 행정공간이 되었다.

변화하는 행정공간에 비해 자연마을 즉 행정공간 안에 존재하는 작은 마을은 근대에 이르러서도 비교적 변화가 더뎠다. 행정동의 변화에도 불구하고 자연마을은 여전히 그 이름을 간직하고 있어, 마을의 역사를 가늠할 수 있는 중요한 공간이다. 부포에는 중마을·호소골·월촌·가름·역동·신촌·햇골·원거리·다래·청고개라 불리는 작은 마을이 있다.

중마을은 부포리의 중앙에 있는 마을이다. 중앙에 있다 하여 중말·중촌中村이라고 불렀다. 진성이씨와 봉화금씨의 터전이다. 위치는 물론 그 영향력에 있어서도 부포의 중심이다. 호소골은 북동쪽에 위치한 골짜기이다. 이곳 역시 진성이씨들의 세거지이다. 중종 원년에 이거해 온 호동파 파조 이종李樅의 후손들이 주로 살았다. 일제강점기에 항일투쟁을 펼쳤던 백농 이동하李東廈가 바로 이곳 호소골 출신이다. 월촌도 역시 진성이씨들의 공간이다. 가름은 마을의 서쪽으로 중마을과 역동의 중간에 위치한 곳이다. 이씨들이 주로 살았다. 횃골은 낙동강가에 있는 남강들 남쪽의 골짜기이며, 원거리는 원래 부라원루浮羅院樓가 있던 곳이다. 다래 즉 월천月川은 부포나루를 바라보는 나루터이다. 월천 조목의 출생지로 횡성조씨들의 세거지이다. 청고개는 이씨들이 세거하던 곳이다.

　이들 작은 마을에는 1976년 수몰 전까지 중심 성씨인 진성이씨·봉화금씨·횡성조씨를 비롯하여 강姜·고高·권權·남南·마馬·박朴·배裵·성成·신申·신辛·안安·우禹·류柳·윤尹·임林·장張·전全·정鄭·지池·하河·한韓·황씨黃氏 등 220여 호가 살았다. 그러나 안동댐 건설로 중마을과 월촌, 그리고 원거리는 모두 물에 잠기고, 그나마 일부가 남아 있는 가름·역동·호소골·횃골 등에도 30여 호가 남아 있을 뿐이다.

3. 부포마을 사람들의 경제

1) 부포마을의 농경지
근대기에도 부포마을의 살림살이는 여전히 농업에 의존하였다. 이는 안동의 다른 동성마을과 다르지 않다. 부포 사람들의 농경지는 주로 마을 안의 진밭·원거리·사창거리·역동·가름들에 자리하였다. 그리고 일부 상농층은 귀단·태곡을 포함한 이웃 마을을 넘어 영양 일대에도 토지가 있었다고 전한다. 그러나 대부분의 영세농과 소농, 그리고 일부 중농층의 경제 터전은 마을 안에 머문다.

근대기 부포마을의 경제 규모와 그를 둘러싼 사회경제상을 단편적으로 알려 주는 자료는 「부포동토지조사부」(조선총독부 임시토지조사국)이다. 1910년대 부포동에 있는 전체 토지 면적은 945,970평, 농경지 즉 전답은 902,443평이다. 그 가운데 국유지 67,306평과 부포동 소유 864평을 제외한 약 834,273평이 모두 개인소유이다. 부포마을의 농지 규모는 같은 시기 안동의 다른 동성마을에 비해 그 규모가 크다. 안동에서 비교적 넓은 들을 이룬 곳은 풍산들이다. 이 풍산들을 주요 터전으로 삼고 있는 동성마을과 비교해도 부포동의 농지 규모는 상당히 큰 편이다.

풍산들을 중심으로 형성된 동성마을의 경지 규모를 살펴보면 광덕 762,822평, 상리 704,993평, 오미 704,993평, 가곡 670,927평, 하리 635,577평, 소산 586,637평, 하회 573,089평, 구담 396,056평이다. 위 8개 마을과 금계·저전·금소·천전·임하·신석·묵계를 포함한 15개 동성마을의 평균 농지 면적은 약 59만 평이다. 이에 비추어 보면 부포마을은 마을 내 농지 규모가 상당히 많았음을 알 수 있다. 다만 부포의 경우는 밭이 전체 농지에서 79%로 상당히 많다. 필자가 조사한 위 15개 동성마을 평균 밭 면적은 약 57.4%이다. 그러므로 부포는 밭 면적이 전체 농지에서 차지하는 규모가 매우 큰 전작田作 중심이었다.

【표 1】 부포동 토지 현황(1912~1914년 작성)

地目	地積 (단위: 평)	筆數	內譯			
			國有		民有	
			地積	筆數	地積	筆數
田	714,504	720	61,638	8	652,866	712
畓	187,939	320	5,668	6	182,271	314
垈	22,401	106	·	·	22,401	106
池沼	75	1	·	·	75	1
林野	18,857	21	·	·	18,857	21
墳墓地	2,194	4	·	·	2,194	4
總計	945,970	1,172	67,306	14	878,664	1,158

【표 2】「부포동토지조사부」에 등재된 성씨 분포 현황

구분	李	趙	金	琴	權	閔	朴	成	孫	申	安	尹	張	池	陳	千	崔	합계
사람수	63	16	12	7	2	1	2	1	2	2	3	1	1	4	1	1	1	120
비율(%)	52.5	13.3	10.0	5.8	18.3													99.9

조선 중기 이후 형성된 동성마을 내 토지 소유관계는 중요한 사회사를 반영하고 있다. 부포마을 또한 예외는 아닐 것이다. 약 94만 5천 평에 달하는 부포동의 토지를 소유한 사람은 모두 301인이며, 이 가운데 부포인은 120명(39.8%)이다. 이들이 소유한 토지는 415,844평으로 전체 토지의 약 46%를 차지한다. 부포 사람이 소유한 약 41만 5천 평의 농지를 다시 성씨별로 살펴보면 이씨가 63명으로 약 52.5%, 이어 조씨가 16명으로 13.3%, 김씨가 12명으로 10%, 금씨가 7명으로 5.8%, 그 외 성씨가 22명으로 18.3%를 차지한다.

그런데 현재 부포 사람들의 기억 안에는 부포동의 토지는 모두 부포 사람들의 소유이다. 그 기억이 맞을 것이다. 여기에 제시된「부포동토지조사부」는 1912~1914년 사이에 조사된 것으로, 1914년 일제의 행정구역 통폐합에 따른 변경 내용이 반영되지 않았다. 1914년 행정구역 변경 때 동하면의 청천동과 의동면의 분천동이 원래의 부포동에 포함되었다. 「토지조사부」에서 이들은 모두 외지인이다.

【표 3】 부포동 성씨별 토지 소유인원 및 소유면적

구분	계		I (영세농)		II (소농)		III (중농하층)		IV (중농상층)		V (상농층)	
	소유인원	소유면적	소유인원	소유면적	소유인원	소유면적	소유인원	소유면적	소유인원	소유면적	소유인원	소유면적
權	2	11,629					1	4,446	1	7183		
琴	7	35,528			1	2,814	4	18,579	2	14135		
金	12	31,258	5	2884	4	8,467	2	9143			1	10,764
閔	1	5,005					1	5005				
朴	2	1,596	2	1596								
成	1	104	1	104								
孫	2	3,867	1				1	3867				
申	2	3,472	1	815	1	2,657						
安	3	5,099	2	2040			1	3059				
尹	1	1,033	1	1033								
李	63	262,515	23	17515	11	25,770	14	55252	7	51467	8	112,511
張	1	476	1	476								
趙	16	34,515	7	4713	5	9,931	3	12942	1	6929		
池	4	11,358	2	1056			1	3392	1	6910		
陳	1	414	1	414								
千	1	3,125					1	3125				
崔	1	4,850					1	4850				
총계	120	415,844	47	32,646	22	49,639	30	123,660	12	86,624	9	123,275
	100%	100%	39.2	7.9	18.3	11.9	24.6	29.7	10	20.8	7.5	29.6

그리고 이를 다시 성씨별로 분류해 동성 성씨와 그 외 성씨들의 토지 규모를 살펴본 것이 【표 3】이다. 일제강점기 통상 경영 규모를 나눌 때 사

용하는 분류 기준에 따라 5단계로 나누었다. 5단보 미만의 영세농은 Ⅰ그룹, 5단보~1정보 미만의 소농은 Ⅱ그룹, 1정보~2정보 미만의 중농하층은 Ⅲ그룹, 2정보~3정보 미만의 중농상층은 Ⅳ그룹, 3정보 이상의 상농층은 Ⅴ그룹으로 나누었다.

이 표를 통해 알 수 있듯이 5단보 미만의 토지를 가진 영세농은 47명으로 39.2%, 5단보~1정보 미만의 농지를 소유한 소농은 모두 22명으로 18.3%를 차지한다. 이들은 자신의 농지만으로는 생계가 어려운 사람들이다. 그리고 1정보~2정보 미만의 중농하층은 30명으로 24.6%, 2정보~3정보 미만의 중농상층은 12명으로 10%이다. 3정보 이상의 토지를 소유한 상농층은 9명으로 7.5%에 이른다. 그런데 상농층에 해당하는 9명 가운데 김씨 1명을 제외하면 모두 동성인 이씨이다. 이들 상농층에 해당하는 이씨 8명은 부포동 전답의 30%에 이르는 약 11만 평의 토지를 소유하였다.

그런데 부포동의 토지 소유 양상은 같은 시기 안동의 가일마을이나 오미마을, 내앞마을에 비해 중농층이 두텁다는 특징을 보인다. 중농층 42인이 소유한 토지는 약 21만 평으로 전체 농지의 50%에 해당한다. 이는 부포마을의 경영형태가 비교적 안정적이었음을 의미한다. 그러나 부포동이 전작 지대인 것을 감안한다면 47호의 영세농은 임노동이나 소작에 의존하지 않고는 생활이 어려웠음이 쉽게 짐작된다.

부포마을에서 논 면적이 늘어난 것은 1941년 이후로, 부포동에 수리조합이 만들어지고, 저수지가 형성되면서부터이다. 저수지가 만들어진 곳은 호소골이다. 이곳은 원래 금씨들의 농경지가 많아 금씨들의 반대가 심했다고 한다. 그런데 이들을 설득하여 저수지를 만든 사람이 이선호의 아버지 이중

▲ 부포마을 저수지

진추中進이다. 안정적인 농수 공급이 마을에 도움이 될 것이라는 판단에서였다. 저수지로 혜택을 보게 된 진밭은 그 이름에서 알 수 있듯이 물기가 많아 농사에 적절하지 못한 땅이었다. 실질적으로 1959년 안동군의 『군세일람』에 따르면 경지면적 50정町에 1,250석의 증수를 보였다.

해방 뒤에도 이들 영세농과 소농의 살림살이는 나아지지 않았다. 이는 해방 공간에서 좌우대립이 깊어진 하나의 원인으로 작용하였다. 또 마을 사람들의 증언에 따르면, 1950년 5월부터 농지개혁사업이 본격적으로 진행되었지만, 개혁에 의해 실제 농지를 분배받은 소작농은 극소수에 불과했다고 한다.

2) 교류의 장, 예안시장

근대 부포마을 사람들의 생활공간은 자연마을과 행정공간을 뛰어넘는다. 리里 단위의 공간을 벗어나는 대표적인 요소는 경제와 교육활동이다. 경제생활공간은 장시場市 즉 5일장이 그 대표적인 예이다. 허영란의 『일제시기 장시 연구』(2009)에 따르면 5일장의 역사는 수백 년을 거슬러 올라간다. 농촌의 정기시장은 15세기 후반에 처음 출현한 이래 농업생산력과 상품화폐경제의 발달에 따라 전국 각지로 확대되었다. 18세기에 이르러서는 현재와 같은 5일장으로 정착되었으며, 개항기와 일제강점기를 거쳐 현대에 이르기까지 농촌의 주요 교역기구로서 그 역할을 담당해 왔다. 5일장은 농촌 주민들의 경제적 욕구를 해결한다는 1차적인 역할 이외에도 문화적 공간으로서 마을 사람들의 생활과 관련하여 빼놓을 수 없다.

부포마을 사람들이 드나들던 장시는 주로 예안장시였다. 예안장시에 대한 기록은 『선성지宣城誌』에 보인다. 『선성지』에는 읍내장邑內場(2일·7일)과 도동장陶洞場(1일·6일), 그리고 오천장迂川場(3일·9일)이 확인된다. 조선총독부가 펴낸 『조선의 시장경제』(朝鮮の市場經濟, 1929)에 따르면 예안 읍내장은 광무황제 때까지 그대로 2일·7일장이 유지되었다. 그런데 그 뒤 1926년 12월에 조사된 예안 읍내장은 1일과 6일에 열린 것으로 기록되었다. 장이 열린 곳은 서부동西部洞이었다.

이 무렵 예안시장에서 주로 어떤 품목이 거래되었는지에 대한 기록은 없다. 당시 안동 읍내장에서는 벼·현미·보리·밀·쌀보리·대두·소두·조·고치(繭)·마포·목면·석유·식염·목화·성냥이 주로 거래되었다. 풍산장豊山場에서는 곡물·조수·어류·해조海藻·소채·과실·신탄薪炭·직물·사류絲類·염류·유류·금물金物·지류·도기류·주류·연초·기타 잡류가 거래되었다. 예안 읍내장에서도 비슷한 품목들이 거래되었을 것으로 보인다. 1938년 말, 예안장에서 거래된 금액은 389,720원이었다. 당시 거래액이 가장 많았던 곳은 안동 읍내장으로 665,000원에 이른다. 이어 편항장, 풍산장, 예안 읍내장, 옹천장이 그 뒤를 잇는다.

【표 4】 1938년 당시 안동의 장시

시장명	소재지	개시일	연 거래액(圓)
읍내	안동읍 서부동	2·7	665,000
옹천	북후면 옹천동	4·9	306,246
풍산	풍산면 안교동	3·8	438,400
풍천	풍천면 구담동	4·9	58,505
운산	일직면 운산동	1·6	111,600
신덕	임하면 신덕동	1·6	22,020
산하	길안면 천지동	5·10	157,010
임동	임동면 중평리	5·10	598,920
예안	예안면 서부동	1·6	389,720
오천	녹전면 원천동	3·8	5,000

서부동에 자리했던 예안 읍내장은 안동댐이 건설되면서 1976년 물속에 잠겼다. 이태원의 부포마을 수몰일기에 따르면 1976년 8월 14일부터 폭우가 내려 무서운 속도로 물이 불어났고, 15일 부포-예안 간 잠수교가 잠겨 교통도 끊어졌다. 사정이 여기에 이르자 16일 예안장은 수몰 전 장터를 구경하러 나온 사람들로 인산인해를 이루었다고 한다. 오랜 세월 교류의 장으로 기능하며, 예안 사람들의 애환을 담아냈던 예안장은 그렇게 사라졌다. 그 대신 현재의 도산면 서부동 버스정류장 부근에 새로운 장이 마련되었다.

그나마 지금은 교통의 발달로 옛 기능을 거의 상실하였다.

4. 근대교육의 시작과 부포 사람들

전통 초등교육을 주로 담당했던 서당은 근대식 교육기관의 등장과 더불어 그 자리를 넘겨주었다. 부포마을에도 일제강점을 전후하여 신식교육에 대한 관심이 증가하였다. 그 출발이 된 것은 교남교육회嶠南敎育會로 보인다. 교남교육회는 1908년 3월, 서울에 거주하는 영남 출신 인사들이 경상도의 교육진흥을 표방하고 설립한 교육계몽단체였다. 지역학회로는 관동학회와 더불어 가장 늦게 설립되었다. 그 이유는 유학 중심의 보수성 때문이었다. 교남교육회는 서울에 사범학교를 설립하고 교원을 양성하여 교육을 진흥하고자 하였다. 비록 사범학교를 설립하려던 계획은 실현되지 못했으나, 1면1교설립운동은 각 지역의 근대식 교육기관 설립에 영향을 주었다.

교남교육회는 안동군과 거제군 두 곳에 지회를 설치하였다. 안동지회는 1909년 1월(음력)에 만들어졌다. 교남교육회 학회 전체 회원 수는 620여 명으로 파악된다. 교남교육 회보지에 기록된 회원 명부에 따르면 안동인은 53명으로 확인된다. 이들 가운데 이원식李元植과 이중항李中沆 등이 부포 출신으로 알려진다. 교남교육회의 활동은 전통교육에서 근대교육으로의 전환이라는 측면에서 기여한 것이 크다. 도산면 토계리에 설립되었던 보문의숙寶文義塾도 교남교육회의 영향이 컸다. 이후 안동지역 곳곳에서 교육계몽운동이 활발히 전개되었다. 근대교육을 실시하는 학교·의숙義塾·사숙私塾·강습소講習所 등이 잇달아 세워져 50~60여 개의 학교가 개교하였다.

교남교육회의 영향으로 진성이씨 문중이 주도한 보문의숙이 문을 열었다. 「황성신문」에 따르면 보문의숙은 도산서원 소유 전답을 기본 자산으로 하여 1909년에 설립한 문중학교였다. 설립자로는 진성이씨 문중의 이충호李忠鎬와 이중태李中泰, 그리고 이중한李中翰(1872~1939) 등이 확인된다. 그 가운데 이중한은 부포 출신으로 알려진다. 보문의숙에서 수학한 부포 사람들에 대해선 알려진 바가 없다. 다만 보문의숙을 근간으로 설립된 도산공립보통학교에 다닌 몇 명은 확인된다.

보문의숙이 처음 문을 연 곳은 계남溪南이다. 1945년 무렵에 작성된 것으로 보이는 「도산공립국민학교 연혁지」에 따르면 1916년 음력 9월 토계동 88번지로 이건하였다. 지금의 50-13번지 일대이다. 이어 1918년 양력 3월 도산공립보통학교를 설립하였다. 3월 31일 보문의숙의 재원을 바탕으로 공립학교 설립의 인가를 받고, 4월 1일 전 학생을 편입시켰다. 9월 27일 개교식을 거행하였는데 당시 학생 수는 모두 98명으로 남자였다.

이 무렵 보문의숙에 다닌 부포 출신 인물로 이승호李承鎬(1906년생)가 확인된다. 이승호는 안동공립보통학교 제2학년을 수료하고 1917년 보문의숙에 입학하여, 1919년 도산공립보통학교를 졸업하였다.

그 뒤 1925년까지 두 명의 학생이 도산공립보통학교를 졸업하였다. 바로 이중훈李中壎(1904년생)과 이원국李源國(1907년생)이 그들이다. 이중훈(부 李晩注)은 1922년에 졸업하였고, 이원국은 1922년에 입학하여 1925년에 졸업한 것으로 기록되었다. 이원국의 부친은 이성호李成鎬로 예안면에서 일어난 3·1독립만세에 참여했다가 옥고를 치렀다.

도산공립보통학교와 더불어 부포 사람들이 다녔던 또 하나의 학교는 예

▲ 도산공립보통학교 제8회 졸업식(1926년)

안공립보통학교이다. 예안공립보통학교는 이인화가 설립한 선명학교를 바탕으로 1912년에 설립되었다. 1912년 1회~1931년 24회 졸업생 학적부에서 확인되는 부포마을 사람은 5명이다. 조원규趙元圭·이봉휴李奉休·이재연李載淵·이현호李玄鎬·권정운權正運이 바로 그들이다. 이 가운데 조원규·이봉휴·이재연은 1927년 제15회 졸업생이며, 이현호(1910년생)와 권정운(1912년생)은 1928년 제16회 졸업생이다. 이현호는 6·10독립만세를 선창한 이선호의 4촌이다.

1920년대 이후 부포마을에도 전통교육을 대신하여 점차 근대교육이 자리 잡기 시작하였고, 그 시작점은 보문의숙과 선명학교였다. 이들 사립교육기관은 1910년대 들어 점차 공교육기관으로 바뀌었고, 부포마을 사람들의

▲ 수몰 전 부포분교장

근대교육 일부를 담당하였다. 이는 1930년대 들어 더 확대되었을 것으로 보인다. 도산공립보통학교는 1938년 4월 1일 학교명이 도산공립심상학교로 바뀌었다가 1941년 4월 1일 다시 도산공립국민학교로 변경되었다. 1947년에는 온혜학교와 분리되었다. 도산국민학교와 예안국민학교는 1962년 부포분교장이 세워지기 전까지 부포 사람들의 초등교육기관으로 중요한 역할을 하였다. 1962년 설립된 부포분교장은 1976년 안동댐 건설로 없어질 때까지 중요한 교육의 터전이었다. 그 뒤 학교는 현재의 자리로 옮겼지만 그나마 학생이 줄어 2001년 문을 닫았다. 지금은 그 터에 다른 주인이 자리하고 있다.

5. 국권 회복과 독립운동에 나선 부포 사람들

조선 후기 안동의 유림들은 일정한 사회경제 기반 위에서 형성된 동성마을을 중심으로 현조를 내세워 서원과 사우를 건립하고, 문집을 간행하는 등 재야 유림으로 존재하였다. 그들은 이러한 향촌 기반 위에서 유소儒疏를 통해 시국에 대한 자신들의 의견을 표출하였다. 이러한 정치활동은 현실 정치에 참여하는 중요한 창구였다.

19세기 후반 영남지역 사림들에게 가장 심각한 현실 문제는 대원군에 의한 서원훼철 문제와 청나라 황준헌의 『조선책략朝鮮策略』에 의해 촉발된 개화 문제였다. 두 가지 사안의 성격은 달랐지만, 결과적으로 영남의 사림들은 그것을 강상綱常에 대한 도전이며 자신들의 존재에 대한 위협으로 인식하였다. 이에 대한 영남 사림의 대응은 서원훼철반대만인소와 1881년 척사만인소로 나타났다. 이를 주도한 것이 예안을 포함한 안동 유림이었고, 그 소수가 바로 부포 출신의 이만손李晩孫(1811~1891)이었다. 안동의 유림들은 수신사 김홍집이 가지고 온 『조선책략』을 놓고, 이만손을 소수로 하는 영남만인소를 비롯하여 신사척사운동으로 불리는 대규모의 척사운동을 전개하였다.

「위정척사소초」의 파록에는 당시 영남만인소에 참여했던 인물들이 소개되어 있다. 모든 인물이 아니라, 주요 직책을 맡아 활동한 인물들이 직임별로 소개되어 있는데, 전체 263명 중 안동 유림이 40명, 예안이 17명으로 많은 수를 차지하였다. 여기에 부포 출신 세 사람이 눈에 띈다. 소수로 활약한 이만손, 소색 금○기, 도청 조병유가 바로 그들이다.

【표 5】「위정척사소초」 파록에 등재된 예안지역 인물

No	직책	성명	字	生年	지역	No	직책	성명	字	生年	지역
1	疏首	李晩孫	家述	辛未	부포	10	寫疏	金輝道	聖一	辛丑	천전
2	掌議	李道夏	尙甫	癸未	온혜	11	寫疏	李中纘	○述	戊申	원촌
3	疏色	李晩濬	終士	辛卯	용계	12	寫疏	李璋鎬	璧五	甲寅	하계
4	疏色	李中七	斗應	己亥	의인	13	陪疏	金奭敎	叔纘	庚寅	오천
5	疏色	琴○基	子應	庚子	부포	14	陪疏	朴漢斗	子建	壬午	서촌
6	疏色	任相鎬	宅○	壬寅	온혜	15	管行	金錫祚	致久	辛卯	서촌
7	擇疏	李震行	紀五	戊戌	온혜	16	都廳	趙秉儒	士欽	丙申	부포
8	擇疏	李晃鎬	服景	辛丑	온혜	17	直日	李定鎬	子翼	辛亥	교동
9	擇疏	金道源	天汝	景子	문평						

개항기 위정척사운동은 단발령을 계기로 의병항쟁으로 계승되었다. 그 가운데 경북에서 가장 먼저 의병을 일으키자는 통문이 발송되었는데 바로 「예안통문禮安(鄕會)通文」이다. 안동에 단발령이 도착한 것은 1896년 1월 11일(음 1895.11.27)이다. 그러자 이틀 만인 1월 13일(음 11.29), 안동지방에서 최초의 통문인 「예안통문」이 돌았다. 「예안통문」은 안동지방에서 의병봉기를 도모하자는 첫 통문이다. 전체 223명의 이름으로 작성된 것이지만, 대표자로 기록된 사람은 7명이다. 그 맨 앞에 적힌 인물이 바로 부포마을 출신 이만응李晩鷹이다. 이를 출발로 하여 의병을 일으키려는 논의가 일어나고, 여러 서원에서 통문을 돌리기 시작했다.

위정척사衛正斥邪와 전기의병을 주도했던 유림들 사이에는 도道가 무너진다는 위기의식이 일관되게 흐르고 있었다. 이들은 서양과 일본이 초래한 위기를 도道의 위기, 즉 중화문명의 위기로 보았다. 이에 유림들은 '사생취의捨生取義'의 정신으로 맞서고자 했다. 영남만인소나 의병항쟁의 바탕에는

▲ 역동에 자리한 이만응의 집. 해방 무렵으로 추정(후손 이덕환 제공)

이러한 위정척사의식이 깔려 있고, 이는 이명우와 권성에 의해 절정을 이루었다.

광무황제가 서거하고 대상을 마친 1921년 2월 28일 밤, 이명우는 음독자결을 단행하였다. 이명우는 나라를 잃고 10년 넘는 동안 분통함과 부끄러움을 참았으나 이제는 충의忠義의 길을 가겠다는 뜻을 담았고, 권씨부인은 그 남편이 택한 길을 따라간다면서 자식들이 훌륭한 집안을 지켜나가기 바란다는 뜻을 남겼다. 남편은 충을 택하여 삶을 마감하고, 아내는 그 충을 선택한 남편을 따라 절의를 지켰다.

전통의 길을 고수하며 항일투쟁을 펼친 이도 있지만 새로운 사상을 수용하고 그 길을 열어 간 사람도 있었다. 그 물꼬를 열어 간 것은 1908년에 설립된 교남교육회이다. 이동하·이동식·이중한·이중항이 교남교육회에서 활약하였고, 그 가운데 이중한은 보문의숙을 열어 신교육의 기회를 열어 주었다. 그리고 이동하는 만주로 망명하여 항일투쟁을 펼쳤다. 1919년 예안의 3·1독립만세는 금용문·금용운·이성호·이회벽·조방인·조병건·조수인 등이 이끌었다.

그 뒤 부포마을에도 새로운 사상, 사회주의를 수용하고 독립운동에 나선 인물이 등장하였다. 1920년대 서울에서 6·10만세운동 중 독립만세를 선창한 이선호가 그 대표적인 예이다. 이어 1930년대에 들어 부포마을에 뿌리를 둔 이병기와 이효정, 그리고 이병희가 사회주의를 수용하고, 노동자의 권익 향상을 위해 투쟁하였다. 또한 안동에서 조직된 사회주의단체 안동콤그룹과 관련하여 이면호·이철호·이동신·이중구·이현호 등이 고초를 겪기도 하였다.

개항기-일제강점기 부포마을 출신의 지성들은 다양한 방법으로 우리 민족이 처한 현실을 극복하고자 하였다. 그러나 해방 뒤 다양한 사상은 갈등의 씨앗이 되었다. 해방 공간 부포마을은 그 상처를 보듬어 함께 나아가는 여정이었다.

6. 혼란한 해방정국과 부포 사람들

1) 혼란과 아픔을 딛고 하나가 된 부포마을

1945년 8월 15일, 일제강점이 끝나고 소망하던 해방을 맞이하였다. 사람들은 거리로 뛰어나와 해방의 기쁨을 누렸다. 전국에서 해방축하회가 열렸고, 안동에서도 8월 17일 해방을 축하하는 군민대회를 준비하였다. 각 면에서도 해방을 축하하는 면민대회가 열렸다. 이와 더불어 안동에서는 민족운동을 펼쳤던 인물들이 중심이 되어 국가건설을 위한 단체를 결성하였다. 단체의 명칭을 두고 서울과 다른 지역처럼 건국준비위원회로 하자는 의견이 있었으나, 치안유지회를 사용하기로 하였다. 치안유지회는 좌우세력이 참여한 연합 조직이었다.

그런데 중앙의 건국준비위원회가 인민공화국으로 전환되면서 지방의 건준지부도 인민위원회로 전환하였다. 이 과정에서 협력 관계에 있었던 좌우세력은 독자적인 활동을 전개하게 되었다. 안동에서도 좌파세력의 주도로 1945년 10월 치안유지회를 해체하고, 안동군 인민위원회를 결성하였다. 이어 풍산과 예안면을 비롯한 안동군의 여러 면에서 인민위원회가 결성되었다.

한편 우파세력도 미군정이 실시되면서 본격적인 활동에 나섰다. 12월에 조선독립안동촉진회가 결성되었다. 이는 이승만이 중심이 되어 결성한 독립촉성중앙협의회의 지방지부 성격이었다. 이어 우파세력에 의한 여러 청년단체가 조직되었다. 그 가운데 하나인 안동건국청년회는 김익기·김병동·권영수 등이 만든 단체였다.(허종, 「해방정국과 국가건설운동」, 『안동근현대사2─정치·행정편』, 안동시, 2010 참조)

좌우가 나누어져 국가건설을 위한 활동을 전개하는 과정에서 대립과 갈등이 이어졌다. 부포마을도 좌우대립에 휩싸였다. 이동혁(77세, 독립운동가 이성호의 손자, 충북 제천)의 증언에 따르면, 부포에는 두 개의 청년단체가 활동하였다. 좌익계열의 인민위원회 청년단과 우익계열의 건국청년단이다. 좌익

쪽은 30여 명의 청년들을 확보하고 있었다. '자유로 계급타파'와 같은 슬로건과 "아! 혁명은 가까워 왔다. 오늘 내일 시기는 박두하였다. 일어나라 만국의 노동자여, 깨달아라 소작인들, 놈들이 먹고사는 금의옥식도 모두 다 우리들의 피와 땀이다"와 같은 혁명가革命歌는 당시 20~25세의 청년들을 크게 고무시켰다.

좌익 쪽은 주로 소작농가의 청년이었다. 즉 상농층의 농지를 소작하는 농가의 청년들이다. 그러다 보니 문맹자가 70~80%에 이르렀다. 이들을 위해 인민위원회 청년단에서는 공출창고에서 야학을 열었다. 공출창고는 1940년대에 일제에게 공출을 하기 위해 창고로 쓰던 곳이다.

좌우익 청년들 사이에 첫 충돌이 일어난 것은 1946년 여름 무렵이다. 건국청년단장과 인민위원회 청년부단장 사이에서 애국가 가사를 둘러싸고 갈등이 일어났다. 전자는 '대한사람 대한으로'로, 후자는 '조선사람 조선으로'로 해야 한다고 주장하였다. 마을에서는 이 일을 예안건국청년단에 알렸고, 건청에서 나온 청년들이 인민위원회 청년부단장을 폭행하였다. 이는 좌우 대립이 낳은 첫 폭행 사건이었다.

그 뒤 1947년 초, 마을에 첫 희생자가 나왔다. 좌익계열의 청년들이 만세를 부르며 마을로 들어와 우익 쪽의 집을 부수기 시작하였다. 이 과정에서 좌익 쪽의 한 청년이 총상을 입고, 사망하는 일이 일어났다. "인민공화국 만세"를 부르다 총살된 청년은 다래마을 청년이었다. 이는 마을 청년이 희생되는 첫 번째 큰 사건이었다.

그 뒤에도 갈등과 불행은 이어졌다. 당시 상황을 부포마을 출신의 이원정은 다음과 같이 회고하였다.

불행하게도 혼돈했던 해방정국에서는 좌익이다 우익이다 하면서 이데올로기 갈등 때문에 많은 희생을 치렀던 마을이다. 다른 청년들에 휩쓸려서 좌익에 가담하여 산으로 나갔다가 싸늘한 시체가 되어 돌아오기도 했다. 3일이 멀다 하고, 이 집 저 집에서 처절한 곡성이 일어났다. 하나뿐인 아들을 잃고 절손된 집도 많았다. 남편의 소식을 애타게 기다리다가 인편에 어디 죽은 시신이 있다더라 하는 소문을 들으면, 혹시나 싶어 어린 자식을 들쳐 업고 울며불며 이 산 저 산 헤매다 집으로 돌아오곤 하였다. 밤에는 산 사람들(필자 주: 빨치산)이 닥치는 대로 털어가고, 낮에는 군경이 와서 왜 주었냐며 혼쭐을 냈다. 이 당시 마을 사람들은, 우리는 완전히 망했다고 생각하였다. 동네 아이들이 한방씩 모여도 아비 있는 이가 별로 없었다. 그렇게 혼란하고 어려웠던 그 시절 영문도 모르고 엉금엉금 기어 다녔던 아이들이 지금은 벌써 60 좌우의 나이가 되었다.(이원정, 『어두운 밤 별은 흐르고』).

그러다 1950년 6월 29일(음력 5월 14일), 결국 마을이 불바다가 되는 비운이 일어났다. 한국전쟁이 일어난 지 4일 만의 일이었다. 좌익 쪽 청년들이 건국청년단 사무실인 서당과 마을의 집들을 태우기 시작했다. 주로 우익 쪽의 집들이 화마에 휩싸였다. 30, 40칸 기와집에 불기둥이 치솟았고, 온 동네가 검은 연기로 뒤덮였다. 불기운에 날아오르는 기와 파편은 마치 참혹한 전쟁터를 방불케 하였다. 그때 화재로 소실된 와가는 모두 7동이다. 중마을과 월촌마을의 집들이 피해를 입었다. 여기에다 초가 12동이 불에 탔다. 가름과 중마을, 월촌마을의 집이 전소되거나 일부 소실되었다.

이 일을 끝으로 부포마을에 더 이상의 큰 충돌은 없었다. 그러나 혼란과 갈등의 과정 속에 결국 좌익 쪽에 섰던 30여 명은 마을로 돌아오지 못했다. 국군에 의해 사망한 사람도 있고, 10여 명은 월북하였다고 전한다. 남은 사람들은 우익이거나 전향한 좌익이었다. 전향한 좌익들은 더욱 숨을 죽이고 살아야 했다. 그리고 남은 사람들은 서로의 상처를 보듬어야 했다.

부포마을의 해방정국을 증언한 사람들은 이제 모두 70을 넘어 80에 가깝다. 당시 초등학생이었던 이동혁도 철들고 나서는 사상 이야기를 하지 못했다고 한다. 집집마다 서로 피해를 주고 입혔기 때문이다. 지금도 부포 사람들은 이때의 상처를 보듬으며 살아간다. 누가 언제 작곡한 것인지는 알 수 없으나 그 무렵 마을에서 불리던 노래에도 마을 사람들이 이를 극복하고자 하는 소망이 담겨 있다.

> 반만년의 역사는 찬란도 하다. 배달의 겨레들은 씩씩하였다. 이조 500년의 못된 정치로 삼천리금수강산 팔아먹었네. 8월이라 한가윗날 해방이 되니, 얽혔던 끓는 피 용솟음쳤네. 36년 못 보던 태극기 들고 만세를 부르며 돌아다녔다. 울분의 만세 소리 잠잠하더니, 형제간에 싸움이 벌어져서 너는 우익 나는 좌익, 서로 다투니 언제나 완전 독립 노래하는고.

2) 부포 출신 사회주의 독립운동가들의 아픈 세월과 유지

사회주의 독립운동가들에게 해방은 또 다른 역경의 시작이었다. 해방의 기쁨은 잠시뿐, 분단의 고착화와 함께 찾아온 시련은 부포마을 사람에게도 예외는 아니었다. 특히 1930년대 경성 트로이카에서 활약했던 이병기·이병희·이효정은 당대는 물론 그 후손까지도 그 시련에서 벗어날 수 없었다.

이병기李丙驥(1906~1950)는 1930년대 이재유 그룹에 참여하여 노동운동을 펼쳤던 인물이다. 그는 1933년 8월 용산공작주식회사 영등포공장에 노동자로 위장취업하여 적색노동조합 조직에 나섰다. 이 활동으로 1934년 2월 일

경에 검거되어 징역 1년 6월, 집행유예 3년형을 선고받았다. 「경향신문」(2008월 2월 29일자)에 실린 그의 부인 오묘연의 증언에 따르면 그는 이때의 고문으로 치근齒根이 모두 빠지고 몸을 가누지 못할 정도였다고 한다.

해방의 소식을 접한 이동하·이병기 부자는 서로 끌어안고 감격의 눈물을 흘렸다. 그러나 해방이 되고도 집안의 시련은 이어졌다. 남편 이병기는 1950년 6월 전쟁의 소용돌이 속에서 희생되었고, 그렇게 30세 청상이 된 오묘연은 시아버지 백농 이동하를 모시며 2남 3녀를 키워야 했다. 특히 시아버지 이동하가 「이승만 대통령 하야문」을 발표하면서 집안에는 또 한 차례 소용돌이가 휘몰아쳤다. 냉대와 감시가 이어졌고, 가세도 기울었다. 1959년 시아버지마저 세상을 떠나고 오묘연은 홀로 남아 참기름과 비누, 뻥튀기를 팔아 아이들을 먹이고 키웠다. 강냉이죽과 삶은 감자, 그나마도 없으면 물로 배를 채워야 했다. 어려운 세월을 견디어 낸 2008년 89세의 그녀는 "독립운동가의 머느리로 한 점 후회 없이 살아왔다"고 당당하게 말하였다.

이효정李孝貞(1913~2010)은 동덕여자고등보통학교에서 신교육을 받고, 노동운동가로 일제에 저항했던 여성이다. 1933년 조직된 사회주의운동단체 '경성 트로이카'의 구성원이기도 하였다. 항일운동을 펼치며 혹독한 고초를 겪은 이효정은 사회주의 독립운동가라는 이유로 오랫동안 그늘에 가려져 왔다. 그러다 2006년에 와서 항일 공적을 인정받아 건국포장을 받게 되면서 세간에 드러나게 되었다.

이효정은 18세에 서울로 올라와 동덕여자고등보통학교에 입학하였다. 동덕여고 재학 시절 그녀의 꿈은 문학가가 되는 것이었다. 그러나 시대는 소녀의 꿈을 허락하지 않았다. 2학년에 재학하던 1929년, 광주에서 일어난 학생항일운동이 전국으로 퍼져나갔다. 많은 학생들이 매일 체포되었고, 신문에는 이들의 기사가 넘쳐 났다. 이효정은 그 신문 기사를 보며 많이 울었다고 회고하였다. 그러다 친구들과 함께 학교에서 만세를 불러 종로경찰서에 잡혀가기도 하였다. 1년 뒤 광주학생항일운동 1주년을 맞은 이효정은 친구들과 백지동맹 투쟁을 벌였다. 이는 시험지를 백지로 내자는 동맹으로, 일종의 시험거부 투쟁이었다. 이 일로 이효정은 끝내 무기정학을 당하고 말았다.

그 뒤 이효정은 서울에서 사회주의단체 '경성 트로이카'에 가입하고, 노동운동을 시작하였다. 경성 트로이카는 이재유 등이 주도하여 만든 단체로 반제국주의 투쟁, 학생운동, 노동조합운동을 주로 펼쳤다. 이효정의 종고모였던 이병희 역시 이 단체에서 활약하였다.

이어 이효정은 1933년 9월 종연방적 경성제사공장 여성직공파업을 주도하였다. 이는 여공 500여 명이 임금 문제로 총파업에 돌입한 사건이었다. 당시 여직공들은 장시간 노동에 비해 임금이 적었다. 여공들의 권익을 위해 일본 자본가에 대항하던 이효정은 결국 동대문경찰서 형사에게 붙잡혀 모진 고초를 겪어야 했다. 그 뒤에도 노동운동을 이어가던 이효정은 1935년 11월, 결국 경찰에 검거되어 약 13개월 동안 서대문형무소에서 옥고를 치렀다.

출옥 후에 이효정은 사회주의 운동가인 박두복을 만나 결혼을 하고, 아내와 어머니의 삶을 살게 되었다. 그리고 9년 뒤 그녀가 원하던 해방이 찾아왔지만, 한국전쟁과 남편의 월북은 그녀의 삶에 큰 고통을 안겨 주었다. 늘 감시를 받아야 했고, 여러 차례 취조를 받아야 했다. 그러다 보니 늘 그늘로 숨어들어야 했다. 이러한 상황에서도 행복했던 일은 칠십에서 여든 사이에 여고 시절의 꿈이었던 시집을 낸 것이었다. 바로 『회상』과 『여든을 살면서』라는 시집이다. 그리고 2006년에 와서 그녀의 항일투쟁이 새롭게 평가되면서 독립운동유공자로 포상을 받게 되었다. 이때 이효정은 "동지들은 다 가고 없는데 나 혼자서 이걸 어떻게 받느냐"며 안타까움을 토로하였다.

생존 여성 독립운동가 중 최고령자였던 이효정은 2010년 광복절을 하루 앞둔 8월 14일, 97세로 일기를 마쳤다. 많은 사람들이 그녀의 마지막을 안타까워했고, 그 뜻을 기리는 조문이 이어졌다. 그리고 그녀는 국립대전현충원에 안장되었다. 2009년 3·1절 다큐에서 "옳지 않은 것을 옳지 않다고 해야 한다고 배웠고, 또 그렇게 했다"는 그녀의 말은 그녀의 뜻이 무엇이었는지를 말해 준다.

이병희李丙禧(1918.1.14~생존)는 동덕여자보통학교에서 신교육을 받고 사회주의를 수용하여 노동운동으로 일제에 저항했던 여성이다. 그녀는 1918년 서울에서 태어났지만 조상들은 대대로 예안 부포리 호소골에 살았다. 조부와 부친의 영향을 받은 이병희는 동덕여자보통학교를 졸업하고, 1933년 5월 일본인이 경영하고 있던 서울 신설동의 종연방적주식회사에 위장취업하였다. 이때가 겨우 16살이었다. 한창 꿈 많은 소녀 시절, 그녀는 방적 공장에서 노동운동을 시작하였다. 그녀는 김희성·박인선 등의 여성 동지들과 뜻을 모아 여공 500여 명을 이끌고 파업을 주도하는 등 노동운동으로 저항을 이어 가다 결국 1936년에 체포되었다. 이로 말미암아 그녀는 4년 가까이 서대문형무소에서 옥고를 치렀다. 19세의 나이에 그것도 여성의 몸으로 옥중 생활은 견디기 힘들었다. 그러나 이병희는 당연한 고생으로 여겼다고 뒷날 담담하게 술회하였다.

1939년 4월 출옥한 이병희는 1940년 다시 북경으로 망명하여 의열투쟁을 계획하였다. 그러던 1943년 국내에서 북경으로 망명 온 이육사와 독립운동을 협의하던 중, 그해 9월 일경에 체포되었다. 그녀는 북경의 어느 감옥에 이육사와 함께 갇히게 되었다. 이병희는 1944년 1월 결혼을 조건으로 석방되었으나, 이육사는 그곳에서 순국하고 말았다.

1945년 광복이 되었지만 이병희는 혼란한 정국 속에서 사회주의 계열이었다는 이유로 침묵으로 지내야 했다. 50년이 넘는 긴 세월이었다. 그러다 지난 1996년, 79세에 이르러서야 비로소 공로를 인정받아 건국훈장 애족장을 받았다. 올해 94살의 이병희는 인천 부평의 한 노인 요양원에 있다. 2년 전부터 건강이 나빠져 그곳으로 거처를 옮겼다. 그녀는 함께 노동운동을 펼쳤던 여성들 가운데 유일한 생존자이다.

신교육을 받고 조부와 부친과는 또 다른 방법으로 투쟁의 대열에 섰던 그녀는 우리 시대에 하고 싶은 말이 참 많을 것이다. 이병희는 평소 인터뷰에서 "요즘 사람들은 당장 잘 먹고 잘 사는 것만 중요하게 여기지, 역사를 제대로 배우고 나라를 지키려 하지 않는다"며 쓴소리를 마다하지 않는다. 그리고 젊은이들에게 바라는 것은 단 하나 "우리 역사를 부단히 배워야 한다. 그리고 깨어 있는 정신이 필요하다"고 힘주어 말한다.

7. 물속으로 사라진 그리운 부포마을

해방정국의 혼란과 비극을 극복하고, 부포마을은 여느 마을처럼 안정을 찾았다. 그러나 1960년대 들어 공업화가 진행되면서 부포는 최대의 위기를 맞았다. 안동댐이 건설되면서 전통의 터전이 사라진 것이다. 부포 사람들은 이를 비극적인 일로 기억한다.

　박정희 정부에 의해 지속적으로 실시된 경제개발계획은 공업화를 통한 국민경제의 건설을 근간으로 하였다. 그 결과 제조업이 급속히 성장하면서 대규모 공업도시가 만들어졌다. 이에 따라 공업용수와 생활용수가 빠르게 증대하였다. 정부는 물 부족을 대비하기 위해 1966년 4대강 유역 개발사업을 추진하고, 종합 조사를 실시하였다. 이때 안동댐은 다목적댐으로 건설한다는 결정이 내려지고, 1971년부터 댐 건설이 시작되었다. 이어 5년 6개월의 건설 기간을 거쳐 1976년 8월, 본 댐과 발전소를 완공하고 10월에 준공식을 가졌다.

　안동댐은 연간 9억 2천6백만 톤에 이르는 용수 공급을 가능하게 하였다. 이 가운데 4억 5천만 톤은 생활 및 공업용수로 부산을 비롯한 포항·울산·마산·진해 등 주요 공업도시에 공급할 수 있었다. 그러나 이러한 경제적인 효과의 이면엔 댐 건설로 인한 부정적 요소 또한 적지 않다. 넓은 토지가 없어졌고, 수많은 이주민이 발생했다. 안동댐 건설로 수몰된 면적은 51.5㎢에 이르렀고, 이주민의 수도 3,134세대에 20,664명이나 되었다. 이는 그 당시 안동군 인구의 12.5%에 이른다.(문태현, 「지방자치 실시 이후 안동의 행정」, 『안동근현대사2—정치·행정편』, 안동시, 2010 참조)

　부포마을 사람들도 대부분 마을을 떠났다. 이원정이 제공한 자료에 따르면 수몰 직전 부포마을의 호수는 221호였다. 그러나 마을의 중심 중마을과 월촌은 완전히 물에 잠겼다. 현재 가름·역동·호소골·햇골의 일부가 남아 있으나 30여 호에 지나지 않는다. 또한 약 90만 평에 달하던 농경지도 대부분 사라졌다.

【표 6】 1976년 수몰 직전 부포마을 성씨 분포

구분	중마을	호소골	월촌	가름	역동	신촌	햇골	원거리	다래	청고개	계
계	41	26	29	11	7	7	11	9	38	41	221
琴	8	2	1					1			12
李	20	14	15	8	2	1		2	3	17	82
趙			1					2	22	1	26
金	2	4	5	2		1	2		6	7	29
기타	11	6	7	1	5	5	9	4	8	16	72

　　대대로 터전을 제공해 주었던 토지에서 이탈되는 과정은 간단하지 않았다. 토지에 대한 보상이 이루어졌지만 만족할 만한 수준은 못되었다. 당시 평균 보상가는 논은 평당 2,750원, 밭은 1,750원이었다. 이를 받아든 마을 사람들은 미래에 대한 불안감을 안고 또 다른 정착지를 선택해야 했다. 보상가에 대한 불만도 있었지만 당시에는 국가가 하는 일이라 묵묵히 받아들였다. 이는 1990년대 임하댐 건설 때와는 판이하게 다른 모습이다.

　　이태원의 부포마을 수몰일기에 따르면 1976년 8월 14일부터 폭우가 쏟아지자 마을 사람들은 하나둘씩 서둘러 떠났다. 일부는 터전을 완전히 옮겨 대도시로, 일부는 새로 조성된 도산면 서부 단지로 이주하였다. 또 일부는 물에 잠기지 않았던 가름과 호소골로 옮겨갔다. 300년 남짓 이어온 마을 공동체가 하루아침에 깨어지고 있었다. 폭우가 쏟아지면서 예고 없이 찾아온 이별은 아직도 부포 사람들에게는 일생의 비극으로 기억에 남아 있다. (강윤정)

9장

부포, 물에 잠겨 버린 마을,
물에 떠 있는 마을

1. 안동호의 좌측과 우측

예안은 역사적으로 연원이 깊은 마을이다.

동쪽으로 영해부의 경계에 이르기까지는 41리, 남쪽으로 안동부의 경계에 이르기까지는 12리, 서쪽으로 영천군(현 영주시)의 경계에 이르기까지 39리, 북쪽으로 봉화현의 경계에 이르기까지는 41리이며, 서울과의 거리는 545리이다.

과거에 예안은 동서로 80리, 남북으로 53리의 강역을 갖추고 있는 현이었다.

본래 고구려의 매곡현買谷縣이었는데, 신라가 선곡善谷으로 바꾸어 내령군奈靈郡의 속현으로 삼았으며, 고려 태조에게 성주 이능선李能宣이 의리를 들어 귀순하여서 지금의 이름으로 바뀌고 군으로 승격하게 되었고, 고려 현종 때에는 길주吉州에 소속되었다. 우왕의 태묘가 현 내에 마련되자 다시 군으로 되었다가 주로 승격되었고, 공양왕 때는 감무監務를 두어 다스렸다. 조선에 들어와 현감을 두는 것으로 바뀌었다.

예안은 그렇게 시작되고, 그렇게 변천하여 갔던 마을이다. 예안고을이 정치적으로 가장 번성하였던 것은 고려시대이지만, 문화적으로 가장 크게 꽃을 피웠던 것은 조선 중기의 일이다. 퇴계 이황의 생존시기와 그를 전후하는 시대가 문화사적 측면에서 예안고을의 전성시대였다는 것은 비단 나만의 생각은 아닐 것이다. 부포마을을 이야기함에 있어서도 이 점은 무시될 수 없는 사실이다.

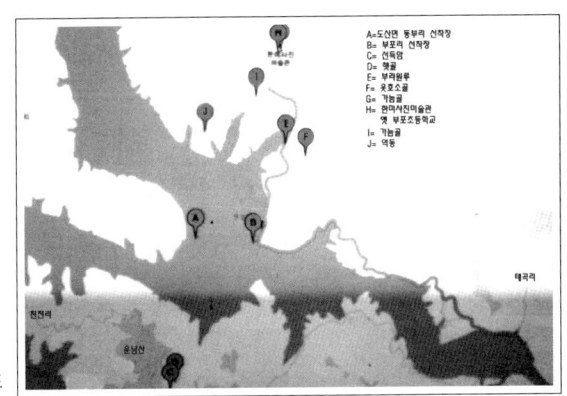
▶ 부포마을 지도

그러나 이러한 예안은 과거의 일이다. 예안은 역사적으로 군이 되었다, 현이 되었다 하는 부침이 있기는 하지만 독립된 지방행정 단위로서의 위상을 잃지 않고 있었으나, 20세기에 들어와서는 상황이 달라진다. 1914년 예안은 안동군에 병합되어 지방행정 중심지로서의 역할을 상실하게 되고, 또 도산면의 설치로 일부 영역을 잃게 되며, 1974년 안동댐의 준공으로 낙동강 서부 영역을 다 잃고 동부 영역으로 한정되게 된다. 이때 수몰된 월곡면의 7개 리를 통합하여 정산리, 구룡리, 미질리, 천전리, 부포리, 귀단리, 태곡리, 주진리, 계곡리, 도목리, 기사리, 삼계리, 동천리, 도촌리, 신남리, 인계리 등 16개의 법정 리, 163.78km^2의 강역을 갖춘다. 안동시의 여러 읍면 중에서 강역의 넓이로는 제2위, 인구수로는 꼴찌(2004년 현재 1733명)의 규모를 갖추고 있다.

강역은 넓은데 인구가 적다는 것은 그만큼 척박한 생활환경을 갖추고 있다는 것을 의미한다. 이 지역의 경제적 문제의 중심에는 안동댐이 있다. 댐의 건설이 전통적인 생활환경을 해체시켜 놓았고, 그것을 다시 회복시키는 데 실패한 것이 오늘의 예안지역이 안고 있는 문제라고 하겠다.

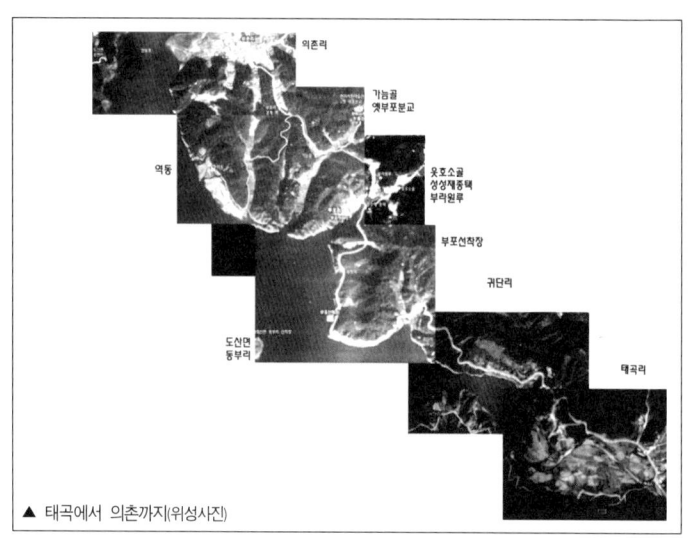

▲ 태곡에서 의촌까지(위성사진)

부포지역은 그러한 문제의 중심에 놓여 있다. 부포는 거의 안동호의 물속에 가라앉은 부포라고 할 수 있을 정도로 안동댐의 준공 이후 마을의 세력이 아주 쇠약하여졌다.

수몰 전 부포리는 넓은 들이 기름진 100여 호의 큰 동리로, 산천이 아름답고 들이 넓어 비교적 생계가 넉넉해서인지 예부터 수壽를 누리는 사람이 많아 수향壽鄕이라 불릴 만큼 장수를 누리는 사람이 많았다. 현재 부포리에는 역동, 가름골, 호소골, 햇골 등의 마을이 남아 있으며 가구 수는 30여 가구로 예안면에서 적은 수에 속한다.

예안면사무소 홈페이지의 부포리 마을 소개 속에 있는 한 구절이다. 이 마을이 부포인 것은 부라원이 있었기 때문이라 한다. 부라원은 옛날 역마제도가 시행되던 때의 거점이다. 다시 위의 홈페이지 마을 소개문을 살펴보기로 하자.

이 마을은 고려 중기부터 조선 말기까지 시행해 온 역원공영제도驛院公營制度에 의하여 예안현禮安縣에 속했던 부라원浮羅院이 있었으므로 부라원, 부라리라 하였다. 행정구역상 예안군 동하동 지역에 속해 있었으나 1914년 행정구역 폐합에 따라 청천동과 의동면의 분천동 일부를 병합하여 부포동(리)이라 해서 안동군 예안면에 편입되었으며, 1974년 안동댐이 건설되면서 수몰지구가 되었으며, 1995년 안동시와 안동군이 통합되면서 안동시에 속하게 되었다. 부포에 오래 전부터 살았던 성씨로는 호군護軍으로 있던 안동권씨安東權氏 경력經歷 권간權簡의 상세上世로부터 살았다고 하며, 그 후 금숙琴淑이 권간의 사위가 되어 이 마을에 살기 시작하였으며 조금 뒤에는 진성이씨眞城李氏들이 입향하였다고 한다.

부포는 물을 떠나서는 말할 수 없다. 물을 건너는 지점, 그것이 부포인 것이다. 물의 마을 부포는 과거에도 그랬겠지만 오늘날에도 그 이름에 부합되는 모습을 갖추고 있다. 그러나 오늘의 부포는 배후에 무슨 어장이나 생산시설을 끼고 있는 포구가 아니라 그저 호수에 막혀 있는 산촌의 작은 마을일 따름이다. 물은 이 마을을 밖과 연결시켜 주는 조건이 아니라 차단하여 주는 기능을 수행할 따름인 것이다. 그것은 소통, 또는 유통을 막고 있는 장벽일 뿐, 연결을 시켜 주는 매개체가 아니다. 부포는 물과 연관되어 일정한 기능을 수행

▲ 진성이씨 호동파조 묘소 입구 표시석

하고 있는 물가 마을이 아니라 그저 물에 막혀 있는 산속 마을일 따름이다.

옛날에 부포는 낙동강의 좌우에 벌려 있어 낙동강 물을 풍족하게 이용하며 발전하던 농촌마을이었지만 오늘날 부포는 안동호의 좌측으로 밀려나서 옛 영광을 물속에 묻어 두고 추억만을 곱씹고 있는 마을이 되었다. 이 마을의 영광은 물속에 잠겨 있고, 이 마을의 영광과 연관된 추억의 공간은 안동호의 우측으로 나누어져 물로 막혀 있으며, 이 마을은 안동호의 좌측으로 밀려나서 돌려세워져 있다. 이것이 오늘의 부포의 모습이다.

2. 부포마을 들어가는 길

부포마을은 간단하게 말하자면 두 개의 작은 자연부락으로 이루어져 있다. 위의 첫 번째 지도에서는 여러 개의 지표가 나타나지만, 사실 오늘의 부포마을은 호소골과 가름골이 전부라고 해도 과언은 아닌 것이다. 호소골도 웃호소골이 그저 마을이라 부를 만하고, 아랫호소골이라 부를 수 있는 도로 아래로는 그저 세 집이 자리 잡고 있을 따름이다. 위의 마을 소개에는 30여 호라 지적하고 있지만 내가 보았을 때는 20여 호 정도 된다고 여겨지는데, 이것은 어쩌면 2004년의 통계와 2012년인 오늘 사이에서 나타나는 문제일는지도 모르겠다.

부포는 물과 산으로 막혀 있는 마을이다. 그러므로 이 마을로 들어가려면 물길을 택해 배를 타거나 산길을 택해 이리저리 돌아가는 방법이 있다. 그러나 물길은 정례화되어 있지 않고 불편하므로, 실제로는 산길을 택해 돌아가는 것이 거의 유일한 교통수단이다. 산길을 택할 경우, 제일 처음의

▲ 부포 가는 길의 표지판

지표가 되는 것은 태곡리 앞의 표지판이다.

예안면 소재지인 정산을 지난 국도는 태곡리 앞에서 시내를 건너 양쪽으로 나누어진다. 부포는 935번 도로 쪽으로 자리 잡고 있다. 이 표지판은 녹전 방향은 통행할 수 없음을 알려준다. 그것은 이 길이 어딘가로 들어가는 입구이면서 동시에 더 이상 나아갈 수 없는 끝이기도 함을 확인시켜 주는 것이라고 하겠다.

부포로는 안동호의 측면을 타고 흐른다. 안동호는 계곡과 능선이 그 외형을 결정한다. 가장자리를 인위적으로 막고 자르지 않고 자연이 확정하는 것에 맡겨 두었기 때문이다. 그러므로 그 가장자리를 타고 만들어진 부포로 역시 이리 돌고 저리 돌며, 오르기도 하고, 내리기도 하는 모습일 것은 정한 이치라고 하겠다. 이 구절양장의 도로와 그 한쪽으로 나타났다 사라졌다 하는 호수, 그리고 끝 간 데 없이 이어지는 산줄기 등이 부포마을을 찾아 들어가는 우리의 이 마을에 대한 인상을 좌우한다. 이 인상은 이 마을을

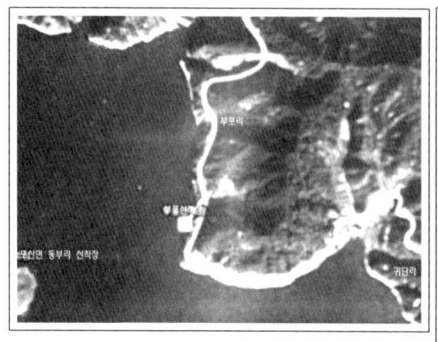
▲ 부포선착장 지도

▶ 부포선착장 주변 사진

찾아 들어가서 우리가 실제로 보게 되는 풍경과도 일치한다. 인간의 삶이 소외되어 있는 곳, 그곳이 부포인 것이다.

3. 선착장이 있는 마을

부포로를 통해 들어가는 우리의 앞에 부포마을은 선착장을 앞세워서 그 모습을 드러낸다. 귀단리를 지나 한 굽이를 돌아들면 조금 내리막길을 이룬 굽돌이 아래 선착장이 숨겨진 모습을 나타낸다.

부포리 마을 표지는 아직 보이지 않지만, 이곳으로부터 부포마을은 시작된다. 선착장은 비어 있다. 하릴없는 청년 강태공만이 선착장 위에 버티고 서서 세월의 깊이를 확인하듯 낚싯대를 드리우고 있다. 청년은 여유로운 자세를 자랑하고 서 있다. 배는 호수의 저쪽, 도산면의 선착장에 묶여 있다. 원래 배의 집이 도산인 것이다. 부포선착장에는 안내판이 남아 주인을 대신한다. '선박을 이용하실 분은 차량이 잘 보이도록 하시고 경적을 울리라'는

▲ 후계정 현판

▶ 후계정 전경

주문이 안내판 위에 적혀 있다. 그러니 배는 도산 쪽으로 건너갈 사람을 위한 것이지, 부포 쪽으로 건너올 사람을 위한 것이 아니다. 도산 쪽으로 건너가는 사람은 있으나 부포 쪽으로 건너오는 사람은 거의 없는 것이다. 이 선착장에서는 사람과 아울러 차도 배를 탈 수가 있다. 차를 배에 태우기 위한 시멘트 도로가 경사길을 타고 내려 안동호 속에 발을 담그고 있다. 한낮의 종요로움이 그 시멘트 도로가 발을 담그고 있는 지점에 내려와서 잔잔한 물결을 희롱하고 있다. 강태공이 버티고 선 철제 부두 쪽보다 이쪽이 더욱 한적함의 중심으로 느껴지는 것은 어쩔 수 없다.

부포로의 이차선 도로 위에도 종요로운 한낮의 햇살은 흐드러지게 쏟아져서 뒹굴고 있다. 강태공이 타고 온 차는 그늘 속에 숨어 있다. 가로의 저쪽은 길가 쪽으로 붙어 집 한 채가 숨어 있고, 집 뒤로는 산그늘 사이에 숨겨진 밭이 보인다. 기웃거려 보아도 인기척은 느껴지지 않는다.

그러나 산그늘 사이로 숨겨진 밭을 따라 조금 산 위로 올라가면 밭 위로 산그늘 사이에 숨은 집 한 채가 보인다. '후계정'이라는 정자 한 채와 부속 건물 한 채가 일선으로 늘어서 있다. 비탈진 콩밭 위에 마련된 작은 세상. 그 속에 정자는 자물쇠를 물고 있는 대문 안쪽으로 혼자만 주저앉아 있다.

▲ 성성재종택 전경

4. 성성재종택

선착장으로부터 좀 오르막을 휘돌아 다시 내리막을 타고 내리면 성성재종택이 길가에서 오가는 길손을 유혹한다. 커다랗고 위엄 있는 집이다.

종택은 동남방향을 향하여 서 있다. 중앙에는 'ㅁ' 자 구조의 본채가 자리 잡았다. 본채의 오른쪽으로는 정면 두 칸 반, 측면 두 칸 반 규모의 사랑이 앞으로 나서고 있다. 정면과 측면의 각 반 칸 정도는 마루 영역이다. 사랑채는 반 칸 정도는 그 오른편의 행랑채보다 앞으로 몸을 내밀고 서 있다. 사랑채의 오른쪽으로는 바로 중문이 마련되어 있고, 그 오른편으로 전면 1칸 반 정도 되는 사랑채가 이어져 있다. 행랑채의 끝 부분에는 'ㅁ' 자형 본채의 오른쪽 측면 건물 맞배지붕 모양이 솟구쳐 삼각형의 지붕선을 드러내고 있다.

본채의 우측 측면을 보면 약 6칸 정도의 규모인데, 벽면이 자잘하게 나뉜 부분이 있으므로, 정확하게 몇 칸이라고 말하기는 어렵다. 앞의 한 칸은 앞면으로는 좁은 쪽마루를 두고 있는데, 측면으로도 역시 쪽마루가 붙어 있다. 그 뒤로는 조금 큰 한 칸 규모의 판벽이 있는데, 창고나 헛간 영역이라고 볼 수 있을 것이다. 그 뒤로 한 칸은 안마당 쪽에 방문이 달려 있는 방이고, 그 뒤로 약간 좁은 칸은 뒤로 두 쪽의 판문이 달렸으며 안으로도 방문이 달린 좁은 방이다. 그 위로는 부엌 뒷문이 판재로 가설되어 있고, 그 뒤로는 두 칸 규모의 판벽이 마련되어 있다. 이 두 칸의 판벽 부분은, 1층은 부엌 영역이고, 2층은 다락방으로 되어 있다. 이 부분은 'ㅁ' 자 구조의 안채 영역 오른쪽 끝을 이룬다고 하겠다.

▲ 사랑채 좌측 측면에서 본 앞마루 구조

이 부분은 거의 일선을 이루지만, 대문을 중심으로 하여 그 오른편의 앞면 사랑채는 조금 뒤로 물러앉아 그 앞에 판문의 넓이만큼 앞마루가 가설되어 있는 것이고, 그 왼편에서는 판문의 넓이만큼 벽면이 앞으로 나선 후에 또 좁직한 쪽마루가 가설되어 있는 것이라는 정도의 차이가 있기는 하지만 말이다.

이 좌측 측면에서 가장 주목되는 것은 대문이 수직벽을 이루고 있는 사당의 축대를 바라보고 가설되어 있다는 점이고, 또 대문 영역 좌우로 어른 키 두 배 이상이나 되는 커다란 굴뚝이 가설되어 있으며, 본채에도 이 굴뚝에 이르는 연도가 바닥면에 상당한 규모로 돌출되어 있다는 점이다. 이런 것들은 통상의 대문 가설 시에는 피하고자 하는 것들인데, 여기서는 그 세 가지를 한꺼번에 대문 앞에 두어 복잡하고 불편한 구조를 만들어 놓고 있다.

▲ 성성재종택 안채의 2층 구조

이런 점들은 아무래도 여기의 대문이 명목상의 것일 뿐, 실제로는 전면에 가설되어 있는 중문이 대문 역할을 수행한 것임을 알려주는 것이라고 하겠다.

뒷면에서 보면 성성재는 전체 6칸 규모를 갖추고 있는 것을 알 수 있다. 우측 두 칸은 판문으로 보아 마루 영역이라 할 수 있다. 다음 두 칸은 방 영역과 부엌 영역, 그 다음의 한 칸은 부엌의 나무문, 좌측 1칸은 헛간 등의 용도로 쓰는 곳이라고 할 수 있겠다.

성성재종택이 갖추고 있는 모습 중 가장 특징적인 것은 안채가 거의 2층 구조로 되어 있다는 점이다.

이 안채의 2층 구조는 위아래의 규모가 같은 것이라고 하기보다는 위층이 상대적으로 춤이 얕은 것이라 할 수 있다. 그러므로 정확하게 말하자면 누다락 구조가 안채 전체에 시행되고 있는 것이라고 하는 편이 옳을 것이다. 그러나 어찌 되었든, 다락방이 안채의 2층에 전면적으로 갖추어지고 있으므로, 안채는 다른 건물들에 비해 더 높이 올라간 구조가 되었다.

성성재의 사당은 본채의 좌측으로 산기슭이 도드라지게 융기되어 내려오는 지점에 만들어져 있다. 상대적으로 높은 지대인데, 아마도 산기슭을 긁어내 성성재 건물을 앉히면서, 사당 영역은 높은 지대를 그대로 두고 이용하는 방식으로 처리한 것이라고 하겠다. 사당은 성성재 건물과 시선 방향을 같이하는데, 물론 이 점은 중문이 바라보는 시선 방향이지 대문이 바라보는 시선 방향은 아니다. 사당이 좌측 측면으로 비켜나 있지만 본채 건물의 뒤쪽으로 물러나 있지는 않다. 본채의 뒤 건물인 안채와 같은 정도의 선으로 물러나 놓여 있는 것이라고 할 수 있을 것이다.

▲ 성성재종택 안내판

사당은 앞에 측면으로 벽을 세우고 거기 작은 문을 가설하여 통행할 수 있게 하고 사당 전체와 사당 출입문 영역을 구분하여 층을 지운 사각형의 담벼락으로 둘러쳐 막았다. 사당 건물은 작은 한 칸의 솟을대문을 두고 담을 두른 안에 전면 3칸, 측면 1칸의 규모로 지어져 있는데, 칸의 길이가 작은 것이어서 전체적인 규모는 아담한 수준이라고 할 수 있다.

이 집은 성재, 또는 성성재라는 호를 갖고 있는 금난수의 종택이다. 종택의 앞에는 위와 같은 안내판이 서 있다.

9장 부포, 물에 잠겨 버린 마을, 물에 떠 있는 마을_ 277

◀ 마을 표석 　　　▲ 호소골 앞에 어울려 있는 안내판

5. 호소골 풍경

호소골은 부포마을의 중심이 되는 곳이다. 그래서 그런지 이곳에는 부포 표시석이 커다란 선돌 모양으로 버티고 서 있다. 이 마을은 선착장 방면에서 들어오는 국도를 따라 성성재종택, 호소골마을, 그리고 부라원루 등의 순서로 펼쳐져 있다.

호소골마을이 부포마을의 중심이라 하지만, 마을의 형세는 아주 빈약하다. 호소골마을은 새로 가설된 2차선의 국도를 중심으로 하여 위와 아래로 나누어진다. 위는 웃호소골이라 하는데 이 부분이 호소골마을의 거의 전부라 할 수 있다. 웃호소골이 있으니 아랫호소골도 있었을 터인데, 아랫호소골은 그저 형체만 남아 있을 따름이다. 그 대부분이 물속에 묻혀 버렸다고 이해하는 것이 타당할 것이다.

호소골 골짜기는 동향을 향하여 멀찍이 물러서 있다. 골짜기 전체가 서향을 향하여 길쭉하게 찢어져 있고, 그 아래쪽이 2차선의 국도에 의하여

▲ 웃호소골 전경

잘려 있는 것이다. 웃호소골의 좁직한 분지 동쪽 방향을 향하여 멀찍이 넘어박히듯 물러서 있는 느낌인데, 안으로 들어가 보면 산과 산이 포개진 골짜기마다 밭이 만들어져 있어, 그 전체적인 형상은 마치 눈꽃 문양을 보는 듯하다.

위 사진을 보면 우측은 부라원루이고 좌측은 성성재이다. 그 두 영역 사이로 골짜기가 펼쳐지는 것이다. 그러므로 성성재 쪽은 조금 높고, 부라원루 쪽은 아주 높으며, 마을 입구는 조금 낮고 골짜기 안은 그보다 조금 더 낮다. 마을은 부라원루가 자리 잡은 산기슭이 골짜기 속으로 밀려들어온 끝에 몇 집이 자리 잡고 있고, 나머지는 여기저기 흩어져 있다. 전체적으로 보아 마을이라는 이름을 붙일 만큼 가옥들이 집중되어 있는 것은 찾아볼 수 없다. 골짜기 안에는 전답이 풀어져 있지만 사람들은 거의 만나기 어렵다.

웃호소골 입구를 휘돌아

▲ 호소골을 둘로 나눈 국도 밑의 위아래 마을 통행로

9장 부포, 물에 잠겨 버린 마을, 물에 떠 있는 마을_ 279

서 국도 밑으로 난 길을 통해 나아가는 곳에는 '부포 못안길'이라는 작은 표지판이 내걸려 있다. 그 안에 못이 있다는 이야기일 것이다. 이곳은 부포 저수지 영역, 저수지는 아직도 이곳에 자리 잡고 있다. 그러나 저수지의 기능이 그 아래 풀어진 전답을 적시는 물을 공급하는 것이라면, 여기 부포저수지는 죽은 저수지라 하겠다.

부포저수지의 제방 아래는 바로 안동호이다. 저수지가 물을 풀어 적셔 주어야 할 전답이 아예 없는 것이다. 저수지의 다른 기능인 물을 담아 홍수를 조절하는 측면에서 보아도 부포저수지는 제 기능을 수행하기에는 너무 작다. 그런 점에서 부포저수지는 여기 호수가 있기 전의 유물 이상이 아니다. 못안길이라는 이름은 아직도 유효하겠지만, 못은 박제가 된 매의 형상이 되어 있는 것이다.

못안길 안으로 들어가면 동서 방향으로 휘돌아 앉은 좁직한 골짜기 안을 마을길이 역시 동서 방향으로 가르고 나아가는데, 길 위쪽으로 남향을 한 집들이 나타난다. 들어가는 쪽에서 제일 먼저 보이는 것은 색호정, 그 다음에 살림집이 있고, 조금 떨어져서 넓은 울타리를 가진 집 안에 라호정이 들어앉아 있고, 역시 그 울타리 안의 저편 안쪽으로는 살림집이 있다. 이것들은 모두 좁직한 분지의 건너편 산, 그러니까 가까운 산을 바라보고 있다. 오른쪽 측면으로는 안동호 쪽으로 시야가 넓게 확보될 수 있으나, 그렇게 하면 공간을 사선으로 차고앉는 형국이므로, 미상불 지금의 자세가 적당하다고 할 것이다.

이 못안길 가에 펼쳐진 좁직한 공간 속에서 가장 어색한 자세를 취하고 있는 것은 성재이다.

성재는 국도의 시멘트 옹벽을 뒤에 두고 서향의 자세로 서 있다. 정면 3칸, 측면 2칸의 구조인데, 양쪽 측면에 처마를 달아매고 마루를 가설하였다. 이 성재의 앞마당 바로 앞으로는 좁은 시내가 있다. 시내는 몸통만 한 돌들이 어지럽게 늘어서 있는 폭 좁은 것인데, 성재로 들어가려면 이 시내를 건너야 한다. 시내의 폭은 좁지만 깊이는 상당하여서 크게 마음을 먹지 않으면 성재 영역으로 나아갈 엄두를 낼 수 없을 정도다. 뒤의 도로가 없었다면 성재는 성성재와 한 공간을 같이 쓰는 정자가 될 수 있을 터이지만, 지붕보다 높은 도로를 뒤에 두고 있는 오늘의 상황 속에서는 두 건물은 서로 다른 공간에 놓이는 것이 될 수밖에 없고, 성재는 상당히 어색한 느낌으로 다가올 수밖에 없는 일이다.

6. 부라원루 이야기

호소골의 북쪽으로 도로가 진행되어 나가는 언덕 위에는 부라원루가 자리 잡고 있다. 이 마을의 지명이 유래하게 된 건물인데, 원래는 마을 앞 평지에 있었던 것을 안동댐에 수몰되면서 현재의 위치로 옮겨 놓은 것이라고 한다. 정면 3칸 측면 2칸의 상당한 규모를 갖춘 누각이다.

'부라원루'라는 현판은 한석봉의 글씨라고 한다. 이 현판은 도난당하여 신고의무가 고지되어 있는데, 지금은 찾았는지 모르겠다. 여기 현판은 아마 그 모각일 것이다. 중건에 의하면 이 원루는 '라부羅浮', '부용芙蓉', '화개華盖', '주봉朱鳳' 등으로 불리는 수려한 자연 속에 세워진 것이라 한다. '부라원루'의 '부라'가 이 지역의 빼어난 자연환경을 취하여 붙여진 이름이라는 점을

▲ (위) 부라원루
◀ 부라원루중건기 ▲ 부라원루 현판
▼ 부라원루 안내문

부라원루
Buraw

경상북도 유형문화재 제39호
안동시 예안면 부포리

이 건물은 고려 중기부터 조선 말기까지 시행해 온 역원(驛院)공영제도에 의하여 예안현에 소속되어 있었다. 다른 건물도 함께 있었으나 지금은 누각만 남아 있다. 『영가지(永嘉誌)』 에 의하면 안동부내에 27개의 원(院)이 있었다고 하나 모두 소멸되고 당시의 누각이 남아 있는 곳은 이 곳이 유일하다. 건립연대는 알 수 없으나 현판이 석봉(石峯) 한호(韓濩)의 글씨인 것으로 보아 1600년을 전후한 시기로 보인다.

정면 3칸, 측면 2칸의 평면건물로 윗부분은 대청이며 주위에 난간을 설치하였다. 누의 아래 기둥은 다듬지 않은 다각형 기둥이고 상부기둥은 원형기둥이다. 안동댐 건설로 1975년에 이건하였다가 2006년 현 위치로 다시 이건하였다.

알려주는 부분이라 하겠다. 위의 여러 가지 표현이 이 지역의 산세의 빼어남을 주로 내용으로 하는 것이라면, 이 지역의 수세의 뛰어남은 '별담鼈潭', '풍월風月', '몽정蒙汀', '확연廓然' 등으로 표현될 수 있을 만큼 아름다운 것이었다고 한다. 물과 산이 어울려 빼어난 절경을 자랑하는 이곳에 오가는 사람의 편리를 위한 원루를 설치하였다는 이야기이다. 이 지역에 월천 조목, 성재 금난수 등은 부용당을 건립하여 독서하고 교유하는 곳으로 삼았으며, 여러 선비들은 이곳을 활쏘기를 익히는 장소로 이용하기도 했다고 한다. 이 점에 대해서는 『예안읍지』의 '부라원' 부분에서도 같은 이야기를 한다. "부라원, 부라리 앞의 낙동강 위쪽으로 있는데, 촌민들이 향음주례를 행하고 활쏘기를 학습하면서 노니는 곳이다." 부라원루가 역원의 기능을 하였을 뿐만 아니라, 마을 선비들의 문화적 구심점으로 일정한 역할을 수행하기도 하였음을 알려 주는 이야기이다. 부라원루에 게시되어 있는 기문에 의하면 이 건물은 단기 4006년(서기 1673년)에 중건된 적이 있었다고 한다. 이 기문은 그로부터 291년 후인 1963년에 다시 중건하면서 판각 게시한 것인데, 기문의 글은 이만좌, 글씨는 이관호가 쓰고 있다.

부라원루가 처음 창건된 시기는 말하기 어렵다. 다만 우리는 1673년의 중건, 1963년의 중건, 그리고 1975년의 이건, 2006년의 현 위치로의 이건 등의 역사에 대해서 말할 수 있을 따름이다.

부라원루는 정면 3칸, 측면 2칸의 이층 누각이다. 1층은 기둥만이 세워져 있는데 주초는 자연석 중 편편한 것을 골라 썼고, 기둥은 다각형의 각재로 되어 있으나 둥치가 크고 또 각이 여럿이어서 좀 떨어져서 보면 원형처럼 보인다. 이 기둥들의 윗면에 십자의 홈을 파서 각재들을 끼워 넣고 그 위에 2층 구조를 올린 것이 이 건물의 모습이다. 바닥 기둥은 3열로 전체 12개를 배치하였다. 원루의 시선 방향은 국도가 호소골 역방향, 그러니까 웃호소골의 좌청룡을 이루는 산의 도로 쪽 제일 끝 능선을 바라보고 있다. 이것은 부라원루에서 골짜기 전체를 내려다볼 때, 공간을 이분하는 시점을 취하고 있는 것이라고 하겠다.

2층으로 오르는 계단은 폭이 좁고 가파르다. 자칫 실족할 수도 있는 폭과 각도라고 생각될 정도이다. 이 계단은 부라원루 우측 측면의 중간 지점쯤에 가설되어 있다.

2층은 원형의 기둥을 사용하였다. 기둥은 가운데는 제외하고 사방을 돌아가며 세웠다. 기둥 밖으로 쪽마루를 가설하여 그 밖으로 약식의 난간을 둘렀다. 마룻바닥은 두꺼운 판재를 각재 위에 얹어 끼워 맞추는 방식으로 처리하였는데, 2폭 6단의 규모이다. 이것이 기둥의 안쪽 바닥면을 이루는 부분이고, 그 밖으로 사방 쪽마루를 두어 그 밖에 난간을 두른 모습인 것이다.

난간은 안상을 파낸 판재의 위아래를 횡목을 붙여 그 사이사이는 폭 좁은 판재를 세로로 세워 마무리하였는데, 안상을 이룬 작은 판재의 연결 부위마다 밖으로 안족을 달아 올리고, 그 윗면을 호선을 이루도록 파내어서 그 위에 둥글게 깎은 봉을 횡목으로 연결시켜 난간대를 완성하였다. 안족이나 안상을 연결하는 부분에는 쇠못을 이용하고 있는 것이 살펴진다. 안족은 중앙에 4단으로 둥근 돌기를 만들고, 위아래는 밋밋하게 조금 깎아내는 방식으로 만들어 붙였다. 전체적으로 직선의 형태를 이루는 폭 좁은 각재를 사용하였다고 할 수 있다.

천정은 앞뒤로 들보를 두어 밋밋한 각도를 이룬 처마 서까래를 앞과 뒤

▲ 중앙부의 대들보 구조
◀ 지붕의 사각형 틀 구조
▼ 사방 구석의 처마들림 서까래 구조

로 배치하고, 중앙에는 양쪽으로 두꺼운 판재 모양의 삼각형 버팀목을 세우고 위에 대들보를 걸쳐, 중앙부의 천정이 솟구쳐 오르는 팔작지붕의 구조를 갖추게 하였다. 그런데 이 중앙부의 대들보 높임 구조는 양쪽 측면 1칸 영역에서는 춤이 낮추어져 있으므로, 결국 중앙의 한 칸 영역에서만 보이는 모습이라 하겠다. 중앙부의 양쪽 측면 각 한 칸 부분에서는 앞뒤의 들보와 같은 높이의 짧은 들보가 가설되어 있는 것이다. 이 양쪽의 짧은 횡목은

나무를 깎아 조금 굽은 다리 모양으로 만들어 올렸다. 그리하여 끝부분에서는 발이 내려가고, 중앙 부분으로는 깎아 올린 만큼 들보의 선이 올라가는 것이다.

이와 같은 지붕 천정의 가로대들을 네 개의 세로 들보를 걸어 사각구조의 틀을 짜 맞추어서 떠받치고 있는데, 이 중 안쪽의 두 개는 조금 더 굵은 원형의 나무를 썼고, 바깥쪽으로 좀 가는 나무 밑에 각재를 덧붙여 썼다. 이러한 구조상의 특징은 가로 들보의 경우에도 동일하다. 지붕의 정중앙 가로세로 한 칸 부분은 바로 삼각형 모양으로 높이 솟구쳐 있는 부분인데, 이 부분에는 각재를 겹쳐서 사각의 반자틀을 만들어 상호 견고하게 맞물리도록 처리하여 놓았고, 그 격자로 맞물리는 사각형이 직각 교차 부분에는 위로 서까래가 자잘하게 나누어져 치밀하게 부챗살처럼 퍼져 나가는 방식으로 처리되어 있는 것을 볼 수 있다. 건물 지붕의 사방 모서리에서 들림처마를 만들기 위한 서까래 배치라고 하겠다.

이렇게 부라원루는 상당히 잘 짜 맞추어져 있는 건물이다. 그것이 놓여 있는 공간도 상당한 높이의 언덕 위에서 분지 전체를 내려다보도록 특별한 배려를 한 듯하고, 주변도 잘 정비되어 있어서 수려하다고 느껴질 정도의 좋은 건물이라고 여겨진다. 시선 방향으로는 공간이 넓게 물러나면서 낮아지고, 뒷면과 좌우는 산들로 잘 옹위되어 있는데, 전면 우측으로는 호수 영역이 펼쳐져서 물과 산의 어울림도 적당하게 느껴진다.

원래의 자리에서 부라원루가 어떤 모습을 하고 있었는지는 확인할 수 없다. 그러나 오늘날 부라원루 영역에 우리는 동제당도 같이 자리를 잡고 있는 것을 볼 수 있다. 동제당은 뒤쪽 좌측으로 좀 비켜난 자리에 있는데,

부라원루가 취하고 있는 시선 방향으로부터 조금 좌측으로 틀어진 방향을 향하고 있다.

동제당의 허름한 내부 구조 중에서 특히 주목되는 것은 단 하나 번듯한 형태를 갖춘 각재 모양으로 깎은 대들보인데, 거기에는 '광복후기묘정월삼십일신시상량'이라는 한문이 적혀 있는 것을 볼 수 있다. '광복 후 기묘년'이라면 1999년이라 하겠다.

7. 가름골 영역

부라원루가 있는 언덕을 넘어 산기슭을 돌아들면 가름골이다. 가름골은 2차선 국도의 위아래로 좁직하게 펼쳐진 분지 영역이다. 위쪽으로는 골짜기가 양쪽으로 갈라지는데, 앞쪽에서 왼쪽으로 비껴 나가 있는 분지에는 부포재가 자리 잡고 있고, 뒤쪽으로 뾰족하게 타개진 골짜기 끝에는 옛 월

▲ 위는 가름골 국도 위 분지, 아래는 가름골 국도 아래 분지

곡초등학교 부포분교가 자리 잡고 있다. 부포재의 오른쪽으로는 이 재사에 딸린 살림집이 하나 있고, 또 그 오른쪽으로 이 골짜기의 진입로 오른편에 집 한 채가 보인다. 그것이 가름골의 위쪽 분지에서 볼 수 있는 건물의 전부이다.

사진에서는 이 골짜기가 상당히 넓게 펼쳐져 있는 것 같이 보이지만 실제로는 위아래로 좁직하게 찢어져 있는 모양이다. 위에서도 분지는 양편으로 나누어지지만, 아래에서도 분지는 둘로 나뉜다. 아래의 사진은 그 나뉘는 분지의 아래쪽만을 보여 주고 있는 것인데, 위쪽은 이 사진의 왼쪽 끝부분 위로 휘돌아 들어가서 그 위 2차선 도로가 휘돌아 나가는 고갯마루 위쪽으로 뻗어나간다. 그 고갯마루는 위쪽으로 휘돌아 나가는데, 고갯마루의 가장 높은 지점에 이르면, 그곳은 부포리가 끝나고 의촌리가 시작되는 지점이다.

위 가름골의 한쪽 끝에는 부포재가 있다. 경주손씨 사용공 손의형을 모시는 재사인데, 2006년에 새로 지은 것이라 한다. 위의 사진 속에 보이는 뒤쪽의 흰 건물이 부포분교이다. 지금은 폐교가 되어 현재는 한미사진미술관으로 쓰이고 있다.

입구 쪽의 마당에는 작은 빗돌이 놓여 있다. 교적비이다. 이 교적비의 비면에는 '월곡초등학교 부포분교장. 1963년 5월 1일 개교하여 졸업생 491명을 배출하고 2001년 3월 1일 폐교되었음. 2001년 3월 1일 경상북도교육감'이라는 명문이 각인되어 있다.

가름골 국도 아래쪽 분지는 두 부분으로 나뉜다. 아래쪽으로는 주로 논이 만들어져 있고, 위쪽으로는 주로 밭이 펼쳐져 있다. 마을은 안동호 쪽으로 나아가서 좌측 산기슭에서 우측 산기슭을 바라보는 자세로 거의 일선으로 자리를 잡고 있는데, 역시 몇 집 되지 않는다. 위쪽 밭 영역이 고갯마루 쪽으로 펼쳐져 나가 이차선 국도와 다시 만나고 또 그 위쪽에도 펼쳐지는데, 여기에도 두어 집이 자리 잡고 있다. 밭 영역은 이차선 국도의 위아래가 다 사과밭으로 이용되고 있다.

이 마을은 아마도 사과가 제일 중요한 작물인 듯하고, 그 다음으로는 벼, 그리고 고추 등의 순서로 식재되어 있는 듯하다. 전체적으로 보자면 밭 작물지대인데, 산골마을이면서 논도 많이 보이는 것은 물이 풍부한 지역이기 때문이라 할 수 있을 터이다.

이 골짜기 속에 분교장이 자리 잡고 있는 것은, 중마을에 있었던 것인데 수몰로 옮긴 것으로 삶살이의 중심이 되는 지대이기 때문일 것이다. 그것은 이 골짜기 안에 꽤 많은 인가가 형성되어 있었음을 알려 준다. 그러나 오늘날은 겨우 10여 채의 인가가 남아 있을 따름이다.

8. 물의 바다, 역동마을

부포리의 산천은 어디를 가나 물이다. 그러나 물이 넓게 발달하여 있는 곳은 대개의 경우 분지가 물가로 널리 펼쳐지게 마련인데, 여기서는 그저 골짜기와 골짜기 사이에 좁직하게 들어서 있을 따름이다. 물이 제 나름의 논리로 물의 밭을 만들어 가진 것이 아니라, 인위적으로 채워졌기 때문이다.

가장 너른 물을 실감할 수 있는 곳은 역동마을이다. 역동마을은 단 한 집만이 있을 뿐이므로 마을이라는 이름을 붙이기 어려운 것이 사실이지만,

▲ 역동으로 들어가는 숲길

전에는 큰 마을이 있었다고 하므로, 그 유산으로 당당히 마을이라는 이름을 여전히 붙여 부르고 있는 듯하다.

역동은 놀라운 곳이다. 이 마을은 들어가는 입구에서부터 범상치 않은 서기를 풍기며 방문하는 이의 마음을 사로잡는다. 나지막한 고개를 타고 넘으며, 길은 숲속을 파고 들어간다. 딱 자동차 한 대 넓이의 길, 양편으로는 산과 나무와 풀이 잔뜩 몰려나와 있다. 이런 정도의 길은 자연 속의 길이면서, 동시에 문명인의 길이라 할 수 있다.

길은 끊임없이 숲을 파고든다. 길이 갈라지는 곳에 다다라 진행 방향에서 왼쪽으로 들어가면 그곳에는 폭 좁은 계곡 사이에 논만이 계단식으로 길게 펼쳐져 있다. 인가는 없다. 갈림길의 오른쪽을 택하여 가면 길은 한없이 이어지다가 휘돌며 내리박혀 또 다른 골짜기 속으로 들어간다. 여기는 앞의 골짜기보다 폭이 조금 넓은데, 역시 위아래가 다 계단식의 논이다. 시절이 가을이라서 우리는 푸른빛의 숲속을 온통 황금빛으로 물들이고 있는 빛깔의 향연 속에 놓이게 된다.

여기에 이르면 우리는 아무도 없는 숲속 공지 속에서 자연과 인간이 은밀하게 손을 맞잡는 비밀의 현장 안에 들어서 있음을 알아채게 된다. 이곳에서는 인간도 저절로 자연이 된다. 그 밑으로 펼쳐지는 것은 물의 바다, 그리고 얼핏 시선을 들어 위를 올려다보면 나직하게 내려와 있는 하늘의 파란 빛살이 어른거린다. 그것들 사이를 태곳적 정적이 실바람처럼 휘돌고 있다. 숨이 턱 막힌다. 시간은 정지되고, 생각은 마음 밑바닥으로 잦아든다. 모든 있어야 할 것들, 모든 있는 것들이 한꺼번에 몰려나와 저절로 어울려 있는 현장에 혼자만 들어서 있다는 느낌은 말로 표현할 수 없는 즐거움을 준다. 아! 짧은 감탄사 한마디도 표현할 필요가 없다. 그저 흐릿한 미소가 입가에 떠오를 따름이다. 자동차에서 내려서서 계곡 안을 올려다보고 내려다보며 나는 더 이상 나아갈 의지를 잃고 있다.

이곳이야 말로 부포마을의 모든 것, 부포마을이 숨기고 있는 비밀의 모든 것이다.

그러나 인간은 비천한 피조물이다. 조물주의 공방에서 인간은 간사한 욕망 한 자락을 주워 챙겼다. 목표를 세우는 마음, 목표를 향해 탄환처럼 쏘아져 나가려는 마음, 감동을 밀어내고 목표를 중심에 불러들이는 마음……. 길은 끝에 이르려는 인간의 욕망을 구현한 것이다. 이 길의 끝에는 역동마을이 있고, 나의 목표점은 그곳이다. 마음은 나의 목표점을 확인시켜 주고, 감동은 그 마음을 따라 썰물처럼 밀려난다. 나는 스스로의 간사함에 혀를 내두르며 다시 자동차에 오른다.

▲ (위) 역동마을 길과 물(동쪽)　　　　　　　　▲ (아래) 역동마을 길과 물(서쪽)

길은 물가로 나아간다. 그리고 물가를 타고 다시 거슬러 오른다.

위의 두 사진은 그 물가 길의 전경이다. 중앙의 낮은 관목을 사이에 두고 이 두 사진은 하나로 연결된다. 위 사진은 물의 영역이고 아래 사진은 인간의 영역이다. 그 둘 사이의 경계 지점에 무슨 인간의 영역을 수호하다 지친 영혼처럼, 폐기된 경운기 한 대가 버티고 서 있다. 이제까지의 역동 길은 숲길이었고, 좁직하게 포장이 되어 있었다. 그러나 여기서부터의 물가 길은 비포장의 노면을 거칠게 노출하고 있다. 여기까지가 약 2km이고, 여기서부터는 약 1km가 조금 안 된다.

집은 갑자기 모습을 드러낸다. 역동마을의 유일한 집이다. 이곳은 역동서원이 있었던 지역이다. 그래서 마을 이름이 역동이다. 오늘날 역동서원은 안동대학 경내에 재건되어 있다. 이곳은 원래 40여 호가 세거하던 곳이었으나, 물밭으로 변하면서 다들 떠나갔다. 원래 역동마을의 모습은 어떠했을까? 궁금증이 머릿속에 가득하다.

▲◀ 역동마을 계상고택과 안내문

9장 부포, 물에 잠겨 버린 마을, 물에 떠 있는 마을__ 293

날이 저물어 물러나와 권득설의 집에서 저녁을 먹고 어둑해져서 권득설과 함께 역동서원을 향하니 푸른 밤 강 하늘에 돌아가는 외로운 배의 아늑함이 마치 유세독립遺世獨立의 정취가 있었다. 물에 모래가 드러나서 배가 건널 수 없었다. 그래서 여러 벗들과 함께 언덕을 올라 말을 타고 숲을 뚫고 소나무 길로 들어가 서원에 도착하니 밤은 깊어 문이 닫혀 있었다. 문을 두드려 원노에게 자물쇠를 열게…… 의관을 갖추고 새벽에 상현사에 알묘하고 물러나와 보니 마루는 명교당, 서원은 역동서원, 좌우 방들은 정일재, 직방재라 했고, 동·서재는 사물재, 삼성재라 했다. 모든 편명과 벽 위 학규들은 모두 퇴계 선생의 글씨였다.(김득연 [1555~1637]의 「유청량산록」. 이 자료는 이원정 씨가 보내 준 것이다.)

당시 역동서원의 정취를 느끼게 하여 주는 일절이다.

9. 호수 저쪽에 떠 있는 마을, 부포

부포마을은 옛날에도 물이 풍부한 마을이었다고 한다.

서쪽으로 월천을 바라보고 말을 달려 부포촌에 당도하니 마을 앞의 평원 3~4리에 소나무와 잣나무를 섞어 심어 놓은 것이 행렬로 잘 정리되어 있고, 땔나무 채취를 엄금하여 일대가 숲을 이루었다. 숲 밖에 긴 강은 굽이돌아 감싸 안고 있는 형국인데 풍월담이라 하였다. 이 또한 선생이 이름 지은 것이다. 강을 따라 올라가면 위험하고 물살이 급한 데가 많거나, 좁고 깊은 곳이 있어, 임의로 배를 띄울 수 없다. 이 풍월담에 이르면 평평하고 넓게 퍼져 있어 험하지도 좁지도 않고 물이 지극히 맑아 모래와 돌을 헤아릴 만하다. 가을에 마땅히 배를 띄우고 겨울에 얼음을 탈 수 있어 지극히 아낄 만하였다.(배응경[1544~1602]의 「청량산

유상록」. 이 자료도 이원정 씨가 보내 주었다.)

부포만큼 세월의 변모를 분명하게 보여 주는 곳은 없다. 댐으로 인해 옛날의 부포가 다 수장되어 버렸기 때문이다. 오늘날 부포에 이르러서 우리가 볼 수 있는 것은 물의 밭이다. 그 물밭이 옛날에는 그대로 부포 사람들의 삶터였다. 오늘날 안동호의 북쪽에 자리 잡고 있는 것은 호소골과 가름골의 일부이고, 안동호의 남쪽에 자리 잡고 있는 것은 햇골이고, 안동호의 남서쪽에 자리 잡고 있는 것은 월천인데, 월천은 지금은 도산면에 속해 있지만 옛날에는 부포2리에 속하였다. 그러니 오늘날 우리가 부포에 이르러 보게 되는 안동호의 물밭이 전체적으로 다 옛 부포의 강역이었던 셈이다. 좌우로는 길이를 말하기가 어렵고, 상하로는 1.5㎞ 이상의 넓이를 갖는 너른 들이 옛날의 부포인 것이다.

옛 부포의 자연은 백두대간의 잔맥이 총력을 기울여 만들어 낸 것이다. 백두대간의 척추는 한반도의 동쪽 강역을 따라 흘러내려 태백산으로 우뚝 맺혀진다. 태백산으로부터 백두대간의 주맥은 방향을 서남으로 틀어 영남의 경계를 이루며 움직여 나가고, 그 잔맥은 그대로 남으로 흘러내린다. 남행하는 이 백두대간의 잔맥을 태백산의 발치인 황지로부터 인도하여 거침없이 흘러 내려오는 것은 낙강이다. 낙강은 수직의 낙하법을 배우듯 좌우로 백두대간의 잔맥들을 옹위하며 흘러내리는데, 그 동쪽 잔맥 속의 넘치는 지기는 봉화와 안동의 접경에서 청량산을 빚어낸다. 청량산의 주맥은 여전히 낙강을 따라 왕모산으로 흘러내리고, 가송과 원촌을 거쳐 부포의 역동에 내려서서는 발을 멈춘다. 옛 부포의 모습은 다음의 지도를 보면 이해가 쉬

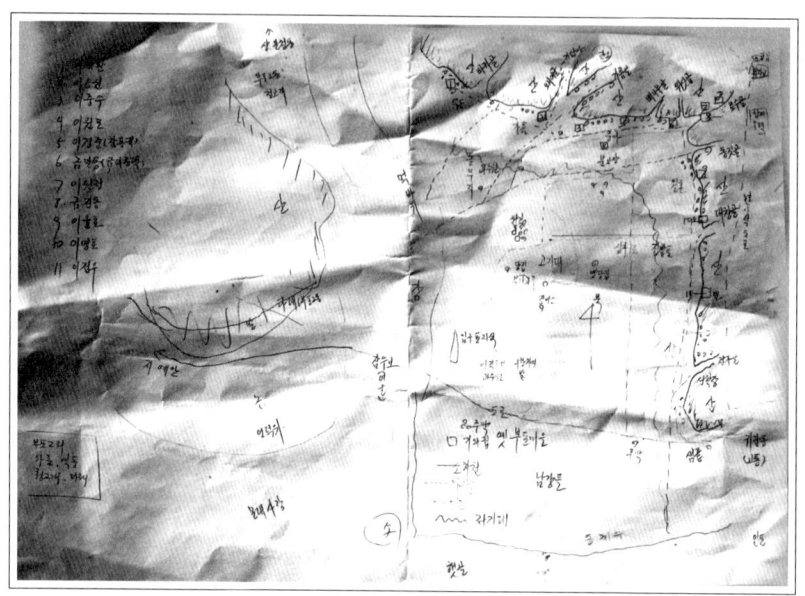

▲ 옛 부포의 모습을 그린 지도(부포마을지 추진위원회 제공)

울 것이다.

　청량산의 주맥이 역동에서 멈추어 서도록 만드는 것은 동계천이다. 동계천의 발원은 청량산의 후문 쪽 산록, 자인마을의 깊은 계곡 속이다. 여기서부터 청량산의 동쪽 사면으로 흘러내리는 빗물을 받아 세력을 키워 내기 시작한 이 물은 처음에는 그저 작은 시내일 뿐 변변한 이름조차 갖지 못하지만, 태곡리쯤에 이르면 제법 큰 강이 되고, 동계천이라는 이름을 얻는다. 자인마을에서 여기까지가 약 4㎞, 여기부터 부포까지가 또 6㎞ 정도, 총 10㎞ 정도의 길이를 갖는 것이 이 동계천이다.

　동계천을 좌우에서, 또는 위아래에서 옹위하며 낙강을 향해 서행하게 하는 것은 청량산의 잔맥이다. 이 잔맥은 동쪽으로 일월산에 이르도록 널리

▲ 풋구장에서 보는 옛 부포의 들(부포마을지 추진위원회 제공)

펼쳐져 나가는데, 청량산록의 동쪽 변경을 이루는 이곳에서는 골짜기마다 에서 물을 실어 내 동계천에 합류시킨다. 동계천의 물길은 태곡마을의 서쪽 으로 나오게 되면 제법 너른 들을 펼쳐낸다. 그것이 귀단을 거치면 바로 부포, 부포의 너른 들은 이 동계천의 위아래에 펼쳐져 있는 것으로, 예안지 역에서는 둘째가라면 서러워할 정도의 넓이를 갖는 것이었다.

지도를 보면, 동계천은 부포들의 남쪽을 가르며 흘러나가 횃골 앞에서 낙강과 만나는 것을 알 수 있다. 청량의 정맥은 역동에 이르러서 발을 멈추 지만, 역동은 측면으로는 낙강을 흘려보내며, 정면으로는 부포들을 두고 멀 리서 동계천과 만나는 것이다. 그 사이의 너른 들이 커다란 한 마을을 품고 있었던 셈이다. 부포마을의 너른 들이 실제로 갖추고 있었던 풍경은 위의 한 장의 사진을 보면 실감할 수 있을 것이다.

청량산과 낙강과 동계천이 한데 어울려 남북으로는 역동과 횃골 사이 에, 동서로는 월천과 샘끝 사이에 펼쳐 내었던 풍요하고 아름다운 옛 부포의 모습은 오늘날에는 어디에도 실재하지 않는다. 오늘의 부포마을은 물과 산은 풍부하지만 인간의 삶은 잔재만으로 남겨져 있는 곳이다. 호수 저쪽에 떠 있어서 배를 통해 육지와 연결되는데, 배는 자주 출입할 일이 없는 곳, 물에 떠내려간 부포마을의 오늘의 모습이다. 이러한 부포마을을 앞에 두고서 우리는 '산천은 의구한데 인걸은 간 데 없다'는 절구를 되뇔 수조차 없다. 인걸뿐만 아니라 산천도 간 데 없는 곳이 부포마을인 것이다.

부포마을은 퇴계 이황과의 연관 아래서 그 영광이 설명될 수 있는 곳이다. 그러나 부포마을은 퇴계 이황의 족적을 바라보는 지점에서 조차도 밀려나 있다. 그 지점은 의촌마을이 차지하고 있는 것이다. 길이 또 다른 고갯마루에 이르러 본격적으로 호수 저쪽을 바라보며 달려 내려가서 멎는 곳, 그곳이 의촌마을이다.

의촌마을에서는 정면으로 도산서원과 시사단이 보인다. 이곳에서는 물도 호수의 모습으로 앞을 막아서지 않는다. 실타래 같은 낙강의 한줄기 물길이 호수와 만나는 지점이 이곳인 것이다. 물이 줄면 강이 보이고, 물이 일면 호수가 보이는 곳이 의촌마을이다.

부포마을은 의촌마을이 보이는 고갯마루에서 끝이 난다. 그 너머 의촌마을은 퇴계의 영역이고, 그 이쪽 부포마을은 물의 영역이다. 이 고갯마루 위에서 부포마을을 일견하고 선 나의 마음은 무겁기만 하다. 정체를 모를 스산함이 나를 사로잡는다. 이 고갯마루의 한쪽으로 비껴 들어가서 역동에 이르는 산길이 한없이 평화로운 풍경을 감추고 있다는 것만이 나를 위안하여 줄 따름이다. (윤천근)

10장

부포마을, 수몰에 담긴 아픈 상처들

1. 부포를 기억하는 일

마을 사람들의 생활세계를 알고자 한다면 같은 공간에 거주한 사람들의 이야기를 찾아나서야 한다. 하지만 개인적인 삶이 마을 전체의 대표성을 띨 수 있는가 하는 의문이 따라다닌다. 대표성 이전에 과연 그 기억의 정확성이 얼마일지도 미지수이다. 이런 점에도 불구하고 개개인의 체험 아래 깔린 기억을 재구성하는 작업을 시도하는 오늘날의 생애사, 구술사는 지역의 살아 있는 역사체험을 현장감 있게 전해 준다. 부포마을 사람들이 기억하는 이야기로 상처를 다독여야 하는 이 글에서 생애담은 중요한 실마리가 된다.

그런데 그 마을 경관과 산세와 물줄기를 말할 대상은 저 수면 아래 잠들어 있는데, 어떻게 공간을 들먹여 이야기를 풀어 갈 수 있단 말인가. 부포를 기억하는 사람들은 모두 공간을 기억하고 공간에서 있었던 일상의 소중한 일화를 풀어놓는다. 그 기억이 부포라는 공간 없이 재생될 수 없기에 다시 장소에 기대를 걸지 않을 수 없다. 과거 마을에 거주했던 사람이거나 현재 거주하는 사람을 망라해 발길 닿고 인연 닿는 대로 만나서 그들이 풀어내는 이야기를 듣는 일에서 부포 이야기는 시작한다. 최소한 부포 사람들이 살았던 삶이며 체험의 언어들과 만나야 한다. 특히나 안동댐이란 지축을 흔든 사건을 경계로 마을과 마을 사람들은 그동안 살아왔던 삶과는 매우 다른 삶을 살아가게 되는데, 이때 이들 이야기는 살아 있는 문학 현장이 된다.

고향을 잃어버린 사람들의 생생한 언어를 듣는 일은 불편하다. 먼지 쌓이듯 켜켜이 가라앉아 이제는 큰 장마가 아니고는 그렇게 마음 흔들리지 않을 이야기쯤으로 여길 시간이 된 것도 같지만, 언제나 수몰의 상처는 현

▲ 호소골 성성재에서 바라본 부포삼거리

재시각의 통증을 일으킨다. 없어진 고향, 사라진 고향을 두고 쓰는 짝사랑 연서는 부쳐도 받을 주소가 없이 떠도는 편지라는 사실을 부포 사람들은 이미 다 알고 있다. 알아도 너무 정확히 알고 있다. 1975년 안동댐이 완공되면서 그 전후로부터 이제껏 떨리는 손으로 쓰다 말다 그만둔 애끓는 마음이 벌써 37년을 육박하고 있다.

부포마을 이야기를 듣다 보면 두 부류의 부포 사람이 있다는 걸 느끼게 된다. 부포를 떠난 사람과 부포에 남은 사람이 그렇다. 부포를 떠나 살던 사람에게 사라진 고향은 그리움의 대상임에 분명하다. 늘 가슴 한 구석이 허전한 이유란 깊어진 그리움을 두고 제대로 그 깊이를 헤아릴 수 없도록 차단당했기 때문이다. 가끔 사라져 가는 고향을 두고 탈향을 선택한 의지가 무모하지 않았을까를 묻는 물음도 고향 부재와 같은 밀도로 밀려드는 실향민의 비애를 감당하지 못할 때 일어나는 마음이다. 또 하나의 축으로 부포에 남은 실향민의 상처도 똑같이 깊다는 것이다. 마을에 물이 들어가는 과정을 지켜봤던 그들은 떠날 수 있었던 실향민의 선택이 부러웠을지 모를 일이다. 떠나지 못한 아쉬움이 그런대로 위안이 되는 일은 고향 울타리 안에 그럭저럭 살아가면서 묻힌 고향이 현재적인 기억으로 머물 때만 가능하다. 이제 수몰된 고향을 두고 그리움을 드러낸 부포 사람들의 이야기 속으로 들어간다.

2. 눈물로 쓴 수몰일지

본격적으로 물이 들기 시작하자 이태원은 그날그날 물이 차오르는 정도를 떨리는 마음으로 기록을 해 두었다. 물의 속도를 떨리는 몸으로 감당하며 힘겨워했을 마음이 곳곳에 보인다. 이 간략한 기록은 동네 집들과 밭이 하나둘 물드는 상황을 구체적으로 짐작할 수 있는 귀한 자료이다. 무조건 동네를 떠나야 하는 억울함을 점차 수위를 높여 가는 물살에게 던질 수 없으니, 그 불어나는 물을 감시라도 해야겠다는 마음이 들기도 했을 것이다. 매일 진군해 들어오는 물살을 상대로 뒤로 물러서는 일 말고 할 수 있는 일이란 없는 싸움, 그 싸움에서 끝내 호소골까지 밀려나 두 손 들고 고향을 떠나야 했을 그 절망의 흔적을 더듬어 내려간다. 이 수몰일지는 폭우가 쏟아지기 시작하던 1976년 8월 14일부터 마을길이 물에 잠식되어 완전히 사라지던 9월 11일 오전 8시까지, 29일 간의 긴박했던 상황을 다루고 있다.

물이 예사롭지 않게 불어날 징조를 보이던 1976년 8월 14일에는 당시 인기 있는 권투 중계가 있던 날이었다. 마을에 유일했던 텔레비전 앞에서 염

동균과 자모라의 시합을 시청하며 어수선한 마음을 달래던 사람들에게 더 이상 위로의 시간은 다시 오지 않았다. 이날을 기점으로 물은 거리낌 없이 밀려들었고 동네 사람들은 쫓겨나기에 바빴다. 큰 비를 예상하지 못했던 그들은 가을걷이를 끝내고 이별의 회포를 풀 생각도 같이 하고 있었으나 마음으로 그치고 만다. 어린 시절부터 강가에서 물놀이를 하며 자라난 사람들 가운데 수면에서 거품이 부글부글 끓어오르는 현상이 무엇을 말하는지 모르는 사람은 없다. 강 수위가 급상승할 때면 으레 나타나는 일이었다.

권투 시합을 관전하던 그 흥성거림과 즐거움은 물밑으로 가라앉아 버렸을 것이고 쏟아지는 빗속에서 사람들은 망연자실했을 거다. 수몰일지를 남긴 그때 청년은 물을 물끄러미 처다보는 일행들을 뒤로하고 조용히 혼자 돌아서서 더 이상 버틸 곳이 없는 땅을 향해 기막힌 절망을 혼자 감당한다. 모두들 숨소리도 제대로 내지 못하고 물살의 흐름만 처다봤을까. 차오르는 물의 위력을 조금이라도 가라앉힐 방법은 없을지 조바심을 냈을까. 조만간 다시는 발로 밟아 볼 수 없고 만져 볼 수 없는 땅에 대한 기억을 위해 몸부림이라도 치고 싶어 했을까. 절망감에 먹혀들어 아무 것도 못하고 그저 멍하게 물을 처다보는 것으로 그쳤을까.

물이 차오르는 과정에서 청년 이태원이 감당하며 써 내려간 기록들을 들여다본다. 다음 날(15일), 벌써 예안과 부포를 잇던 잠수교는 영원히 잠수된다. 아침을 먹고 남강 끝머리에서 수위를 살펴보니 무서운 속도로 강물이 불어나 마을 들판으로 차오르고 있었다. 첫날 놀랐던 가슴이 진정될 리 없지만 날이 갈수록 물은 차오를 뿐이란 걸 서서히 실감하기 시작한다. 물이 줄어들지 않고 계속 차오른다는 현실감이 두렵게 생겨나기 시작했을 것이다. 그 두려움 때문에 이른 아침 수위를 파악했지만 아무 것도 할 수 없다는 현실과 대면할 뿐이다. 급하게 이사를 준비하는 일 말고 할 수 있는 일이란 끝없이 좌절하거나 노여워하는 일이 아니었을까.

16일부터 담수 소식은 인근에 파다하게 퍼지고 부포 사람들은 불안한 마음을 잡을 길이 없게 된다. 풍문에 전해진 소식은 끔찍했다. 예안장은 수몰된 구 장터의 물을 구경하는 사람으로 북적거렸다는 것이다. 불어난 물은 줄어들 기세를 전혀 보이지 않았으며 위협적인 속도를 늦추지 않았다. 17일부터 마을 사람들은 술렁거렸고 물이 차오르는 실감으로 불안해졌다. 고통으로 가는 길에 물이 들어 전 면장 이직호의 과수원 일부와 이창희의 추수하지 못한 밭을 길로 사용했다.

19일, 길이 사라져 금용익의 승용차는 예안을 경유해서 부포로 오지 못하고 임동으로 돌아왔다. 20일, 맑은 날 오후 1시경에 김용우, 박정무, 이정호, 금창익, 이원모, 이태원 등은 차례로 이사를 황망하게 떠났다. 수위는 마을 표지석에서 수창밭 입구까지 차올랐다. 22일, 수위는 인포 새방천 중간까지 차올랐다. 부포의 전상락, 신일선의 집 앞길은 아직 사람이 다닐 수 있지만 조만간 물에 잠기고 말 것임을 추측하고 있다. 26일, 흐린 날 동력선이 사창거리로 아침 8시에 들어왔고, 27일, 다시 밤사이에 폭우가 쏟아져 부라원 주변은 섬이 되어버렸다. 진밭에 있던 이태원의 논이 물바다가 되고 이수창의 밭 입구까지 차오르던 물이 밭을 삼키면서 길도 사라졌다. 이때부터 댐 공사를 위해 닦았던 이설도로 위에 움막이 들어서고 밤낮을 가리지 않고 집이 뜯겨져 나갔다. 28일은 금동수 집의 원목을 뗏목으로 운반했다. 3시경 이선필 집이 무너진다. 밭에서 일하느라 늦게 임시선착장을 이용해

▲ 가름골 들판과 동네로 들어가는 길

서 도착했을 때 이설도로 밑으로는 이미 물바다가 되어 있었다. 흐리던 29일, 원들은 완전히 물바다로 변했고 수위는 계속 차오르고 있었다. 장현석의 논과 강춘섭의 땅콩밭도 삼켰다. 이태원은 가름골 손씨 재사 아랫방으로 남은 짐을 옮겨 두었다. 30일, 남은 짐을 모두 가름골로 옮겼고 수위는 이원광 집 앞까지 차올랐다.

수몰기록은 16일부터 30일까지 마을 곳곳이 수몰되는 상황을 중계하듯이 쓰고 있고, 31일 이후부터는 이태원의 집을 파옥하는 과정이 중심에 놓인다. 31일, 지은 집을 23년 만에 헐면서 "내 손으로 파옥이요"를 외쳤다. 아무리 시간이 흘러도 가슴 미어지는 상황이 아닐 수 없다. 물이 초등분교장 입구까지 오르자 마음이 다급해져 조부의 반대를 무릅쓰고 집 뜯기를 시작했다. 주변의 물에 잠긴 집과 쓰러지고 넘어지는 집을 보면서 집을 뜯어 옮기지 않을 수 없었던 것이다. 이때 금용익, 전주락의 도움을 받아 옮겼다. 다음 날 9월 1일 원채의 기와를 내리고 산자를 묶었다.

    이태원은 조부의 심정을 가슴 아프게 헤아리고 있었다. 조부는 넋이 나간 표정으로 고향을 떠나가서야 했는데 산모퉁이를 돌아가실 때 눈물까지 보이는 아픈 탈향이 시작되었다. 그때 조부는 수몰민으로 남은 생을 살아야 한다는 생각, 타향거리에서 정 붙일 곳이 없어 배회할 앞날을 내다보고 계셨을 거다. 고향 생각이 지워지지 않을 당신의 삶을 두고 헛헛한 마음을 가누지 못해 눈물까지 비친 것이다. 객지에서 살다가도 돌아와야 할 고향을 두고 늦은 석양의 몸으로 뉘엿뉘엿 낯선 곳으로 나서는 발걸음은 얼마나 무거웠을까. 그 몸 위에 얹힌 마음은 천금의 무게로 사정없이 짓눌렀다. 부포를 떠난 어른들의 심경은 조부의 아픔과 다를 것이 하나 없었다. 고향을 떠나는 날 기록에 '마음의 진정을 찾아야 한다'는 글귀를 보니, 조부와 함께 떠나야 했던 장손에게도 충격의 여파는 같은 질감으로 당겨졌을 거다. 이날 수위는 임상국의 집 뒤, 강정섭이 농사짓던 논까지 차올랐다.

    9월 2일, 아침 식전에 집 전체를 완전히 파옥했다. 뒤뜰의 도라지밭, 샘터가 각별하게 기억나지만 그조차 오래 생각할 시간이 없다. 집 안과 주변의 나무들을 보고 선친의 정이 생각나 울컥한 마음을 달래지 못한다. 이날 파옥을 마무리하고 이사에 신경을 모은다. 원채 원목을 운반하고, 주춧돌을 옮긴다. 심하게 내린 비에 지촌 숙모집이 무너졌다. 물은 이제 이원창의 집 앞 논의 벼 이삭만 보일 정도로 차올라 박경무의 밭 입구까지 올라왔다. 4일 오전에 박경무의 밭 일부가 물에 잠기고 오후가 되니 밭 전체가 보이지 않는다. 이원모도 집을 파옥한다. 6일, 물길이 중마을 밤나무 밑에까지 와서 다니지 못하게 되어 마지막 짐을 꾸려 가름골로 올라갔다.

물이 목전까지 차오르도록 고향을 떠나지 못하고 살았던 사람들의 수몰 직전의 긴박했던 장면들이 스쳐 지나간다. 왜 좀 더 일찍 살 곳을 마련해서 떠나지 않고 그렇게 위험하게 물을 기다리고 있었을까. 풍족하지 않은 보상 금액으로 쉽게 터전을 떠나기 어려웠던 사람들 대부분이 물이 차올라 도저히 살 수 없을 때까지 버틴 것이다. 거기에 쉽게 마음을 내지 못한 어른들의 설움이 한몫했다. 고향을 등지고 살 수 있는 정서가 부재했다. 늘 고향은 돌아오는 곳이었으니, 완전히 떠나고 다시는 돌아올 수 없다는 절망 앞에서 떠날 결단을 내리기 어려웠을 수 있다. 물이 떠밀 때까지 건디고 있었다. 물이 완전히 떠밀어 발을 내디뎌야 한 날이 바로 9월 6일, 더 이상 어떤 마을길도 보이지 않고 다닐 수도 없이 수장된 날, 그날 차마 떠나지 않을 수 없어 떠나기 시작한다. 8일은 추석 달이 훤하게 올랐으나 물이 삼킨 마을 위의 만월은 헛헛했다. 수위는 이호걸의 집 앞 낮은 길 위까지 올라와 성헌이네 깨밭 일부까지 잠겼다. 물은 침묵 속에서 저음으로 차오르며 밭을 삼키고 집을 헐고 쓰러뜨렸다. 긴장 속에서 신음하는 사람들 머리 위로 둥근 추석 달이 떠올랐다. 10일, 배수 영향으로 물이 잠시 빠진 자리는 이미 갯벌로 변해 있었다. 11일, 아침 8시 30분경 부포의 모든 길은 수면 아래로 잠겨버렸다.

태어나서 자란 고향이 물에 잠겨 들 때의 심경은 이 일지에 자세하게 나오지 않는다. 다만 집을 뜯고 차오르는 물을 피해 안동으로 이사를 가는 상황에서 할아버지가 보인 눈물을 통해 조금이나마 짐작할 뿐이다. 이 수몰 일지를 쓰면서 청년은 생이란 무엇이며 삶이란 도대체 어떻게 살아야 하는

가를 물었을까. 이 부당한 현실을 누구에게 호소하며 무엇으로 보상을 받을 수 있으며 어떤 대가를 지불하고 상처를 다독일 수 있는가를 수없이 물었을 것이다. 안동댐의 역사 안에는 이렇듯 삶의 터전을 몽땅 잃어버린 사람들의 희생이 아프게 놓여 있다. 이들의 멍든 가슴은 다른 상처 위에 포개져 위로 받은 적이 없다. 고향이 애틋할수록 기반이 더 허약했을 사람들의 아픔을 마을 이야기에 담아 푸는 일은 소중하다. 그러나 수몰 당시 이야기를 아프게 기록한 한 사람의 노력이 없었다면 이렇게 자세하게 전달하지는 못했을 것이다.

3. 안동댐 보상을 둘러싼 이야기

보상 과정에 불거진 불만을 드러내다가 낭패를 당한 주민은 누구도 선뜻 나서려 하지 않았다. 그 울분과 한은 두고두고 가슴을 답답하게 내리누르는 심적 상처의 원형이 되었다. 스스로 자기검열을 하게 되고 어디서든 불만을 드러내지 못하는 사람이 되어 살았다. 보상금을 챙길 여력이 있던 사람들은 모두 살 곳을 마련하여 떠나가고, 반면 떠날 수 없어서 남았던 사람들에게 목숨이야 살아지는 일이기에 죽음 반대편에서 살아가는 자동사였던 것인데, 그들에게 고향의 가치가 고귀하거나 대단했을 근거는 너무 희박해진다. 그 희박함의 근원에서 고향을 지켜 내는 현실은 만만한 것이 아니다.

수몰 이후 '죽지 못해 살았다'거나 '사는지 모르고 살았다'거나 '그케 살았는 것이 신기한 것'이 된 남은 자들의 삶을 돌아보는 일은 너무나 조심스럽다. 얼마나 어려웠을지 가늠하기 힘든 생존의 틈바구니에서 그래도 낙동강을 외면하지 않고 살아온 그분들에게 고향은 생생한 생존 현장이지 추억일 수 없다. 여전히 수몰의 상처는 아물지 않았고 어려운 일이 생길 때마다 덧나는 상처가 되고 있을 거다. 당시 토지보상은 상답 기준으로 논 한 평당 2,450원, 밭 한 평당 1750원이었다.(안동에서 예안까지 택시를 타면 1,500원, 예안 토방의 색시가 한복 입고 봐 오는 술상이 1,500원이었다.) 자기 땅이 없이 소작하던 사람에게 이주비가 없지는 않았으나 없는 것과 다르지 않았다. 품 팔고 남의 집 토지 부치던 사람이 동네 사람의 절반은 충분했다고 하니 이 딱한 사정을 어떻게 풀었을지 안타깝다. 이 현상을 두고 일제징용 가는 일과 뭐 그리 다르냐고 목청을 높여 보지만 이미 흐르는 물처럼 흘러간 이야기이니 더욱 쓸쓸하게 들린다.

  턱없는 토지보상가를 두고 맥없는 소리 한번 제대로 못 내고 바삐 마을을 떠나갔는데, 너무나 서글픈 것은 이별의 인사를 나누지 못한 것이다. 1976년 8월 중순 가까이 쏟아진 폭우로 물이 갑자기 불어났고 남아 있던 사람들은 아무 대비책이 없었으니, 너나 할 것 없이 황망하게 떠나가는 일에 분주하고 집안 살림 정리와 가을걷이에 정신없었던 동네 사람들은 술잔을 돌리며 마음을 나누기는커녕 마지막 인사도 하지 못한 것이다. 8월 14일 갑자기 물이 불어나 화들짝 놀라 마을을 급하게 떠나게 된다. 폭우를 예상하지 못하고 가을 농사짓고 풋구라도 먹자며 이야기를 나눴으나 물이 들자 삽시간에 흩어지고 말았다.

  1980년이 되어서도 물 든 집을 그대로 두고 살았던 경우도 있다. 현재는 한 집이 살지만 당시는 6~7가구가 여전히 고향을 지키고 있었던 역동 이야기는 가슴이 아프다. 예안면에 초임 발령받은 면사무소 직원은 군청에서 나왔다며 역동 사람들을 속이고 물이 든 집을 걷어 내는 일을 했다. 배를 몰고 1㎞는 족히 들어간 물속에서 집을 철거한다. 물이 들어 차오르니 건물은 힘이 없어 담배건조실 기둥에 줄을 매어 당기자 그대로 허물어졌다. 언덕에도 사람이 살고 있었는데 처마로는 물이 찰랑거리고 방안에도 물이 흠씬 젖어 있었다. 보상을 받아도 새로운 터전에다 살림 밑천을 마련하기는 역부족이고 또 조상이 묻힌 땅을 쉽게 떠날 배포도 없었던 사람들 이야기이다. 형편이 어렵던 사람들은 대체로 그대로 물 든 동네에서 언덕으로 옮겨가 살았다. 물이 어느 정도 들어도 물건만 빼내 비닐하우스를 만들어 보관해두고 생활했다.

마을에 남은 사람들 중 많은 이가 물이 차오를 때 눈물을 참지 못했다고 전한다. 속상한 말은 못하고 해 봐도 되지도 않았다. '참는 데 이골 났다'는 그들은 정부가 정해 둔 보상금을 군청까지 찾으러 갔을 뿐 요즘처럼 의사표시를 할 시절도 못 되었다고 덧붙인다. 당시 사정을 좀 더 자세하게 묻거나 그때 심정을 얻어 보려고 질문을 하면 손사래를 치며 거절한다. 아직도 수몰보상가격을 두고 받은 상처가 아물지 않았고 정부를 향해 개인의 불만을 이야기하면 손해를 받는다는 경험이 있기 때문이다. 민생 문제 푸는 일을 중요하게 여기지 못했던 군사정부 시절 수몰민이 받은 고통은 중층적이다. 실향의 상처와 적절하지 않은 보상가, 그리고 아픈 마음을 어디다 하소연할 곳이 부재한 현실에서 수몰민들의 애환은 누가 적절하게 위로라도 해 주었을지 의문이다.

엎친 데 덮친 격으로 수몰 후 부포는 교통이 두절된 육지의 섬이 된다.

▲ 호소골 아랫마을 못 둑까지 들어온 낙동강물

이때 이동좌와 몇몇 사람들은 마을에 다리가 필요하다는 진정서를 준비하는 과정에서 놀라운 일을 경험한다. 물이 차면 길이 막혀 다닐 수 없게 되니 군청을 찾아가 해결책을 요구하자 담당 직원은 설계도를 보여 주며 배를 이용할 수 있다고 설명한다. 그러나 보상은 끝나고 댐 공사도 완전히 마무리된 뒤, 배를 띄울 수 없다는 사실을 알게 된다. 동네에 남은 사람끼리 회의를 거쳐 월천서당에서 부포선착장까지 1km의 다리 건설을 요청한다. 다른 동네, 삼계, 이촌 등의 도장까지 받아 진정서를 군, 도, 국회, 건설부, 수자원공사, 정부청사로 각각 보냈다. 국회에서만 회신이 오지 않았다고 한다. 동장과 함께 마을 사람 여섯 명이 군청과 수자원공사에 이야기하러 갔으나 군에서는 한 마디 답변이 없었다. 그날 밤 안동에서 자고 있는데 사복 경찰이 동장을 연행해 가고 다른 여섯 명도 꼼짝하지 못하게 된다. 이때 부포 사람 아무개가 뒷심을 발휘해 3일 만에 집으로 돌아올 수 있어서 불행 중 다행인 적이 있었다.

부포에서 보상을 가장 적게 받은 사람은 재산도 없고 남의 집 곁방에 살면서 품을 판 사람으로, 28,300원을 받았다. 돈의 값어치는 현재 2,800,000원 정도로 추산할 수 있다. 이 돈으로 어느 곳에 가서 안정적으로 정착할 수 있었겠는가. 수몰민들의 비애는 실향이 단연 가장 큰 상처이지만, 삶의 터전을 다시 마련해야 하는 사람에게는 경제적인 문제가 가장 심각하다. 토지 없이 남의 땅만 부치던 사람들을 배려하는 정책이 완전 부재했다. 그들은 갑자기 삶의 기반을 모두 잃어버리고 거리로 내몰린 경우가 되었던 것이다.

부포를 떠난 사람들은 친인척을 찾아 각기 흩어진다. 이동좌는 은근하게 마을 자랑을 보태는데, 당시 좀 세상에 밝은 사람들은 학교를 예안고등학교를 안 가고 거의 다 안동이나 대구, 서울로 유학을 떠날 정도로 일찍 깨인 곳이라고 강조한다. 예안면사무소 직원들도 동네에 협조를 많이 했다. 실제 운동회 때 다른 동네보다 잘하기도 했고 단합도 특별했다. 면서기도 놀다 가고, 술도 한 잔 같이 나누고, 면장도 수몰 전에는 자주 다녔다고 한다. 신용균 전 예안면장은 여름에 출장을 나오면, 와이셔츠 하얀 옷을 그대로 입고 보리타작을 도왔다. 그는 옷은 빨면 된다고 하면서 불편해하지 않았는데 그 모습을 보고 면 직원들도 일을 함께 도왔다.

수몰과 이주는 과거에 국한된 몇몇 이야기가 아니다. 2011년 현재, 평은댐 공사로 주변 사람들 역시 이주를 해야 하는 문제에 봉착해 있고, 주민들은 적정한 보상가를 원하고 있을 것이다. 요즘 정부는 비교적 주민과의 협상을 통해 문제를 풀어 나가는 자세를 보이지만, 군사정부 시절 국가주도사업을 두고 개인의 의견이 반영되는 일은 쉽지 않았다. 더구나 민의 역시 깨이지 않아서 주어진 대로 보상비를 받는 것을 당연하게 여기는 풍토였다. 부포마을 사람들도 수몰지의 보상책정가가 당시 시세에 못 미쳐도 개인의 불만을 침묵으로 받아 내는 일 외에 다른 것은 선택하지 못했다. 그 응어리가 아직도 남아 있어서 수몰민들의 마음은 상처투성이이다. 국가가 필요한 사업을 강행하면서 주민들의 고향이 사라졌을 때, 그것을 제대로 위로하고 새롭게 살아갈 수 있는 터전을 마련해 주는 것이 마땅한 도리일 텐데, 왜 그렇게 하지 않았을까. 넉넉하게 책정하기 어렵다면 주민들이 억울하게 생각하지 않을 적정한 가격선을 정해야 했는데, 왜 국가는 하지 않았는가 혹은 하지 못했는가를 다시 생각하게 된다.

4. 부포 사람들의 옛 시절을 돌아본 이야기

1) 부포 새댁의 옛 시절 회상

이동주 할머니가 내방가사 모임에 처음 나가게 된 사연은 며느리, 딸네 계에서 다실댁이 가져온 가사를 잘 읽는다고 이선자 회장을 소개받으면서 시작된다. 옛날 가사가 실린 두루마리 상자가 있었는데 도둑이 들어 잃어버렸다. "시조모는 17세로 혼자되어 가사를 많이 지어 놓았고, 시어머니 시집올 때 가져온 것, 내 시집올 때 가져온 가사 등, 문안지, 사돈지, 가사를 들기름을 매겨 안 부풀도록 해서 시집올 때 정성 엿고리에 넣어 뚜껑 덮어

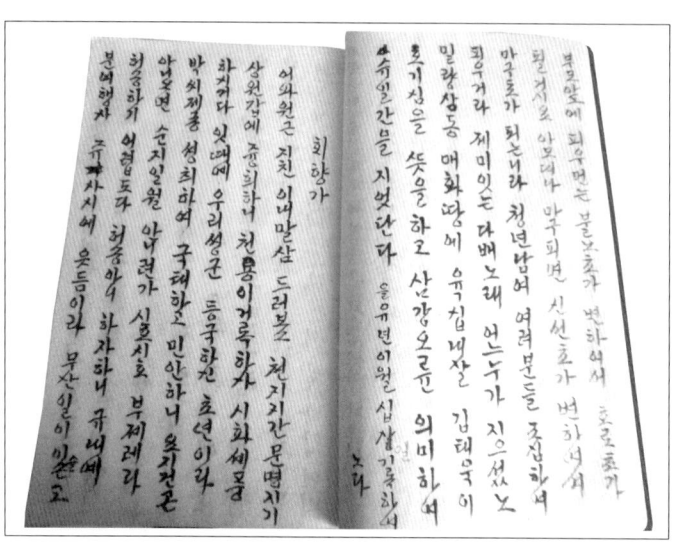
▲ 이동주 할머니가 필사해 둔 가사집 중에서

놓았는데 알맹이 빼서 훔쳐 갔다. 또 살던 집은 불이 나서 가사책은 고사하고 남은 것이 아무 것도 없다"고 하신다. 불 때다 남은 불씨가 옮겨붙어 노인 혼자 뭘 할 수가 없어 황망해 하던 차, 동장이 신고를 대신했다. 시중 조부가 지은 정자에 의탁해 지금까지 지내시며 새로운 집 지을 계획에 미소가 번져 있다. 내방가사경창대회를 매년 참여해 수상도 하는 할머니의 가사 창을 들으러 전국에서 가끔 손님이 찾아온다.

엄밀하게 할머니는 수몰민이 아니다. 물이 든 땅은 보상을 받았으나 조상 묏자리도 여전하다. "수몰되기 전 얼마나 오지게 잘살았다고," "사당은 옮겨 놓고 갔지." "금씨 종가는 지금 자리로 왔고," "기와집들은 물에 여부고, 몸둥이만 갔다." "다 이사를 미리 준비해서 가 버리고. 물이 들어부이 실제로." 그때는 조상 대대로 살아온 터전이라서 움직이지 않았으나 집안 사람들이 모두 떠나가니 혼자 남아 외로우시다. 의촌 섬마의 친정은 물이 들어 모두 대구로 떠나가고 혼자 남았다.

시아버지가 몸이 불편해 동네 손님이 집으로 찾아오는데 몇 분이나 오셨는지 모르기 때문에 사랑채 마루 밑 신발을 보고 점심을 준비했다. 한번은 점심 밥상을 들여야 하는데 사람들이 없어 새댁이 직접 손님께 드렸더니 시아버님이 고맙다는 인사를 하셨다. 남녀의 내외가 엄했던 시절에 새댁의 용기를 격려하신 것이다. 집에서 정자까지 거리가 먼데 시아버지가 계신 정자까지 매 끼니마다 밥을 이고 날랐다. 겨울에는 물을 짤짤 끓여 밥, 국, 찬의 보온을 유지하려 해도 식었다. 제사 지내면 한밤중이라도 비빔밥을 챙겨 드리기도 했다.

옛날 농사는 봄에 풀을 베 논에 넣고, 가을에 풀을 마구에 넣어 거름을 내느라 농사일이 너무나 힘들었다. 디딜방아를 찧어 가면서 열한 번 제사를 지내느라 오십이 되도록 대문 밖을 모르고 살았다. 단오 때 그네를 동네에서 매기는 했으나 새댁 시절에는 그런 거 모르고 제사 준비하느라 밤새 일을 했다. 직조틀로 베를 짜고, 정부에서 나오는 실이 있어 그것을 명 나듯이 날아 가지고 베를 짰다. 친정에는 틀이 있었는데 시댁에는 없어서 틀 있는 집에서 빌려서 했더니, 시집오던 다음 해 4월 시어른이 마당의 나락을 팔아 틀을 사주셨다. 겨울 빨래, 섣달 대목 밑에 홑이불 아홉 열 채를 씻고 나면 덧정이 없다고 추억하시는 할머니는 호소골 서재 앞으로 흐르는 도랑의 언 물을 깨고 씻는데 시조모, 시아버지, 시어머니 앞으로 한 버지기씩 광당목, 무명옷을 쇠죽솥에 잿물 받아 삶아 씻자면 옷으로 도랑이 가득했다고 하신다.

"이꾸 편한 세상, 그때는 왜 그랬노." "시집만 오면 그 집에 매게부면 꼼짝 못하는 게래." "그래 살았는데 뭐가 불편한동 꺼뜩하면 사니 못사니 한다고." 아들 낳으려고 딸 일곱을 둔 할머니는 딸 시집보낼 때, 이혼은 용서를 못한다고 못 박고 시집보내서 아직 잘 살고 있다고 하신다. '우리 엄마도 살았는데, 그 시 넘기면 괜찮지 뭐'라고 위로하며 딸들이 잘 살아 줘서 흐뭇해하신다. "남자라는 건, 다 비슷비슷하다. 지가 잘하면 된다. 술주정과 폭력이 없다면 다 맞춰서 살면 된다"고 하시지만 젊은 사람들에게는 이해가 잘 가지 않는 대목이다.

스무 살에 시집와서 내년이 팔순이 되는 이분의 시집살이 이야기를 들어 보니 옛 부포의 넉넉한 인심과 생활이 살아 나오는 듯하다. 시집살이 돌아보니 몸서리난다고 하시면서도 요새 젊은 사람들이 인생의 고비를 잘 넘기지 못하는 것을 엄하게 나무라기도 하신다. 시집오고 사십 년 넘도록 제사를 챙겨 지냈는데, 불과 20년 만에 세상이 변했다고 하신다.

2) 가난했던 그 시절의 추억들

부포에 살던 사람들 여럿이 같은 놀이를 기억하며 즐거워하는 것은 같은 공간에서 비슷한 시간대를 통과한 추억이 있기 때문이다. 이들은 유년의 놀이를 잘 전해 주었다. 단옷날이 되면 성성재종택 옆 소나무에 그네를 매고 추천을 했다. 동네에서 짚을 추렴하여 청년들이 그네를 엮어 매달았다. 단오 때 보리베기, 다리씨름도 빠지지 않았다. 정월대보름이면 동제를 지내는데 이때 유사가 되는 사람은 며칠을 근신하고 목욕재계했고 제사가 끝나면 아무리 적은 음복이라도 집집마다 모두가 나눠 먹었다. 쥐불놀이를 부포에서는 불싸움이라 칭했다. 깡통에 소똥 말린 것을 넣어 빙글빙글 돌려서 들에 불도 놓고 마을의 편을 갈라 즐겨했던 놀이다.

아이들의 놀음은 여름날 강변에서 주로 이뤄졌는데 대장날라리라는 놀이는 대장, 중대장, 소대장, 대원으로 나눠 찾아내던 일종의 숨바꼭질이다. 철마다 서리가 빠질 수 없던 아이들의 놀이는 먹을 것과 연결되어 있었다. 부포에도 수박과 참외서리, 보리서리, 닭서리 등이 소년들의 중요 놀이였다. 먹을 양식이 떨어지면 보리 이삭이 패도록 기다려야 하는데 그럴 때 팥잎, 콩잎을 지난 가을철에 말려 보관했다가 보리고개를 넘을 때 죽을 끓여 먹었다. 예안장에 있던 소전으로 동전을 주우러 가면 소똥을 밟아도 더럽지 않던 기억이 남아 있다.

집안 형편이 어려웠던 이야기에 따르면, 한번은 엄마가 일하러 간 집에 음식을 얻어먹으러 갔다가 귀싸대기를 맞고 돌아온 적이 있다고 한다. 남의 집 이바지 음식을 하는 어머니는 그 모습을 아이들에게 보여 주고 싶지 않았을 것인데 철없는 아이들은 맛있는 음식 생각만 하고 엄마를 찾아갔던 모양이다. 혼찌검을 내서 다시는 얻어먹으려는 생각을 못 하도록 교육을 시킨 어머니의 깊은 마음이 보인다. 여러 남매인데, 누나들도 돈을 받지 못하고 종일 일만 해 주고 집으로 돌아와도 밥 얻어먹는 일로 만족해야 했다. 당시 부포에도 남의 집 밭과 논을 부치며 살았던 사람이 많았다.

어려운 집안 살림살이를 이기느라 초등학교 6학년 때부터 술도가 술 배달을 해서 용돈을 벌었다. 물론 늘 돈이 돌아오는 것은 아니고 빵을 줄 때도 있고 100원을 주기도 했다. 술도가에서 내준 술배달용 자전거에 빈 술통을 싣고 학교에 가서 공부가 끝나고 돌아올 때 막걸리를 가득 싣고 배달하는 일을 했던 거다. 중학교 3학년 때 육상을 잘해 고등학교를 특기생으로 보내 준다는 학교의 설명이 있었지만 방 얻을 돈도 없고 먹고살 것도 없어 꿈꿀 수 있는 처지가 아니어서 학업을 포기하고 이때부터 촌에서 남의 집 일을 해서 하루하루 먹고살았다. 품값으로 하루를 겨우 버티던 시절이었으나 취직을 하면서 살림살이가 펴지지 시작한다.

예안면 가을체육대회를 하면 부포 동민들이 1등을 도맡아 했다. 예안장터의 아이들은 텃세를 좀 부린 모양인데 부포 아이들은 그렇게 괴롭힘을 당하지는 않았다. 부포 사람들은 조상덕이라고 생각했다. 번지골에서는 늑대가 더러 나타나기도 했는데 그럴 때면 동네 아이들은 삼삼오오 짝을 지어 학교를 다녔고 덩치가 큰 형들이 앞서서 걷곤 했다. 혹시 흙 퍼붓는 살쾡이, 톳재비가 보이면 혼비백산 도망가기 바빴다. 마을 포수가 노루를 잡아 오면 어른들이 그 노루피를 마시던 일, 나병 환자들이 떼로 몰려다니며 동네잔치, 집안 제사를 챙겨 음식을 얻어 가기도 하던 일들을 두루 전해 주었다.

5. 부포 이야기를 전하는 사람들

조상을 추억하고 기리는 일을 자손의 도리로 알고 사는 이원정은 어려서는 부모를 잃고 중년이 되어서는 고향마저 물에 잠겼다고 안타까워한다. 부포는 수리시설이 좋아 진밭에 벼를 심었고 사질양토 남강들에 수박, 참외, 우엉, 지황, 황기를 심었으며, 삼을 갈아 안동포도 짜낸 곳이다. 가름, 역동은 담배농사를 짓고, 사창거리에는 과수원이 많았다고 하니 부포의 들이 얼마나 풍족했는지 짐작할 수 있는 대목이다. 이런 고향을 물에 묻었으니 그 마음이 어떨까 헤아리기 어려울 정도이다. 많은 농사는 품앗이로 지었고 여름에는 풋구잔치를 벌여 고된 노동을 쉬어가기도 했다.「누구나 그리워하는 고향」(이원정,『장지문 사이로 환한 햇살이』, 좋은책만들기, 1999)에서 "고향도 어머니와 같다. 아무리 교통이 불편하고 땅이 척박하고 살아가기 힘든 고향이라도 고향은 내 고향이 제일이다. 한때는 고향에 등을 돌렸다가도 나이 들고 형편만 웬만하면 고향으로 돌아온다. 이것을 환고라 한다"라며 고향 이야기를 즐겨 하고, 여러 지면에서 고향에 대한 애틋한 마음을 보여주고 있다. 또한 〈부포소년단노래〉(1958), 〈부포청년회가〉(1960)를 작사하기도 했다.

지금은 서울에 사는 이동혁에게 고향은 너무 아스라이 멀다. 어머니 등에 업혀 고향을 뜬 것이다. 그 사정은 아버지의 사상 문제로 일본 경찰이나 순사가 자주 집을 찾아와 행패를 부리니 어머니가 고향을 떠날 결심을 하게 된 「어머니 등에 업혀서」(이동혁,『내 생애의 편편상』, 교육과학사, 2009)에 잘 나타나 있다. 고향을 떠나서 어머니 홀로 자식 키우며 고생한 이야기가 잘 전해지는 글이다. 또 이 책에는 이원정의 글 「선물받은 고향사진」이 실려 있다. 이동혁이 다래에서 부포마을을 사진으로 찍어 이원정에게 선물한 것을 기억한 글이다. 안동댐 공사가 확정되면서 마을이 수몰될 것을 두고 걱정하는 마을 청년들의 마음이 나온다. 부라원루에 모여 서로 마음을 터놓고 이야기를 하는 장면이 있다. "자네는 물이 들어오면 어디로 떠날 생각인가? 막연하지 뭐. 우리 같은 사람이야 배운 게 없으니 그저 막막하네. 우리같이 남의 논밭 부쳐 먹던 사람이야 보상 받을 돈이 있나 뛰도 걸도 못하게 생겼네." 1960년대 중반의 가슴 아픈 이야기를 기록하고 있다.

이동렬은 1966년 전공책 몇 권과 낡은 사전 한 권, 그리고 전 재산 60달러를 들고 캐나다로 유학을 떠나 그곳에서 32년 넘도록 살다가 1999년의 우연한 전화 한 통에 한국으로 돌아와 이화여대에서 재직한 사람이다. 유명한 서예가로 활동하는 그는 속기(俗氣)를 벗어나려는 욕심에서 서예를 배웠다고 한다. 「청고개를 넘으면」(이동렬, 『청고개를 넘으면』, 선우미디어, 2010)은 부포리 역동, 고향 가는 고갯길 이름에서 '이 세상에 자기 고향이 아름답지 않다는 사람이 있으랴'라며 이중환의 『택리지』를 소개하면서 그리운 고향 역동의 자연을 풀어낸다. "역동 집은 청고개를 넘으면 늘매 들판을 지나 낙동강을 건너면 바로 강가, 100년이 훨씬 넘는 소나무 군락 속에 있다. 예안초등학교를 다닐 때 늘매 사는 같은 친구와 함께 청고개를 넘어 다녔다. 봄이면 진달래를 꺾고, 여름에는 학교 가다가 신고 있던 고무신을 신작로 벽에 높이 던져 올리는 것이 우리 산골 아이들의 오락이었다. 그러나 나는 운동신경이 둔해서 한 번도 기록을 내지 못했던 것으로 기억한다." 그의 이런 고향 사랑은 가곡 〈청고개〉 창작으로 이어진다.

강동섭은 어릴 때 부포를 떠나 인천에 살면서 1981년부터 부포분교가 폐교될 때까지 어린이날을 기념하여 학용품과 운동기구를 보냈다. 예안초등학교 이교화 교장이 감사패를 드렸고 1995년에는 예안초등학교 학생과 전교직원이 인천에 초대를 받아 견학을 했다. 부포분교가 폐교된 후, 2000년부터 월곡초등삼계분교가 폐교될 때까지 어린이날에 학용품을 후원했으며 현재는 월곡초등학교에 후원하고 있는 중이다. 강동섭의 선행은 인천 자치단체로부터도 인정받아 여러 차례 감사패와 표창으로 이어졌다. 그는 인천에서도 청소년보호활동을 하며 주변의 이웃을 보살피는 일을 마다하지 않는 사람으로 알려져 있다.

6. 고향 사람들이 만나던 날

수몰되고 32년 만에 부포마을 큰잔치를 여니, 강원도 철원에서 전남 광주까지 남북으로 떨어져 사는 마을 사람들이 한데 모였다. 당시 고향을 떠날 때 마을 잔치 한번 못하고 바삐 떠났던 그들이기에 이 잔치가 얼마나 반가웠을까. 이미 10대 때 고향을 떠났다면 40대가 넘어 찾아온 고향이기에 서로 얼굴을 알아볼 도리가 없다. 다만 이름을 불러 보면 그 익숙함과 또 사라지지 않은 그 표정을 찾아내 누구네 집 몇 째 아들딸인지를 더듬어서 알게 된다. 그래서 눈물 찍어 내면서 반갑게 서로 얼싸 안고 어쩔 줄 모른다.(2008년 부포마을 큰잔치는 부라원루 이건을 기념하여 진향회 회원들과 이원학 등이 주축이 되어 행사를 개최했다. 북경올림픽이 있었던 같은 해에 부포 청년 이창환은 남자양궁단체전에서 금메달을 목에 걸었다.)

안다고 붙드는데 나는 누군지 잘 몰라서. 세월이 흘러서.
나는 대번 아겠든데?
아, 이 사람아, 오랜만일세.
그래 알지, 이름 대니까 알지, 얼굴 봐서는 하나도 몰라.

수몰이 가져온 고향의 다른 이름 '추억의 땅'에서 얼굴 익히기 바쁜 부포 사람들이 분주하게 서로서로 얼굴을 보며 부모며 조상들의 흔적을 찾아

▲ 유장하게 흘러가는 수면 아래로 너른 부포의 들이 있다.

내 연결 짓고 있다. 가족과 친족, 그리고 이웃과 오랜 시간 함께 살아온 터전에 대한 기억을 확인하는 자리에서 서로 무심하게 흐른 세월을 탓하며 위로를 나눈다. 어른들은 돌아가셨고, 그때의 아이들은 이미 당시 자신의 나이만 한 아들딸을 두었으니 한 세대의 공백이 크게 다가온다. 흘러간 시간의 빈틈을 낯선 얼굴을 확인하며 메우며 특별한 만남의 시간을 이어갔다. 이병대는 안동댐 때문에 부포가 망했다고 안타까워한다. 댐이 들어서기 이전에는 저쪽 산 밑으로 물이 흘렀고, 이쪽 산 밑은 들인데 햇골에서 역동까지 4km로 넓은 들이 물에 잠긴 것이라 설명한다. 수몰 전 부포의 너른 들을 알려 주는 목소리가 젖어 있다.

　이제 부포를 관망하자면 다래로 가야 한다. 다래 선착장에서 강줄기를 따라 왼쪽으로 목을 한참 돌리다 보면 오른쪽 물길은 뚝 끊어져, 천상 부포 마을을 흐르는 물을 조감하려면 높은 언덕이나 산을 올라야 한다는 걸 알게 된다. 수몰 전 예안으로 가려면 건너야 했던 물길을 따라 나지막했던 마을 다래에서 검푸르게 유장하게 흐르는 물은 바다처럼 넓고 웅장하기까지 하다. 35번 국도에서 4㎞ 남짓 월천서당 쪽으로 들어가면 산간벽지에 있을 바다는 아니지만 낙동강물을 한자리에 모아 둔 호수가 펼쳐진다. 이곳이 바로 넓디넓은 부포의 들이 자리했던 마을 터이지만 이젠 호수로 흐른 지 오래되었다.

다래에서 선착장이 있는 신촌마을까지 자동차나 사람을 실은 배가 왕복으로 운행 중인 길 어디엔가 그 옛날 놓았던 외나무다리의 흔적이 있을 것이고, 큰비에 쓸려 가서 학교도 못 가게 발을 묶던 그 다리를 개선한 시멘트 다리가 놓이면서 잠수교를 만들었던 자리가 추억처럼 있을 뿐이다. 보름밤에 월천서당에서 신촌으로 이어진 외나무다리 답교를 하면 다리 병이 낫는다는 속설도 이제 물에 잠겨 떠오르지 못한다. 그대로 물속에 가라앉아 있을지, 물살에 뜯겨 나가버렸을지 모른다. 이제는 호수가 된 부포의 들에는 곡식이 여무는 대신 어린 고기가 연약한 지느러미로 물속을 헤엄치며 운신하는 법을 배우거나 어미고기를 따라 물속을 헤엄치고 있을 것이다. (한경희)

11장

부포 사람이 기록한 영상 부포

1. 사진 속의 추억들

2011년의 가장 큰 세계 뉴스는 뭐라 해도 일본 동북지역의 대지진이었다. 거대한 해일이 밀려오면서 바닷가의 큰 마을들과 그곳에 살던 사람들이 한꺼번에 흔적도 없이 사라져 버렸다. 그때 얼마의 사람들이 살아서 마을을 빠져나올 수 있었는데, 마을을 빠져나오면서 가장 먼저 챙긴 물건은 사진첩이었다. 죽음을 무릅쓰고 다시 집안으로 들어가 사진첩을 들고 나온 노인들의 이야기는 듣는 사람들의 눈시울을 적시게 했다.

오랜 세월 많은 변화를 겪은 후, 고생스럽던 옛일들은 아름다운 추억으로 되새김된다. 이처럼 사람들에게 옛 기억을 다시 돌아가고픈 추억으로 되살려 주는 것은 바로 낡은 사진첩이다. 사진첩에 담긴 모습들은 고향마을이 물속에 잠기지 않았다고 해도 이미 그때의 모습을 그대로 지니고 있지는 않는다. 그래서 사람들은 오랜만에 모여 낡은 사진첩을 꺼내 놓고 옛이야기하기를 즐기는 것이다.

지난 세기의 70년대가 시작된 후 이 땅에 불어닥친 정치, 경제, 사회, 문화 등 제 분야의 엄청난 변화들은 그 이전의 몇십 년간 일어났던 역사의 변화와는 또 다른 질적, 양적 충격을 우리에게 안겨 주었다.

그런데 이 모든 변화들보다 더 가슴을 아프게 하고 삶을 송두리째 바꾸어 버리는 일들이 사람들의 눈길이 잘 닿지 않는 곳에서 일어났다. 1970년 전후해서 건설되기 시작한 대형 다목적 댐으로 인하여 고향을 잃어버린 사람들이 나타나게 된 것이다. 이러한 변화도 그 어느 변화 못지않게 충격적인 것이었다.

거대한 안동댐이 낙동강물을 막으면서 안동시 성곡동에서 낙동강 물길을 따라 도산서원 위쪽까지, 강 양쪽의 비옥한 옥토와 수백 년 이상의 역사적 마을들이 물에 잠겼다. 본격적으로 물이 차오르던 1976년 무렵 마을들은 하나둘씩 뜯겨지고 마을 속에 함께 지녀 오던 역사와 문화가 그들이 숨 쉬어 오던 자연과 함께 사라져 갔다. 6개 면 54개 자연부락의 3,144가구가 수몰되고 2만 664명의 이주민이 발생했다.

미역 감던 강물, 소 매 놓고 낮잠 자던 저수지 둑, 어릴 적 동무들과 함께 공부하던 초등학교, 동신제를 지내던 당나무, 마을 사람들 모두가 올라앉아 더위를 식히던 부라원루, 그리고 또 일이 있을 때마다 서로 돕고 음식도 나누던 이웃집들 모두가 이제는 기억으로만 남게 되었다.

이제 막 물밑으로 잠겨 사라질 조상 대대로 살아오던 고향산천, 시간의 층위가 켜켜이 쌓인 오랜 집들, 그리고 정든 이웃들을 어떻게 일부라도 남겨 내 자손들과 그리고 이 땅에 살던 사람들의 후손들에게 전할 수 있을까?

뿔뿔이 흩어진 부포마을 사람들이 진향회라는 모임을 만들고 매년 정기적으로 모여 고향 이야기에 밤이 새는 줄 모르는 것도 바로 그와 같은 이유에서일 것이다. 진향회를 통해 고향 마을은 지금 어떤지, 또 고향을 떠난 사람들이 어디에서 어떻게 사는지 등의 소식을 주고받으면서 그들의 모임을 사진으로, 동영상으로, 또 글로 기록하여 다양한 매체에 담아 보존하고 있다. 그러는 한편, 옛 부포마을의 기억을 되살릴 수 있는 오래된 사진들을 모아 정리하는 작업도 병행했다. 개개인의 기억으로만 간직해 오던 것을 이제 마을 공동체의 집단 기억으로 다시 만들어 내고자 한 것이다.

진향회에서 만든 사진자료 카드는 전문 아카이브에 못지않게 상세한 설명이 붙어 있고 사신과 관련된 사항들이 기록되어 있어, 사진의 내용을 이

▲ 진향회에서 만든 비디오 자료집들
◀ 사진자료 카드

해하는 데 매우 훌륭한 자료이다. 카드 위에는 앨범에서 떼어 낸 원 사진이 붙어 있고, 그 아래에 제출자의 이름과 마을지 추진위원회의 서명란이 있으며, 그 아래에는 사진설명이 상세하게 기록되었다.

그 밑에 다시 마을지 추진위원회의 서명, 대여해 간 사람의 서명 등의 칸이 있다. 이로 보아 이 카드는 마을지를 편찬하기 위해 주민 전체로부터 옛 사진을 수집하여 자료로 정리한 것임을 알 수 있다. 이 카드들은 이미 사라진 지 수십 년이 지난 후 부포마을 출신 주민들이 자신의 옛 고향을 기록으로 다시 정리하여 사료로서 남기고자 하는 노력이 얼마나 조직적으로 이루어지고 있는가를 생생하게 보여 주고 있다.

이 글의 자료를 수집하면서 나는 부포마을 사람들의 많은 옛 기억들이 구체적인 모습으로 남겨져 있음을 확인할 수 있었으며 그들의 부포 역사와 문화에 대한 사랑이 그 자료들에 배어 있음을 느낄 수 있었다. 이 글은 그렇게 부포 사람들이 제공한 자료들을 바탕으로 작성할 수 있었다. 이 자리를 빌려 사진을 제공해 주신 여러 분들에게 감사를 드린다. 다만 많은 사진을 제공해 주셨음에도 불구하고 본 글의 지면공간이 제한되어 있어 제공된 사진 중에서 극히 일부만을 선별할 수밖에 없었던 점은 아쉽기 짝이 없다.

2. 사진으로 남은 마을 전경

부포리의 사진을 이해하려면 먼저 부포 일대의 지명과 위치를 알아야 한다. 당시의 지형을 알려 주는 5만분의 1 지도가 있기는 하나 구체적인 마을 이름이나 지명이 나오지 않아 최근 인터넷에서 확인되는 위성사진과 지도를 사용하여 당시의 지명들을 넣어 보았다.

마을의 전경사진은 마을 주민 이태원이 촬영한 것들이다. 마을 전체는 두 곳에서 촬영되었는데, 하나는 중마 뒤의 나부산에서 내려다본 사진이며 다른 하나는 신촌 청령모래이 산 위에서 중마 쪽을 향해 촬영한 것이다.

나부산에서 촬영한 것은 모두 세 장의 사진을 이어 붙인 것인데, 중심에서 오른쪽 부분이 정확하게 연결되지 않지만 부포들을 둘러싼 마을의 분포와 낙동강 그리고 강 건너 월천 일대까지 한눈에 볼 수 있다. 지금 부포들과 산 밑의 마을들은 모두 물에 잠겼으며 심한 가뭄이 들 때만 옛 마을 터를 볼 수 있다. 낙동강을 따라 형성된 넓은 충적대지인 부포들과 신촌, 월촌, 중마, 원걸, 가름, 역동 등의 마을, 그리고 사진 중심부의 낙동강에 월천(다래)으로 건너가는 다리가 조그맣게 보이며, 왼쪽에는 신촌마을 옆으로 새로

▲ (위) 부포 일대의 위성사진이다.(인터넷 '다음지도' 캡쳐) 검은색 띠는 댐이 건설되기 이전의 낙동강이다. 부라원루는 본래 강가에 인접한 들판에 있었음을 알 수 있다. 이 지도는 이 글에 나오는 사진을 이해하기 위한 기초 자료로 제시한 것이다.

▲ (위) 월천(다래)에서 본 낙동강 잠수교와 건너편 부포 이설도로 공사현장(이태원 사진)
▲ (아래) 부포들 입구에서 부포동과 역동이 갈라지는 곳에 세워진 이정표로 촛대석이라 불렀다. 왼쪽으로 가면 역동이다.
◀ (중간) 신촌 청령모래이에서 본 부포 전경
◀ (아래) 중마 뒷산인 나부산에서 내려다본 부포들과 들을 둘러싸고 있는 마을 전경이다.
1.월촌 2.중마 3.예안초등학교 부포분교 4.가름마 5.역동 6.원걸(원거리) 7.부라원루 원위치 8.선착장 9.신촌 10.월천(다래)

▲ 부포들의 모내기 모습

건설되는 선착장도 보인다. 부라원루의 원위치와 원 옆에 있는 마을이란 뜻을 가진 원걸마을, 또 중마에 있던 예안초등학교 부포분교 터 등을 확인할 수 있다.

3. 원래 위치에서 두 번이나 옮겨진 부라원루의 모습들

부라원루는 부포마을의 역사를 대변한다. 마을 이름도 여기에서 비롯되었고 지금까지 마을의 가장 뚜렷한 역사 유적이다. 이 부라원루의 옮겨진 자취야말로 그대로 마을의 역사이기도 하다. 사진으로 그 변천 과정을 살펴본다.

▲ (위) 수몰 전의 부라원루.(1960년대) 낙동강에서 마을로 들어가는 입구에서 찍은 것인데 누 옆의 옆으로 큰 건물은 정미소이며 왼쪽의 고목은 마을의 당나무이며 수종은 팽나무라고 한다. 이 나무는 성재 금난수 선생이 심은 것이라 전하는데, 수몰 전에 고사되었다고 한다.(이태원 증언) 앞의 인물은 이 사진을 제공한 이원정이다.(이원정 사진)
▲ (아래) 1960년대 부라원루에서 본 중마의 모습. 누의 서까래가 많이 상했음을 볼 수 있다.(이원정 사진)

▲ (위) 1960년대 부라원루 중수 기념사진
▲ (아래) 이건된 부라원루 원경(이태원 사진)

▲ (위) 수몰로 인해 마을 뒷산으로 이건된 부라원루. 이건되면서 이층 누의 난간을 새로 해 달았다. 이 건물은 다시 2006년 현재 위치인 이건된 금난수 종택 맞은편의 부포리 산 98번지로 이건하였다.
▲ (아래) 2006년 두 번째로 이건된 부라원루. 멀리 산 아래 보이는 큰 기와집은 이건된 금난수 선생의 종택이다.(2010년 11월, 임세권 사진)

4. 사진첩 속에서 다시 살아난 사람들

사람들이 오랜 기억으로 간직한 옛 사진앨범 속의 색 바랜 사진들은 그냥 개인의 추억을 떠올리는 사적 도구에 머물지만은 않는다. 때때로 그 사진들은 우리 역사의 한 장면으로 들어가기도 하고 어떤 유능한 역사가도 기록하지 못했던 순간을 보여 주기도 한다. 부포마을 사람들의 사진첩으로 비교적 오랜 시간의 발자국들을 잘 보여 준 사진첩은 이원정 집안에서 보관되어 온 사진첩과 성재 금난수 종택에서 보관해 온 사진첩이다.

두 집에서 제공해 준 사진첩은 본래 사진이 붙어 있던 사진첩이 아니라 원 사진첩에서 소유자가 기록으로서 가치가 있다고 판단되는 사진들을 떼어 내 따로 카드를 만들어 정리한 것으로, 원 사진첩을 볼 수 없었던 것이 유감이다. 금난수 종택의 사진들은 사진 원본을 보지 못하고 조그맣게 스캔된 파일을 받아 보았기 때문에 사진의 세세한 부분을 잘 확인할 수 없어 아쉬움이 많았다. 원 사진첩이 중요한 것은 사진이 만들어지고 정리되던 당시의 사회 또는 문화적 정황이 사진첩을 통해서 나타나므로 그 자체로서도 역사적 가치가 있는 유물이기 때문이다.

1) 이원정 집안의 사진들

이 글에서는 제공된 사진들 가운데 다른 분들의 사진에서는 볼 수 없는 1945년 이전 촬영 사진들 중 다섯 장과 마을의 옛 모습을 비교적 잘 보여 주는 60년대 사진 두 장을 선별하였다. 60년대 사진은 부라원루가 들어간 사진들로, 앞의 부라원루 사진에 나온 것들이다. 이 사진들은 부포의 역사를 알려 주는 매우 중요한 자료로 평가되며 사진에 나타난 당시의 풍습이나 복식 등도 매우 흥미롭다.

(1) 이중진 회갑기념 사진

사진의 주인공인 이중진 (1875~1950)은 사진 제공자인 이원정의 조부이다. 이 사진은 회갑일인 1935년 음력 12월 19일에 촬영된 것으로, 이중진은 도포에 딸기술의 세조대를 두르고 뿔테의 안경을 썼다. 맨머리에 탕건을 쓴 것으로 미루어 상투를 잘랐던 것으로 보이며, 갓은 차양이 좁은 것

▲ 이중진 회갑기념 사진

으로 보아 20세기 이후 유행하였던 개화갓임을 알 수 있다. 안동 선비다운 위엄이 보이는 한편, 개화 문물을 일찍 접했던 당시 개화 양반의 풍모도 동시에 보여 준다. 자식들을 서울, 일본, 만주 등으로 유학시키고 또 1920년에 갓 시집온 스무 살의 며느리를 서울 진명학교에 유학시킨 것은 이중진의 개화사상의 일면을 보여 주는 이야기이다.

이 사진을 촬영한 사람은 회갑연에 내방한 손님 명단을 통해 확인되는 이인홍으로 알려져 있다. 이인홍은 3·1운동에 참여했으며 1930년대 조선일보 안동지국을 맡았던 사진기자이기도 했다. 그는 안동 최초의 사진가로 알려져 있는데 1920년대 초 일본에서 3개월 과정의 사진학교를 수료하고 안

▲ 1935년의 마을 풍경

동역 앞에 금강사진관을 열어 25년간 사진관을 경영하였다고 알려져 있다.

(2) 이중진 회갑일의 마을 풍경

사진 속의 집들이 있는 곳은 현재의 부포저수지 옆쪽이다. 멀리 산 밑으로 이중진의 기와집이 보인다. 집을 둘러싼 기와를 인 긴 담장이 보이며 집으로 들어가는 대문채는 초가지붕을 이었다. 집안에는 많은 사람들이 마당과 사랑채 마루 위에 올라서 있다. 기와집 아래로는 초가집들이 있고 그 아래 길에는 다양한 모습의 사람들이 서 있다.

사람들의 모습은 매우 흥미로운데, 가마를 들고 있는 두 사람 중 앞에 있는 사람은 중절모를 쓰고 양복 차림을 하였으며 바지 아랫단을 묶은 소위 당꼬바지를 입었다. 뒷사람은 전통 한복을 입었는데 저고리 위에 조끼를 덧입었다. 머리에는 형태가 분명히 보이지 않으나 모자 같은 것을 덮어쓴 것으로 보인다. 가마는 매우 작고 가마꾼들의 팔에 힘이 들어가지 않은 것으로 보아 빈 가마일 가능성이 크다. 그 오른쪽으로 한 남자가 아기를 업고 있는데 머리에는 소위 도리우치 모자(헌팅캡)를 썼으며 조끼를 입었다. 1930년대 중엽에 보수적 양반 마을 남자가 아기를 업고 있는 것이 무척 재미있게 보인다. 아기 엄마가 잔칫집에 일하러 간 듯하다. 가마의 앞쪽으로는 두 여자가 있다. 맨 앞의 여자는 치마 위로 장옷처럼 보이는 넓은 천을 어깨 위에서부터 덮었는데 바람에 날리는 것을 손으로 움켜쥐고 있다. 그 오른쪽으로 가마와의 사이에 키 작은 여자가 정면을 향해 서 있는데 검은색(실제 색은 알 수 없다)의 옷으로 온몸을 덮어쓰고 얼굴만 겨우 내밀었다. 당시에도 여성들이 장옷을 쓰고 다녔음을 보여 준다.

아기 업은 남자와 두 여인들은 정면을 향하고 있고 가마꾼들도 부동자세로 서 있는 것으로 보아 사진 찍는 것을 위해 포즈를 취하거나 또는 사진 찍는 것을 보고 있는 듯하다. 이 사진 역시 이인홍의 사진으로 전한다.

사진에 나오는 초가집들은 1940년대 초 부포저수지가 만들어지면서 사라졌다. 안동댐이 생기기 40년 전에 벌써 수몰된 집들이다. 뒤에 있는 기와집도 1959년 다른 사람에게 매매된 후 뜯겨졌다고 한다.

(3) 가족사진

이 가족사진 역시 위의 이중진 회갑일에 이인홍에 의해 촬영된 것이다. 가운데 갓을 쓴 두 사람은 이 집의 가장 큰 어른인 이중진 형제이다. 오른쪽에 아기를 안고 있는 사람이 이중진이며 왼쪽은 그의 형인 이중육 부부다. 맨 뒷줄 가운데 아기를 안고 있는 여자 중 왼쪽이 이중진의 맏며느리 김갑

▲ 1935년 이중진과 그의 집안사람들

진이고 아기는 사진 제공자인 이원정이다. 사진 카드에는 조부 삼남매, 할머니 삼동서, 아버지 남매와 종반들, 어머니 삼동서와 종동서, 그리고 삼대 소가의 아이들이 함께 찍은 것으로 기록되어 있다.

  중앙의 이중육, 중진 형제는 갓에 도포를 입었고 젊은 남자들은 모자 없이 두루마기를 입었다. 이중육은 갓 아래에 남바위 방한모를 썼다. 왼쪽 이중육의 부인은 조바위를 쓰고 털실로 짠 숄을 두르고 있어, 복식에서 당시의 개화된 집안 분위기를 읽을 수 있다. 남자들 중에는 양복 코트를 입은 사람도 있다. 또 남자 아이들은 모두 머리를 짧게 잘랐고, 부인들은 대부분 쪽머리에 치마저고리를 입었으며, 여자 아이들은 땋은 머리에 치마저고리를 입었는데, 오른쪽 엄마 무릎에 앉아 있는 한 아기는 풍차바지 트임 사이로 엉덩이가 보인다. 이 아기와 그 옆의 여자는 사진이 찍히는 순간 움직인 탓에 머리 형태가 안 보이거나 얼굴이 조금 일그러졌다. 당시의 사진은 셔터 시간이 길기 때문에 촬영할 때 조금이라도 움직이면 좋은 사진을 얻을 수 없었다.

(4) 김갑진 초상 사진

김갑진은 위에 나온 이중진의 맏며느리이며 사진 제공자인 이원정의 어머니다. 이 사진은 1942년 음력 9월에

▲ 이중진의 맏며느리 김갑진

촬영된 것으로 39세 생일날의 기념사진이라고 한다. 밝은 색의 치마저고리를 입고 머리를 단정히 뒤로 모아 정리한 모습이 단아해 보인다. 옷의 색은 사진상으로는 흰색으로 보이지만 밝은 노란색 계통일 수도 있다.

(5) 이원경의 결혼

이원경은 사진 제공자인 이원정의 누나다. 신랑(오세연)은 사모관대를 하고 신부는 치마저고리 위에 원삼을 입었다. 나이 많은 어른들은 갓에 도포를 입고 세조대를 둘렀으며 사진 왼쪽의 젊은 하객(이정호)은 갓에 두루마기만 입었다. 신부의 오른쪽은 신부의 할아버지인 이중진이며 신랑의 왼쪽은 신랑의 아버지(김천 봉계 오진사댁)이다. 신랑 신부는 이날의 주인공이라서인지 방석 위에 서 있으며, 신부의 할아버지와 그 옆의 백씨 이중육은 조선조 선비들이 많이 신던 흑혜를 신었다.

▲ (위) 1943년 2월. 이중진의 손녀 이원경의 결혼사진
▲ (아래) 금난수 종택 사랑채

2) 금난수 종가의 사진들

성성재 금난수 종가의 사진들은 대체로 건물 사진들과 결혼식 사진 그리고 노종부를 위시한 인물사진들로 구성되어 있다. 여기서는 이전되기 전의 종택과 결혼식 그리고 종손 종부의 사진들을 소개한다.

(1) 이건 전의 금난수 종택

종가의 전경 사진이 없는 것이 유감이다. 사진에 보이는 부분은 사랑채이다.

(2) 12대 종손과 종부

1955년 전후 촬영된 것으로 추정되는 이 사진은 12대 종손 금학수와 종부 김두영이 종택 마당에 나란히 앉은 모습이다. 얇은 모시옷을 정갈하게 입고 있는 모습이 매우 단아하게 보인다.

(3) 금씨 종가의 결혼식 사진

1969년 3월 29일에 있었던 부포 금씨 종가의 13대 종손 금만동과 13대 종부 서문야의 결혼사진이다. 혼례를 올린 장소는 청송군 마평(마뜰)마을의 신부 집인데 장소는 부포가 아니지만 부포의 역사에는 중요한 사진으로 꼽을 수 있다.

신랑은 사모관대를 입고 신부는 안동의 특별한 혼례복을 입고 있다. 족두리를 쓰고 치마저고리를 입은 후 어깨에 옷감을 걸치고 있는데 이 옷감은

▲ 12대 종손 금학수와 종부 김두영의 기념사진

▲ 13대 종손의 결혼식 기념사진

▲ 잔칫상을 받은 종부 김두영

우티라고 하는 신부 치마저고리 감이다. 안동에서는 원삼이 없을 경우 대용으로 이 옷감을 어깨에 걸쳐 신부복으로 사용하였다. 초례상에는 살아 있는 암탉과 수탉을 보자기에 싸서 좌우로 나누어 올려놓았으며 큰 술병에는 절개를 상징하는 소나무와 대나무 가지를 꽂아 놓았다.

⑷ 잔칫상을 받은 종부 김두영

이 사진은 잔칫상을 받은 12대 종부 김두영의 사진이다. 종부는 마당에 멍석을 깔고 그 위에 편 돗자리에 앉아 잔칫상을 받고 있다. 종부의 환갑인지 아니면 누구 결혼식에서 인사를 받는 것인지 분명하지 않은데 주위에 몰려서 있는 동네 아이들의 표정이 재미있다.

5. 이태원의 사진작업

사라져 가는 것들에 대한 기록의 방법 가운데 사진처럼 효과적인 것은 없다. 영화나 비디오 같은 동영상도 매우 효과적이고 훌륭한 기록이지만 그것은 특별한 기계적 장치를 빌려야 볼 수 있다. 또 더 좋은 기록 방법이 개발되면 촬영기와 플레이어를 모두 바꿔야 촬영도 가능하고 보는 것도 가능하다는 한계가 있다. 그에 비하면 사진은 언제나 생각날 때 펴 볼 수 있고 복제 및 출판을 통하여 보급하는 것도 매우 용이하다. 따라서 안동댐과 같은 대규모 댐이 건설되고 많은 마을들이 수몰될 경우 국가적 사업으로 수몰 대상지를 기록하여야 함은 물론이다. 그러나 그 당시의 수몰지역에 대한 기록 작업이 있었던 흔적은 행정관서나 연구기관 어디에도 남아 있지 않다.

1970년대 중반, 중앙정부나 지방정부는 오직 건설에만 주력했을 뿐 건설로 인해 사라지는 역사와 전통문화에 대한 문제들에 대해서는 별로 관심이 없었다. 극소수의 매장문화재에 대한 발굴조사가 있긴 했지만 그것도 매우 간략한 보고서가 몇 권 남아 있을 뿐 수몰지역에 대한 문화재에 관한 정보로서는 부족하기 짝이 없다. 이와 같은 당시의 사정을 생각할 때 자기의 마을을 사진으로 남긴다는 일은 거의 불가능한 일이었다. 그것도 사진작가도 아니면서, 행정기관의 공문서에 의한 것도 아니면서, 한 개인이 자기의 마을이 앞으로 사라질 것이라는 이유로 마을 구석구석을, 또 그냥 농사꾼에 불과했던 마을 사람들을 사진으로 기록하고 정리하여 보존한다는 것은 당시로서는 상상하기 어려운 일이었다.

나 또한 안동에 이사 온 지 30년이 지났지만 이제 없어질 고향을 효과적으로 기록하여 후세에 전하고자 하는 생각을 하고 실천으로 옮긴 사례는 별로 들어본 적이 없다. 그러므로 마을 사람들이 자신들의 마을을 기록으로 남겨서 자신들의 후손뿐 아니라 우리 역사의 소중한 자료로 보존했다고 하는 것은, 어떤 역사적 소명감에서 나온 것이라 하지 않으면 이해하기 어렵다. 그렇게 사진을 찍어 남긴 사람들은 여태껏 어느 분야에서도 보지 못하던 훌륭한 사진가이며 역사가들이다.

부포마을에 그런 사진가이고 또 역사가라고 칭할 만한 사람이 있었다.

부포마을에 사시던 분들로부터 사진자료를 받아 검토하던 중 나는 대부분의 사진이 한 사람이 촬영한 것임을 알 수 있었다. 사진앨범 중 한 권의 표지 뒷면에 '부포동 사진첩, 이태원'이라 쓰여 있는데, 거기 쓰여 있는 이태원이 바로 사진을 촬영한 인물이었다. 이태원이 자기의 마을을 사진으로 남긴 일은 그런 점에서 특별한 의미를 부여할 만하다. 댐이 완공되기 직전인 1975년 부포는 다른 곳으로 떠나는 사람과 아직 떠나지 못한 사람들 모두 몸과 마음이 허공에 떠 있는 듯했다. 예안 읍은 이미 건물들이 철거되는 중이었고 동부동의 이주단지에는 많은 건물들이 이건되거나 새로 지어지고 있었다. 마을들은 대부분 전쟁이 휩쓴 곳처럼 폐허로 변했다.

당시 이태원은 스물일곱의 젊은 청년이었다. 1974년 군에서 제대를 하고 고향에 와서 농사일을 하고 있던 그는 곧 물밑으로 가라앉을 마을과 자연환경들이 안타깝기 짝이 없었다. 그는 부포의 역사적 문화적 자긍심을 가지고 눈에 보이는 모든 것을 사진으로 남겨 두고자 생각했다. 그러나 그는 카메라도 없었을 뿐 아니라 그때까지 사진이라는 걸 찍어 본 일도 없었다. 그는 안동 시내의 안면 있는 DP점(사진현상소)으로 가서 카메라 한 대를 대여했다. 당시는 카메라가 보편적으로 보급되지 않았기 때문에 대부분의 사람들은 사진현상소에서 카메라를 빌려 사용하는 일이 많았다.

촬영은 4월 중순 무렵부터 시작되어 9월까지 계속되었다. 늦봄에서부터 온 여름이 사진 찍는 일로 보내졌다. 농촌의 봄과 여름은 글자 그대로 눈코 뜰 새 없이 바쁜 계절이다. 농사꾼인 이태원은 삽과 괭이 대신 빌려온 카메라를 손에 들고 산으로 들로 헤매기 일쑤였고, 마을 어귀 느티나무에서부터 아직 물이 가득한 저수지, 마을의 집들, 그리고 강 건너 예안 읍과 이주하기 위해 터를 닦은 예안 동부동 이주단지까지 빠짐없이 필름에 담기 시작했다.

그렇지 않아도 손 하나가 아쉬운 때 집안의 기둥인 젊은 청년 농사꾼이 농사일을 접고 사진기를 들고 쏘다니니 집안 식구들의 눈길이 고울 리 없었다. 더구나 넉넉하지 않은 농가에서 사진기 임대료와 필름값, 현상료와 인화료까지 만만찮은 비용이 들어가기까지 하니 집안 식구들뿐 아니라 마을에서 그는 '미친놈' 소리까지 들었다고 했다.

사진을 찍으면 찍는 대로 안동 시내까지 나가서 필름을 맡기고 또 현상된 사진을 찾아와서 앨범에 정리하고는 했는데, 안동 시내에 나가려면 정류소까지 걸어가고 버스에서 한 시간 반 이상을 소비해야 했고, 안동 시내에서 여기저기 다니다가 집으로 돌아오면 결국 하루가 다 지나갔다. 그러니 그해 여름은 사진 찍는 일 외에는 아무 일도 돌아보지 못했다. 더구나 사진 찍는 일이 처음이니 현상해 보면 실패한 사진이 태반이라 다시 찍어야 할 곳이 많았다. 또 찍는 일보다 현상을 맡기고 찾아온 사진을 정리하는 일에 훨씬 더 많은 시간을 써야 했다.

그때 그에게는 사진 찍는 일이 농사보다 훨씬 더 힘들었는데 좋은 소리는커녕 미친놈 소리까지 들어야 했으니 지금 생각해 보면 그의 사진 촬영 작업은 마치 독립운동을 방불케 했을 것으로 믿어진다. 그는 그해 가을, 여름 내 찍은 사진을 정리해서 같은 사진을 모두 네 권의 앨범으로 만들어 이웃의 친척들에게까지 전해 주었다.

아래에 이태원의 사진을 중심으로 마을별 사진을 골라 싣는다. 사진 촬영자의 이름이 없는 것은 촬영자 미상이다.

1) 중마

▲ 중마 전경 1.이태원 집 2.부포동장 이장호 집 3.금난수 선생 종가 터(이태원 사진)

▲ (위) 부포분교장(이태원 사진)
▲ (아래) 부포분교장. 건물이 헐리고 없다.(이태원 사진)

▲ (위) 분교장 옆 강춘섭의 집. 그 옆은 장현석의 집(이태원 사진)
▲ (아래) 강춘섭, 강창섭(서 있는 사람) 형제의 집. 마을 청년들이 자주 모여 놀던 집이라 한다.(이태원 사진)

▲ (위) 이기남 시집가는 날(이태원 사진)
▲ (아래) 이원박의 집(이태원 사진)

▲ (위) 박명선의 집(이태원 사진)
▲ (아래) 이원복의 집(이태원 사진)

▲ (위) 마을 사진을 촬영한 이태원의 집. 앉은 사람은 동생 이수원(이태원 사진)
▲ (아래) 엿방을 하던 이하수의 집. 오른쪽 산 위에 이건된 부라원루가 보인다.(이태원 사진)

▲ (위) 임상국의 집(이태원 사진)
▲ (아래) 장원락의 집(이태원 사진)

2) 호소골

▲ (위) 부포저수지와 호소골 아래쪽 마을 전경(이태원 사진)
▲ (아래) 금진동의 집. 부포에서 가장 오래된 집이었으나, 2011년 2월 소실되었다.

▲ (위) 금진동의 집 전경. 금진동의 부친 장례 시에 친 여막이 보인다.
▲ (아래) 상복 차림의 금진동(이태원 사진)

▲ (위) 목수일을 한 한용선의 집(이태원 사진)
▲ (아래) 한용선(오른쪽)과 손자 한영규 가족(이태원 사진)

▲ (위) 금동욱의 집.(이태원 사진)
▲ (중간) 이원정의 옛 집터. 앞에 나온 이중진이 살던 기와집이 있던 곳이다.(이태원 사진)
▲ (아래) 권서용의 집. 수몰지역에 속하지 않아 초가를 새로 올렸다.(이태원 사진)

3) 가름마

▲ (위) 안성호의 집(이태원 사진)
▲ (아래) 가름마와 중마 사이에 있는 지학순의 집(이태원 사진)

4) 가름골

▲ (위) 가름골 풍경. 오른쪽 첫 번째가 봉화금씨 재사, 산 위는 금용복, 아래는 장원상, 왼쪽은 금재수 가옥이다. 멀리 들판 미루나무 숲 뒤로 낙동강이 보인다.(이태원 사진)
▲ (아래) 골짜기 아래쪽에서 본 가름골 원경. 왼쪽이 장원락 가옥, 뒤편으로 손씨 재사, 그 위로 금왕수, 이원복 가옥이 보인다.(이태원 사진)

▶ (위) 1976년 가름골로 옮겨진 예안초등학교 부포분교장. 지금은 학생이 없어 폐교되고 한미약품에서 운영하는 사진미술관으로 개조되었다.
▶ (중간) 부포분교장을 가름골에 준공하고 찍은 기념사진이다. 왼쪽 두 번째부터 금동원, 한남수, 금진동, 한 사람 건너 금재수
▶ (아래) 멀리 분교건물이 보이는 마을길에서 하곳길의 아이들이 앉아 놀고 있다.

5) 신촌

▲ (위) 이병창의 집. 곧 철거될 집이라 뚫어진 문구멍이 그대로 있다.(이태원 사진)
▲ (아래) 공사 중인 이설도로와 선착장(이태원 사진)

6) 월촌

▲ (위) 선착장에서 본 월촌(이태원 사진)
▲ (아래) 금동원의 집(이태원 사진)

▲ (위) 이윤직의 집(이태원 사진)
◀ (아래) 월촌 이수창의 집(이태원 사진)

7) 역동

▲ (위) 역동 가는 길. 들 가운데 곰바늘 과수원이 보인다.(이태원 사진)
▲ (중간) 역동 앞 먹바우에서 본 분천(이태원 사진)
▲ (아래) 역동마을(이태원 사진)

6. 맺음말

사진은 직관적이다. 사진의 표현은 에둘러 가지 않는다. 예술 창작물이 아닌 기록사진의 경우는 더욱 그렇다. 19세기 초 다게레오타입의 사진까지 거슬러 올라갈 것 없이 19세기 말에서 20세기 초에 이르러서 본격적으로 발달한 사진의 기술은 우리 사회의 다양한 현상들을 문자에 의하지 않고 눈에 보이는 그대로 기록하기 시작하였다. 역사를 서술하는 데 사진처럼 있는 그대로를 보여 주는 사료는 흔치 않다. 특히 사라져 가는 모든 것들에 대해 사라져 가는 과정 자체를 사실적으로 보여 준다는 점에서 사진은 사료를 남기는 방법에서 신기원을 이루었다고 할 만하다.

근대 이후의 마을의 역사를 보여 주는 데도 사진은 훌륭한 역사기록물로서의 역할을 해 왔다. 그러나 역사가들의 기록에 대한 보수적 태도는 역사를 남기는 데 사진을 효과적으로 이용하지 못하였으며, 그런 점은 반성할 만하다고 할 수 있다. 그런 결과 안동과 같이 댐으로 인해 수몰된 지역에서는 그 수몰된 마을에 대한 사진자료를 구해 보기 어려운 실정이다.

이러한 실정에서 마을조사를 할 경우 마을 주민들이 보관해 온 사진첩들은 매우 훌륭한 사료가 될 수 있다. 사진첩 속의 대부분의 사진들은 기념사진들이지만 사진 속의 사람들이 입고 있는 옷이나, 그들이 행한 의례 또는 다양한 활동들, 또 배경으로 남겨진 마을의 옛 모습 등은 어떤 문자 사료보다 당시의 정황들을 사실적으로 보여 준다. 더구나 어떤 주민들은 역사적 기록을 생각하고 일부러 마을 사람들과 집들 그리고 산과 들을 기록하는 경우도 있다. 이는 그대로 역사학자라고 할 만하다.

이번에 조사한 부포마을은 거의 40년 전인 1970년대 중반에 안동댐 물밑으로 가라앉았다. 마을 주민들은 전국 곳곳으로 뿔뿔이 흩어졌으며 성재 금난수를 비롯한 많은 역사적 인물들을 낳은 전통 있는 마을은 역사 속으로 사라졌다. 그러나 그들이 가지고 있던 사진첩 속에는 근대 이후 이 마을에서 살다 간 사람들의 모습이 생생하게 살아 있었고, 그 모습에서 우리는 약 100년에 이르는 마을의 역사를 눈으로 볼 수 있었다.

특히 안동댐이 건설되는 당시 마을의 모습을 사진으로 남기기 위해 사람과 건물과 자연을 개인적 희생을 감수하며 촬영한 이태원의 정신은 오늘 우리의 귀감이 된다 할 것이다.

이 글을 쓰는 중에 2010년 11월 마을 답사 때 갔던 마을의 가장 오래된 금진동의 집이 2011년 2월에 화재로 소실되었다는 소식을 듣게 되었다. 그때 촬영한 사진은 이제 다시는 찍을 수 없는 역사적 사진이 되고 말았고 또 우리가 부지런히 사진을 남겨야 하는 이유를 새삼 깨닫는 계기가 되었다. (임세권)

12장

함께하는 삶,
부포 사람들의 상부상조

1. 우리의 오랜 전통, 함께하는 삶

우리나라에는 오랜 옛날부터 다양한 공동체 조직이 있었다. 이를 향도 香徒 또는 계契라고 불렀다. 혹은 향도와 계를 합하여 아예 향도계香徒契라 하기도 했다. 이들 공동체 조직은 시대에 따라 그리고 그 사회의 경제적인 발전이나 지배적인 문화에 조응하면서 스스로를 변화시켜 오늘에 이르기까지 면면이 이어져 오고 있다.

향도란 원래 고려시대 군현을 단위로 한 불교신앙결사체였고, 계란 여러 사람들이 같은 목적을 가지고 모임을 만드는 것을 지칭하는 말이다. 따라서 향도계란 불교 신도들의 계모임이라 하여도 무방할 것이다. 그러나 불교신앙결사체였던 향도 또는 향도계는 고려 말 조선 초를 거치면서 사회 경제적인 변화 발전과 마을 공동체의 성장에 따라 그 성격이 점차 바뀌어 나갔다. 즉, 군현 단위의 불교 결사체 조직에서 마을 단위의 상부상조적인 공동체 조직으로 전환되어 갔던 것이다.

초기의 향도조직에는 신분과 남녀노소의 구분이 없었다. 그것은 고려의 군현이나 마을 사회가 신분적으로 미분화되어 있었기 때문이다. 그러나 조선왕조의 개창과 더불어 사회 전반적으로 신분 분화와 이에 따른 차별이 점차 강화되어 가면서 향도 또한 변화하지 않을 수 없었다.

조선시대 촌락사회에 양반 신분의 등장과 더불어 전 촌락민을 구성원으로 하였던 향도는 이제 양반과 농민층의 공동체 조직으로 분화되어 갔다. 즉, 양반들이 기존의 향도계에서 이탈하여 그들만의 조직을 만들었던 것이다. 이들 양반들의 조직은 그들의 혈연을 기반으로 하여 형성된 것이었기 때문에 주로 족계族契라 불렸고, 역시 거주하고 있는 마을을 단위로 하였다는 점에서 동계洞契라고도 하였다. 물론 양반들이 거주하지 않거나 그 존재가 미미하였던 마을에서는 기존의 향도조직이 그대로 지속될 수 있었다.

이러한 사정에서 조선시대 초기부터 촌락 단위에는 다양한 조직들이 아주 폭넓게 존재하고 있었다. 그것은 "안으로는 도하都下에서 밖으로는 향곡鄕曲에 이르기까지 모두 동린지계洞隣之契와 향도지회香徒之會가 있다"(『선조실록』, 권7, 선조 6년 6월 갑자조)거나, 또는 "중앙과 지방(中外)의 방방곡곡에 모두 계를 만들어 서로 돕고 살핀다"(李睟光, 『芝峯類說』)고 할 만큼 일반적인 것이었다.

조선 초기의 다양한 마을 공동체 조직은 16세기에 들어와 다시 재편되거나 변화되어 갔다. 16세기에 이르러서 성리학에 대한 이해가 더욱 성숙되면서 그것은 이제 단순한 문자상의 이해 차원을 넘어 사회규범으로서 실천되어 갔으며, 그리고 이를 토대로 하여 향촌의 양반들은 그들 중심의 향촌질서를 확립해 가게 되었다. 양반 중심의 향촌질서란 다름 아닌 양반 중심의 상하신분질서의 확립과 지주地主·전호佃戶라는 경제체제의 안정적인 유지를 말한다.

이 같은 양반 중심의 향촌질서의 확립을 위해서는 양반들이 향촌사회를 장악하고 운영할 수 있을 때 가능한 것이었다. 향촌의 양반들은 이를 위해 조선 초부터 향촌 단위에서 향규鄕規를 제정하고, 유향소留鄕所를 조직하고, 향안鄕案을 작성해 왔다. 그리고 이들의 하부조직으로서 촌락 단위의 족계나 동계 등을 실시하기도 하였다. 이러한 노력에 의해 대체로 16세기 후반에서 17세기 초반기에 이르러 양반들은 향촌사회를 그들 중심으로 운영할 수 있게 되었다.

양반 중심의 향촌질서는 다른 한편에서는 기존의 농민조직인 향도나 계 등을 적극 흡수하거나 해체함으로써 달성되기도 하였다. 양반들은 농민의 조직을 그들의 족계·동계의 하부조직으로 흡수하거나 아니면 아예 해체하여 농민들을 그들 조직의 하부 구성원으로 편입시켜 직접 지배하고자 하였다. 그러나 이러한 양반들의 노력에도 불구하고 농민조직은 질긴 생명력을 유지하면서 16세기에 걸쳐 폭넓게 존재하고 있었던 것으로 보인다. 그것은 농민들의 삶과 일상생활이 곧 공동체적 조직과 가치를 전제로 해서 성립·유지되고 있었기 때문이었다. 즉, 양반들이 농민조직을 해체하더라도 농민조직을 통해 확보하고 있었던 공동체적 재생산 기반은 여전히 필요한 것이었다. 당시 빈발하던 자연재해나 질병, 그리고 상장喪葬 등의 문제를 농민들 개개인의 힘으로는 극복하거나 대응하기 어려웠고, 양반들의 지주제적 경제적 기반 역시 이들 소농경영의 안정 위에서 확보될 수 있었기 때문이다.

16세기 이후 이상과 같은 양반 중심의 향촌질서가 확립되어 감에 따라, 그리고 양반들의 족계가 성리학적 명분으로 수식되어 향약화되어 가는 과정에서, 농민조직인 향도계는 해체 또는 양반들의 족계에 흡수되어 '상하합계上下合契'라는 새로운 형태로 변모해 갔다. 이러한 촌락 단위 상하민을 함께 아우르는 조직을 양반들의 족계·동계, 하층민의 향도계와는 다른 조직인 동약洞約이라 부르는 것이 적절할 것이다.

촌락사회에서 양반 중심의 '상하합계', 또는 동약의 등장은 임진왜란을 거치면서 보다 일반적인 형태로 전개되고 있었다. 왜란의 참화는 양반이나 하층민 신분에 관계없이 촌락민의 삶에 큰 변화를 강요하고 있었기 때문이다. 아래의 자료에서는 임진왜란 이후의 이 같은 사정을 잘 보여 준다.

왜란을 겪은 이후 인물이 소진消盡하여 한 고을의 사람이 수십 명도 채 되지 않으며, 한 동네에 거주하는 사람 역시 서너 사람에 불과하여 외롭고 쓸쓸하기 그지없다. 족친族親 중에 비록 재물財物이 있다 하여도 이웃의 도움을 받지 않고 살아갈 수 있는 사람이 몇 명이나 되겠는가? 만약 소원疏遠함을 친밀하게 하고, 여러 동리洞里를 합하여 한 동洞으로 하여 서로 돕지 않는다면 외롭고 쓸쓸하여 누구와 더불어 노래하며 죽음에 어느 누가 곡哭하겠는가.(徐思遠[1550~1615], 『樂齋先生文集』, 권7, 「河東里社契約序」.)

임란을 겪은 이후 쓸쓸한 어느 마을의 정경이 눈에 선하게 그려진다. 무엇보다도 왜란을 겪으면서 살아남은 인물이 한 고을에 수십 명도 되지 않고, 한 마을에 서너 명에 불과하다는 것에서 많은 인명의 손실이 있었음을 알 수 있다. 다소 과장된 듯 보이기도 하나, 여기서 인물이란 전체 인구를 말하는 것이 아니라 양반들을 지칭하는 것이니, 그리 터무니없는 과장은 아닌 셈이다. 이렇듯 서너 명에 불과한 양반만으로는 족계니 동계니 하는 조직을 운영하기란 불가능한 일이었다. 양반들의 사정이 이러하였으니 하층민의 사정이라고 하여 더 나을 리가 없다. 도리어 상대적으로 더 큰 피해를 입었을 것이 분명하다. 따라서 하층민 역시 그들의 공동체 조직을 온전하게 보존하거나 유지하기 어려울 수밖에 없었다. 이제 상하민이 서로 돕지 않으면 안 될 상황이 되었다. 그것도 한 마을만으로는 어려워 이웃의 여러 마을들을 하나의 동洞으로 재편성해야만 가능한 일이었다.

이 같은 사정은 물론 지역에 따라 그 정도의 차가 컸을 것이다. 그러나 왜란의 피해는 전국적인 현상이었고, 더욱이 장기간에 걸친 전쟁으로 말미암아 그 후유증은 어디에서든 마찬가지였다. 이러한 사정에서 마을의 양반들과 하층민들은 상·하계를 하나로 합하여 전란의 참화를 극복해 나가고자 하였다. 임진왜란 이후의 상하합계는 촌락사회의 인구감소와 토지의 황폐화에서 오는 불가피한 것이었지만, 결과적으로는 하층민이 양반층의 지배에 강하게 예속되게 되었다. 반대로 양반들은 거주마을에서의 상하합계를 통해, 그리고 군현 단위에서 유향소나 향안 등 지배조직의 복구와 재정비를 통해 그들의 향촌지배를 재구축해 나갈 수 있었다.

그렇다고 양반 중심의 동계·동약이 아무 문제없이 계속될 수 있었던 것은 아니었다. 임란의 피해를 점차 극복해 가면서, 곧 인구의 증가와 토지의 복구 등이 이루어지던 17세기 후반기를 거쳐 18세기에 들어서면서 촌락사회에서 하층민에 대한 양반들의 일방적인 지배는 예외적인 지역을 제외하고는 점차 어려워져 갔다. 인구의 증가는 상호 의존성을 급격히 저하시켜 나갔다. 더욱이 신분제가 점차 해이해지면서 양반들의 억압과 강제성은 크게 약화될 수밖에 없었다. 그리고 촌락사회의 경제적 성장은 다양한 조직의 설립과 운영을 보다 용이하게 하였다. 이제 상하민이 함께 참여하던 동계 또는 동약 조직은 해체되거나 그 성격을 바꾸어 나가지 않을 수 없었다.

마을 단위의 공동체 조직은 양반이나 하층민의 신분에 따른 결사체 조직으로 분화되거나, 보다 광범위한 지역에서 부계父系 혈연에 기반을 둔 족계族契나 종계宗契로 전환되기도 하였다. 이와 함께 19세기 말 20세기 초반에 이르러서는 상포계喪布契니 군포계軍布契니 하는 것에서부터 심지어는 과거계科擧契·붓계, 벼루와 먹계, 종이계 등 구체적인 목적에 따른 다양한 계 조직들이 급격히 등장하게 되었다. 이 같은 사정은 마을마다 계가 있고, 집집마다 계가 있다고 표현될 정도였다. 말하자면 양반 중심의 신분제적 질서를 토대로 하여 구축되었던 마을 공동체 조직이 조선 후기 사회경제적인 발전과 인구증가를 토대로 보다 다양한 기능과 목적을 가진 계 조직으로 발전해 갔던 것이다. 이들 다양한 계 조직 역시 기본적으로는 상부상조의 기능을 가지고 있었다. 다만 상부상조의 주체와 대상만을 달리할 뿐이었다. 양반들이 중심이 되어 이루어지던 상부상조가 이제는 신분이나 계층에 따라 혹은 일정한 목적에 따라 분화되고 확대되어 나갔음을 의미한다.

이렇듯 우리의 전통사회에는 다양한, 그리고 오랜 상부상조의 조직과 기능이 줄곧 유지되어 오고 있었다. 그리고 한 사람이 여러 종류의 계 조직에 참여함으로써 서로서로는 얽히고설킨 구조를 형성하고 있었다. 따라서 이러한 조직을 통해 고단한 삶을 보호받고 위로 받을 수 있었다. 뿐만 아니라 구성원 상호 간 서로 지켜야 할 선행과 악행을 교육하거나 삶을 함께하여야 할 사람들이 가져야 할 심성, 역할, 의무, 예절 등에 대해 서로 확인하고 약속함으로써 공동체적 삶을 유지할 수 있게 하였다.

2. 조선시대 부포동의 상부상조, 동계와 동약

세상이 힘들고 어려울수록 누군가의 도움이 절실해진다. 조선시대 양반들이라도 흉년이 들거나 환난이 닥치면 혼자서 헤쳐 나가기가 어렵기는 매한가지였다. 힘들고 어려울수록 서로서로 도와야만 했다. 조선시대에는 상부상조하는 조직이 아주 많았다.

부포동이 소속되어 있었던 예안이나 안동에는 그 어느 지역보다도 자치조직이나 상부상조의 조직이 발달해 있었다. 퇴계에 의해서 작성된 우리나라 최초의 향약이라고 하는 이른바 '예안향약禮安鄕約' 또는 '퇴계향약退溪鄕約'이 1556년(명종 11)에 제정되었고, 또 퇴계의 온계동에서는 '동계洞契'가 향약에 앞서 1554년에 실시되고 있었다. 퇴계에 의해 주도된 향약과 동계는 이후 예안과 안동은 물론이고 영남지방에 큰 영향을 미쳤다.

부포동에서도 퇴계의 온계동계溫溪洞契의 영향을 받아서 족계 혹은 동약이 실시되고 있었다. 그것은 부포동의 족계나 동계를 실시하는 데 주도적인 역할을 하였던 성재惺齋 금난수琴蘭秀(1530~1604)의 다음과 같은 언급에서 잘 확인할 수 있다.

> (퇴계의 온계동계를 제시한 다음) 위의 족계입의族契立議(온계동계)는 퇴계 선생께서 온계동중溫溪洞中에서 세운 약조이다. 그것은 인척간 화목하게 지내는 도리와 정의를 다하였다. 우리 동중에 살고 있는 30여 명도 모두 친척으로 문을 연해 있고, 밭두둑을 접해 있음이 온계동과 아주 비슷하다. 그런 까닭에 온계동계를 취해서 준수하고 시행하고자 한다. 그 가운데 길흉경조吉凶慶弔와 강회講會 등은 (온계동계에) 모두 갖추어져 있으나 약속을 어긴 경우 벌주고 경계하는 조항은 마련되어 있지 않는 까닭에 경중을 나누어 뒤에 별도로 기록한다. 가정嘉靖 을축년乙丑年(1565) 늦봄에 부포리 사람인 금난수가 쓰다.(琴蘭秀, 『惺齋先生文集』, 권2, 「族契立議後識」)

즉, 위의 내용을 통해 부포동(현 안동시 예안면 부포리)에서도 성재를 중심으로 한 양반들에 의해 1565년(명종 20)에 족계가 실시되었음을 알 수 있다. 그리고 그 내용은 퇴계에 의해 실시되고 있던 온계동계를 그대로 차용한 것임을 알 수 있다. 그러나 성재는 여기에서 그치지 않고 온계동계에서 미처

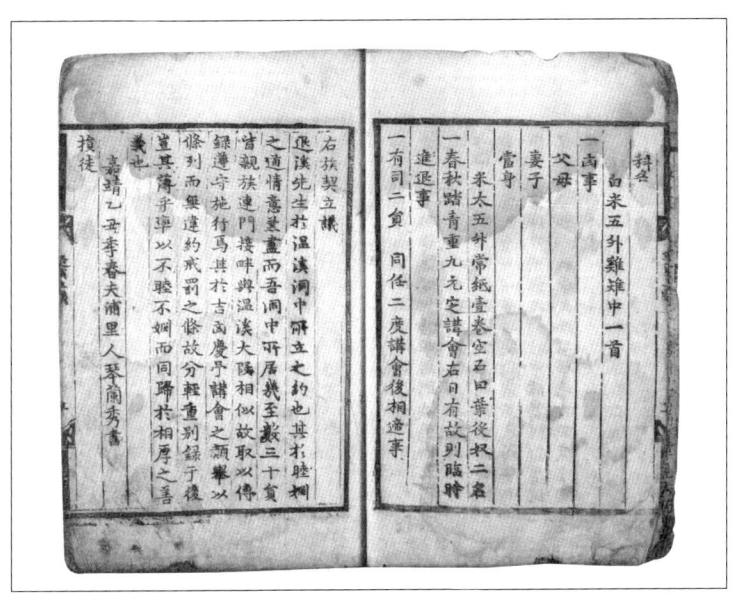

▲「부포동 족계입의」(금난수 서)

마련해 두지 못하였던 약속을 어긴 사람들에 대한 벌조罰條를 더 보충했다.

성재는 부포동에서 족계를 실시하면서 퇴계의 온계동계를 그대로 차용한 이유를 온계동계가 인척간 화목하게 지내는 도리와 정의를 구비하고 있을 뿐만 아니라 부포동의 인적 구성도 모두가 친인척으로 온계동과 아주 비슷하기 때문이라고 하였다. 사실 퇴계의 온계동계의 내용은 인척간 또는 마을 내부에서 행해지던 길흉사와 경사에 상호부조하던 일반적이고 보편적이던 당시 관행을 문자화했던 것이다. 그러니 특별히 더 가감할 내용이 없었다. 더욱이 마을의 인적 구성도 온계동과 다를 바가 없었다. 16, 17세기의 반촌班村은 입향조入鄕祖의 인아친척姻姬親戚 곧 본손本孫이나 사위, 외손 등으로 구성되어 있는 것이 일반적이었다. 가령, 온계동계의 구성원들은 이씨를 중심으로 오吳·금琴·김金·채蔡·임林씨 등 모두 9개 성씨로 이루어져 있었고, 부포동은 이씨와 금씨, 권씨 등으로 이루어져 있다. 이들 성씨는 대체로 입향조의 본손과 여서, 그리고 이들의 친손과 외손의 범위를 벗어나지 않았다.

이러한 족계 또는 동계의 기능은 성재가 밝혔듯이 그 무엇보다도 '인척 간 화목하게 지내는 도리와 정의를 다하고자' 하는 것이었다. 이것의 구체적인 내용을 온계동계에서는 다음과 같이 언급해 두고 있다.

> 지금 우리 여러 족(諸族)들이…… 서로 계약을 세워 길흉경조의 예禮와 환호歡呼의 정情을 닦는 것은 공연히 그러는 것이 아니다. 그런 까닭에 매년 춘추로 각 일차씩 모여(講信) 당면한 급무에 힘쓰고 정의情義에 서로 부합하게 하여 본연의 친분을 잃지 않게 함이다.(『溫溪洞契』, 「溫溪洞中族契立議序」)

동족 간 또는 한 마을에서의 길흉경조에 상부상조하는 것이 족계 또는 동계를 설립한 일차적인 목적이었음을 알 수 있다. 그리하여 혼인과 상사 등에 부조하고, 환난에 서로 도우며, 춘추에 모여 환호지정을 나눔으로써 정의에 부합하게 하여 본연의 친분을 잃지 않게 하는 것임을 분명히 하고 있다.

그러면 족계나 동계를 통해 조직적으로 이루어지는 상부상조의 구체적인 내용은 어떠했을까? 그것은 앞에서 설명하였듯이 부포족계는 온계동계의 내용을 그대로 따른 것이었으니 온계동계의 길흉사에 대한 부조의 내용을 살펴보면 된다. 온계동계 곧 부포족계에서의 길흉사 부조 내용은 다음과 같다.

【표 1】 부포족계의 길흉사 부조 내용

구분	부조 내용
吉事	쌀(白米) 5되, 꿩·닭 중 1마리씩 수합
凶事	쌀·콩 각 5되, 종이(常紙) 1권씩 수합, 壯丁 각 2명 2일 부역. 가마니 3장, 새끼(藁索) 40발, 이엉 20발씩 수합

위의 【표 1】에서 볼 수 있듯이 부조는 간단하게 길사와 흉사로 구분된다. 길사란 주로 혼인이나 회갑연, 그리고 과거급제와 같은 것이었고, 흉사란 장례와 상례를 말한다. 부조의 구체적 내용은 그 대상이 길사인지, 흉사인지에 따라 조금씩 달라진다. 흉사에 대한 부조가 길사에 대한 부조에 비해 물품이나 양에서 더 많다. 흉사에 대한 부조가 더 중요했음을 알 수 있다.

길사인 혼인에는 쌀이나 꿩 혹은 닭을 부조했다. 많은 손님들을 접대하는 데 필요한 것들이다. 특히 꿩이나 닭은 국을 끓인다거나 맛을 내는 조미료 역할을 하는 것으로 당시의 식생활에 있어서 아주 요긴한 물품이었다. 그러나 꿩은 닭과 달리 사육이 되지 않으니 그리 쉽게 얻을 수 있는 것이 아니었다. 그래서 양반가에서는 귀한 선물로 여겼다. 꿩은 매사냥으로나 잡을 수 있는 것이었으니 덤으로 매사냥이 당시에 큰 인기였다. 물론 양반가에서나 누릴 수 있는 특권이었다.

흉사인 장례와 상례에는 종이나 새끼, 이엉 같은 상장을 치르는 데 필요한 물품과 묘역을 조성하고 상구를 운반하는 데 필요한 노동력이 제공되었다. 그리고 이러한 부조는 계원의 부·모·처와 자신 곧 4상(四喪)을 대상으로 하는 것이 원칙이었다. 그러나 부모가 없을 경우 처부모에게, 또는 남편이 사망한 처에게는 지급되지 않기도 하였다.

유교식 장례와 상례는 절차도 까다롭지만 일정한 재력과 노동력이 없으면 제대로 치르기가 어려운 실정이었다. 양반들은 상호부조를 통해 이러한 문제를 해결할 수 있었다. 유교사회에서 유교적인 상장례를 성대히 치러낸다는 것은 그렇지 못한 하층민들과의 신분적 문화적 차별성을 더욱 강조할 수 있는 것이었다. 따라서 당시 양반들에게 유교식 상장례는 번거로움이나 과소비가 아니라 일종의 특권이었던 것이다. 따라서 족계·동계의 또 다른 기능은 상호부조를 통한 양반 또는 인척들간의 결속과 유교적 상장례를 통한 하층민과의 차별성을 강화함으로써 마을 혹은 지역의 하층민들을 적절하게 통제할 수 있는 도덕성과 명분을 확보하는 것이었다.

길흉사에 대한 부조는 위의 표에서 볼 수 있듯이 그리 대단한 양은 아니었다. 쌀 5되, 또는 쌀과 콩 각 5되였으니 그야말로 십시일반이었던 셈이다. 계가 안정적으로 운영되고 기금이 축적되면서는 부조의 양도 크게 늘어나 길흉사 구분 없이 10말의 쌀이 지급되는 것이 일반적인 현상이었다.

부포동의 족계는 적어도 1565년부터 실시되고 있었다. 그리고 이후 30여년이 지나서는 임진왜란이라는 일찍이 겪어 보지 못한 큰 변란을 경험해야만 했다. 부포동이 왜적의 침략으로 직접적인 피해를 입었던 것은 아니지만, 부포동에서도 왜란의 직·간접적인 영향을 받지 않을 수 없었다. 왜란은 양반들의 족계나 동계에도 큰 변화를 강요하고 있었다. 변화의 내용은 이미 앞에서 설명하였듯이, 첫째, 혈연적인 족族의 범위에서 동洞이라는 지연적인 범위로의 전환이고, 둘째, 사족의 족계·동계와 하층민의 향도계가 상하합계上下合契의 형태로 결합하는 것이었다.

부포동에서도 이 같은 일반적인 사정과 크게 다를 바가 없었다. 부포동에서 족계 실시를 주도했던 성재 금난수는 임진왜란 이후에 동중에 다시 약조를 세우지 않을 수 없었던 이유를 다음과 같이 설명하고 있다.

> (퇴계 선생의) 향립약조鄕立約條와 동중洞中의 족계族契가 모두 좋은 법이고 아름다운 뜻을 담고 있는 것이 아님은 아니나 변란變亂(임진왜란) 이후에 인심人心이 날로 사나워져서 형장刑杖과 태벌笞罰만으로는 권징勸懲하기가 불가능하다. 그런 까닭에 내가 부포동에서 별도로 약조約條를 세워 인정人情으로 인도하고자 한다. 하인천예下人賤隸가 비록 명분名分은 다르나 천명天命을 함께 받았으니, 어찌 비천한 무리로 여겨 권유하여 지선至善의 경지로 함께 돌아가지 않을 수 있겠는가.(琴蘭秀,『惺齋先生文集』, 권2,「洞中約條小識」)

즉, 임진왜란을 거치면서 인심이 날로 사나워져 형벌만으로는 선을 권하고 악을 징계할 수가 없게 되어 별도의 약조를 세운다고 했다. 여기서 인심이란 다름 아닌 하인천예들의 인심을 말한다. 이 시기 부포동을 비롯한 양반들 거주 마을은 소수의 양반과 다수의 하층민으로 구성되어 있었고, 하층민의 대부분은 양반가의 노비들이었다. 노비들은 임진왜란의 혼란을 틈타 도망하거나 도적이 되어 양반들에게 적극적으로 저항하기도 하였다. 부포동에서도 정도의 차이는 있었겠지만 세상의 흐름과 크게 다르지 않았다.

세상이 혼란스러워지면 지식인들은 그들의 역할에 대해 다시 한 번 생각해 보게 마련이다. 유자儒者들에게 형벌은 도리어 말단 지엽적인 것이었다. 양반들에게 하층민들은 형벌로 다스려야 할 대상이 아니라 힘든 농사일과 환난을 함께해야 할 마을 공동체의 한 구성원이었다. 임란을 계기로 한 하층민들의 저항은 양반들에게 이 같은 사실을 다시 깨우치는 과정이기도 하였다.

임진왜란 후 성재에 의해 다시 세워진 부포동의 약조 곧 부포동약浮浦洞約은 이전의 족계와는 크게 다른 것이었다. 족계가 양반들만의 것이었다면, 동약은 양반과 하층민들이 함께하는 이른바 '상하합계'였던 것이다. 이미 앞에서 언급하였듯이 상하합계는 임란 이후의 일반적인 촌락공동체 조직이었다.

족계가 하층민이 참여하는 동약으로 바뀜에 따라 그 규약도 바뀌지 않을 수 없었다. 부포동약에서는 상하인이 함께 지켜야 할 조목과 함께 특별히 하층민들만을 대상으로 하는 하인권징사下人勸懲事가 마련되었다. 상하인이 함께 지켜야 할 내용으로는 부모·형제와 이웃 간의 윤리규범, 환난과 쟁송, 소작지, 천방, 산림 등의 문제에 관한 것이었고, 하층민들에 대해 특히 경계하는 일은 싸움질하는 여인과 주인에 대해 불손한 노비들에 대한 징계 문제였다. 특히 노비의 주인에 대한 불손함은 개인의 문제가 아니라 동중의 공론公論으로 다스리고 있었다. 즉, 노비의 저항이 그만큼 심각했음을 의미한다.

하층민들이 동약조직에 참여한다는 것은 하층민에게 규제만이 가해지는 것은 아니었다. 환난과 길흉사에 대해서도 양반과 하층민들은 서로 도와야 함을 의미한다. 부포동약에서는 이 점이 특별히 언급되어 있지 않다. 그렇다고 환난과 길흉사에 부조를 하지 않았다는 것은 아니다. 그것은 이전의 족계에서와 다르지 않았음을 의미한다. 말하자면 양반들 상호 간에서만이 아니라 양반과 하층민들 사이에서도 서로서로 돕고 의지하지 않으면 안 될 상황이 되었다.

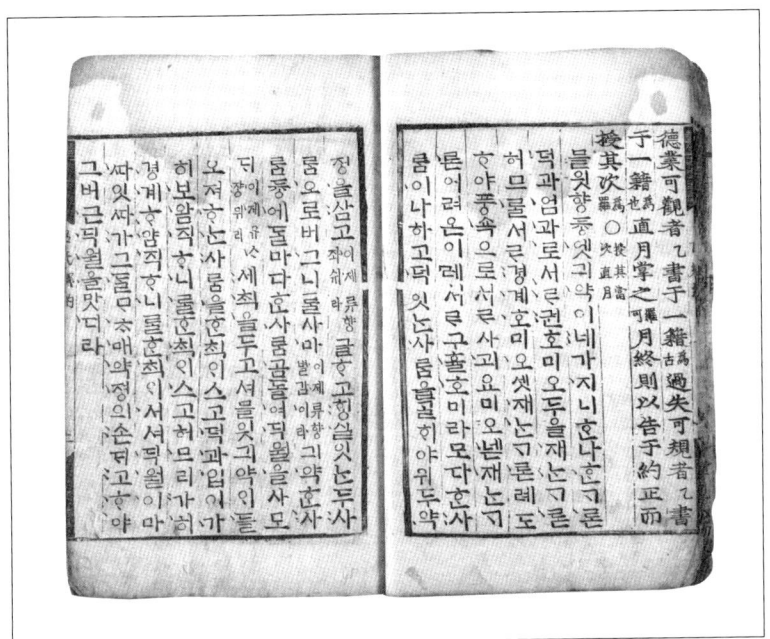

▲ 「呂氏鄕約諺解」

　이러함에도 조선시대의 족계·동계 또는 동약은 오랜 세월을 두고 지속적으로 실시되기 어려웠다. 그것은 극심한 흉년이나 질병, 혹은 전란 등 외부로부터의 압력도 있었지만, 기본적으로는 동계·동약이 양반 중심의 신분제적 특권을 기초로 하여 성립되어 있었기 때문이다. 그러나 18세기 이후 지방 양반들의 중앙정계로의 진출은 극히 제한적이었고, 그들의 중요한 경제적 기반이 되고 있던 노비들의 도망은 더욱 증가하고 있었다. 이에 따라 몰락양반들이 대거 생겨나게 되었다. 또한 지방의 양반사회는 정치적으로나 향촌사회의 주도권을 두고 다양한 갈등과 대립관계가 조성되고 있었다. 이러한 사정에서 양반들의 지배체제는 크게 흔들리거나 아예 기능을 하지 못하는 경우가 많았다. 지배체제의 동요는 하층민들의 신분상승이나 저항으로도 나타났다. 마을 단위에서의 양반들의 권위도 크게 흔들릴 수밖에 없었다.

다른 한편 18세기 이후에는 임란의 완전한 극복과 함께 인구도 지속적으로 증가하고 있었다. 임란 직후 상하합계의 등장이 인구감소에서 오는 불가피한 현상이었다는 점을 염두에 둘 때 촌락사회의 인구 증가는 역으로 상하계의 분리를 가능하게 하는 객관적인 조건을 만들고 있었다.

18세기를 거치면서 대부분의 경우에는 신분적 차별을 전제로 한 동계·동약 조직이 해체되어 나갔다. 부포동의 경우에도 예외는 아니었을 것이다. 그러나 동계·동약 조직이 해체되었다고 해서 마을 또는 친척 간의 상부상조가 없어지거나 폐지되는 것은 아니었다. 도리어 촌락 단위 혹은 그것을 넘어서는 다양한 조직과 관계를 통해 더 다양한 방법으로 확대되고 있었다. 길흉사나 환난에 상부상조한다는 것은 조선시대를 거치면서 이제 제도가 아니라 당연한 관행과 일상이 되고 있었다. 사실 우리가 앞에서 검토한 조선시대의 동계·동약이란 이런 오랜 우리의 관행과 일상을 명문화하고, 여기에 유교적인 윤리도덕의 가치를 덧붙여 놓은 것에 불과한 것이었다.

3. 20세기의 상부상조, 부포 사람들의 아름다운 일상

부포동에서는 16, 17세기 이후 오랫동안 동계나 동약이 실시되었다는 흔적을 발견할 수 없다. 흔적은 다름 아닌 문자나 문서를 말한다. 문자나 문서 자료가 없다고 하여 실체가 없었다는 것은 아니다. 이후 오랜 세월을 거치는 동안, 특히 근현대의 험한 세상사와 수몰이라는 폭력에서 자료가 소실되고 멸실되어 버렸을지도 모른다. 더구나 앞에서도 언급하였듯이 동계·동약 조직이 운영되지 않거나 자료가 없다고 하여 마을에서나 인친 간의 상부상조가 없다는 것은 결코 아니다. 그것은 조직이나 자료와 관계없이 언제나 우리 삶과 함께하고 있었다. 이것을 명문화하고 조직화하는 일은 그리 어려운 일이 아니었다. 따라서 어떤 계기가 있게 되면 상부상조의 조직은 다양한 형태로 나타날 수 있는 것이었다. 그리고 시간적으로는 전통시대에만 그러했던 것은 아니었다. 20세기에 들어와서도 그러했지만, 1970년대 마을이 수몰되어 경향 각지로 흩어진 이후에도 이 같은 전통은 사라지지 않았다. 현재 자료를 통해 확인되는 것만으로도 양로소養老所와 돈목계敦睦契, 그리고 진향회가 있다.

양로소는 양로회라고도 하는데 주로 60 이상의 노인들로 구성된다. 이른바 노인회인 셈이다. 마을의 부로父老들이 친목을 도모함과 함께 마을의 풍속을 진작시키고, 또 마을의 대소사에 대한 조언과 자문에도 응하게 된다. 이런 점에서 차라리 마을의 원로회라고 할 수 있다.

현존하는 『양로소현록養老所懸錄』(追入 포함)에 등재된 인명을 성씨별로 보면 이씨가 37명, 금씨가 10명, 김씨가 2명으로 나타난다. 이 시기 부포동의 대체적인 성씨별 분포로 볼 수 있다. 입록 시기는 양로소가 조직되었던 1921년부터 1962년에까지 이른다. 그리고 1970년대에 이르기까지 모임이 계속되고 있었던 것으로 보아 60여 년 넘게 존속하다가, 안동댐 건설로 마을이 수몰되면서 양로소 역시 그 운명을 함께한 것으로 보인다.

양로소에는 얼마간의 토지가 있었다. 이것은 회원들의 가입 시에 내는 성금으로 마련되었을 것이다. 토지는 소작지로 대여되어 일정한 소작료를 받았다. 소작료는 다시 장리곡長利穀으로 대출되었다. 이렇게 마련된 수입은 매년 2~5회 모임 경비로 지출되었다. 양로소의 수입과 지출의 내역을 기해년(1959)의 경우를 통해 보면 다음과 같다.

【표 2】 부포동 양로소의 수입과 지출 내역(1959년)

수입 내역			지출 내역			
保管分	正	7斗5升	2월 25일 聚會	黃狗	半隻	1,550元
				白米	5斗	1,000원
				靑葱	1束	200원
				藥草	半斤	100원
				麥粉	半升	100원
				濁酒	3升	300원
姜得伊	正	16두		醬油		300원
	牟	3두		饌價		950원 합 4,500元
申述伊	牟	1두	10월 29일 聚會	황구	1척	3,300元
	正	1두		백미	7승*	*正1斗5升
李中洛	正	1두		청총	4속	400원 作米用下
姜德洙	南草	2把		당초	1근	400원
				차	1속	200원
				맥분	1승	300원
				장유	1승	300원
				탁주	5승	500원
				찬가		1,000원 합 6,400圜

양로소의 수입은 앞에서 언급하였듯이 소작료에서 나오는 것이 전부였다. 강득이나 신술이 등은 소작인이고, 정正이니 모牟니 하는 것은 벼(正租)

또는 보리(牟麥)로 소작료를 받은 것을 말한다. 논에서는 벼로, 밭에서는 보리나 담배 등으로 받았다. 이들 소작료는 대부분 연 50%에 달하는 장리곡으로 대출되었다가 다음 해로 이월되어 이런 저런 경비로 사용되었다. 화폐의 단위는 환(圜)이었지만, 환보다는 원(元)으로 통용되고 있다. 1953년에 100원을 1환으로 하는 개혁을 단행했지만, 일상생활에서는 오랜 습관에 의해 원으로 통용되고 있었던 것으로 보인다. 아무튼 양로소 등 문서에 나타나는 환이나 원은 동일한 단위로 쓰였다.

지출의 거의 대부분은 회의 경비였음을 알 수 있다. 그러나 어떤 해에는 단소(壇所) 묘사(墓祀)나 입석(立石) 경비로 지출되기도 하였고(1958), 또 어떤 때에는 수리조합 부담금으로 지출되기도 하였다(1960). 이런 사정으로 보아 양로소가 단순한 노인들의 친목단체였던 것만이 아님을 알 수 있다.

1959년에는 두 번의 양로회가 개최되었다. 그러나 어떤 해에는 3회 또는 5회의 회의가 열리기도 하였다. 회의 경비 또한 여기에 비례해서 지출될 수밖에 없었다. 1959년에는 2차의 회의 경비로 1만 9백 원이 지출되었다. 이것은 소작료 수입으로 충당되었다. 당시 벼 한 말 값이 1천 원이고, 보리는 6백 원이었으니, 1959년의 소작료 수입만으로도 회의 경비를 제하고 대략 500원 정도의 여유가 있게 되었다. 이것은 다음 해로 이월되었다. 【표 2】의 수입 내역에서 보관분이란 바로 전해의 이월금이다. 결국 1959년에는 전해의 이월금인 벼 7두5승과 500원을 다시 다음 해로 넘길 수 있게 되었다.

회의 경비의 구체적 내용은 대체로 개장에 필요한 개고기와 각종 채소, 탁주 반 말, 그리고 쌀밥 정도가 전부이다. 조촐하지만, 더 없이 넉넉하게 느껴지는 풍경을 상상해 볼 수 있다. 그러나 이러한 정겨운 삶의 모습도 수몰과 함께 사라지고 말았다. 이를 보고 경험할 수 있었던 사람들은 비록 마을을 떠났지만, 결코 지울 수 없는 추억과 향수로 가슴에 담아 두고 있을 것이다.

다음은 돈목계를 살펴보면 다음과 같다. 돈목계는 「돈목계안敦睦稧案」이 작성된 정유년(1957)에 비로소 실시된 것으로 보인다. 그리고 여기에는 계규稧規, 좌목座目과 함께 이후 갑인년(1974) 11월에 이르기까지 18년간의 수입과 지출이 기록되어 있다.

계규에 따르면 돈목계는 부포동 거주자를 한정하여 "돈목을 목적으로 하고 휴패虧敗한 기강을 갱생更生시켜 미풍美風을 모범 되게" 하고자 설립된 것이었다. 계원들은 "관혼상장冠婚喪葬에 물심으로 상호 원조하고 환난상구患難相救" 하며, 또 각자 성금을 내어 관혼상장에 필요한 도구를 마련해야만 했다. 계에 납부된 기금은 어떤 경우에도 반환하지 않으며, 계원이 다른 곳으로 이주하면 계원의 자격을 자연적으로 상실하되 10리 이내의 경우에는 예외적인 것으로 하였다. 계를 운영하는 임원으로 유사 2명을 두었고, 매년 정월 보름에 계회를 열어 운영 전반을 점검하였다.

이러한 돈목계의 기능이나 목적 또는 운영 원리 등은 전통사회의 족계·동계 또는 동약과 크게 다를 바 없다. 다시 말해 조선시대의 상부상조의 정신과 운영 원리가 20세기의 중·후반에 이르기까지 그대로 계승되고 있는 셈이었다.

돈목계의 좌목에는 모두 43명의 계원이 등재되어 있는데, 이씨가 절대 다수인 33명을 차지하고(주사댁, 고천댁, 호상댁 등 택호로 표기된 경우 3명 포함), 금씨가 8명, 김씨와 류씨가 각각 1명이다. 이들은 모두 동시대의 인물은 아니지만, 적어도 20세기 중반 부포동의 인적 구성을 보여 주는 것으로 볼 수 있다.

돈목계의 구체적인 기능은 관혼상장에 물심양면으로 적극 원조하는 것이었지만, 이것은 어디까지나 개별적으로 거행할 일이었다. 계에서는 관혼상장에 필요한 기물 곧 상여喪輿와 반상기盤床器 등을 비치하는 일을 담당했다. 장례를 치르려면 상여가 있어야 했고, 또 관혼상장에 찾아오는 사람들을 제대로 접대하기 위해서는 많은 반상기가 필요했다. 그러나 개인적으로 본다면 이것은 늘 사용되는 것이 아니라 수십 년에 한 번 쓸까 말까 하는 기물들이다. 따라서 개별적으로 구비해 둘 수는 없는 노릇이었다. 마을 단위로 해결해야만 할 문제였다. 아무튼 상여와 반상기 등은 1960, 70년대 규모 있는 반촌에서는 당연히 갖추어야 할 필수품이었다.

부포동의 돈목계는 바로 이 같은 문제를 해결하기 위해 조직된 것이라 하여도 크게 어긋나지 않는다. 그것은 매년 계회 시에 작성되는 회의록이 상여와 반상기 등의 수입과 지출 내역으로 채워져 있는 것에서 충분히 짐작되기 때문이다.

부포동의 돈목계에서는 1957년, 1958년에 상여와 반상기를 각각 준비하였다. 그것은 계규약에 명시되어 있듯이 계원들의 성금으로 마련되었다. 1957년 상여喪輿를 갖추기 위해 수합된 기금은 2만 8백5십 환이었다. 상여는 다양한 재료들로 구성된다. 그 내용과 가격을 적어 보면 다음과 같다.

【표 3】 상여 조성 비용(1957년)　　　　　　　　　　　　　　단위: 원(圓)

木材代	2,750 (圜)	玉洋木(2碼半)	480
洋丁代	200	黑色布(2碼半)	700
酒代	1,000	花板布(5碼半)	1,270
大木工價	4,000	장식小形	150
大木工食費	800	紅色布(2碼)	600
뺑기代	1,900	裁몽세	700
장식代	1,000	大丁工價	800
鐵物代	100	동줄, 잠을쇠, 못	1,000
揮發油代	100	庫舍門松板, 喪輿櫃	2,000
丹靑手術料	700	庫舍잠물쇠(1개)	250 (円)
총합계			20,500

　　1957년 부포동의 돈목계에서 상여를 조성하는 데 든 비용은 2만 5백 원이었다. 역시 화폐의 단위가 환(圜), 원(圓), 엔(円)으로 다양하게 나타나지만 통용되고 있다. 상여 조성비에는 목재나 철물 등 재료비와 함께 목공의 수공비와 주식비도 포함된 것이었다. 아무튼 1950년대 상여를 조성하기 위해서는 2만원 전후의 경비가 필요했음을 알 수 있다. 이것은 벼 20말 정도, 쌀로는 10말 정도에 해당하는 가격이다. 그리고 상여를 보관하기 위한 고사인 곳집도 마련되어 있었음을 알 수 있다.

　　상여가 마련된 다음 해에는 반상기가 조성되었다.

　　반상기는 유기와 사기로 된 접시와 중발, 종지 등 그릇과 소반 등으로 구성되는데, 대략 20여 상을 차릴 정도였던 것으로 보인다. 그렇게 많은 양이 아님을 알 수 있다. 그러나 이것만이 전부가 아니다. 관혼상제에는 본가의 반상기는 물론이고, 인근 일가친척들의 모든 반상기가 동원된다. 상부상

조란 물질적인 부조만을 의미하는 것은 아니었다.

【표 4】 반상기 조성 비용(1958년)　　　　단위: 원(圓)

鍮器代(蓮葉 20部, 匙箸 各 2束)	30,500
沙器代(接匙 50介, 中鉢 10介, 宗之 10介)	2,000
盤	9,000
櫃	200
油代	500
鑽洋釘幷	650
합계	42,850

아무튼 이렇게 마련된 상여와 반상기는 계원뿐만 아니라 인근의 비계원에게도 대여되었던 것으로 보인다. 비록 계원이라 하더라도 무상으로 사용할 수 있었던 것은 아니었다. 상여는 대체로 1천 환, 반상기는 5백 환에서 1천 환 정도의 사용료를 지불해야만 했다. 이 대여세 수입은 상당하였다. 가령 신축년(1961)에는 상여세로 5천 환, 동기세로 4천 환, 그리고 장사 시의 기타 수입으로 1만 4천4백 환 등 총 2만 3천4백 환의 수입을 얻었다. 그리고 계묘년(1963)에도 【표 5】에서 볼 수 있듯이 2,750원(금년 수입금, 상여세, 장례 시 잡수입)의 수입금을 얻을 수 있었다. 단위가 환에서 원으로 바뀐 것은 1962년에 10환을 1원으로 하는 화폐개혁 때문이다. 이 점을 유념해서 보아야 할 것이다.

【표 5】 부포동 돈목계 운영 내역(1963년)　　　　　　　　　　　단위: 원(元)

연도	수입 내역		지출 내역		잔액
正月 聚會時	繰越金 금년 수입금	2,612 1,850	契會時浮費 鍮器代(10組) 沙器代 有司役價(1人)	600 2,250 150 50	1,412
12월 聚會時	繰越金 喪輿稅 장례 시 잡수입 追入金(李東禧)	910 300 600 500	전년도契會時浮費加下條 洞器修繕費 契會時浮費 盤(5床) 有司役價	100 100 300 1,250 100	460

　　상여와 반상기 등의 임대 수입이 적지 않았고, 또 신입회원들의 추입금도 꾸준히 들어오고 있었지만, 계의 재산이 무한히 불어나는 것은 아니었다. 상여나 반상기는 늘 수리·보수되거나 보충되어야만 했다. 그래서 1963년에는 동기 수선비로 100원, 반 5상을 마련하는 데 1,250원이 투입되었다. 그리고 계의 운영을 위한 회의비나 유사에게 최소한의 보수라도 지불해야 했다. 전통시대의 계 운영의 기본은 증식에 목적이 있지 않았다. 그것은 어디까지나 현상 유지를 최선의 방책으로 생각했다. 재물의 증식이나 이윤의 추구에 목적을 두면, 진정한 상부상조란 불가능해지게 마련이다.

　　상여와 반상기는 그냥 기물로서만 존재하는 것은 아니었다. 이것을 통해 우리는 마을 사람들의 삶이 하나로 묶이는 모습을 상상해 보기 어렵지 않다. 천수를 다하고 삶을 마친 마을 어른의 초상을 당해 일가친척과 원근의 조문객은 줄을 잇는다. 상주들의 애달픈 곡과 함께 온 마을이 부산하다.

출상에 맞추어 마을 외딴 곳집에 모셔 두었던 상여가 꽃단장을 한다. 건장한 마을 동군들이 무명 저고리를 걸치고 상여줄을 어깨에 멘다. 굴곡 많았던 삶이 상엿소리와 함께 조촐하게 마무리 된다. 한편에서는 동네 아낙들이 밥을 짓고 국을 끓여 문상객들을 대접하기에 정신이 없다. 마을에 상여와 반상기가 갖추어져 있지 않다면, 어떻게 장례를 치를 것이며, 어떻게 그 많은 사람들을 접대할 수 있었을까? 역할을 끝낸 상여는 다시 해체되어 곳집에 모셔지고, 반상기는 잘 닦여져 유사에게 인도된다. 이렇게 어려움을 함께 극복함으로써 마을 사람들은 새로운 삶의 힘을 얻을 수 있게 된다. 혼자가 아니라는 안도와 위안은 그 무엇보다도 큰 힘이 된다. 더불어 함께하는 상부상조란 부포 사람들뿐 아니라 어려운 세월을 살았던 사람들의 삶의 원동력이었다.

상부상조란 이런 계나 조직을 통해서만 가능하였던 것은 아니었다. 상부상조를 기본으로 하는 계란 마을의 공적 조직이고, 제도적 장치이다. 그러나 이 조직과 제도가 모든 문제를 해결할 수 있었던 것은 아니었다. 흉년이 계속되거나 전염병이 마을을 휩쓸면 비록 계가 있다 하더라도 아무 소용이 없다. 이럴 땐 고을이나 나라에서 나서야 하지만, 나라 잃은 식민지 백성으로 살아야 했던 일제 치하에서는 차라리 그냥 방치해 두기만 하여도 다행한 일이었다.

1935년 을해년에는 전국적으로 큰 흉년이 들었다. 안동도 예외가 아니었고, 부포마을이라고 피해 갈 수 있는 것도 아니었다. 온 마을 사람들이 초근목피로 연명하기조차 어려운 실정이었다. 그러나 일제 식민지 권력의 세금 독촉은 더욱 사나웠다. 온 나라에 흉년이 들자 그들의 주구를 채우기 위해서 더욱 날뛸 수밖에 없었던 것이다.

큰 흉년이나 무서운 질병이 닥쳤는데도 고을이나 나라에서 구제하지 못한다면 많은 사람들은 죽음을 기다릴 수밖에 없다. 물론 모두가 그런 것은 아니었다. 마을에는 그래도 이름난 부자가 있고, 모두가 죽어가는 상황에서도 목숨을 부지하는 사람들이 있게 마련이다. 이제 막다른 골목으로 내몰린 사람들의 운명은 마을의 부자나 살아남은 사람들의 손에 맡겨질 수밖에 없다.

위기는 일부의 사람들에게는 도리어 더할 나위 없는 좋은 기회가 된다. 부자들은 전답을 담보로 비싼 장리곡을 놓아 그냥 헐값에 많은 토지를 끌어모을 수가 있었다. 흉년이나 질병은 수시로 엄습했다. 조선 말, 일제하 여타 지방에서의 많은 대지주들은 이런 기회를 놓치지 않고 손쉽게 막대한 재산을 축적해 나갔다. 안동의 부자들이라고 이런 방법을 몰랐을 리 없다. 그것은 아무리 어리석은 사람이라도 다 아는 일이다. 그러나 안동을 중심으로 한 영남에서는 이런 어려운 때를 당하여 큰 부자는 고을을, 작은 부자들은 마을을 구휼하느라 있는 재물조차도 탕진하는 형편이었다. 남의 어려움을 이용하여 재산을 모은다는 것은 양반선비가에서 할 짓이 아니라고 생각했던 것이다. 그렇다고 하더라도 일정한 경제적 기반은 접빈객 봉제사와 글 읽는 선비로서의 삶을 위한 최소한의 조건이었다. 영남의 선비들도 이 같은 최소한의 조건을 포기할 수는 없었다. 이를 위해 영남의 선비가에서 선택한 전략은 그저 근검절약하는 것이었다. 그리고 흉년을 당해서는 재물을 모으는 대신에 인심을 얻었다. 사실 영남의 지주들은 탐욕스런 졸부로서가 아니라 존경받는 지주로서 대접받기를 원했다. 영남의 양반들이 이런 전략을 선택했던 것은 학문이 높거나 인격이 고매해서가 아니었다. 다른 지역의 지주들과는 달리 마을에서 어려운 농민들과 함께 생활했기 때문이다. 서울에 사는 호남의 지주들은 흉년에 농민들의 사정이 어떠한지를 제대로 이해하지 못했다. 유학을 정신적 지주로 삼지 않았던 놀부 같은 졸부들에게 예의와 염치란 아무 의미가 없었다. 그들의 안목에는 오직 재물의 있고 없음과 많고 적음만이 있을 따름이었다. 아무튼 다른 지방과는 달리 안동에 큰 지주가 없었던 것은 바로 이 같은 사정 때문이었고, 반대로 지주였기 때문에 인심을 잃은 일도 결코 없었다.

을해년 흉년에 부포 부자로 제법 이름난 참봉댁(梅堂 李晩佐)에서는 예외없이 구휼미를 내었다. 또한 마침 갑년甲年을 맞이한 호산공(壺山 李中進)은 섣달의 회갑 수연을 하지 않고 그 비용으로 마을 사람들의 세금을 대신 감당하게 했다. 이로 인해 부포마을 사람들이 혹독한 흉년과 이보다도 더 악랄한 '세금'이라는 일제의 약탈로부터 그래도 목숨을 부지하여 다음 해를 기약할 수 있게 되었다. 다시 봄이 오고, 보리가 나자 마을 사람들은 호산어른의 공을 잊지 못해 마을 어귀에 송덕비를 세웠다. 송덕비라야 나무를 네모나게 다듬어 세운 것에 불과했다. 그러나 호산공은 그조차도 허락하지 않았다. 다른 누군가가 같은 처지였다면 역시 그러했으리라 생각했을 것이다. 송덕비는 뽑혀져 마을 어귀가 아닌 호산공 마루 밑에 오랫동안 방치되고 말았지만, 마을 사람들의 가슴 속에 새겨진 송덕비는 호산공도 어쩔 수가 없었다. 마루 밑의 송덕비는 세월을 이기지 못했지만, 가슴 속의 송덕비는 세월을 지나면서 역사가 되고, 전설이 되었다. 역사가 되고 전설이 된 이야기는 매당공이나 호산공, 그리고 그 후손들만이 아니라 온 마을 사람들

▲ 진향회 모임(2009. 6. 14. 이동혁 제공)

의 이야기가 되고 자랑이 되었다. 함께하는 삶이란 물질적인 상부상조만이 아니라 이렇듯 마음과 기억까지도 함께하는 그런 삶을 말한다. 우리의 지난 삶이 그러했다.

 1960, 70년대 이전에 시골마을에서 태어나 어른이 되었던 사람들에게 이 같은 모습은 그리 낯설지 않는 풍경이었다. 그러나 지금은 어디서나 찾아보기 어렵지만, 그 옛날의 모습을 회상해 보는 것은 그리 어렵지 않다. 어쩌면 상상만으로도 가슴이 따뜻해지고, 비록 일순간이나마 힘찬 심장의 박동을 느낄지도 모른다. 고향을 잃어버린 사람들에게는 고향에 대한 향수와 추억으로 더 진하게 느껴질 것이다. 마을의 수몰은 희로애락을 함께하던 삶까지도 일순간에 수장시키고 말았다. 빼앗겨 버린 것이 어디 고향의 산하뿐이겠는가. 이곳에서 함께 일구어 내었던 삶도 송두리째 빼앗겨 버렸다. 그리움

이 더욱 진할 수밖에 없다. 그러나 이것을 경험해 보지 못한 젊은 세대들에게는 먼 남의 나라 이야기나 다를 바 없다. 우리는 동시대를 살면서도 서로 다른 추억으로 살아가고 있다.

아무튼 부포 사람들의 삶의 원동력이 되었던 더불어 함께하는 삶은 수몰과 함께 추억과 향수로만 남게 되었다. 부포마을에서의 현실적인 삶은 뿌리 뽑혔지만, 부포 사람들은 그 삶의 정신만은 차마 내려놓지 못하고 있다. 그래서 서울에 거주하는 진성이씨들은 1984년에 진향회를 결성했다. 같은 지연, 가까운 친족임을 서로 확인하면서 더불어 함께했던 삶의 우의와 친목을 그대로 이어 가자는 것이다. 그렇게 하고도 아쉬움이 남아, 비록 수몰로 자투리만 남은 고향이지만 더 깊은 애정으로 발전에 힘을 보태고자 한다.

이렇듯 우리는 오랜 세월 동안 상부상조하는 다양한 조직을 통해 공동체적 삶을 살았다. 이러한 공동체적 삶을 통해 자연재해로부터 오는 기근과 질병에 대응할 수 있었고, 길흉사에 기쁨과 슬픔을 함께 나눌 수 있었다. 서로 돕고 서로 보살피지 않았다면 그 긴 세월과 그 숱한 어려움을 헤쳐 나가기란 거의 불가능했을 것이다. 또한 함께하는 공동체적 삶이 없었다면 나라가 위기에 처해지거나 국권을 상실한 시기에 누가 의병의 대열에 나설 것이며, 누가 국권회복을 위한 독립운동에 일생을 바칠 수 있었겠는가? 내가 없더라도 남아 있는 가족을 누군가가 돌보아 줄 것이라는 믿음이 없다면 쉽게 떨쳐나설 수 없었을 것이다. 부포동을 비롯한 안동의 크고 작은 마을에서 많은 독립운동가를 배출할 수 있었던 것은 그 어느 지역보다도 공동체적 삶이 강하게 작동하고 있었기 때문이었다.

부포마을은 진성이씨 마을이라 해도 좋을 만큼 진성이씨들이 많다. 그러면서도 타성들과 오랜 세월을 아무 탈 없이 잘 지내왔다. 탈이 아니라 서로 함께 의지하며 살아왔다. 또한 진성이씨라 하더라도 한 파가 아니라 '진성이씨 백화점'이라고 할 만큼 여러 파가 어우러져 살고 있다. 그러면서도 대부분의 마을에서 흔히 있는 동성이나 타성 간의 대립·갈등 없이 단합이 잘되는 마을이었다. 그래서 옛날 예안면내 체육대회에서 부포마을이 늘 1등을 독차지했다고 한다. 이것을 부포 사람들은 아주 자랑스럽게 생각한다. 이것은 우연히 그냥 그렇게 된 것이 아니다. 그것은 조선시대부터 이어져 온 부포 사람들의 오랜 상부상조 정신이 발현된 결과이다. 뿐만 아니라 부포 사람들의 상부상조의 정신은 해방정국의 혹독한 이념의 갈등에도 서로를 감싸고, 이해하고, 용서함으로써 아무 문제없이 극복할 수 있게 했다. 부포마을지도 이 같은 아름다운 단합의 산물이다. 이 글은 더불어 함께함으로써 험악한 세상을 이겨냈던 모든 사람들의 아름다운 삶에 대한 헌사獻辭이다. (정진영)

13장

옛 선비들의 청량산 유람록에 나타난 부포마을

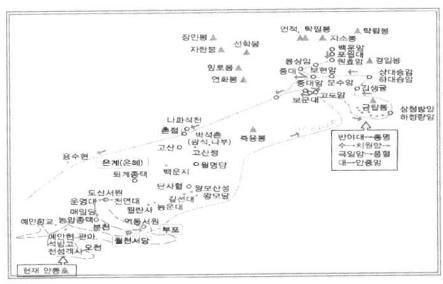

'현대판 실향민'이라고 할 만한 '부포 사람들'과 안동대학교 한국학연구원의 '안동문화연구소' 간에 부포마을지 간행에 관한 논의가 진행되는 와중에 나는 봉화군이 펴낸 『옛 선비들의 청량산 유람록』을 읽다가 우연히 '부포'라는 지명을 여러 번 접하게 되었다. 1544년 신재 주세붕 선생께서 청량산을 기행하고 남긴 「유청량산록遊淸凉山錄」에서부터 19세기 전반까지 생존하셨던 성해응成海應(1760~1839) 선생의 「청량산淸凉山」이라는 글까지 수백 년간 수십 명의 선비들이 남긴 유람록 중 여러 편에서 '부포'라는 지명을 발견하고 반가운 마음에 관련 기록을 정리해 두었다.

한편 부포마을지발간추진위원회에서 자료를 찾다가 불과 한 세대 전에 수몰된 부포마을과 관련된 자료들이 의외로 많지 않다는 사실에 놀라서 이미 정리해 둔 자료를 다시 한 번 정리하게 되었다. 그 자료에는 당시 선비들이 부포마을을 거쳐 청량산을 찾아간 흔적이 종종 나타나는데, 세상만물은 세월에 비례해서 달라지는 것이 정한 이치이니 비록 오늘날과는 다른 부포의 모습일 수도 있지만 그 또한 부포에 관한 기록이라는 생각에 글을 재정리하였다. 그 중 몇 편의 유람록을 여기에 소개함으로써 당시 부포의 모습과 사회상은 어떠했는지 마을의 지세와 풍속은 어떠했고 무슨 성씨의 어떤 사람들이 살았던 마을이었으며 인심은 또 어떠했는지 짐작할 수 있도록 하기 위함이다.

청량산 육육봉 아는 이는 나와 백구뿐
백구야 훤사喧辭하랴 못 믿을손 도화로다
도화야 떨어지지 마라 어주자漁舟子 알까 하노라

이 글은 퇴계 선생께서 벼슬을 그만두고 도산에 은거하시며 학문과 후학양성에 매진하실 때 청량산을 오가며 지은 「청량산가淸凉山歌」라는 시詩이다. 당시 퇴계 선생께서 청량산에서 공부하시던 곳을 청량정사淸凉精舍 또는 오산당吾山堂이라고 하는데, 나는 이즈음 청량정사에 오르면 청량산의 인문학적 의미나 아름다운 경치가 어떠하다고는 감히 표현할 재주가 없지만 지금도 퇴계 선생을 비롯한 우리 선인들의 아련한 자취를 느낀다. 어쨌든 퇴계 선생께서는 당시에 틈만 있으면 늘 도산陶山에서 천사川砂, 단사丹砂, 고산孤山을 지나 청량산을 찾으셨고 또한 청량산을 지극히 사랑하여 여러 편의 시를 남기셨다.

그 이후 선생의 도학을 따르는 많은 후학들이 선생께서 거닐던 자취를 따라 성현의 숨결을 느끼기 위해 청량산을 찾았을 것이다. 보통 외지에서 청량산을 찾는 이들은 도산서원이나 상계종택을 찾아서 선생의 사당과 묘소에 예를 올린 후 도산구곡을 따라 낙동강을 거슬러 올라가거나 부포를 거쳐 청량산을 올랐던 모양이다. 왜냐하면 당시 부포에는 월천 조목(1524~1606), 성재 금난수(1530~1604) 등 선생의 문도분들이 퇴계 선생께서 돌아가시고도 35~6년 정도 더 생존해 계셨고, 더 후일에는 그 문도들을 통해 사숙한 학자와 후손들이 또 대를 이어 부포에서 살았기 때문이다.

그래서 안동지역을 여행하려는 선비들은 그분들을 만나 퇴계 선생의 삶이나 학문, 그리고 그 영향이나 자취도 확인하고 궁금한 것을 물어 보기도 했을 것이다. 그리고 겸사겸사 부포를 거쳐 청량산을 찾았을 것이고 청량정사에서는 글을 짓고 시도 읊었을 것이다. 그런 글 중에서 오늘날까지 남아 있는 청량산 유산록은 수백 편이 넘지만, 그 중에서도 내왕간에 부포에 머문 기록이 있는 유산록 몇 편을 골라 여기에 소개하고 또 이해하기 쉽도록 필자가 외람되이 글 몇 자를 더 보태려 한다. 인용한 글의 원전과 지도는 봉화군이 펴낸『옛 선비들의 청량산 유람록』Ⅰ·Ⅱ(2006·2009)에서 옮긴 것이다.

1. 주세붕의 「유청량산록」 중에서

청량산은 조선의 선비들에게는 성지와 같은 곳이다. 일찍이 신라의 김생과 최치원, 고려의 공민왕 등이 그 자취와 흔적을 남겼고, 조선시대에 이르러서는 '동방주자東方朱子' 또는 '이자李子'로 추앙되는 퇴계 선생으로 인하여 우리나라 유학의 성지로 자리매김하였다. 이런 연유로 조선의 선비들이 수천 편의 시와 유산록을 남겨, 청량산은 우리나라에서 금강산 다음으로 많은 글이 남아 있는 명산이다. 유산록만 하더라도 퇴계선생께서 발문을 붙인 주세붕周世鵬(1495~1554) 선생의「유청량산록遊淸涼山錄」으로 그 첫 장을 연 이후 금난수, 권호문, 신지제, 유진, 허목 등 당대의 쟁쟁한 유학자들이 쓴 유산록 100여 편이 남아 있는데, 그 글들 속에는 선인들의 숨결과 자취가 오롯이 남아 있다. 여기 주세붕 선생의「유청량산록」중 일부를 옮겨 본다.

분수汾水에서 농암공을 배알한 후 길을 나섰는데, 날이 저물어서야 말을 달려 부포에 이르렀다. 짐 실은 말을 먼저 건너게 하고 취하여 제생과 뗏목을 타고 건넜다. 어둠이 오고 어지러워 흥이 오르자 아득하니 세상을 등질 생각이 났다. 이내 건너서 잔디가 깔린 언덕에 무너지듯 앉았다. 먼저 와서 기다리는 사람이 있었으니 전에 만호萬戶를 지낸 금치소琴致韶 및 그 아들과 조카 네다섯이 나를 맞이하였다. 그 집에서 자고 달빛을 타고 앞마을로 들어갔다. 마을은 바로 우리 할머니 권씨의 아버님인 고 목사牧使 권우權虞께서 옛날 거처하던 곳이었다. 만호는 바로 권목사 자매의 태생이라 나를 특별히 후하게 대해 주었다.

(1544년 4월) 11일. 가랑비가 왔다. 금씨 10여 명이 모두 밥통을 들고 와 밥을 먹었다. 출발하려고 앞길을 걸어 나가는데 권씨 할아버지의 옛집이 보였다. 멀리서 권간權簡의 묘에 예를 올렸는데 곧 목사 할아버지의 아버님이다. 옛날에 목사 할아버지께서 장인인 총제總制 이각李恪을 따라 진鎭을 열고 포浦를 합치면서 드디어 칠원부원군이 되셨다. 윤자당尹子當의 사위였기 때문에 여기에 거처하셨다. 우리가 칠원에 거처하게 된 것도 권씨를 따라왔기 때문이었다. 옛일을 생각하니 슬픈 생각이 들어 눈물이 났다.

동쪽으로 가서 어지러운 산속을 뚫고 들어가 벽계碧溪를 건넜다. 시간이 흐르는 줄 몰랐는데 비가 오다 개다 하여 도롱이를 썼다가 벗곤 하였다. 가끔 산촌이 있었는데 도원桃源과 비슷하였다. 짝을 지어 밭을 가는 사람은 장저長沮와 걸닉桀溺과 비슷하고 돌을 고르며 밭을 가는 사람은 자진子眞과 비슷하고 늙어서 김매는 사람은 방덕공龐德公이 아닌가 하였다. 제생들을 돌아보며 말하기를 "요순堯舜과 같은 임금을 만나지 못했다면 송아지를 안고 이곳에 들어와 나무뿌리 먹고 시냇물 마시며 생을 마쳐도 좋을 것 같다"라고 하였다.

풍기군수로 계실 때 백운동서원을 창건한 주세붕 선생은 1544년 4월 9일부터 18일까지 청량산을 유람하던 길에 분강촌의 농암 이현보 선생을 찾아뵙고 이어서 하룻밤 유숙할 곳으로 부포를 택하였는데, 그 연유는 만호 벼슬을 지낸 금치소의 집이 바로 부포마을에 있었기 때문이다. 그 집은 주세붕 선생의 진외증조부(牧使 權虞)께서 거처하던 곳이기도 하거니와 금치소는 곧 권목사의 생질이니 서로 연비관계였음을 확인할 수 있다. 아울러 여정의 다음 날인 1544년 4월 11일에는 "금씨 일가와 식사 후에 가랑비가 오는 중에 출발하려고 앞길을 걸어 나가다가 멀리 권간의 묘가 보여 예를 올렸다"라고 했는데, 오늘날 사람들의 인식과는 다른 당시 사람들의 혈연의식이나 연비의식을 알 수 있는 기록이다. 권간은 주세붕 선생의 할머니의 친정아버지인 목사 권우의 부친이니 곧 주세붕 선생의 진외고조부가 된다. 필자는 지금 불과 50대이지만 어릴 적 아버지의 외가(진외가)에 어른들을 따라간 적도 있고 내 혼례식 때는 나의 진외가에서 하객이 오시기도 했다. 요즘 사람들은 '진외가'의 의미나 촌수관계를 모르는 사람들이 많고 설사 알더라도 내왕하는 경우는 드물지만, 주세붕 선생께서 금치소의 집에 유숙하거나 진외고조부의 산소를 기억하고 지나가는 길에 멀리서나마 예를 올렸다는 기록을 보면 당대 사람들의 숭조사상이나 친인척관계 등 혈연의식이나 연비의식의 일단을 알 수 있어 흥미롭다.

그리고 당시 부포마을에는 관찰사, 만호, 목사 등 고위관료를 역임한 사족들이 다수 등장하는 것으로 보아 사대부 계층이 많은 반촌이었고, 권씨, 금씨 등 몇몇 유력성씨들이 어울려 살았음을 알 수 있다. 안동권씨는 호군護軍으로 있던 경력經歷 권간權簡의 상세로부터 살았다고 전한다. 그런데 '경력'이라는 관직은 고려 충선왕 때 문하부門下府에 잠깐 두었다가 곧 폐지되었고, 이어 공양왕 때 관찰사의 보좌관으로 1명씩, 도평의사사 부속 경력사經歷司의 속관으로 1명이 설치되었으며 품계는 3~4품관이 임명되었다. 이후 조선 초기에는 도평의사사와 관찰사의 속관으로 설치되었다가, 전자가 1400년(정종 2)에 폐지되고 후자가 1465년(세조 11)에 폐지됨으로써 경력의 지방관직은 없어졌다. 이로 미루어 보면 이 마을의 권씨들은 고려 말에 입향하여 조선 초에 이미 부포에 정착하였음을 짐작할 수 있다.

봉화금씨는 퇴계 선생의 문도 성성재惺惺齋 금난수琴蘭秀의 고조 되시는 관찰사 금숙琴淑이 권경력의 사위가 되어 이 마을에 살기 시작했다 하니 14세기경이 아니었을까 짐작된다. 그렇다고 하면 당시 부포의 벌족은 권씨와 금씨가 문호를 차리고 기수를 누리며 살았음을 알 수 있다. 금숙의 아들 7형제 중에 5형제가 등과를 하여 '오자등과기五子登科基'라고도 불렀다.

주세붕 선생의 유산록 여정은 부포마을에 연고가 있고 머물 만한 곳이라서 여정에 넣었겠지만, 이어지는 글에서 우리는 부포마을 주변의 경관이나 모습을 미루어 짐작할 수 있다. 부포에서 유숙한 다음 날 길을 나선 선생은 벽계碧溪를 건너 피어오르는 안개에 희미하게 나타나는 산간마을들을 보며 그곳을 '무릉도원武陵桃源'에 비유하였는데, 그때가 음력으로 4월 상순이니 이즈음이라면 복숭아꽃, 살구꽃이 다투어 피고 낙동강 맑고 넉넉한 물이 재잘거리며 여울을 지나고 계곡을 돌다가 바위에 부딪치는 비말飛沫의 운치를 보고 무릉도원을 연상하기에 충분하였을 것이다. 뿐만 아니라 선생은 "요순과 같은 임금을 만나지 못했다면 송아지를 안고 이곳에 들어와 나무뿌리 먹고 시냇물 마시며 생을 마쳐도 좋을 것 같다"라고 극찬하였다. 부포야말로 마을도 크고 능히 머물 만한 연고도 있었으니 굳이 재론할 필요가 없겠지만 부포 인근의 지세와 아름다운 경치에 취해 입을 다물지 못하고 찬사를 쏟아 낸 것을 보면 과연 부포는 산촌과 강촌의 조화가 잘 어우러진 명국이었던 모양이다.

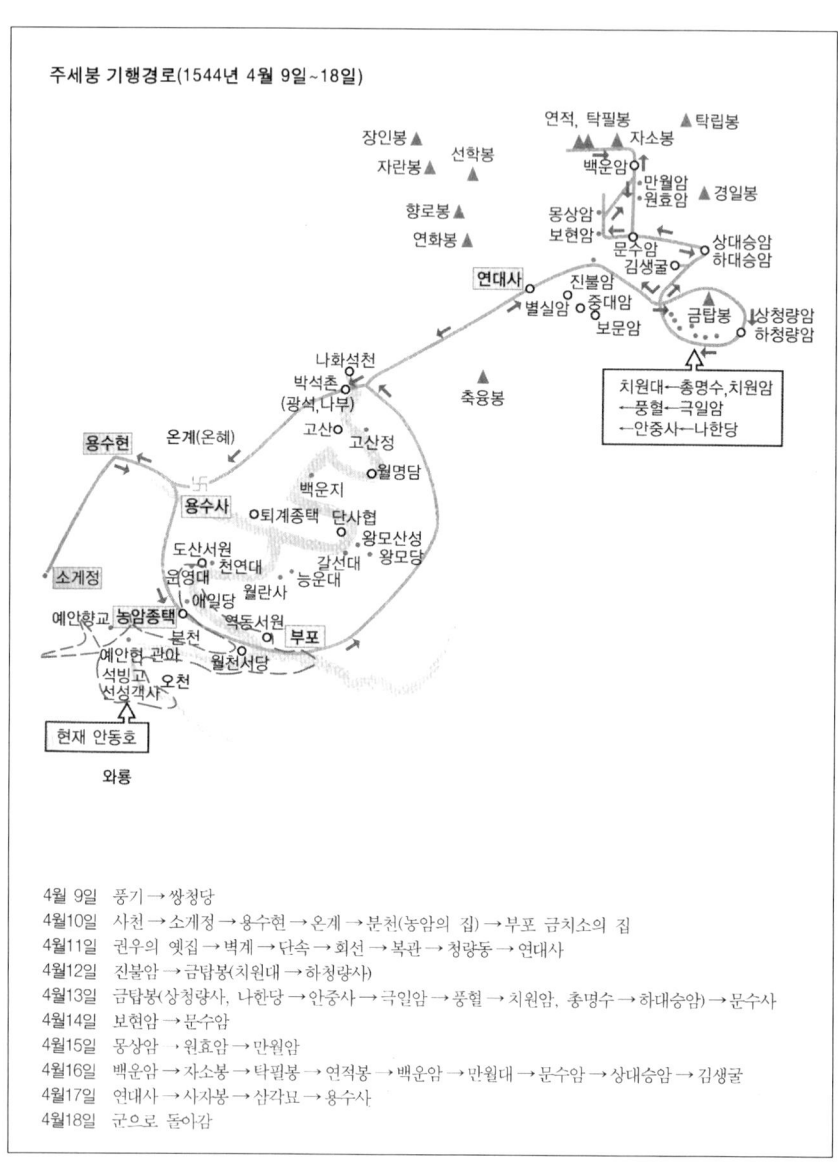

▲ 주세붕 기행경로(1544년 4월 9일~18일)

아울러 주세붕 선생은 퇴계 선생보다 몇 년 연상이지만 이후 조선의 학자들이 모두 퇴계 선생의 학문과 도학을 본받으려 했으니 유학을 꽃피운 성지인 도산서원과 퇴계 선생께서 그렇게 좋아하셨던 청량산을 한 번만이라도 다녀오고 싶었을 것이다. 아무튼 주세붕 선생께서「유청량산록遊淸凉山錄」을 남기고 퇴계 선생께서 발문을 붙여 청량산을 칭송한 이후 학자들이 청량산을 찾아 선학봉, 탁필봉, 연화봉을 보고 감탄하며 오산당吾山堂에서 글을 짓고 시를 읊는 전통이 형성되었다. 이에 이러한 전통의 시원이 된 주세붕 선생의 기행 경로를 여기에 옮겨 둔다.

2. 권우의「유청량산록」중에서

조선 중기의 성리학자인 권우權宇(1552~1590)는 자가 정보定甫, 호가 송소松巢이며 본관은 안동인데 와룡에 살았다. 퇴계 선생의 문인으로 진사시에 합격한 후 학문에 전력하여 소장학자로서 학명이 높았다. 1586년에 경릉참봉에 제수되었고 1589년에 광해군의 사부師傅가 되었으나 다음 해에 병을 얻어 39세의 나이로 요절하였다.

권우 선생은 1575년 10월 22일 와룡을 출발하여 월천 → 부포 → 동촌 → 뇌전령을 거쳐 청량산을 유람하고 박석촌점 → 온계를 거쳐 11월 30일 귀가할 때까지의 감회를 기록으로 남겼다. 원문은『송소집』권3에 수록되어 있다.

월천月川에서 스승님(趙穆)을 뵌 후 점심 식사를 하고 쉬었다가 저녁이 되어 이별하고 물러나와 동행한 두 벗과 함께 말을 채찍질하여 부포교에 이르렀다. 북쪽으로 천연대를 바라보니 마음 아프게도 고산앙지高山仰止의 생각이 들었다. 도산서원은 새로 지은 지가 이미 해를 넘겼는데 내가 병을 계속 앓아 아직 보지 못하였다. 이번 산행에 지나가면서 볼 계책이었지만 동행한 사람들이 모두 평평한 길로 해서 빙 돌아 산으로 들어가자고 하는 바람에 갈 수가 없었다. 할 수 없이 돌아올 때 곧바로 산의 동구洞口에서 내려와 지나가기로 하였다. 동촌東村을 지나 김운부金雲夫를 방문하였으나 만나지 못하였다. 날이 저물어 뇌전령磊田嶺 아래 여관에 투숙하였다. 한밤중에 새로 내리는 눈이 어지럽게 날려 누워서 내일 아침 산에 들어갈 생각을 하니 다시 기이한 일 하나를 겪는 듯하여 절구 한 수를 지었다.

깊은 산 사이에 주막만 외로이 있는데	孤店亂山間
경계가 깊어 인간세상 저절로 이별이네.	境深元自別
밤 깊어 새 눈 흩날리니	夜半新雪飛
내일 아침은 다시 기이한 절경이려니.	明朝更奇絶

다음 날 아침 잠자리에서 밥을 먹었다. 눈을 밟고 뇌전령을 넘었다. 길이 미끄러워 갈 수가 없자 어떤 사람은 말을 두고 걸어갔다. 북쪽으로 3~4리를 가니 서쪽으로 퇴현退峴이 보이는데 곧 청량산의 오른쪽 지맥이다.

권우 선생의 여행 경로를 보면 월천서당이 있는 지금의 달애(다래)에서 월천 조목 선생을 뵌 후 점심 식사를 하고 동행들과 함께 부포마을로 향했는데 당시에 달애와 부포마을 사이에 부포교라는 교량(다리)이 설치되어 있었음을 알 수 있다. 지금 6~70이 넘은 부포마을 출신 어른들께 여쭈어 보았더니 1960년대까지만 해도 매년 강의 수위가 낮아지는 10월쯤에 다리를 놓아 이듬해 봄이 되어 큰물이 질 때까지는 그 외나무다리를 건너다녔다고 한다. 지금은 달애와 도산서원 입구 중간쯤에서 강 건너편으로 안동호에 잠겼다가 열리기를 반복하는 잠수교가 설치되어 있어 그 당시에 있던 교량의 존재를 암시해 준다.

그리고 부포를 지나 다음으로 '동촌東村'이라는 마을이 나타나는데, 이 동촌마을은 부포마을의 동쪽에 있는 다른 어떤 마을일 것이나 지금의 무슨 마을인지는 알 수 없다.

다음 경유지인 '뇌전령'은 권우 선생의 5언절구를 보면 마을과 떨어진 곳에 위치한 빼어난 절경이었음을 짐작할 수 있지만 아쉽게도 어디쯤인지 기억하는 사람이 없다. 한자의 뜻으로만 생각해 보면 '뇌전령磊田嶺'이라고 했으니 행인들이 고갯길을 내왕하면서 주위에 흩어져 있는 돌을 하나둘 모아서 '돌무더기'를 만들어 놓았던 모양이다. 어릴 때 마을과 마을 사이 고갯길에 흔히 있는 돌무더기를 보고 아버지께 "이 돌무지는 왜 만들었어요?" 하고 여쭈어 보았더니 "적이 쳐들어오면 마을사람들이 적을 물리치고 마을을 지키려는 목적으로 쌓아 둔 것이다"라는 대답을 들었던 기억이 난다. 그런데 경계를 이루는 고갯길에서 흔히 볼 수 있던 돌무지가 정말로 적을 물리치기 위한 준비였을까? 나는 행인들이 고개를 넘으면서 하나둘 던져서 큰 돌무지를 이룬 것과 같이 꾸준히 노력하면 뜻을 이룰 수 있다는 그런 교훈으로 삼기 위한 것은 아니었을까 하는 생각을 한 적도 있다. 만약 적들이 그 돌무지를 사용하여 마을을 공격한다면 오히려 더 큰 재앙이 아닌가? 아무튼 부포의 동쪽으로 가서 평탄한 길을 택했다고 한다면 「향산 이만도 선생 유허비」가 있는 청두들을 거쳐 봉화 재산면 남면리에서 청량산의 동쪽으로 들어갔던 것이 분명하다. 1950년 무렵에 이 길을 따라 청량산을 다녔다는 고희가 넘은 부포 사람들한테 들어보면 그때도 벌써 이곳에서부터 광석나루까지는 도로가 개설되어 있었다 한다.

청량산을 가는 경로 중 월천에서 점심을 먹고 부포와 동촌을 거쳐 평탄하고 쉬운 길로 빙 돌아서 가다가 날이 저물어 뇌전령 아래에서 유숙한 사실과 다음 날 3~4리를 더 가서 청량산의 오른쪽 지맥인 퇴현退峴이 보인다고 한 기록을 보면 오늘날의 예안면 신남리와 재산면 남면리의 군 경계지점의 가파른 고개를 당시에는 '뇌전령磊田嶺'이라 했던 모양이다.

3. 김득연의 「유청량산록」 중에서

조선 중기의 학자 김득연金得硏(1555~1637)은 자가 여정汝精이고 호는 갈봉葛峯이며 본관은 광산인데 유일재惟一齋 김언기金彦璣의 아들이다. 1602년 생원과 진사 양시에 모두 합격하였지만 벼슬길에 나가지 않고 평생 예안에 살면서 학문을 연마하였다. 후에 임란창의의 공으로 통훈대부 사헌부집의에 증직되었다. 그의 한글가사 「지수정가止水亭歌」와 64수의 한글시조는 국문학사의 주목을 받는 매우 뛰어난 작품이다. 그 중 우리나라 고전운문의 수작인 49수의 연시조 「산중잡곡山中雜曲」 제30수를 현대어로 다듬어서 옮기면 다음과 같다.

젊은 벗님네야 늙은이를 웃지 마라

젊기는 잠시 동안이고 늙기는 더 쉬우니
너희도 나와 같으면 또 웃을 이 있으리라

김득연의 청량산 기행은 1579년 8월 30일 와룡을 출발하여 예안(선성현)으로 들어온 후 오천 → 부포 → 분천 → 도산서원 → 토계 → 천사 → 단사 → 가송 → 청량산에 이르는 5일간의 여정인데, 이 길은 이른바 '도산구곡'(淸凉, 孤山, 丹砂, 川砂, 濯纓, 汾川, 鰲潭, 月川, 雲巖)을 거슬러 올라가는 길이자 후에 '도산 길'로도 불렸던 퇴계 선생의 '예던 길'이었다. 원문은 『갈봉집葛峯集』 권4에 수록되어 있다.

예안 강변을 따라 아낙네에게 길을 물어 청현靑峴을 넘어 낙동강에 이르렀다. 물의 깊이를 알 수 없어 서성이고 있는데 어느 사이 날이 저물었다. 곧 월천으로 가서 곽연정廓然亭에 오르니 정자 위에 한 소년이 있는데 글 읽는 소리가 낭랑하다. 절을 하는데 물어 보니 권득설權得說의 처남으로 성명이 채간蔡衎이었다. 정자는 달애에 위치하여 넓은 호수를 감싸 안고 사방의 들을 바라보니 확 터져 있었다. 채간의 할아버지인 진사 어른께서 지으신 집이다. 정자 뒤 소나무가 삼사십 리 빙 둘러 있는데 진사 어른의 장인인 권첨지께서 심으셨다 한다. 내가 이미 권득설과 약속이 있었으므로 사람을 시켜 맞이하고 권득설 역시 곧 걸어서 왔다. 날이 어두워 한 나그네가 부포에서 왔는데 박중윤인가 했지만 멀어서 잘 알 수가 없었다.

권득설의 소개로 조목趙穆 선생을 부용봉 아래의 소명헌昭明軒에서 뵙고 둘러앉아 청량산 산행을 말씀드리니, 흔쾌히 말씀하시기를 "좋은 일이다. 내 마땅히 그대들과 함께하리라, 먼저 가서 기다리라" 하신다. 함께 하신다니 기쁘기 그지없고 이런 명산의 여행에 어른을 모시고 가게 되니 진실로 다행스러운 일이 아닐 수 없다.

날이 저물어 물러나와 권득설의 집에서 저녁을 먹은 뒤 어둑해져서 권득설과 함께 역동서원을 향하니 푸른 밤 강 하늘에 돌아가는 외로운 배의 아늑함이 마치 '유세독립遺世獨立의 정취'가 있었다. 물에 모래가 드러나서 배가 건널 수 없었다. 그래서 여러 벗들과 함께 언덕에 올라 말을 타고 소나무 길을 통해 숲을 뚫고서 서원에 도착하니 밤이 깊어 문이 닫혀 있었다. 문을 두드려 원노院奴에게 자물쇠를 열게 하고 삼성재三省齋에 들어가니 김명보金明甫와 금업琴憆·금개琴愷 형제가 월천 선생에게 날마다 가르침을 받고 있었다. 비록 초면이었으나 구면처럼 여겨졌는데 서로 가까이 살아서 이미 그 이름을 들은 지 오래였기 때문이다. 그들과 등불을 마주하고 이야기하다가 베개를 나란히 하고 잠들었다. 맑은 꿈에 '신선의 산 12봉'(청량산)이 감겨 오고 있었.

9월 1일, 의관을 갖추고 새벽에 상현사尙賢祠에 알묘하고 물러나와 보니 마루는 명교당明敎堂, 역동서원의 좌우 방들은 정일재精一齋, 직방재直方齋라 했고 동·서재는 사물재四勿齋·삼성재라 했다. 모든 편명과 벽 위 학규들은 모두 퇴계 선생의 글씨였다. 선현의 유묵을 눈앞에서 보게 되니 후생에게 경모심이 절로 일어났다. 벗들과 이야기를 나누다가 곧 박중윤을 보고 부포에 들어가 자려다가 다시 나와 곽연정에서 여러 벗들이 오기를 기다렸으나 끝내 박익·우계유·박백어 등이 언약을 저버렸다. 이에 곧 도산으로 향했다.

김득연 선생은 "와룡에서 출발하여 예안(현 도산면 서부동)의 강변길을 따라 올라가다가 청현靑峴을 넘어 낙동강에 이르렀다" 했으니 지금의 '청고개'가 당시에도 주요 교통로였던 것을 알 수 있다. 연세가 든 부포 사람들은 1940년대 안동~재산 간의 대현로大峴路가 생기기 전까지는 예안이나 안동에 갈 때 청고개를 넘어 다녔던 기억이 생생할 것이다. 그는 하룻밤 유숙할 월천의 곽연정에서 권득설과 조우하였는데 밤이 깊어 동행하기로 한 박윤중을 기다리는 중에 어스름에 건너오는 사람을 부포에 사는 박윤중일 것으로 짐작했다고 한다. 이에 따르면 당시 월천마을과 부포마을은 밤마실을 능히 다닐 수 있는 거리였던 것으로 보인다. 일행은 월천에서 저녁 식사를 한 후 날이 어두워진 다음에 길을 나서서 낙동강을 건너려고 시도했지만, 물이 너무 얕아 배를 띄울 수가 없자 말을 타고 강을 건너 숲 사이 소나무 길을 따라 역동서원에 도착하였다고 한다.

여기서 한 가지 중요한 의문이 있다. 원문에서는 "정자는 달애에 위치하여 넓은 호수를 감싸 안고 사방의 들을 바라보니 확 터져 있었다. 채간의 할아버지인 진사어른께서 지으신 집이다. 정자 뒤 소나무가 삼사십 리 빙 둘러 있는데, 진사 어른의 장인인 권첨지께서 심으셨다 한다"라고 하였다. 1975년 수몰되기 전의 달애는 경사진 산비탈에 3~40호가 살았다고 하는데 넓은 호수가 놓일 만한 자리가 있기도 힘들었을 것 같고, "사방의 들을 바라보니 확 터져 있었다"라고 했는데 전답이 몇 십 마지기나 될지는 잘 모르겠지만 넓은 들이라고 할 것까지는 없는 궁벽한 동네였다고 한다. 더군다나 "정자 뒤 소나무가 삼사십 리 빙 둘러 있는데⋯⋯"라고 한 곳은 어디를 두고 일컫는 말일까? 혹시 그때는 부포와 달애 사이의 낙동강의 물줄기가 지금보다는 부포 쪽으로 더 가깝게 흘렀다가 그 후에 물줄기가 달애 앞으로 바뀐 것이 아닐까? 다른 자료에서도 부포와 달애 사이의 강물 줄기가 바뀐 기록이 있으나 확실한 시기는 알 수가 없는데, 이 기록으로 보면 16세기 후반에도 강의 물줄기는 지금과 사뭇 달랐음을 짐작할 수 있다.

여정에 따르면 다음 날에는 동행하기로 한 일행들이 아직 도착하지 않아 다시 건너편의 곽연정으로 가서 하루를 더 기다려 밤에 다시 박윤중이 사는 부포마을로 건너가서 자려 했지만 약속한 일행이 끝내 오지 않아 바로 도산으로 향했다고 한다.

한편, 김득연의 유산록에 등장하는 성씨들은 권씨와 금씨 이외에 박씨, 김씨, 채씨 등 그 이전보다는 상당히 많은 성씨들이 등장하는데, 그들의 관계가 종종 처가 및 외가와 관련되는 것을 알 수 있다. 이는 당시 분재기分財記에 나타나는 사실과 관련지어 보면 처가재산상속에 따른 '처가곳 이주 관행'을 확인시켜 주는 방증 자료로 생각된다. 이러한 사실은 퇴계 선생께서 『선성지宣城誌』에 남긴 조부 계양공繼陽公의 사적에 있는 "선조고 진사 휘 계양공이 영양김씨英陽金氏 유용有庸의 따님에게 장가를 들었는데 김씨의 집이 예안현 서쪽 마을에 있었기 때문에 공께서 현 동쪽 부라촌에 살기 시작했다"라는 표현을 통해 확인할 수 있다. 또 부라浮羅조에는 "현 동쪽 10리에 있다. 이 마을 시거자는 경력經歷을 지낸 권간權簡이다. 봉화 사람 금숙琴淑이 권간의 사위가 되어 부라에서 살기 시작하였으며, 그의 7남 2녀 중 다섯 아들 금곤·금숭·금증·금준·금륜이 문과에 급제하였다. 금숙의 후손 금치소·금응상·금난수(생원)·금응각·금응우·금경(생원)·금업(문과)·금개(문과)·금각이 부라 인물조에 있다. 신광위申光渭는 금치함의 사위가 되어 진보로부터 부라에 이거하였다"라는 기록이 있고, 지삼촌知三村조에는 "현 남쪽 5리에 있다. 고려조에 문과에 급제하였던 우탁禹卓이 이원백의 사위가 되어 단양에서 이거하여 이곳에 살기 시작하였다"라는 기록도 있다. 아마도 농업 기반 사회에서 처가가 있는 곳으로 이주하여 세거하는 사례가 흔했던 모양이다. 『선성지』의 저자 권시중도 "고조부 권겸權謙이 예안김씨 소량의 사위가 되어 안동에서 이거하여 부라촌에서 살았다"라는 기록을 남긴 것으로 보아 이는 당시의 보편적 관행이었던 것으로 여겨진다.

4. 배응경의 「청량산유상록」 중에서

조선 중기의 문신 배응경裵應褧(1544~1602)은 자가 회보晦甫이고 호는 안촌安村이며 본관은 성산星山이다. 1576년 식년문과 을과 급제자이며 정랑, 청도군수, 순천부사, 나주목사 등을 역임하였고, 임란 때는 군사 1천 명을 모아 왜적 수백 명을 포획하는 전공을 세웠다. 대구부사를 끝으로 관직에서 은퇴한 이후 영주에 머물며 백암 김륵, 서애 류성룡 등과 교유하였다.

그의 「청량산유상록淸凉山遊賞錄」은 1600년 5월 8일 김륵, 오대원 등과 함께 영주 이산서원에 모였다가 『퇴계문집』의 간행이 완료되어 장차 고성제告成祭를 행하려 한다는 소식을 듣고, 그 자리에서 의기투합하여 청량산 일대를 유람하고 지은 유산록이다. 구체적으로는 영주에서 안동 예안으로 들어와 송석대松石臺의 소게정召憩亭에서 오대원, 김륵, 김개국, 이숭도, 김기 등과 합류한 뒤 용수현을 넘어 온계 → 도산서원 → 고산 → 나부(나븐들) → 청량산 → 능운대 → 부포 → 월천서당 → 온계 → 영주 집으로 이르는, 5월 13일 영주를 출발하여 5월 20일 집으로 돌아올 때까지의 8일간의 여정이다. 『안촌집安村集』 권5에 수록되어 있다.

한 고개에 오르니 눈앞의 경계가 지극히 원대하였다. 이후로 2~3리나 4~5리에 별도의 구역이 마을을 이루었는데 마을은 집들이 서너 채 혹은 대여섯 채가 이어져 있다. 심어 놓은 뽕나무, 마, 벼, 기장이 곳곳에 비쳐진다. 푸른 벼랑과 푸른 절벽은 군데군데가 신기하고 기이하며 계곡에 흐르는 물은 양 골짜기 사이로 나누어져 굽이치며 흘러가니 계곡을 따라 아래위로 복거할 만한 땅이 많이 있다.

이리저리 떠돌아다닌 지 8년, 오랜 세월 동안 집 없는 객이 되어 매번 경치 좋은 곳을 만날 때마다 문득 집을 옮겨와 살 계책이 생기니 옆 사람의 눈 밖에 나게 되어 터만 차지하려 한다는 비방을 면치 못할 것이다. 아! 또한 웃을 만하도다. 가서 한 마을에 도달하였는데 기와집이 이어져 있으며 산이 돌아나가고 물이 굽이쳐 흐르니 참으로 장촌藏村임이 마땅하였다. 물으니 '사예司藝 김택룡金澤龍이 옛날에 거처하던 곳'이라고 한다. 수십 보를 가니 대가 계곡에 임해 있는데 기암절벽이 뾰족뾰족하게 둘러져 있다. 이름하여 '능운凌雲'이라 했다. 퇴계 선생이 이름 지은 것이다. 때문에 진사 이학수李鶴壽가 일찍이 이 대를 축성하여 여러 칸의 정사를 짓고 날로 어조魚鳥와 더불어 세상을 잊었다. 진사는 세상을 떠났고 다만 유지만 남아 있는데 돌계단이 무너져 있고 두어 그루의 노송이 나무꾼에게 침탈당한 바를 면치 못하고 있어 애석할 뿐이다.

서쪽으로 월천을 바라보고 말을 달려 부포촌에 당도하니 마을 앞의 평원 3~4리에 소나무와 잣나무를 섞어 심어 놓은 것이 행렬로 잘 정리되어 있고 땔나무 채취를 엄금하여 일대가 숲을 이루었다. 숲 밖에 긴 강은 굽이돌아 감싸 안고 있는 형국인데 풍월담風月潭이라 하였다. 이 또한 선생이 이름 지은 것이다. 강을 따라 올라가면 위험하고 물살이 급한 데가 많고 또 좁고 깊은 곳이 있어 임의로 배를 띄울 수 없는데 이 풍월담에 이르면 평평하고 넓게 퍼져 있어 험하지도 좁지도 않고 물이 지극히 맑아 모래와 돌을 헤아릴 만하다. 가을에 마땅히 배를 띄우고 겨울에 얼음을 탈 수 있어 지극히 아낄 만하였다.

배웅경 선생의 기행문은 여정의 자연경물과 견문한 바의 감회를 매우 세밀하고도 서정적으로 묘사한 인문학적 글쓰기의 표상으로 당시 선비들의 유산록 중 매우 유려한 작품이다.

동행들의 집결지인 예안 송석대에 도착한 부분을 묘사한 글을 보면, "동포를 건너 송석대松石臺에 도착하여 찾아온 이경량을 만났는데 정자의 이름을 물으니, 원래 농암 이현보가 도감사가 되어 이곳을 지나다가 소나무 아래에서 잠시 쉰 적이 있는데 이로 인해 소계정召憩亭이라 하였고, 후에 퇴계 선생이 또한 이곳을 지나다가 송석대로 이름을 고쳤다고 한다. 영주에서 예안에 이르기까지 6~70리 사이에 나무 한 그루 돌 하나라도 앉아서 편히 쉴 만한 곳이 없었는데 이 대에서만 앉아 쉴 수가 있다. 그러므로 전후로 명현이 왕래하면서 그 족적을 남겨 놓았다"라고 기록하였다. 뿐만 아니라 "길가에 심어 놓은 뽕나무, 마, 벼, 기장이 곳곳에 비쳐진다. 푸른 벼랑과 가파른 절벽은 군데군데가 신기하고 기이하며 계곡에 흐르는 물은 양 골짜기 사이로 나누어져 굽이치며 흘러가니 계곡을 따라 아래위로 복거할 만한 땅이 많이 있다.…… 한 마을에 도달하였는데 기와집이 이어져 있으며 산이 돌아나가고 물이 굽이쳐 흐르니 참으로 장촌藏村임이 마땅하였다.…… 수십 보를 가니 대(능운대)가 계곡에 임해 있는데 기암절벽이 뾰족뾰족하게 둘러져 있다"라고 기록하여, 뽕나무, 마, 벼, 기장 등 당시의 주요 농작물의 종류도 알 수 있게 해 주고 또 마을의 형세나 주변 경관도 그림 그리듯이 표현해 두고 있다.

부포마을의 모습은 "마을 앞의 평원 3~4리에 소나무와 잣나무를 섞어 심어 놓은 것이 행렬로 잘 정리되어 있고 땔나무 채취를 엄금하여 일대가 숲을 이루었다"라고 했다. 이 숲은 성성재가 장예원사평掌禮院司評으로 있다

▲ 수몰로 인해 안동 시내로 옮겨진 예안석빙고(출처: 라오니스)

가 물러나서 심은 것이라고 한다. 『선성지』에는 월천 조목과 처남매제간인 성성재가 심은 솔밭을 '사평송司評松'이라고 이름 지었다고 실려 있다. 성성재는 부포의 동약洞約 5장章을 만들어 마을 사람들을 깨우치고 풍속을 밝게 하는 데 힘썼다고 한다. 아울러 "물이 지극히 맑아 산영山影까지 잠겼고 모래와 돌을 헤아릴 만하다"라고 기록하였다. 이때가 음력 5월 중순이라면 하지 무렵이었을 테니 1급수에만 산다는 은어가 떼를 지어 노니는 모습에 가던 길을 멈추고 구경에 정신이 없었을 것이다. 도산구곡에서는 은어가 많이 잡혀 예안에는 이를 진상하기 위해 석빙고가 있었다. 이러한 기록은 부포마을의 정경을 마치 한 폭의 그림을 보듯이 자세하게 묘사하고 있을 뿐만 아니라, 마을 앞에 조성된 소나무와 잣나무 숲을 땔감으로도 채취할 수 없도록 한 당시의 법제도와 풍속을 알려 준다.

김득연 선생이 부포를 지나갔던 1579년에는 강물이 부포 바로 앞으로 흘러 달애에는 넓은 경작지가 있었다고 하고, 배응경 선생이 청량산을 다녀왔다고 하는 1600년 5월에는 강물이 달애 앞으로 흘렀던 것으로 보이니, 강물 줄기는 1580년에서 1600년 사이에 바뀌었다고 볼 수 있다. 우리는 선인들이 남긴 소중한 기록을 통하여 오랜 세월 동안 묻혀 있던 그러한 지세의 변화까지도 미루어 짐작할 수 있는 것이다. 선인들의 기록이 더욱 소중함을 다시 한 번 깨닫게 된다.

5. 배유장의 「청량산유록」 중에서

조선 중기의 학자인 배유장裵幼章(1618~1687)은 자가 장은章隱이고 호가 유암楡巖이며 본관은 성주星州이다. 전라도사를 지낸 배상익裵尙益의 아들로, 『주역』에 능통하였고 후진 양성에 매진하였다.

그의 「청량산유록」은 1647년 가을 9월 갑인일에 영주를 출발하여 용수현 → 온계 → 도산서원 → 단사협 → 백운지 → 고산정 → 광석(나븐들) → 청량산 → 월란사 → 의인구현 → 역동서원 → 부포 → 월천서당 → 오천을 거쳐 신유일에 영주 집으로 돌아오기까지의 8일간의 일정을 기록한 글이다. 그의 문집인 『유암집楡巖集』 권2에 수록되어 있다.

김성언과 함께 잠시 월란사月瀾寺를 방문하였다가 의인구현宜人舊縣을 지나 금삼달琴三達을 만나보고 그대로 함께 역동서원에 도착하였다. 역동서원은 바로 우탁 선생의 신주를 모시는 곳으로 퇴계 선생이 제자들과 더불어 창립한 곳이다.

우선생이 역학을 창명하였기 때문에 역동으로 이름을 붙인 것이다. 십실十室의 읍邑에도 예가 있다고 하였다. 도산과 역동은 5리 정도로 서로 이어져 있으니, 유학의 성대함이 동방에 제일이다. 어찌 그리도 위대한가!
금삼달과 더불어 몇 순배 술을 마신 뒤 우연히 금화숙琴和叔을 만나 술을 함께 마시고 도보로 송대松臺를 나서 풍월담風月潭을 지나 화숙의 집에 투숙하였으니 바로 부포촌이다.
다음 날 오천을 향하려고 월천서당에 들어갔다. 이 서당은 조월천이 읊조리던 곳으로 부실副室의 아들 석붕錫朋이 문학으로 가문을 유지하니 가상하다. 중도에 김성언은 집으로 돌아가겠다고 이별하였다. 고암鼇巖 정상을 넘어 오천에 다다랐다. 이 마을은 모두 벗들이 있는 곳으로 만나는 사람마다 모두들 좋아하였다. 금람琴攬의 집에 묵었는데 금람은 바로 현감 금응훈의 후손이다. 현감 금응훈께서는 나의 외증조부가 된다.

배유장 선생의 기행문은 읽는 사람이 실제 청량산 기행 여정에 동참하고 있는 듯 착각을 불러일으키게 할 정도로 청량산의 경물을 사실적이고 구체적으로 묘사하였다. 앞서 살펴본 배응경의 「청량산유상록」과 함께 자세한 묘사와 서정적 시어로 함축된 수작이라 할 수 있다. 특히 배유장 선생은 이 글에서 유산遊山이란 '단순히 자연경치를 완상하는 데 그 뜻이 있는 것이 아니라 그 속에서 이치를 찾고 발견하여 자신의 성정을 충족시키는 것'이라고 인식하였는데, 이는 당시에 이미 널리 알려진 선대 선비들의 유산록을 많이 읽고 익힌 바에 영향을 받은 것으로 보인다.

위에 나오는 "십실의 읍에도 예가 있다"라는 표현은 원래 『논어論語』 「공야장公冶長」의 "10호쯤 되는 조그마한 읍에도 반드시 나처럼 충신忠信한 자는 있지만, 나처럼 학문을 좋아하는 이는 없을 것이다"(子曰 十室之邑 必有忠

信如丘者焉 不如丘之好學也)라는 글에서 유래된 말인데, 이 글에서는 '조그마한 마을'의 의미가 강조되기보다는 도산과 역동(부포)마을, 즉 '도산서원과 역동서원이 있는 성현을 배출한 이 지역의 의미와 가치'를 높이 평가하고 있다. 이러한 해석은 뒤이어 나오는 "도산과 역동은 5리 정도로 서로 이어져 있으니 유학의 성대함이 동방에 제일이다. 어찌 그리도 위대한가!"라는 표현에서도 확인할 수 있다.

배유장 선생은 부포마을로 들어오기 전에 지금의 도산서원 건너편 동쪽 방향에 있는 월란정사(당시에는 월란사라는 사찰이었음)를 거쳐 의인마을을 지나게 되는데, 글에는 "의인구현宜人舊縣을 지나서 부포의 역동서원에 도착하였다"라고 기록되어 있다. 이는 의인마을이 그 이전 어느 시기에 현청이 있는 치소였다는 의미로 읽힌다. 그런데 의인이 당시에 큰 마을이었는지는 알수 없지만 '구현'이라는 표현은 지금으로서는 낯설다. 물론 부포마을도 이미 고려 중기에 역원공영제에 따라 '부라원루'가 건축된 것으로 미루어 보면, 의인이 과거에는 그 규모와 지세가 크고 넓으며 제한적으로나마 치소의 역할을 하였던 마을이었음을 알 수 있다. 오늘날의 행정기관 출장소와 유사하리라.

한편, 의인구현을 지난 후 금삼달과 술을 마시던 일행은 배유장과도 교분이 있는 금삼달의 친척 금화숙을 만나 함께 술을 마시고 지나 부포마을에 있는 금화숙의 집으로 가서 투숙하였다고 하였으니, 당시에도 이 마을에는 그 이전과 마찬가지로 금씨가 여전히 일가를 이루고 살고 있었음을 알 수 있다. 아울러 사대부 계층의 선비들이 여행을 할 때 관아의 객사나 주막 등 여관 외에 벗이나 지인의 집에서 머무는 관행도 엿볼 수 있다. 한 가지

▲ 월천서당(출처: 문화재청)

특이한 사실은 배유장 선생의 글에는 "다음 날 오천을 향하려고 월천서당에 들어갔다. 이 서당은 조월천이 읊조리던 곳으로 '부실의 아들 석붕'(有副室子錫朋……)이 문학으로 가문을 유지하니 가상하다"라고 쓰고 있는데, 후일 남인의 영수 허목 선생이 월천 조목 선생의 『월천문집』 서문에 쓴 글에는 다음과 같은 표현이 나온다.

국가 문명의 치화가 명종·선조 무렵에 융성하여 월천 조목, 고봉高峯 기대승奇大升, 서애西厓 류성룡柳成龍, 한강寒岡 정구鄭逑 같은 여러 현인이 도산의 퇴계 이황 문하에서 무리 지어 나왔다. 내가 일찍이 세 현인의 글을 읽어서 옛사람의 정미한 학學을 연구한 바 있지만 어찌 쉽게 말할 수 있으랴. 이번에 또 월천 조목의 유고를 보니 도덕道德을 자신의 임무로 삼았는데 말이 겸손하면서 형적이 높고 지킴이 확고하며 뜻이 조촐하였다. 숨어 살면서도 세상일을 잊지는 않았으며 행실을 구차하게 시대에 합하려 하지 않았음도 그 글에서 볼 수 있다. 그리고 감탄感歎에서 나온 읊조림도 혹 침잠하여 마음에 깨친 나머지에서 나왔고 혹은 산수에 소요하며 즐기는 데서 얻기도 하였다. 어지러운 세상을 만나 감개하고 걱정하는 생각으로 지은 글이 모두 사도斯道와 사인斯人에게 유익하다. 진실하구나, 덕이 있는 자라야 훌륭한 말이 있다는 것이다. 1650년(효종 1)에 이석관李碩寬이 예안현의 수령으로 나갔는데 도산사陶山祠와 월천정사月川精舍가 모두 예안에 있다. 선생이 별세한 지도 60년이 되었지만 옛날 태상시太常寺에 벼슬했던 선생의 맏아들 조석붕이 나이가 80여 세인데 능히 선현의 옛일을 말하였다.

배유장 선생의 글은 1647년 9월 경신일에 쓴 글이고, 허목 선생의 『월천문집』 서문은 1663년(현종 4)에 쓴 글이니 두 글은 16년의 시차를 두고 있을 뿐인데, 앞글에서는 '부실副室의 아들 석붕錫朋'이라 한 데 비해 뒷글에서는 '선생의 맏아들'이라 하여 적장자嫡長子로 표현하고 있다. 이 무렵에는 적서의 차별이 없었거나 명확하지 않던 시기였을까 하는 의문이 든다. 그런데 조석붕 선생의 행장을 찾아보니 이와 다른 사실도 확인된다. 행장에는 "조선 중기의 문신으로 자는 자백子百, 호는 한사寒砂이다. 월천 목穆의 둘째 아들이며, 겸재謙齋 정禎의 조카이다. 1603년(선조 36)에 생원시에 합격하고 1615년(광해군 7) 식년시에 갑과로 급제하였다. 봉상시주부奉常寺主簿를 역임하였다"라고 되어 있다. 그리고 『선성지』의 월천 인물조 기록에는 조목의 아들 조수붕(진사)과 조석붕(문과)의 이름이 보이는데, 맏이가 진사시에 합격하였고 둘째가 식년시 갑과 급제자이며 봉상시주부를 역임하였다고 적혀 있다. '부실의 아들'(副室子)이라는 표현은 조수붕이 조월천 선생의 두 번째 부인의 아들이라는 뜻일 테니, 아마도 첫부인에게서 난 아들이 조수붕이고 조석붕은 두 번째 부인의 맏이였을 것으로 추정된다. 다만 어떤 사정으로 장자가 미성未成에 사망하여 형망제급兄亡弟及의 풍습에 따라 '그 다음 아들이 맏아들 대신 가계를 계승한 사례'가 있기는 하지만, 맏이가 이미 진사였다면 '미성사망'으로도 볼 수 없어 해석이 난감하다. 이러한 사실을 보면서 옛 선인들의 기록을 읽자니 자칫 부주의하거나 소홀히 읽어서 그 뜻을 왜곡하는 일이 발생할까 두렵고 조심스럽다.

6. 임필대의 「유청량산록」 중에서

조선 후기의 학자 임필대任必大(1709~1773)는 자가 중징重徵이고 호는 강와剛窩이며 본관은 서하西河인데 임수국任壽國의 아들이다. 어릴 때부터 경서를 읽었고 자라서는 『심경』, 『근사록』 등 성리서를 많이 읽었다. 과거에 응시는 하였지만 별로 유념하지 않았고 사의계四儀契를 설립하여 문중의 일과 향촌교화에 힘썼다고 한다. 당대의 저명한 선비들과 교유하였으며 「봉선절목奉先節目」, 「제의祭儀」, 「문계약조門契約條」 등의 저술과 문집 『강와집剛窩集』을 남겼다.

그의 「유청량산록」은 1763년 9월 8일 선성의 과거시험장에서 바로 청량산을 향해 출발하면서 시작된다. 과거시험장에 모인 원근의 인물들과 함께 산행을 출발하는 모습에서 과거시험에 연연하지 않고 당대의 여러 선비들과 교유하기를 즐기던 임필대 선생의 호방한 성품을 엿볼 수 있다.

단사를 거쳐 왕모산성과 갈선대 근처를 지나 서쪽으로 약간 떨어진 고개 하나를 넘고 계상溪上으로 가서 한서암寒棲庵을 찾았다. 한서암 앞에 있는 한 칸 대문에는 '퇴계선생구택退溪先生舊宅'이라는 현판이 걸려 있다. 올려다보니 공경스럽고 감동적이다. 들어가니 당堂은 여섯 칸인데 그곳에 선생의 친필인 고정명古井銘을 새긴 현판이 있다. 안에는 큰 글씨로 새긴 '도학연원道學淵源', '해동궐리海東闕里', '산남고정山南考亭'이라는 각판이 걸려 있다. 이윽고 작은 문 안으로 들어가 한서암을 보니 방과 당은 각각 한 칸이고 작은 담장을 둘렀다. 당 뒤로는 작약과 여러 가지 화초를 심어 놓았다.

시내를 따라 하촌下村에 이르렀다. 이귀명李龜命에게 길안내를 부탁해 함께 도산으로 갔다. 천연대天淵臺 아래에서 먼저 돌에 새겨 놓은 세 글자를 보고 드디어 동구를 따라 암서헌巖棲軒에 이르렀다. 여기서 퇴계 선생께서 쓰시던 명아주 지팡이와 기형기璣衡機를 구경하였다. 또 옛날 퇴계 선생께서 쓰시던 벼룻집이 있는데 벼루는 잃어버렸다고 한다. 암서헌 밖의 여러 경치는 선생께서 지은 기문의 내용과 흡사하다. 전교당典敎堂에서 잤다.

12일. 선생의 사당을 뵙고, 월천 조목이 장정한 『사문수간師門手簡』을 구경했다. 의인 사는 상사上舍 이세문李世聞과 이세적李世迪이 서원으로 찾아왔다.

잠시 후 함께 의인으로 가서 잠시 쉬었다. 다시 서남쪽으로 5리쯤 가서 역동易東에서 점심을 먹고 지름길로 작은 고개를 넘어가서 지애芝厓에 사는 김 참봉의 집에서 묵었다.

이들의 산행은 청송에 사는 권렴과 내앞의 김칠경 등 여러 명이 함께 한 여정이었다. 이들은 먼저 온계로 가서 퇴계선생태실에 들러 '만년송萬年松'을 본 후 이 마을에 있는 진사 이현룡 가와 청계서원, 그리고 임필대의 일가의 집으로 흩어져 여정의 첫날밤을 지내고 다음 날 바로 청량산으로

◀ 퇴계선생태실

들어가는 경로를 택하였다. 그때 이들이 구경한 퇴계태실의 만년송은 조선 세종 대에 선산부사를 지낸 이정李禎(퇴계선생의 증조부) 선생께서 평안도 정주 판관 재임 시 영변의 약산산성 축조를 마치고 귀향할 때 가져온 세 그루의 뚝향나무 중 한 그루로 당시에 이미 수령이 350년 전후가 되었을 것이다. 지금도 진성이씨 주촌종가인 두루의 경류정 앞에 한 그루가 살아 있다. 이 나무는 오늘날 국가지정문화재인 천연기념물 제314호인데 당시 선비들에게도 희귀한 구경거리였던 모양이다. 당대의 선비들이 보았던 퇴계태실의 뚝향나무는 지금은 없어지고 그 자리에는 경류정 뚝향나무의 자목이 자라고 있다.

부포마을에는 하산 후 귀갓길에 들렀는데, 단사마을과 왕모산성 아래 갈선대를 지난 후 계상으로 가서 한서암과 퇴계종택을 둘러보는 여정을 택

▲ 퇴계 선생 종택 전경

하였다. 종택에 있는 '퇴계선생구택退溪先生舊宅'이라는 현판과 추월한수정秋月寒水亭에 걸린 '도학연원道學淵源', '해동궐리海東闕里', '산남고정山南考亭' 등의 각판은 지금도 볼 수 있다. 이러한 기행문 덕에 300년 가까운 세월 이전의 옛 선비와 오늘날의 우리가 같은 현판을 볼 수 있다는 사실을 명확하게 인식할 수 있으니, 이 또한 선인들의 글을 읽는 우리들의 복이라 아니할 수 없다.

아쉽게도 이후의 경로는 더 이상 알아볼 방법이 없다. "시내를 따라 하촌下村에 이르러 이귀명李龜命에게 길안내를 부탁했다"라는 기록을 근거로 '하촌'이 '하계'를 일컫는 말인가 해서 『진성이씨족보』를 찾아보았지만, 하계파에는 그런 함자가 보이질 않고 세거지가 다른 남해파(상계파보 80쪽)와 예천파(상계파보 85쪽)에 각각 한 분씩 계실 뿐이다. 아무튼 상계에서 하촌을 지나 도산서원으로 가서 천연대, 암서헌을 둘러본 후 전교당에서 하룻밤을 유숙하고, 다음 날 의인을 거쳐 잠시 쉬었다가 서남쪽 5리쯤에 있는 부포마을에서 점심식사를 마친 후에 고갯길을 통해 지애芝厓를 갔다고 한다. 언뜻 생각하기에는 지애가 의성김씨 지촌종가가 있는 지례의 고명이 아닐까 싶기도 하지만 그렇지는 않은 듯하다. 여정에 따르면 역동에서 점심을 먹고 고개를 넘어가서 지애芝厓에 사는 김 참봉의 집에서 묵었다고 했으니 부포에서 그리 먼 거리라고는 할 수 없다. 이에 비해 부포에서 지례로 가는 것은 아무리 지름길로 간다 해도 7~80리가 넘기 때문에 역동에서 점심을 먹고 가볍게 갈 수 있는 길이 아니기 때문이다. 그렇다면 '하촌下村'과 '지애芝厓'는 과연 오늘날의 어디를 두고 일컬은 말일까? 정확히 알 수 없다. 땅은 예나 지금이나 그대로지만 당시와 오늘날의 지명이 서로 같지 않은 것 역시 세월에 따른 하나의 변화이리라.

7. 박충원의 「청량산유록」 중에서

조선 후기의 학자 박충원朴忠源(1735~1787)은 자가 중옥仲玉이고 호는 도오陶塢이며 본관은 함양咸陽이다. 강와 임필대의 문인이면서 대산大山 이상정李象靖에게서도 사사하였지만, 스승 임필대와 마찬가지로 과거에 뜻을 두지 않고 『심경』, 『근사록』, 주자서朱子書, 퇴계서退溪書 등을 깊이 연구하였다. 평소 퇴계를 숭모하여 동천 가에 경도정景陶亭을 짓고 퇴계 선생의 격언을 벽에 걸어놓은 뒤 동지들과 함께 이를 강마하며 실천하였다. 의례儀禮와 성리性理, 자경自警 등에 관한 많은 저술이 있었다고 하나 소실되고 오직 『도오유고陶塢遺稿』 1편만이 전한다.

(1763년 9월 11일.) 청량산에서 낙천洛川을 따라 남쪽으로 내려와서 고산정孤山亭에 갔다. 이 정자는 금성성재琴惺惺齋가 지은 정자이다. 층층이 바위와 절벽이 앞뒤로 서로 바라보고 깨끗한 모래와 맑은 못이 위아래로 둘러 흐르며 옆에는 소나무 단壇이 있고 모래톱에는 배 한 척이 있으니 참으로 일사逸士가 고반考槃하는 곳이다.

또 남쪽으로 내려와 10여리 쯤 이르니 붉은 모래와 절벽이 있는데 위에는 갈선대葛仙臺가 있다. 여기에서 서쪽으로 돌아 몇 리를 가니 퇴계退溪가 있다. 시냇가에는 선생의 옛집이 있고 또 암자가 있는데 한서암寒棲庵이라고 하였다. 그날 도산에 가서 잤다. 퇴계로부터 도산의 거리는 몇 리쯤 되었는데 시내와 산의 경치는 말로 다할 수 없었다.

선생께서 남긴 운치가 아직도 남아 있으니 마치 당堂에 올라가 말씀을 받드는 듯하였고 집에 들어가 지팡이와 신을 들고 배종하는 듯하였다. 난간에 임해서는 연못을 완상하고 당일에 소요逍遙하신 정취를 상상해 보았다. 또 단을 오르고 사祠를 찾음에 선생께서 즐기고 완상하시던 일이 어렴풋이 보이는 것만 같았다. 어찌하여 나는 수 백 년 뒤에 늦게 태어나 옷자락을 여미고 친히 가르침을 받지 못한 채 부질없이 경전을 안고 속절없이 갈팡질팡하는 마음만 더할 뿐인가? 당堂·사舍·헌軒·재齋·천泉·당塘·암巖·대臺의 이름은 선생께서 기록한 글 안에 자세히 실려 있으니 다시 여기에 중첩할 필요는 없다.

도산의 서쪽 몇 리쯤에 분강서원汾江書院이 있다. 이는 이농암李聾巖(이현보) 선생을 봉안한 곳이다. 서원의 동쪽 층벽 위에 농암의 애일당愛日堂이 있다. 뒤로는 높은 산에 기대고 앞으로는 큰 시내에 임하여 또한 하나의 기이한 경치가 있는 곳이다.

12일. 역동서원에 갔다. 이곳은 우제주禹祭酒 선생을 봉안한 곳이다. 노선생께서 이 서원을 창건하시고 우선생을 제사지내면서 역동이라고 명명하셨으니 우선생께서 동방에 정역程易을 미루어 밝히신 까닭이다. 당우堂宇는 넓고 택지宅址는 밝아 그 규모와 포치는 후인이 미칠 바가 아니다. 시내와 산의 경물은 특별히 기이하고 특이한 것이 없지만 오직 망운대望雲臺 및 물속에 있는 반석이 하얗게 드러난 것이 참으로 완상할 만하다.

박충원의 청량산 기행은 그의 스승인 임필대와 함께한 것이었는데, 임필대의 유산록 제목이「유청량산록」인 반면 박충원의 유산록 제목은「청량산유록」이다. 각기 글자 한 자를 앞에 두거나 뒤에 두는 것처럼 동일한 일정이고 사제지간이었음에도 그 내용에는 조금 차이가 있다. 물론 그 여정에서도 두 사람은 연령의 차이와 함께 동행이 많았던 탓에 사소한 차이가 있기는 하다. 예를 들면 청량산 등정 시에 스승 임필대는 연로한 층들과 함께 자소봉을 등정하였지만 제자 박충원은 젊은 층들과 함께 연적봉을 등정한 후 김생굴에서 다시 합류한다. 오늘날 인원이 많은 모임에서는 간혹 연령이나 친소관계에 따라 소모임으로 흩어졌다가 다시 함께 모이기도 하는 이치와 같을 것이다.

◀ 역동서원

이처럼 같은 장소를 함께 여행하거나 같은 경관을 함께 감상하더라도 그 느낌이나 감상이 서로 다를 수 있으니 두 편의 기행문은 엄연히 다른 작품이지만 이 두 편의 유산록을 통해 우리는 당시 선비들 사이에서 유행하던 글쓰기의 경향성이나 풍조를 엿볼 수 있다. 바로 박충원 선생이 청량산을 둘러보신 후에 도산서원에서 하룻밤 유숙하며 남긴 "어찌하여 나는 수백 년 뒤에 늦게 태어나 옷자락을 여미고 친히 가르침을 받지 못한 채 부질없이 경전을 안고 속절없이 갈팡질팡하는 마음만 더할 뿐인가? 당堂・사舍・헌軒・재齋・천泉・당塘・암巖・대臺의 이름은 선생께서 기록한 글 안에 자세히 실려 있으니 다시 여기에 중첩할 필요는 없다"라는 표현이 대표적이다. 당대의 식자라면 누구나 알 만한 표현이며 또한 '퇴계 선생께서 쓰신 글에 자세히 실려 있으므로' 중첩해서 기록하지 않는다고 하였지만, 우리가 선인들이 남긴 글을 읽을 때 상식이 부족하고 탐구정신이 희박하여 무심코 지나치는 표현들이 바로 이런 글들이다. 그 말뜻을 새기기 위해 건축물을 지칭하는 명칭을 정리해 보면 다음과 같다.

궁宮은 왕의 거처와 관청을 아울러 갖춘 건축물로 100칸 이상의 규모에 붙이는 명칭이다. 전殿은 크고 높으며 웅장하거나 장엄하게 꾸민 집을 말하며 궁전宮殿이나 대성전大成殿, 대웅전大雄殿 등으로 쓰이는데, 임금이나 성현을 모시는 건물에 사용된다. 각閣은 석축이나 단상에 높게 세운 집을 말하며, 누각樓閣이나 전각殿閣 등이 이에 속한다. 당堂은 곧 집이니 건물 자체를 의미하나, 관아官衙나 사원寺院과 같이 큰 집을 아우르는 집합체로서의 전체를 말하기도 한다. 사舍는 관리들이 머무는 궁궐의 부속건물을 말하며, 지방 관아의 객사客舍도 바로 그것이다. 위패나 신주를 모시고 제사를 지내기 위한 건물인 사祠와는 다르다. 사당祠堂, 사우祠宇, 묘사廟祠 등은 후자에 속한다. 헌軒은 넓은 창이 있고 처마가 있는 집을 일컫는데, 마루가 있는 집인 청廳과 별도로 구분하기도 한다. 재齋는 사학과 향교, 정사精舍, 서원 등에 딸린 유생들의 기숙사를 말한다. 성균관의 경우 상재上齋와 하재下齋로 구분하여, 상재에는 생원生員, 진사進士가 거처케 하고 하재에는 유학幼學들이 거처케 하였다. 도산서원의 경우에는 동재東齋와 서재西齋로 나누어져 있는데, 동재가 성균관의 상재의 기능을 한다. 이 밖에 루樓는 높게 놓은 마루를 지칭하는 것으로, 마룻널을 간 2층집 즉 누각이나 누옥 등이 이에 속한다. 정亭은 일시적으로 머물면서 산수경치를 즐기고 향유하기 위하여 세우는 작은 집을 말한다. 누정樓亭, 정자亭子 등이 이에 속한다. 대臺는 흙이나 돌 따위를 높게 쌓아서 사방을 바라볼 수 있게 만든 구조물을 일컫는다.

일행의 마지막 여정은 안동 길안의 묵계서원과 용추, 용담사를 다함께 둘러본 후의 귀갓길이다. 임필대는 송제를 넘어 집이 있는 청송으로 가는 길에 함안조씨 집성촌인 안덕의 방호정에 들렀다가 귀가하는 경로를 택하였는데, 박충원은 이와는 달리 용담사에서 헤어진 후 안동과 의성의 경계인 한티를 넘어 점곡의 사촌에 들렀다가 귀가하는 경로를 택하였다. 사촌은 안동 인근에서 가장 큰 안동김씨 집성마을 중 하나로, 서애 류성룡의 태생지이자 천사 김종덕을 배출한 마을이다.

그런데 박충원 일행이 기행 중에 들렀던 역동서원은 1567년에 창건된 안동지역 최초의 서원이었으나 1868년 대원군의 서원철폐령으로 훼철되었고, 1969년 복원되었다가 지금은 수몰을 피하여 안동시 송천동 안동대학교 구내로 이건된 상태이다. 비록 박충원은 "당우는 넓고 택지는 밝아 그 규모와 포치는 후인이 미칠 바가 아니며, 망운대 및 물속에 있는 반석이 하얗게 드러난 것이 참으로 완상할 만하다"라고 하였지만 오늘날 우리는 그 정경을 감상할 수 없으니 참으로 안타까운 일이다. 특히 부포 사람들은 역동서원과 망운대, 물속의 반석뿐만 아니라 고향마을을 통째로 잃어버리고 말았다. 선인들의 자취와 흔적이 서린 땅을 우리 후인들이 일상적인 편익을 위해 스스로 허물고 훼손해 버린 탓이니 누구를 원망하랴! 참으로 무정하고 안타까운 현실이다. (이원태)

필_자_소_개 (게재순)

■ 김명자

안동대학교 사학과를 졸업하고 경북대학교 대학원에서 문학박사학위를 받았다. 현재 안동대·경북대에 출강하고, 한국국학진흥원 전임연구원으로 있다. 저서로는 『경상북도 종가문화 연구』(공저) 등이 있고, 논문으로는 「『계암일록』을 통해 본 17세기 전반 제사의 실태」, 「조선후기 안동의 문집간행 현황과 그 의미」, 「16~17세기 풍산류씨가의 종법 수용 과정」, 「18~19세기 영천 정세아 후손들의 청시와 문중 활동」 등이 있다.

■ 배영동

안동대학교 민속학과를 졸업하고 영남대학교 대학원 문화인류학과 석·박사 과정을 졸업, 문학박사학위를 받았다. 안동대학교 민속학연구소장과 박물관장, 실천민속학회장을 지냈으며, 현재 안동대학교 민속학과 교수로 있다. 저서로는 『농경생활의 문화 읽기』 등이 있으며, 논문으로는 「궁중 내농작과 농가 내농작의 의미와 기능」 등 다수가 있다.

■ 전재강

경북대학교 인문대학 국어국문학과를 졸업하고 같은 대학교 대학원에서 「신흠 시의 구조와 비평 연구」로 박사학위를 받았다. 동양대학교 교수를 역임하고 현재 안동대학교 국어국문학과 교수로 재직 중이다. 저서로는 『상촌신흠문학연구』, 『사대부시조작품론』, 『시조문학의 이념과 풍류』, 『선비문학과 소수서원』, 『서장』(역서)과 『선요』(역서) 등이 있으며, 논문으로는 「불교 관련 시조의 사적 전개와 유형적 연구」, 「침굉 가사에 나타난 선의 성격과 진술 방식」 등이 있다.

■ 윤천근

고려대학교 철학과를 졸업하고 같은 대학교 대학원에서 철학박사학위를 받았다. 현재 안동대학교 동양철학과 교수로 재직 중이다. 저서로는 『원시 유학의 새로운 해석』, 『남인 예학의 선구―정구』, 『퇴계철학을 어떻게 볼 것인가』, 『노장 철학의 현대적 조명』, 『양주의 생명철학』, 『실천적 예학자 정경세』, 『유학의 철학적 문제들』, 『새로 보는 노자 도덕경』, 『노자문목』, 『퇴계 이황은 어떻게 살았는가』 등이 있으며, 논문으로는 「문화속의 우리와 타자」, 「희망은 언제나 인간 속에 있다」, 「이황의 조목, 조목의 이황」 등이 있다.

■ 이해영

성균관대학교 유학과를 졸업하고 같은 대학교 대학원에서 동양철학과를 졸업, 철학박사학위를 받았다. 현재 안동대학교 동양철학과 교수로 재직 중이다. 저서로는 『전국시대 비판철학』, 『학봉 김성일의 생각과 삶』, 『강좌한국철학』(공저), 『서원, 한국사상의 숨결을 찾아서』(공저) 등이 있고, 논문으로는 「조선조 지식인들의 천인관계론」, 「중국철학의 공사개념에 관한 연구」, 「공자의 구도」, 「맹자의 심과 기」 등 다수가 있다.

■ 정순우

서울대학교 사범대학을 졸업하고, 한국학중앙연구원 한국학대학원에서 문학박사학위를 받았다. 한국학대학원장을 역임하고, 미국 버클리 대학 및 캐나다 UBC대학 방문 교수, 파리 7대학 강의 교수를 지냈으며, 현재 한국학중앙연구원 교수로 재직 중이다. 조선 후기 교육사와 지성사 분야에 관한 약 40여 권의 공저서와 100여 편의 논문이 있다. 대표적으로는 『공부의 발견』, 『조선시대 서당연구』, 『도산서원』(공저), 『지식 변동의 사회사』(공저), 『東亞傳統教育與學禮學規』(공저) 등이 있다.

■ 김희곤

경북대학교 사학과와 대학원을 졸업하고 문학박사학위를 받았다. 1988년부터 안동대학교 사학과 교수로 근무해 오면서, 현재 한국근현대사학회장과 안동독립운동기념관장을 맡고 있다. 주된 관심을 '대한민국 임시정부' 연구에 두어, 지난 연말까지 7년 동안 국사편찬위원회 사업으로 대한민국임시정부자료집편찬위원장을 맡아 51권을 완간하였다. 2009년에는 『대한민국 임시정부 연구』로 제5회 독립기념관 학술상을 받았다. 또 안동을 비롯한 경북지역의 독립운동사를 연구하면서, 안동을 비롯한 경상북도 북부지역 8개 시군의 독립운동사를 정리·발간하고, 『이육사평전』과 『만주에서 펼친 안동사람들의 항일투쟁』 등 수십 권을 펴냈다.

■ 강윤정

안동대학교 인문대학 사학과를 졸업하고 단국대학교 대학원에서 「정재학파의 현실인식과 구국운동」으로 박사학위를 받았다. 안동대학교와 상주대학교에서 강사로 일하였으며, 현재 안동독립운동기념관 학예연구실장으로 재직 중이다. 저서로는 『잊혀진 사회주의운동가 이준태』(공저), 『오미마을 사람들의 민족운동』(공저) 등이 있으며, 논문으로는 「안동콤그룹의 조공재건운동」, 「예천무명당의 조공재건운동」, 「白下 金大洛의 현실인식과 민족운동」 등이 있다.

■ 한경희

안동대학교 국어국문학과를 졸업하고 한국학중앙연구원에서 박사학위를 받았다. 현재 안동대학교 대학교육개발원 초빙교수로 있다. 저서로는 『한국 현대시의 내면화경향』, 『대구 경북의 지성과 운동자료집』 3·4(공저), 『동아시아와 한국의 근대』(공저) 등이 있다.

■ 임세권

고려대학교 사학과를 졸업하고 같은 대학교 대학원에서 석사학위를, 단국대학교 대학원 사학과에서 박사학위를 받았다. 현재 안동대학교 사학과 교수, 박물관장으로 재직 중이다. 주요 연구 분야는 선사암각화이지만 금석학, 전탑 등도 함께 연구해 왔다. 지금은 한국과 중국의 전통마을에 관심이 있고 마을을 영상으로 기록하는 일을 하고 있다. 저서로는 『한국의 암각화』, 『중국 변방을 가다』 등이 있고, 논문으로는 「선사시대 한국과 중국의 암각화 비교연구」, 「알타이 지역 암각화에 나타난 태양신 숭배」, 「한국 전탑의 전래와 변천과정」, 「조선시대 금석학 연구의 실태」 등이 있으며, 잡지 연재물 「중국 휘저우의 옛 마을을 찾아서」가 있다.

■ 정진영

영남대학교 문리대 국사학과를 졸업하고, 같은 대학교 대학원에서 「18, 19세기 재지사족의 촌락지배와 그 해체과정」으로 박사학위를 받았다. 현재 안동대학교 인문대 사학과 교수로 재직 중이다. 저서로는 『조선시대 향촌사회사』, 『조선후기 향약연구』(공저), 『조선시기 사회사연구법』(공저), 『조선시대 사람들은 어떻게 살았을까』(공저) 등이 있고, 논문으로는 「16, 17세기 재지사족의 향촌지배와 그 성격」, 「1894년 농민전쟁기 향촌지배층의 동향」, 「19세기 후반 영남 유림의 정치적 동향」 등이 있다.

■ 이원태

안동대학교 인문대학 민속학과를 졸업한 후 중앙대학교 사회개발대학원에서 문화정책학 전공으로 행정학 석사를 받았고, 한국외국어대학교 국제지역대학원에서 한국학 전공 박사과정을 수료하였다. 1994년부터 문화체육관광부 소속 국책연구기관인 한국문화관광연구원의 연구위원으로 재직 중이며, 경상북도 문화콘텐츠진흥원의 이사를 겸직하고 있다. 전통문화와 지역문화, 문화관광축제 등 문화행정과 문화정책 관련 논문 50여 편을 발간하였다.